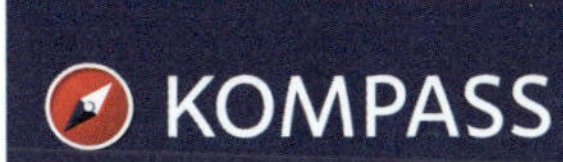

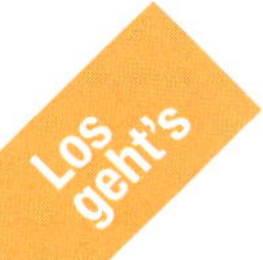

Endlich Wochenende

CHIEMGAU

22 WOCHENENDEN RADEL-, WANDER- & OUTDOORERLEBNISSE

CHIEMGAU

22 WOCHENENDEN RADEL-, WANDER- & OUTDOORERLEBNISSE

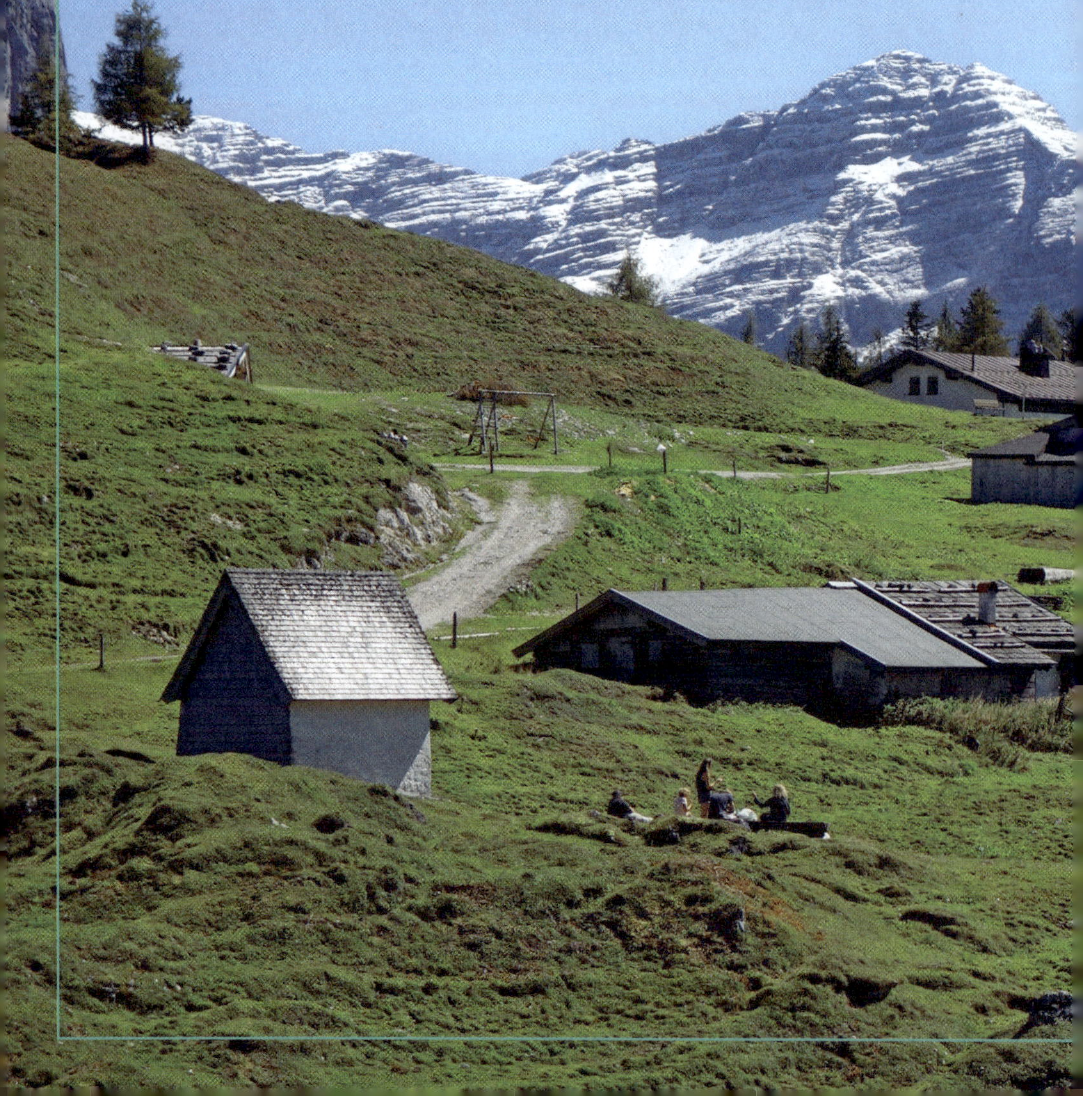

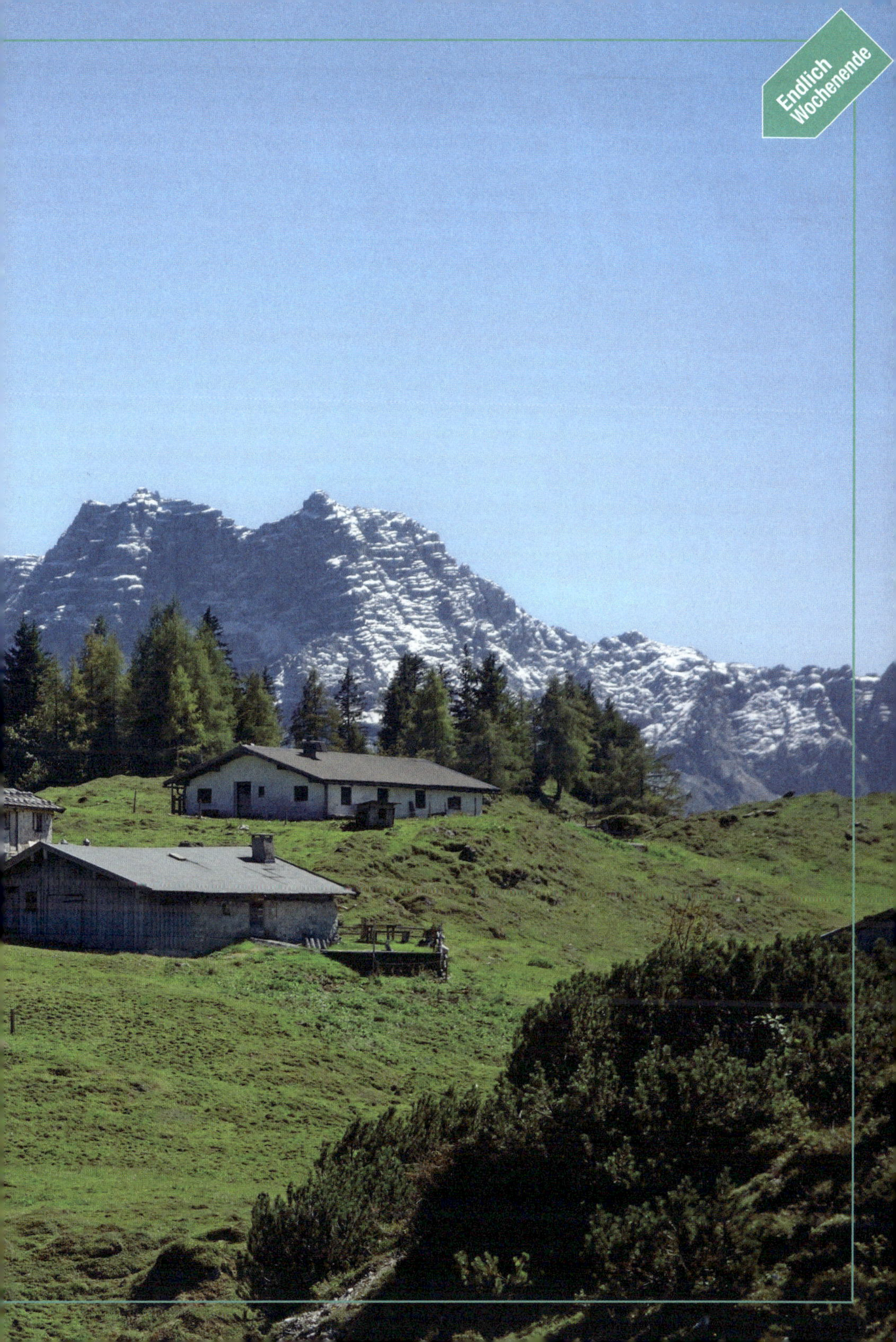
Endlich Wochenende

Inhalt

Tourenübersicht

Übersichtskarte

Endlich... geht es los!

Packliste

Verhaltenskodex

Grundwissen

Wochenenden 1–22

Unsere Wochenend-Hacks

Endlich was Neues ausprobieren

Von Vorteil für Mensch & Natur

Impressum

Endlich Feierabend

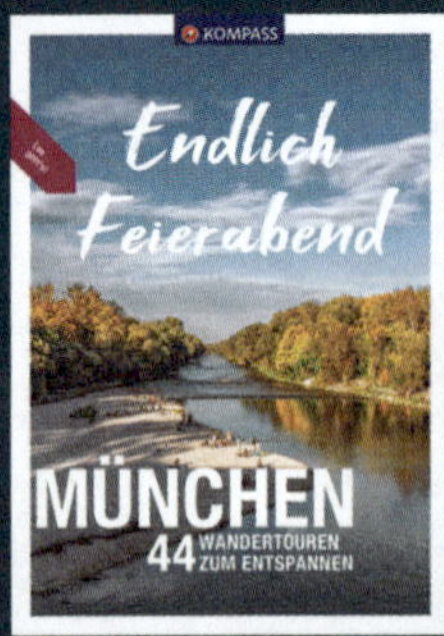

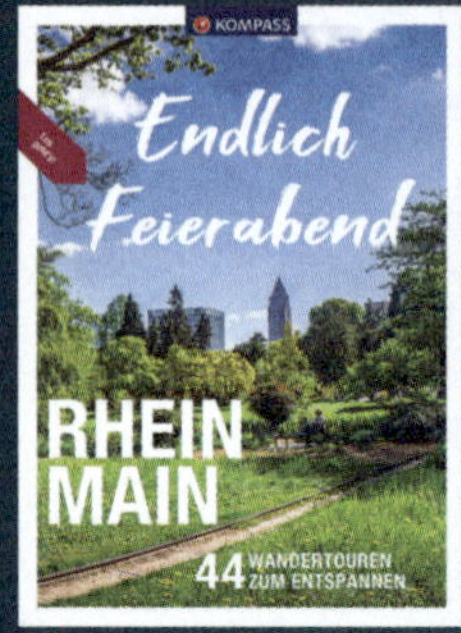

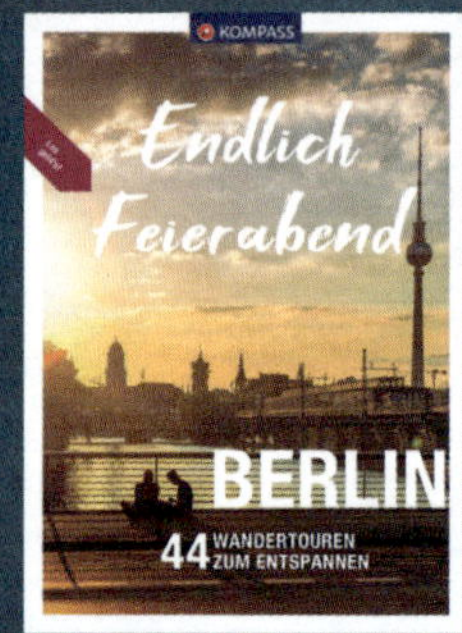

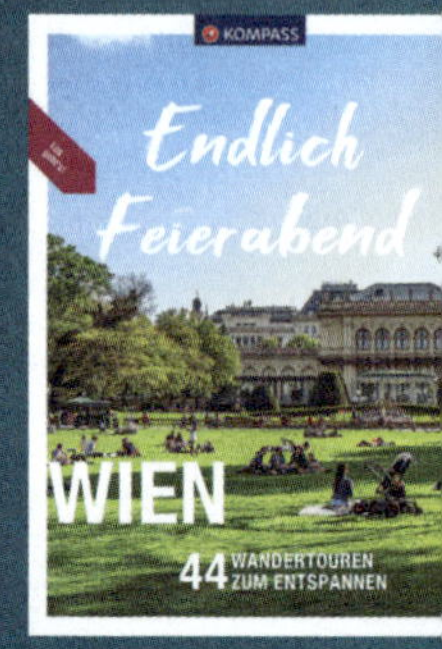

Endlich Erfrischung & Endlich Fahrtwind

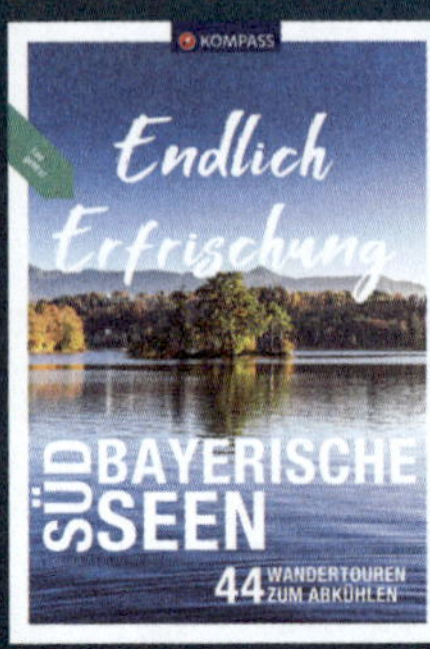

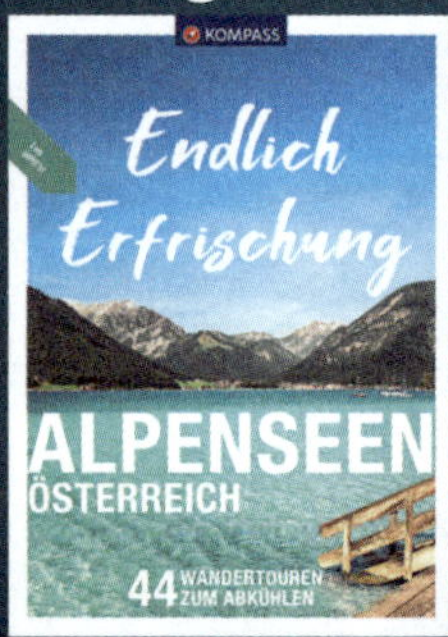

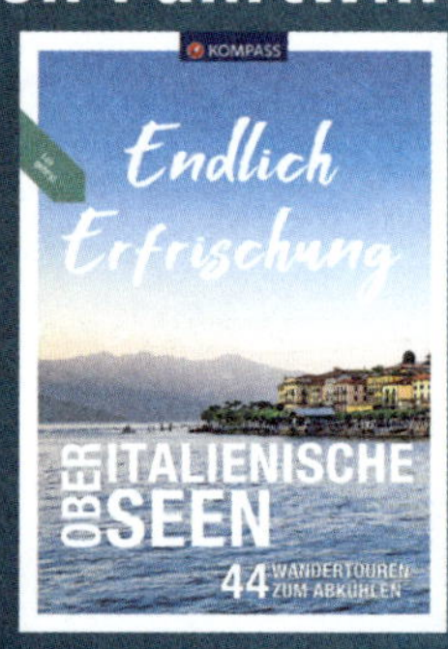

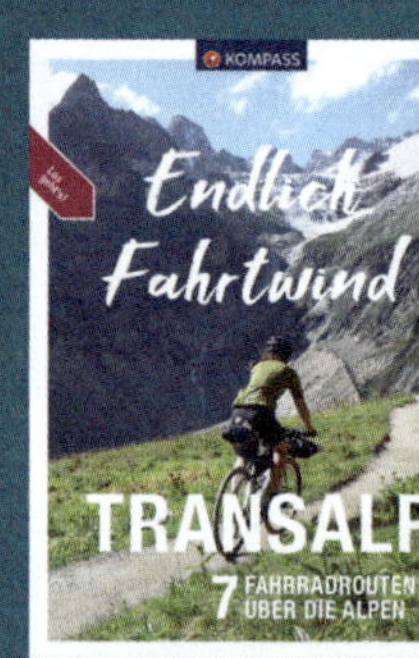

Endlich aufs Wasser & Endlich Sonne

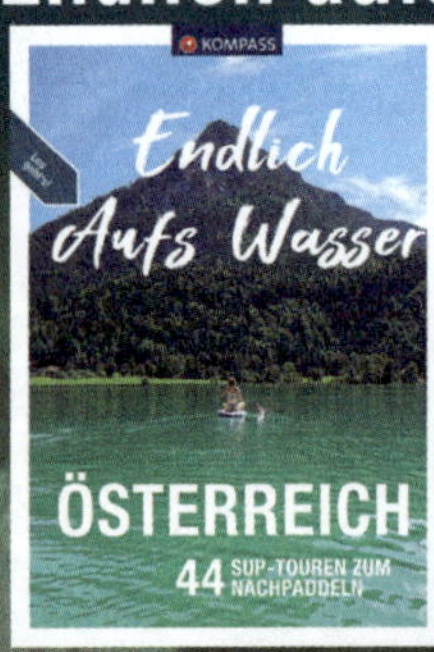

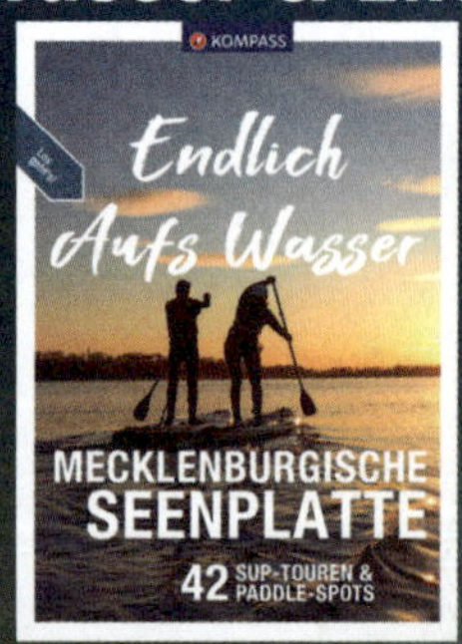

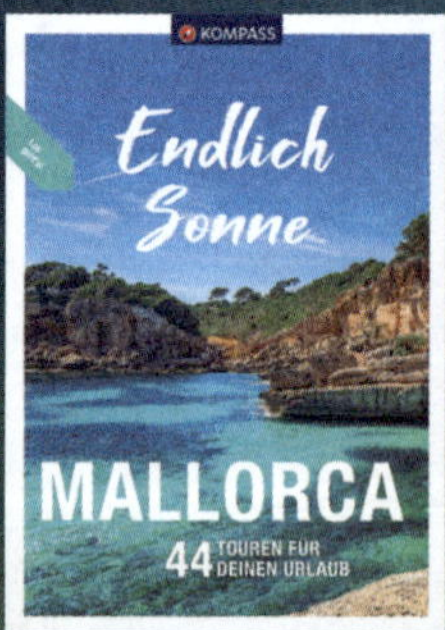

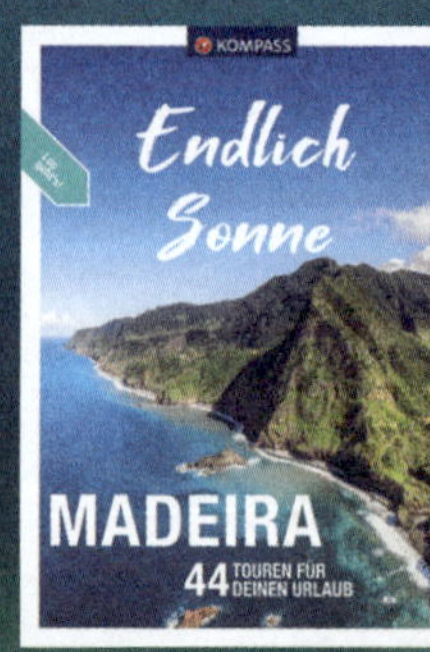

Endlich Wildnis & Endlich hoch hinaus

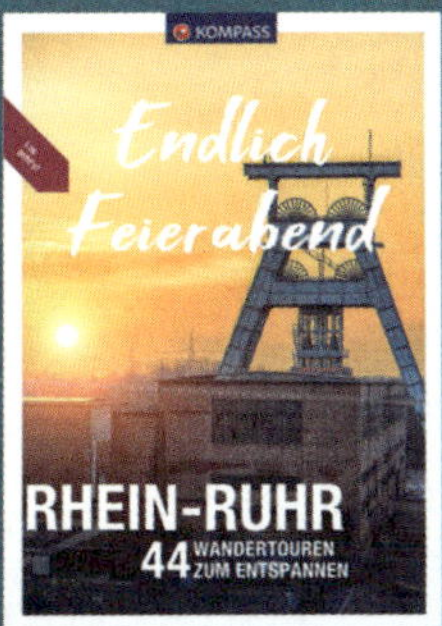

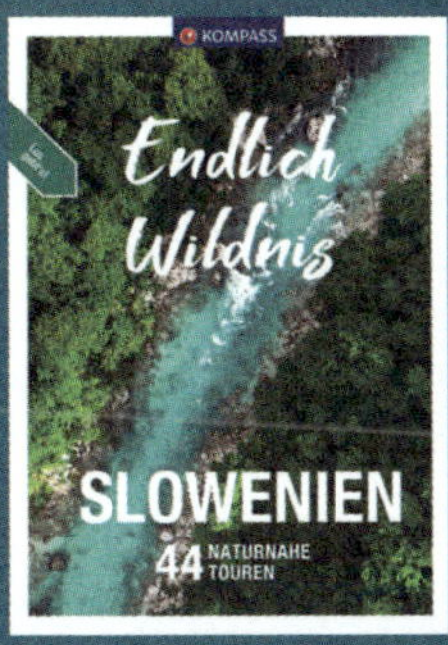

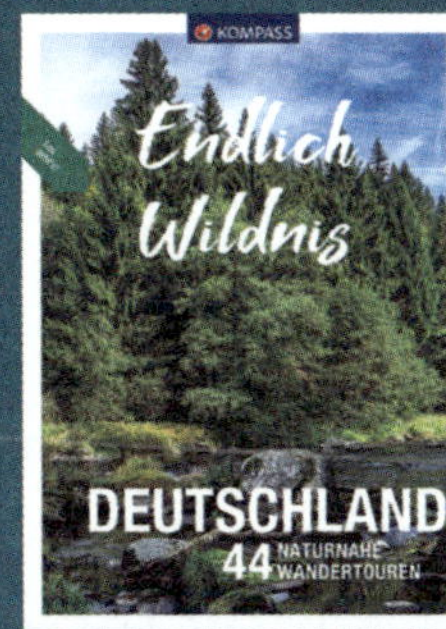

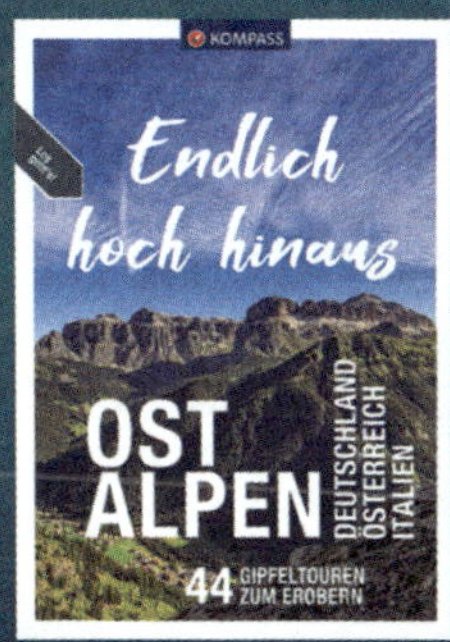

Entdecke mehr aus unserer neuen Reihe Endlich...

Vom Stand-Up-Paddleführer über Hüttenführern bis hin zu entspannten Feierabendtouren haben wir für jedes Vorhaben das Richtige. Wir motivieren dich, geben dir alle nötigen Informationen mit auf den Weg und zeigen dir, worauf es ankommt, um perfekte Momente zu erleben. Schau doch mal auf unserer Website vorbei: www.kompass.at.

Endlich Hüttenzeit & Endlich Genuss

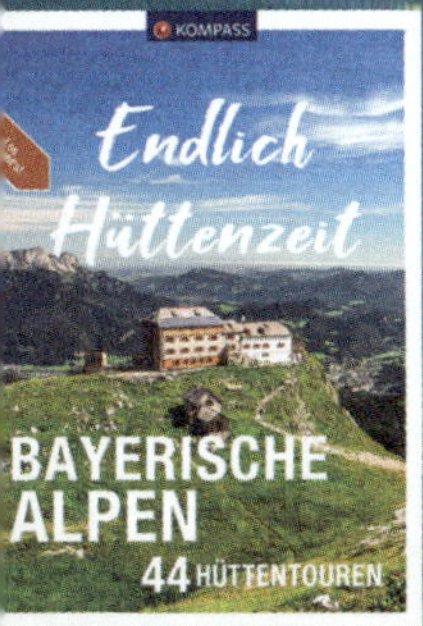

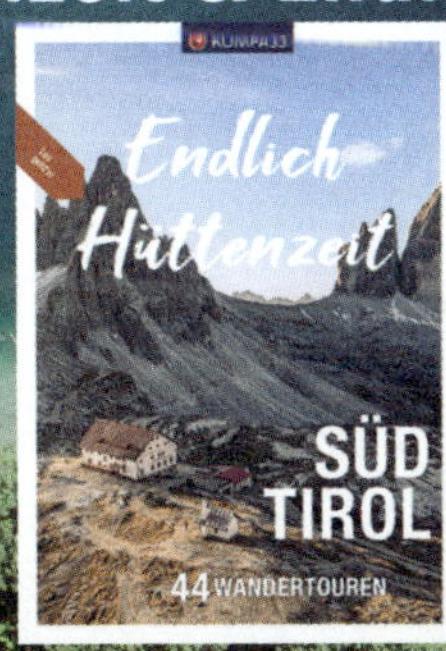

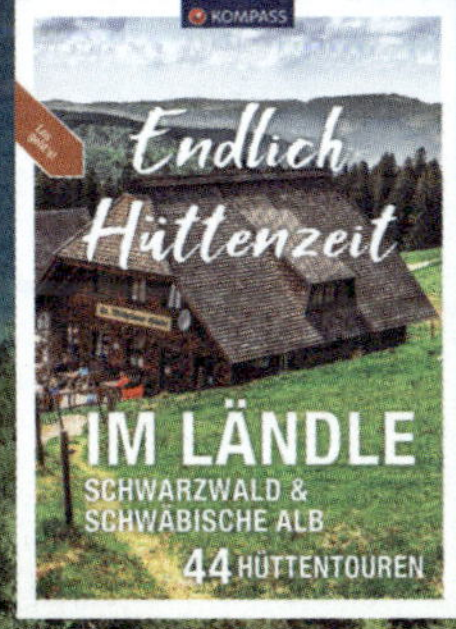

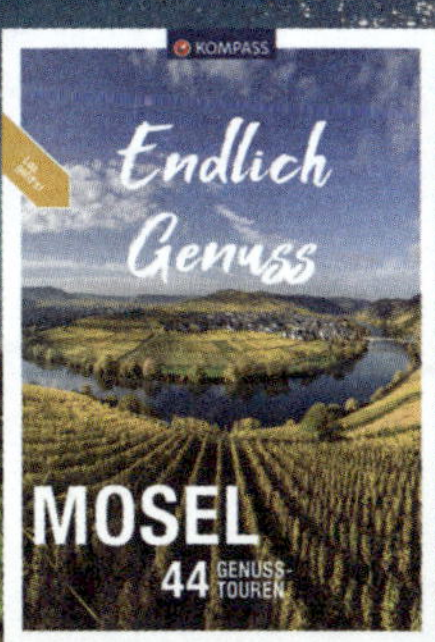

Tourenübersicht

Tourenübersicht

Tourenübersicht

Wochenende 17 – Zum Straubinger Haus

Wochenende 18 – Traunstein

Wochenende 19 – Ruhpolding

Wochenende 20 – Waginger See

Wochenende 21 – Ainring

Wochenende 22 – Tauernradweg

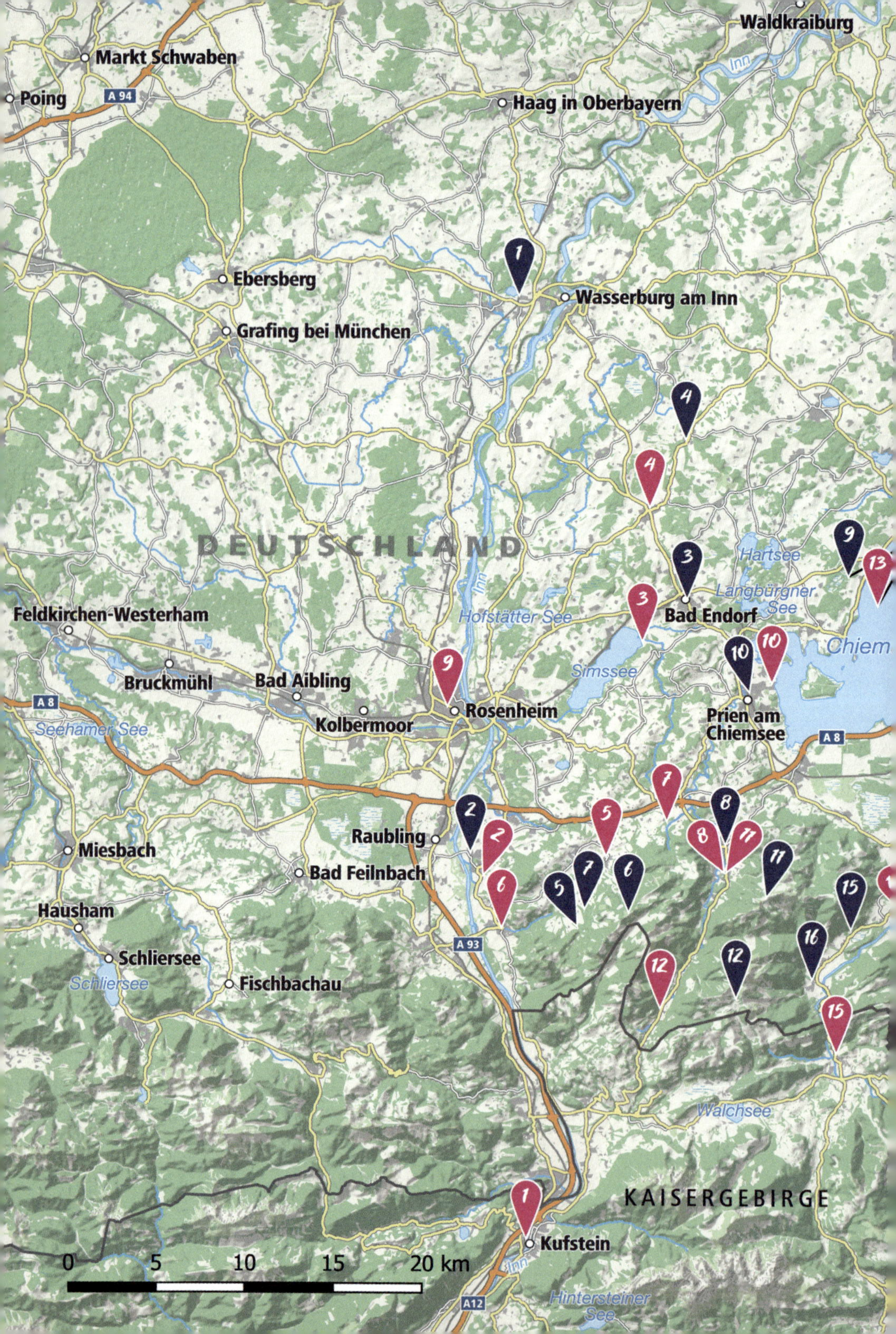
Waldkraiburg
Markt Schwaben
Poing
A 94
Haag in Oberbayern
Inn
Ebersberg
Wasserburg am Inn
Grafing bei München
DEUTSCHLAND
Hartsee
Langbürgner See
Hofstätter See
Bad Endorf
Chiem
Feldkirchen-Westerham
Simssee
Bruckmühl
Bad Aibling
Kolbermoor
Rosenheim
Prien am Chiemsee
A 8
Seehamer See
Raubling
Miesbach
Bad Feilnbach
Hausham
A 93
Schliersee
Fischbachau
Walchsee
KAISERGEBIRGE
Kufstein
0 5 10 15 20 km
A12
Hintersteiner See

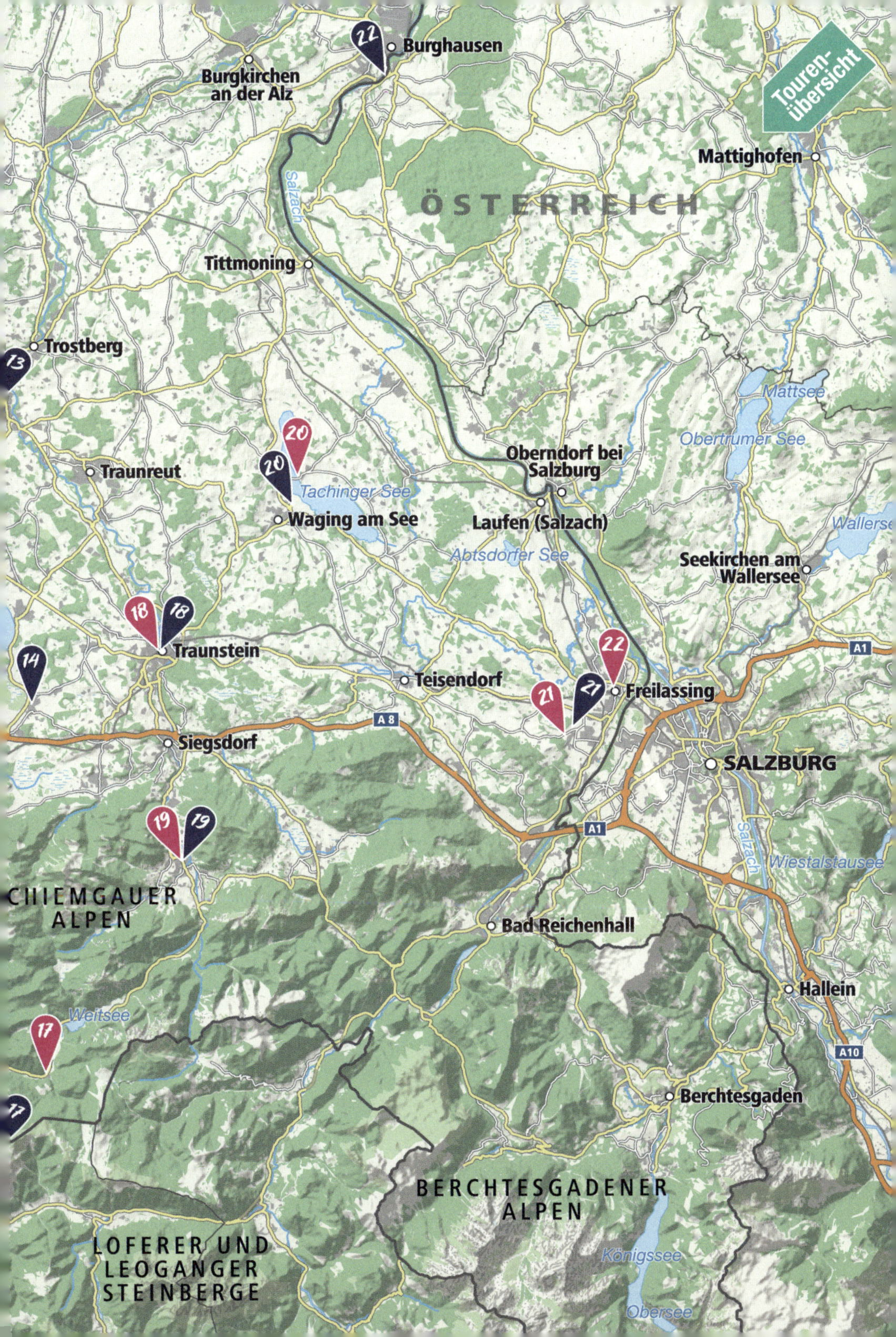

Touren-übersicht
Burghausen
Burgkirchen an der Alz
Mattighofen
Salzach
ÖSTERREICH
Tittmoning
Trostberg
Mattsee
Obertrumer See
Traunreut
Tachinger See
Waging am See
Oberndorf bei Salzburg
Laufen (Salzach)
Wallersee
Abtsdorfer See
Seekirchen am Wallersee
Traunstein
Teisendorf
Freilassing
A1
A 8
Siegsdorf
SALZBURG
A1
Salzach
Wiestalstausee
CHIEMGAUER ALPEN
Bad Reichenhall
Hallein
Weitsee
A10
Berchtesgaden
BERCHTESGADENER ALPEN
Königssee
LOFERER UND LEOGANGER STEINBERGE
Obersee
22
13
20
20
18
18
22
14
21
21
19
19
17
17

Endlich …

geht es los!

22 WOCHENENDEN FÜR DICH

Nach einer intensiven Arbeitswoche ist endlich Freizeit angesagt – also ab ins Wochenende und einfach mal raus mit Luftveränderung! Und diesmal statt Tagestouren von daheim aus, gleich ein komplettes Wochenende in einer der beliebtesten deutschen Urlaubsregionen, nämlich im Chiemgau.

Der Chiemgau bietet vielfältige Landschafts- und Sporterlebnisse für beinah jeden Geschmack, und kulturell gibt es auch so einige Highlights zu entdecken. Wanderungen durch Wiesen- und Waldlandschaften, mit Einkehr in Almen am Berg und tollen Aussichten. Radeln entlang von Flussufern und von See zu See, mit „Einihupf" und Steckerlfisch. Übernachtungen in Alpenvereinshäusern auf Mehrtagestouren oder in Pension oder Ferienwohnung als Ausgangsbasis für einzelne Touren vom Talort aus. Dabei gibt es bekannte Klassiker sportlich zu erklimmen wie die Kampenwand, oder du lässt es ruhiger angehen und gehst auf Wirtshaustour über den Högl bei Ainring und gönnst dir noch eine Portion Wellness. Wasser und Berge im Chiemgau sind eine perfekte Kombination – Du springst nach der Biketour über den Dandlberg noch in den Neubeurer See, testest das Naturschwimmbad am Samerberg, oder du bleibst gleich am und auf dem Wasser und paddelst auf Simssee, Chiemsee oder Waginger See.

Ob per Rad zu Fuß oder auf dem Wasser, Endlich Wochenende – Chiemgau stellt dir 22 Wochenenden vor, die dir deine Freizeitplanung vereinfachen. Die Wochenenden bestehen aus je zwei Touren aus der gleichen Region. Bei manchen Wochenenden handelt es sich auch um Zweitagestouren mit Übernachtungsmöglichkeit. Bei den Wochenenden handelt es sich um Vorschläge. Du kannst sie natürlich so kombinieren wie du willst.

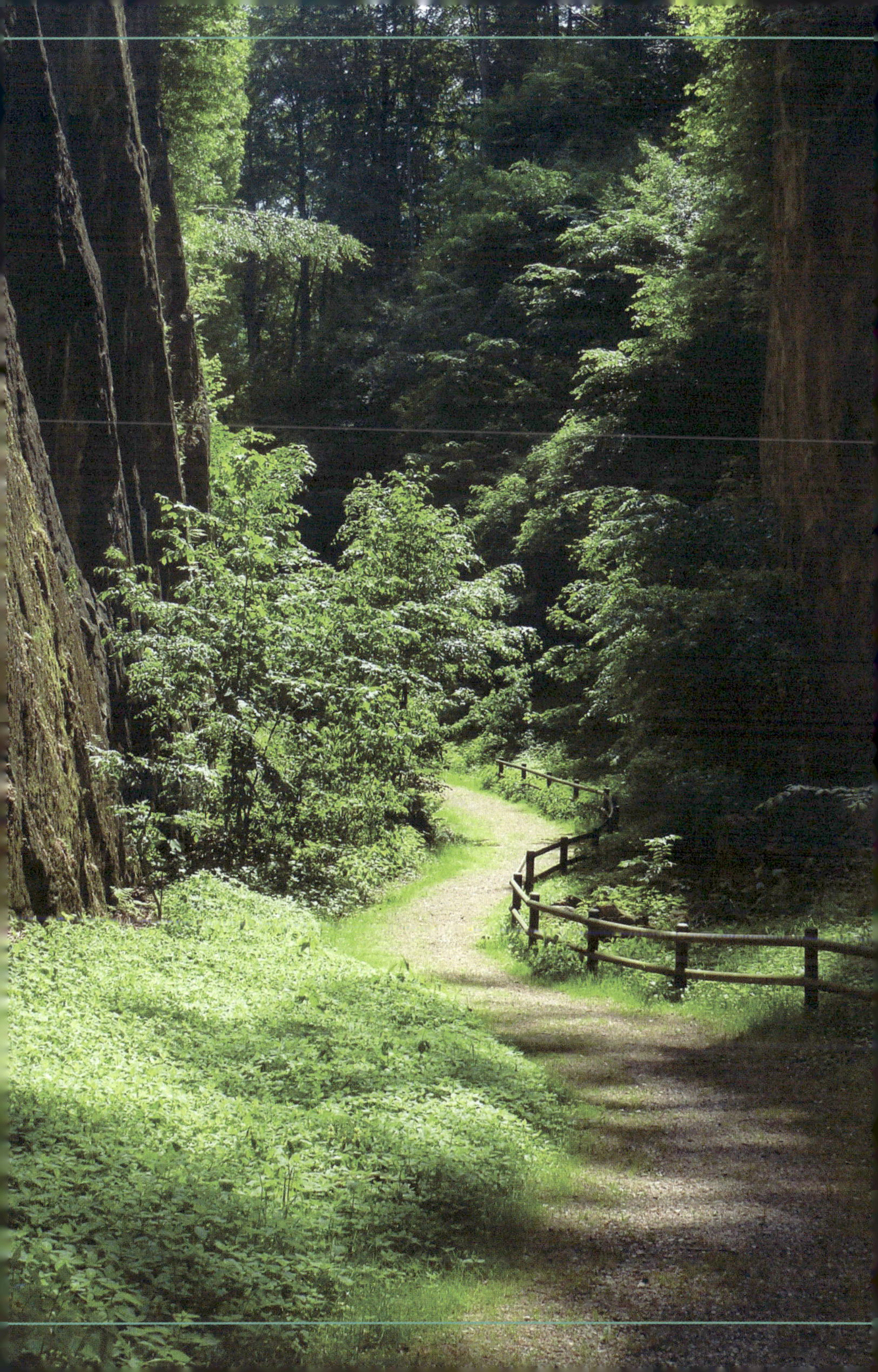

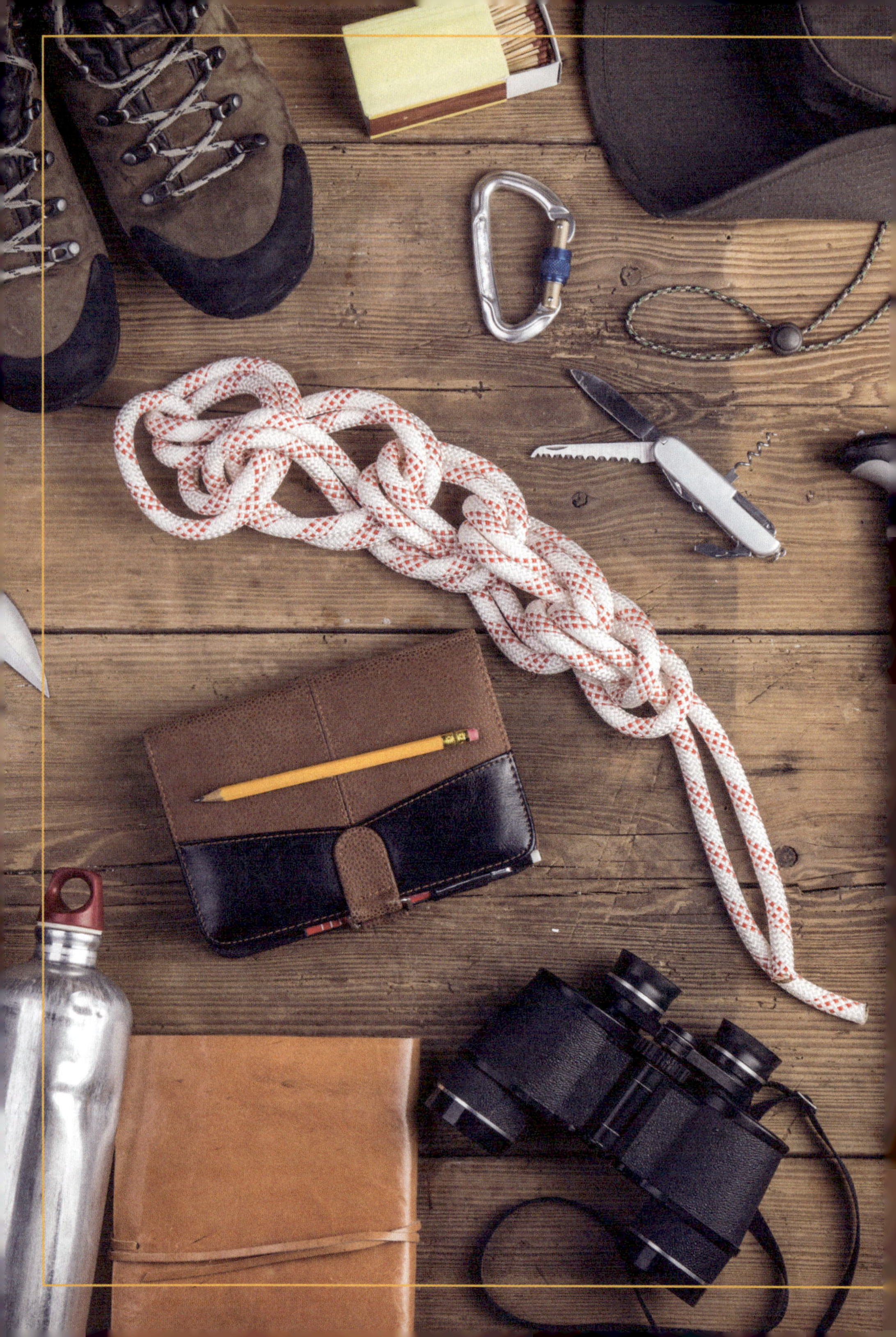

Endlich alle 7 Sachen zusammen

Pack-tipps

Deine Packliste

MATERIALCHECK

Bei den Wochenendtouren handelt es sich um sehr unterschiedliche Unternehmungen. Je nach Art der Tour brauchst du andere Ausrüstung, ausführliche Packlisten erhältst du bei Outdoorausrüstern oder beim Alpenverein. Für die Wanderungen in den Chiemgauer Bergen trägst Du am besten mittelschwere, knöchelhohe Schuhe, für die „flacheren" Touren genügen leichte Wanderschuhe.

- ○ Funktionsbekleidung
- ○ Wetterfeste & atmungsaktive Bekleidung
- ○ Handy (für den Notruf) & Erste-Hilfe-Set
- ○ Proviant & Getränke (mind. 1,5 Liter!)
- ○ Ausweis, Bargeld & EC-Karte
- ○ Sonnenschutz (Brille, Hut, Sonnencreme)

Zusätzlich für die Biketouren:

- ○ Helm & Radlhandschuhe
- ○ Pumpe & Reparaturset
- ○ Gepolsterte Radhose
- ○ Lenker- & Rahmentaschen

Zusätzlich beim Paddeln:

- ○ Schwimmweste & Drybag
- ○ Starken Sonnenschutz

Endlich gern gesehen

Verhaltenskodex

BEI OUTDOORAKTIVITÄTEN

Über die Hälfte aller Verkehrsbewegungen finden in Deutschland zu Freizeitzwecken statt – daher beginnt dein Wochenende im Chiemgau nach Möglichkeit mit einer umweltfreundlichen Anreise. Die meisten Touren im Buch sind mit Bahn und Bus gut zu erreichen. Manchmal dauert das einen Tick länger als mit dem Auto, aber du kommst entspannt an und entlastest das Klima. Viele traditionelle Gaststätten im Chiemgau und vor allem die Almen und Berggasthöfe setzen auf regionale und nachhaltig erzeugte Lebensmittel. Beim Wandern bewegst du dich als Gast in der freien Natur oder in gewachsenen Kulturlandschaften – mit nachhaltiger, respektvoller Verhaltensweise trägst du zum Schutz der Landschaft bei und kannst sie auch beim nächsten Besuch wieder genießen. Um im Einklang mit der Umgebung unterwegs zu sein, haben wir wichtige Tipps und einfache Grundregeln zusammengefasst.

Und das kannst du machen ...

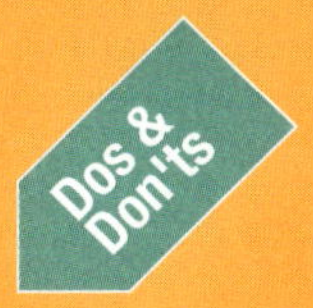

01 **Befolge Bestimmungen:** Informiere dich über Regelungen in Nationalparks und Schutzgebieten und halte dich an die Hinweise auf Informationstafeln.

02 **Bewege dich auf sichtbaren Wegspuren:** Durchquere keine Gebiete auf eigene Faust, sondern bleibe auf den festgelegten Routen. Respektiere Privatgrund und schließe Weidegatter.

03 **Respektvoller Umgang untereinander:** Begegne anderen Wanderern und Forstpersonal sowie Jägern und Landwirten stets freundlich und respektvoll, schließlich bist du Gast in dieser schönen Gegend.

04 **Vermeide unnötigen Lärm:** Respektiere Ruhezonen – vor allem auch nachts und im Winter benötigt das Wild und die Vogelwelt eine Pause.

05 **Respektiere den Lebensraum der Tiere:** Weiche Tieren unaufgeregt aus und halte Distanz bei Begegnungen.

06 **Halte die Umwelt sauber:** Hinterlasse keinen Abfall. Versuche dich bei Notdurft von Gewässern fernzuhalten und überlasse das Klopapier nicht der Natur.

07 **Pflücke und sammle keine Pflanzen:** Achte darauf, Pflanzen möglichst unberührt zu lassen – vor Ort sehen sie sowieso am schönsten aus.

08 **Mache kein offenes Feuer und campiere richtig:** Nutze nur ausgewiesene Feuerstellen und beachte die aktuelle Waldbrandgefahr. Wenn du im Freien übernachtest, tu das nur an Plätzen, wo dies erlaubt ist.

Grundwissen

bei Outdooraktivitäten

SICHERHEIT UND BASICS

Draußen Zeit zu verbringen, ist ein ideales Mittel, um einfach mal auszuspannen und den Alltag hinter sich zu lassen. Sei es beim Wandern, auf dem Fahrrad oder auf dem Wasser. Nur der eigenen Bewegung folgen, sich auf den eigenen Rhythmus konzentrieren. Die Natur und ihre Schönheit genießen. Trotzdem gilt es einiges zu beachten, damit durch unvorhergesehene Ereignisse der Spaß nicht auf der Strecke bleibt.

Safety First: Das Wetter ist traumhaft und alle sind bereit für einen Tag draußen, aber du fühlst dich nicht gut? Achte auf dich und schätze deine Verfassung richtig ein. Übermut oder falsche Selbsteinschätzung können ein gefährliches Ende nehmen. Sicherheit geht immer vor!

Wettercheck: Gerade bei längeren, ausgesetzten Touren ist stabiles Wetter sehr wichtig. Sich bereits zwei bis drei Tage vorher zu informieren und am Abend vor deinem Wochenende oder bei Unsicherheit sogar morgens nochmal das Wetter abzuklären, kann oft böse Überraschungen vermeiden. Am besten informierst du dich beim Deutschen Wetterdienst über das Wetter. Bei unsicheren Verhältnissen lieber die Tour absagen und eine Alternative wählen.

Notruf bei Unfällen: Im Falle eines Unfalls haben Ruhe bewahren und überlegtes Handeln oberste Priorität. Erst einen Überblick über die Situation verschaffen, bringe dann dich und die verletzte Person aus der Gefahrenzone, setze dann mit der europaweit gültigen Notrufnummer 112 einen Notruf ab. Zudem sollten Erste-Hilfe-Maßnahmen durchgeführt werden. Bei Funklöchern oder wenn kein Handy verfügbar ist, nutze das alpine Notsignal mittels Rufen, Pfiffen oder Licht: Alle zehn Sekunden eine Minute lang ein Signal, dann eine Minute Pause, dann wieder alle zehn Sekunden eine Minute lang ein Signal geben.

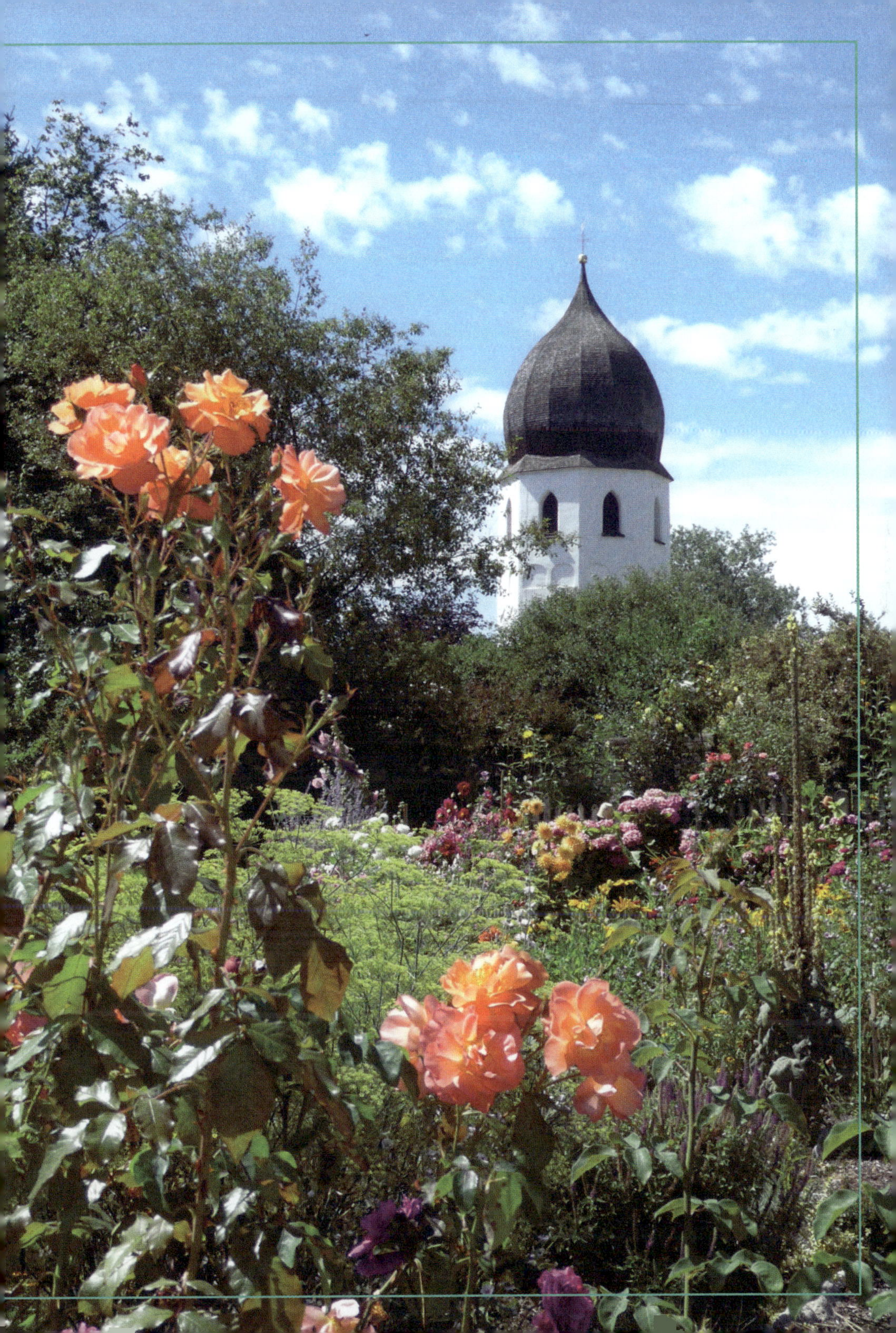

Grundwissen

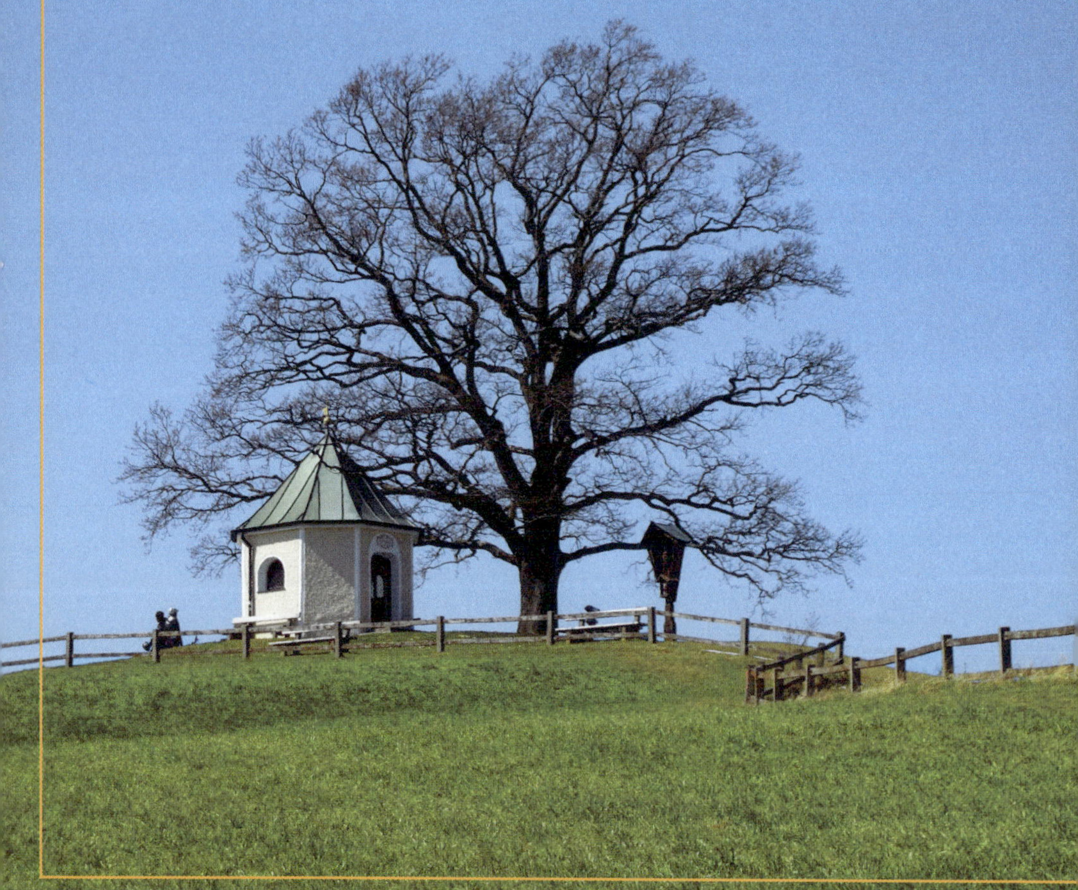

Wandern

TOUREN-1×1 & LEXIKON

Die Klassifizierung der Touren ist als Richtwert zu verstehen. Schätze dein Können und deine Kräfte realistisch ein und richte deine Tourenauswahl danach aus.

LEICHT: Meist gut markierte, breite Wanderwege ohne Gefahrenstellen, die stellenweise auch etwas steilere, wurzelige und felsige Passagen aufweisen können. Die Routen sind für Anfänger, Kinder sowie fitte, ältere Personen geeignet und setzen keine großartige Bergerfahrung voraus.

MITTEL: Anspruchsvollere Wege und Pfade mit teils unwegsamem Untergrund (steinig, wurzelig, verwachsen, rutschig), die meist gut markiert sind und phasenweise leicht ausgesetzte Abschnitte beinhalten können. Die Routen sind überwiegend länger und setzen Bergerfahrung und eine gute Grundkondition voraus.

SCHWER: Herausfordernde Touren, meist auf schmalen und steilen Steigen in alpinem Gelände. Stellenweise können kurze (durch Drahtseile versicherte) Kletter- und Kraxelpassagen vorkommen, bei denen die Hände zu Hilfe genommen werden müssen. Es ist mit längeren An- und Abstiegen zu rechnen. Langjährige Bergerfahrung, Trittsicherheit und Schwindelfreiheit sowie ausgezeichnete Kondition sind Grundvoraussetzung!

Gehzeiten: Die angeführten Zeitangaben verstehen sich als Richtwerte für die reine Gehzeit ohne Pausen und basieren auf folgenden Erfahrungswerten pro Stunde: Aufstieg 400 Höhenmeter, Abstieg 600 Höhenmeter, 4 km auf flacher Strecke.

Wandersaison: Grundsätzlich kannst du in den flacheren Teilregionen des Chiemgaus das ganze Jahr über wandern, an exponierten Stellen und nordseitig solltest du aber mit Schnee rechnen, dieser hält sich in Waldgebieten länger. Im Groben dauert die Wandersaison von April bis Oktober, doch angesichts Klimawandel und Schneemangel gibt es seit ein paar Jahren auch im Winter geeignete Wandertage. Freilich musst du die Tageslänge und Öffnungszeiten der Einkehrstationen beachten, die meisten Almen (bis auf die mit Rodelbetrieb) sind im Winter zu. Manchmal gibt es auch im Sommer noch Schneereste, vor allem in nordseitigen Senken an Bergflanken, bei unklarer Lage rufst du vorher in der Region an (Touristinfos, Alpenvereinssektionen, Hütten und Berggasthöfe) und informierst dich über die Situation. Eine tolle Wanderzeit ist der Herbst, dann hast du oft eine sehr gute Fernsicht.

Beim Radfahren

TOUREN-1×1 & LEXIKON

Routenplanung: Die sorgfältige Planung der Route ist eine der wichtigsten Vorbereitungen für eine erfolgreiche Fahrradtour. Tageskilometer und Höhenmeter wollen gut geplant sein, um keine bösen Überraschungen zu erleben. Dabei sollten nicht nur die eigene Kondition, sondern auch Einkehrmöglichkeiten entlang der Strecke berücksichtigt werden. Die vorgestellten Touren sind Empfehlungen unserer Autorinnen und Autoren und eine Veränderung der Streckenführung ist je nach Vorliebe jederzeit möglich.

Gepäck: Die passende Ausrüstung ist essenzieller Teil einer sorgfältigen Vorbereitung. Es gilt so viel wie nötig, so wenig wie möglich. Immerhin muss das Gewicht des Gepäcks den ganzen Tag mitgeführt werden.

Pausen planen: Regelmäßige Pausen sorgen für kurze Regeneration der Leistungsfähigkeit und Konzentration. Ob auf einer Bank an einer aussichtsreichen Stelle oder in einem Gasthof – die Länge der Etappe muss auch mehrere Pausen am Tag zulassen. Wer mit einem E-Bike unterwegs ist, sollte sich im Bedarfsfall vorab über Lademöglichkeiten entlang der Strecke informieren.

LEICHT: Gute Wegbeschaffenheit, breite Wege ohne Gefahrenstellen, leichte Steigung, moderate Tourendauer. Die Touren sind für Hobbyfahrer mit guter Kondition geeignet.

MITTEL: Mehrheitlich gute Wegbeschaffenheit, mitunter Schwierigkeiten durch Schlaglöcher, Engstellen etc. Anspruchsvollere Steigungen sind zu erwarten. Die Routen sind überwiegend länger und setzen bereits Erfahrung und eine gute Grundkondition voraus.

SCHWER: Herausfordernde Touren, meist mit schmalen und unebenen Passagen. Es ist mit längeren Steilanstiegen zu rechnen. Hier solltest du sehr gut trainiert sein und Erfahrung mitbringen.

Fahrzeiten: Die angeführten Zeitangaben verstehen sich als Richtwerte für die reine Fahrzeit ohne Pausen und können je nach Kondition und Fahrradtyp variieren.

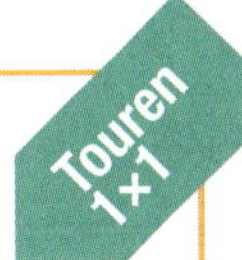

Auf dem Wasser

TOUREN-1×1 & LEXIKON

Auch hier ist die Klassifizierung der Touren als Richtwert zu verstehen. Schätze dein Können auf dem Wasser realistisch ein und richte deine Tourenauswahl danach aus.

LEICHT: Meist kurze, wenig windanfällige Touren ohne besondere Gefahrenstellen in gesicherten Gewässern. In der Regel ist hier auch kein reger Bootsverkehr zu erwarten. Diese Touren sind für Anfänger, Kinder sowie fitte, ältere Personen geeignet und setzen keine großartige SUP- oder Kajakerfahrung voraus.

MITTEL: Anspruchsvollere Touren und Gewässer mit teils windanfälligen Abschnitten. Die Touren sind überwiegend länger und setzen SUP-Erfahrung, Sicherheit im Paddeln und eine gute Grundkondition voraus. Es ist möglich, dass abschnittsweise auch Motorbootverkehr herrscht.

SCHWER: Herausfordernde Touren mit windanfälligen Stellen. Motorboote können den Weg kreuzen und Wellengang auslösen. Insbesondere unterscheiden sich diese Touren in der Länge zu den anderen Schwierigkeitsgraden. Eine ausgezeichnete Kondition, SUP- oder Kajakerfahrung und eine gute körperliche Verfassung sind Grundvoraussetzung!

Paddelzeiten: Die angeführten Zeitangaben verstehen sich als Richtwerte für die reine Paddelzeit. Die tatsächlichen Zeiten können je nach Windlage, Paddelgeschwindigkeit und Tourenvariante variieren.

SUP-Saison: Grundsätzlich könnt ihr ganzjährig SUPen, sofern das Gewässer nicht zugefroren ist. Die beste Zeit dafür sind jedoch die Sommermonate, wenn es lange hell ist, tendenziell weniger Wetterschwankungen zu erwarten sind und die Außentemperaturen wärmer sind. Informiert euch in jedem Fall über Öffnungszeiten und regionale Bestimmungen. Außerdem solltet ihr stets den Wetterbericht beachten. Bedenkt unbedingt, dass im Herbst, Winter und Frühling die Wassertemperatur geringer ist und passt eure Kleidung an die wetterabhängigen Begebenheiten an. Für erste SUP-Versuche solltet ihr jedoch eher die wärmeren Monate wählen, da die Wahrscheinlichkeit, ins Wasser zu fallen, dann um einiges höher ist.

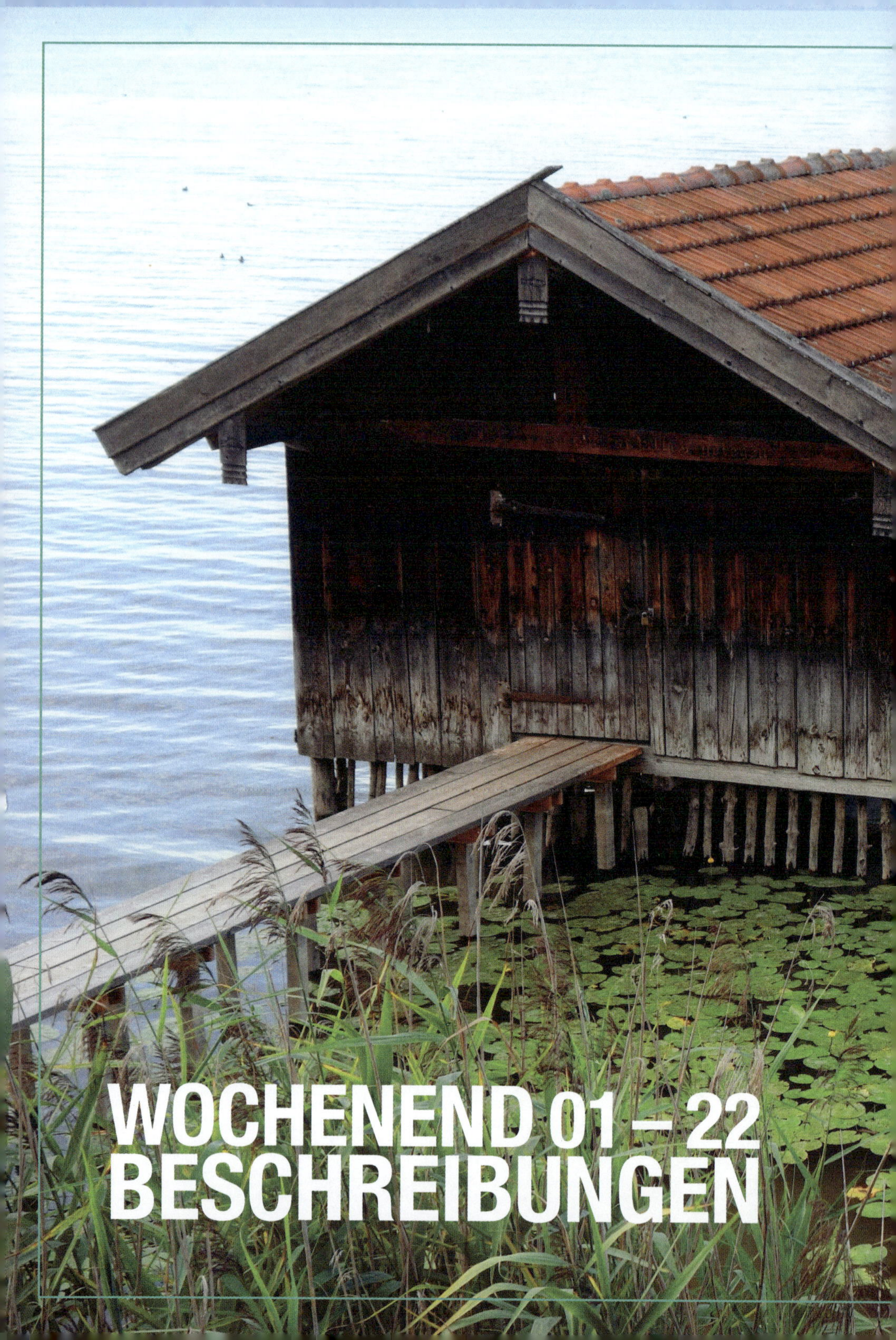

WOCHENEND 01 – 22 BESCHREIBUNGEN

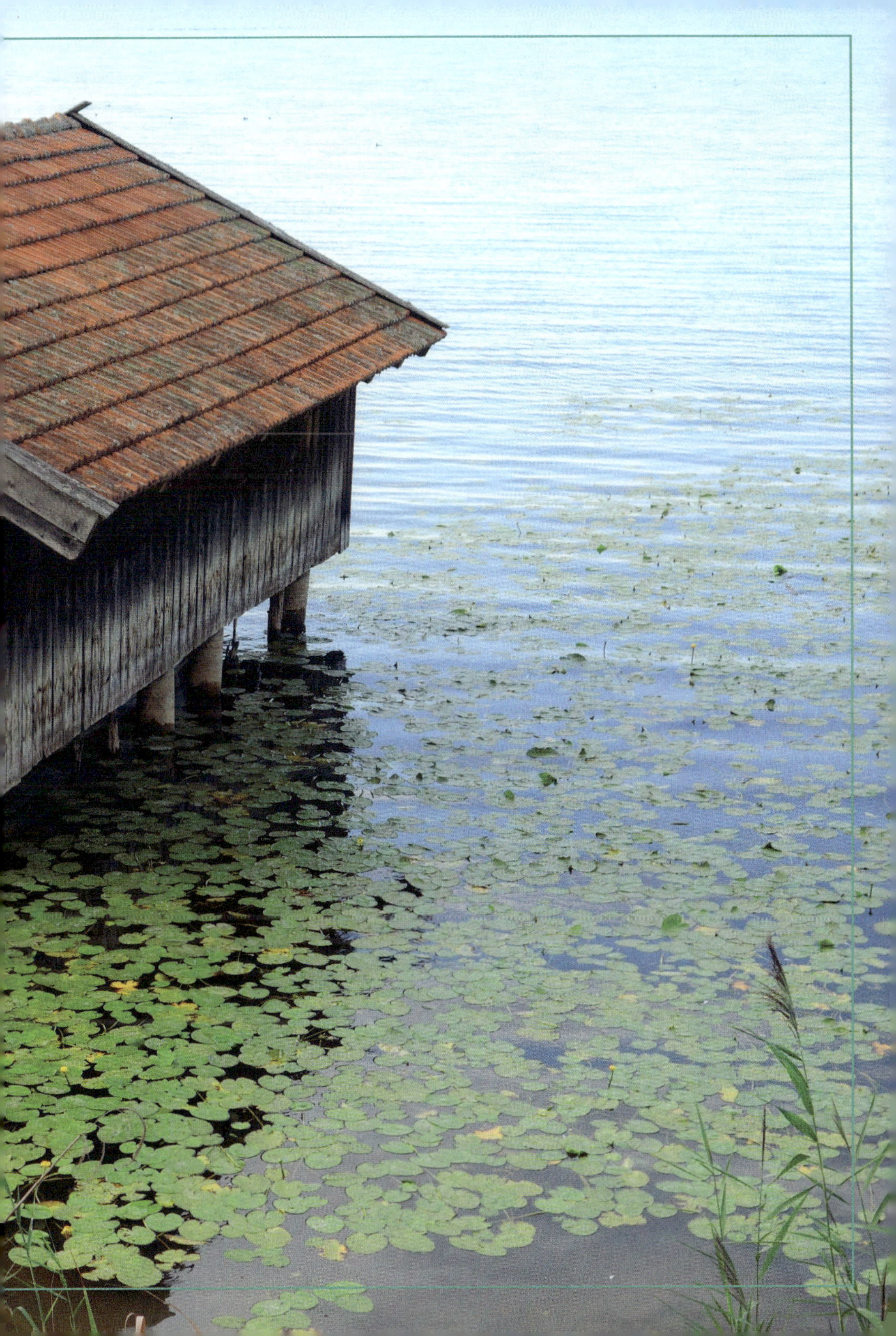

01

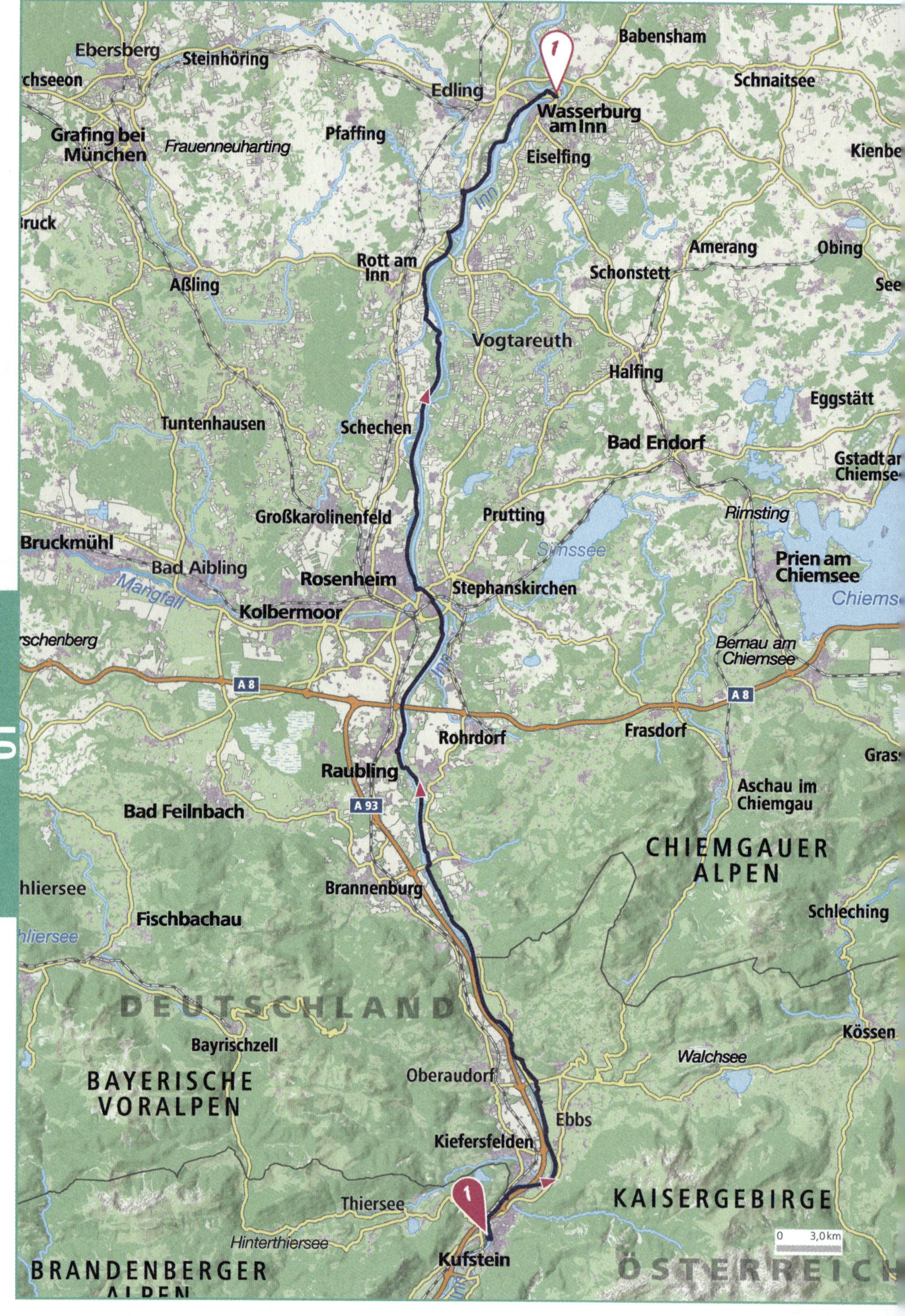

1
Babensham
Ebersberg
Steinhöring
Edling
Schnaitsee
Wasserburg am Inn
Grafing bei München
Frauenneuharting
Pfaffing
Eiselfing
Inn
Amerang
Obing
Rott am Inn
Schonstett
Aßling
Vogtareuth
Halfing
Eggstätt
Tuntenhausen
Schechen
Bad Endorf
Großkarolinenfeld
Prutting
Rimsting
Bruckmühl
Simssee
Prien am Chiemsee
Bad Aibling
Rosenheim
Stephanskirchen
Mangfall
Kolbermoor
Bernau am Chiemsee
A 8
Rohrdorf
Frasdorf
Raubling
Aschau im Chiemgau
A 93
Bad Feilnbach
CHIEMGAUER ALPEN
Brannenburg
Schleching
Fischbachau
DEUTSCHLAND
Bayrischzell
Kössen
Walchsee
BAYERISCHE VORALPEN
Oberaudorf
Ebbs
Kiefersfelden
KAISERGEBIRGE
Thiersee
Hinterthiersee
0 3,0 km
Kufstein
BRANDENBERGER ALPEN

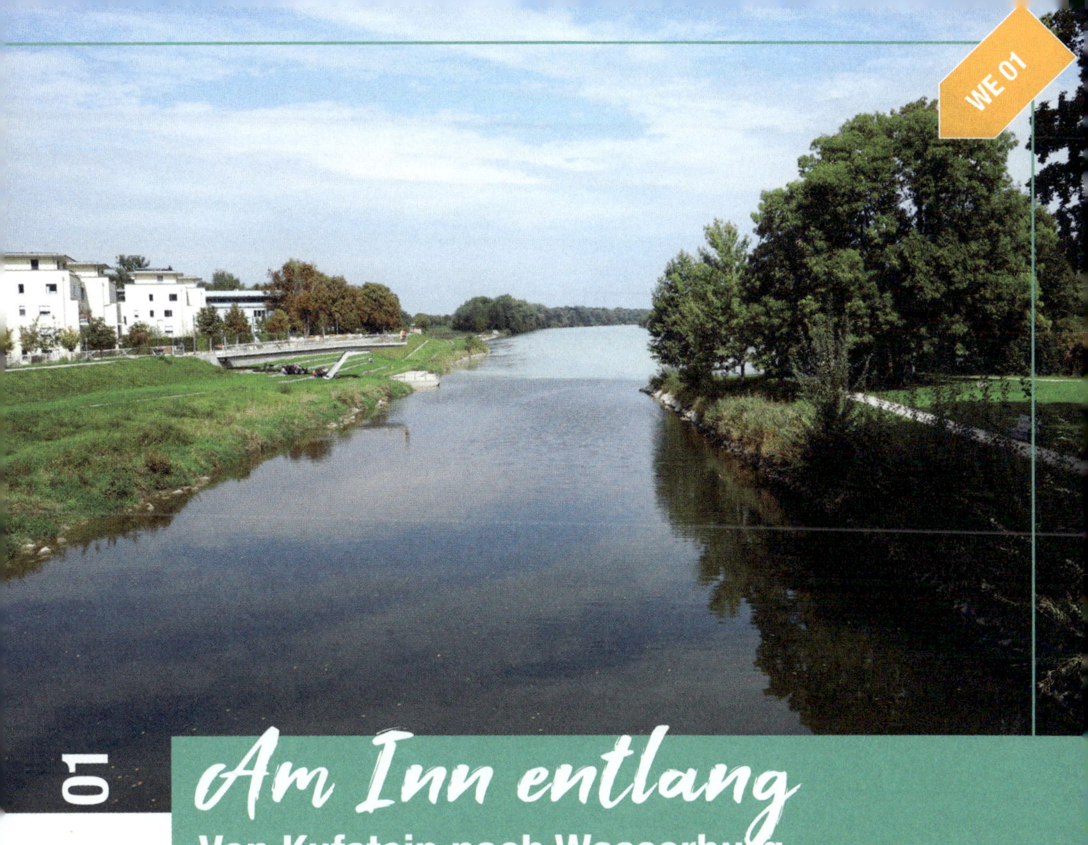

Tag 01

Am Inn entlang

Von Kufstein nach Wasserburg

TOURENART	Radtour
DAUER	4h
LÄNGE	65 km
HÖHENMETER	141 hm
SCHWIERIGKEIT	LEICHT
MIT ÖPNV ERREICHBAR	ja

Das erwartet dich ...

Auf dem Innradweg begleitest du den großen Alpenstrom – er teilt das Mangfallgebirge im Westen von den Chiemgauer Alpen im Osten ab. Die Tour führt aus den Bergen heraus ins Alpenvorland, ein reizvoller Wechsel in der Landschaft. Entlang der beinah ebenen Strecke von Kufstein bis Wasserburg kannst du alte Ortskerne erkunden und coole Badestopps einlegen. In der Mitte liegt Rosenheim mit seinem historischen Max-Josefs-Platz, bietet sich an für einen Zwischenstopp mit Ambiente.

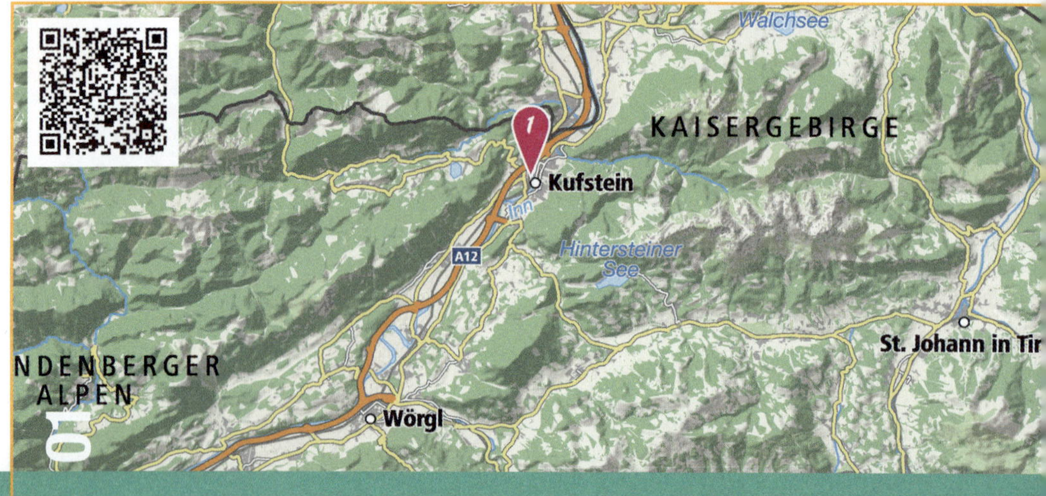

Tag 01

Start & Ziel & Anreise

Am besten nimmst du dein Rad mit im Zug nach Kufstein, die Regionalzüge haben reichlich Platz und fahren von München-Hbf oder München-Ost aus. Mit dem Bayern-Ticket plus Fahrrad-Tageskarte ist das Ganze erschwinglich, vor allem für Gruppen bis fünf Personen. Von Wasserburg-Altstadt aus sind es 20 Radlminuten bis zum Bahnhof in Reitmehring, von dort kommst du nach Rosenheim, nach Grafing oder nach Mühldorf. Vermeide typische Pendlerzeiten, dann kann es eng werden!

Tourenbeschreibung

Flussradwege sind „in", und der „Innradweg" gehört zu den beliebtesten Radrouten im Alpenraum. Drei Länder verbindet die Strecke vom Malojapass in der Schweiz bis zur Mündung in die Donau in Passau. Dein Startpunkt ist Kufstein mit seiner Festung und der Lage am hier schnell fließenden Inn. Auf welcher Seite radelt man am besten? Die westliche Variante bietet sich für Abstecher nach Oberaudorf oder Brannenburg an, dafür stört die Autobahn.

Daher radeln wir lieber am Ostufer. Für Hingucker sorgt Erl mit seinen beiden Festspielhäusern, davor kommt noch die alte Zollbrücke. Die Landschaft offeriert zu beiden Seiten attraktive Eindrücke: Ufervegetation und Altwässer, Einzelgehöfte mit Bio-Hofläden und die Ortschaften ein Stück weit vom Fluss. Klar – der Inn breitete sich bei Hochwassern weit in seiner Aue aus, die Zähmung des mächtigen Stroms stammt erst aus den letzten hundert Jahren. Der Radweg verläuft meistens auf dem Inndamm, von hier aus kannst du Abstecher machen, lohnenswert ist Nussdorf. Zurück am Inn kommst du am Neubeurer See vorbei – ein Badestopp mit klarem Wasser und einem Kiosk. Dann über die Innbrücke und drüben weiter, ausgeschildert ist Rosenheim. Du kommst am Happinger See vorbei, darauf folgen Happinger Ausee und Floriansee – drei tolle Badegewässer.

Halbzeit auf der Tagestour nach Wasserburg ist in Rosenheim, hier kommt man an einer alten Innplätte vorbei und erreicht den „Innspitz", hier fließt die Mangfall in den Inn. Mit einem kleinen Schlenk weg vom Radweg folgst du über hölzerne Rampen und am Stadtbach entlang dem Duft der Kaffeehäuser und landest in der Innenstadt am Max-Josefs-Platz mit seinen Arkadengängen – Pause!

Wieder zurück auf dem Inndamm geht es weiter entlang der Inn-Auen: Vielleicht hast du Glück mit Vogelbeobachtungen. Immer parallel zum Inn auf dem Radweg kommst du bis zum Fischerstüberl unterhalb des Klosters Attel. Jetzt kannst du auf dem Radweg hoch zum Kloster und dann durch Gabersee von oben nach Wasserburg einrollen. Schöner ist aber der Weg direkt am Inn, dort geht es auf einem wurzeligen Waldweg weiter, vielleicht musst du kurz schieben. In der „Vogelfreistätte Innstausee" kommen viele geschützte Vogelarten vor. Eine kurze Passage ist bei Gegenverkehr von Wanderern und Radlern eng – bitte schiebe oder warte! Durch einen Tunnel rollst du schließlich hinein nach Wasserburg, die „Sieben-Achtel-Insel".

Autoren Tipp

In der Altstadt Wasserburgs stehen über vierhundert denkmalgeschützte Häuser in einem italienisch wirkenden historischen Ensemble – das Stadtbild ist ein absolutes Highlight! Nicht umsonst haben sich hier viele Kunsthandwerker und Kunstschaffende niedergelassen. Ein Bummel durch die Gässchen ist ein Traum, ebenso auf dem „Skulpturenweg" am Inn entlang. Außerdem gibt es mit dem „Belacqua" ein renommiertes Theater und das „Utopia" bietet Programmkino in zwei Sälen – Kultur pur.

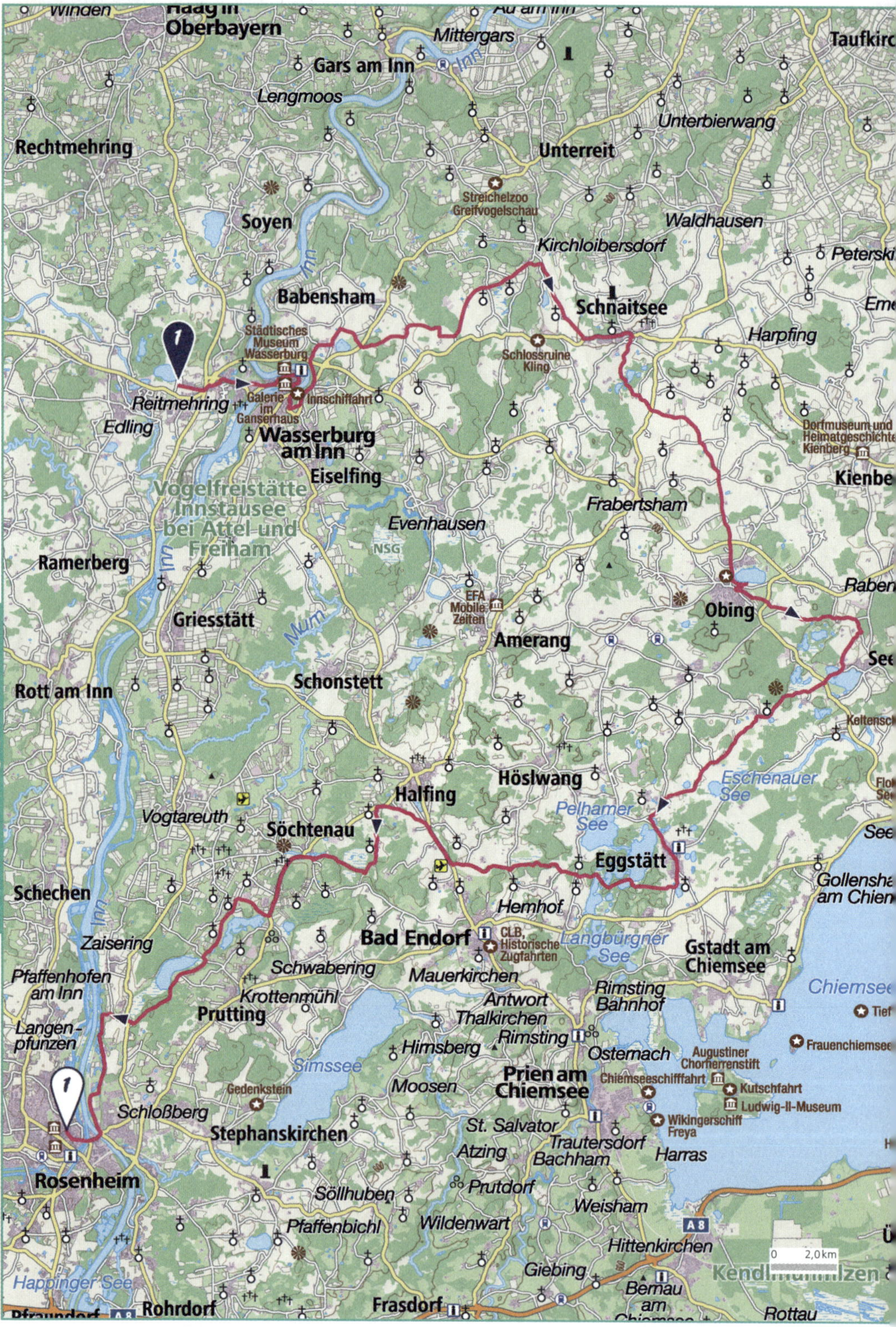

01

Haag in Oberbayern
Gars am Inn
Mittergars
Inn
Taufkirc
Lengmoos
Rechtmehring
Unterbierwang
Unterreit
Streichelzoo Greifvogelschau
Soyen
Waldhausen
Kirchloibersdorf
Peterski
Babensham
Schnaitsee
Harpfing
Städtisches Museum Wasserburg
Schlossruine Kling
Reitmehring
Galerie im Ganserhaus
Innschifffahrt
Edling
Wasserburg am Inn
Dorfmuseum und Heimatgeschichte Kienberg
Eiselfing
Kienbe
Vogelfreistätte Innstausee bei Attel und Freiham
Frabertsham
Evenhausen
NSG
Ramerberg
Inn
EFA Mobile Zeiten
Obing
Griesstätt
Murn
Amerang
Schonstett
Rott am Inn
Keltensch
Höslwang
Eschenauer See
Halfing
Vogtareuth
Pelhamer See
Söchtenau
Eggstätt
Schechen
Hemhof
Inn
Zaisering
Bad Endorf
CLB, Historische Zugfahrten
Langbürgner See
Gstadt am Chiemsee
Gollensha am Chien
Pfaffenhofen am Inn
Schwabering
Mauerkirchen
Krottenmühl
Antwort
Rimsting Bahnhof
Chiemsee
Prutting
Thalkirchen
Langenpfunzen
Rimsting
Himsberg
Osternach
Augustiner Chorherrenstift
Frauenchiemsee
Simssee
Prien am Chiemsee
Chiemseeschifffahrt
Kutschfahrt
Ludwig-II-Museum
Gedenkstein
Moosen
Schloßberg
Wikingerschiff Freya
Stephanskirchen
St. Salvator
Trautersdorf
Atzing
Bachham
Harras
Rosenheim
Söllhuben
Prutdorf
Weisham
Pfaffenbichl
Wildenwart
A 8
Hittenkirchen
Happinger See
Giebing
Bernau am Chiemsee
Kendlmühlfilzen
Rohrdorf
Frasdorf
Rottau
A 8
0 2,0 km

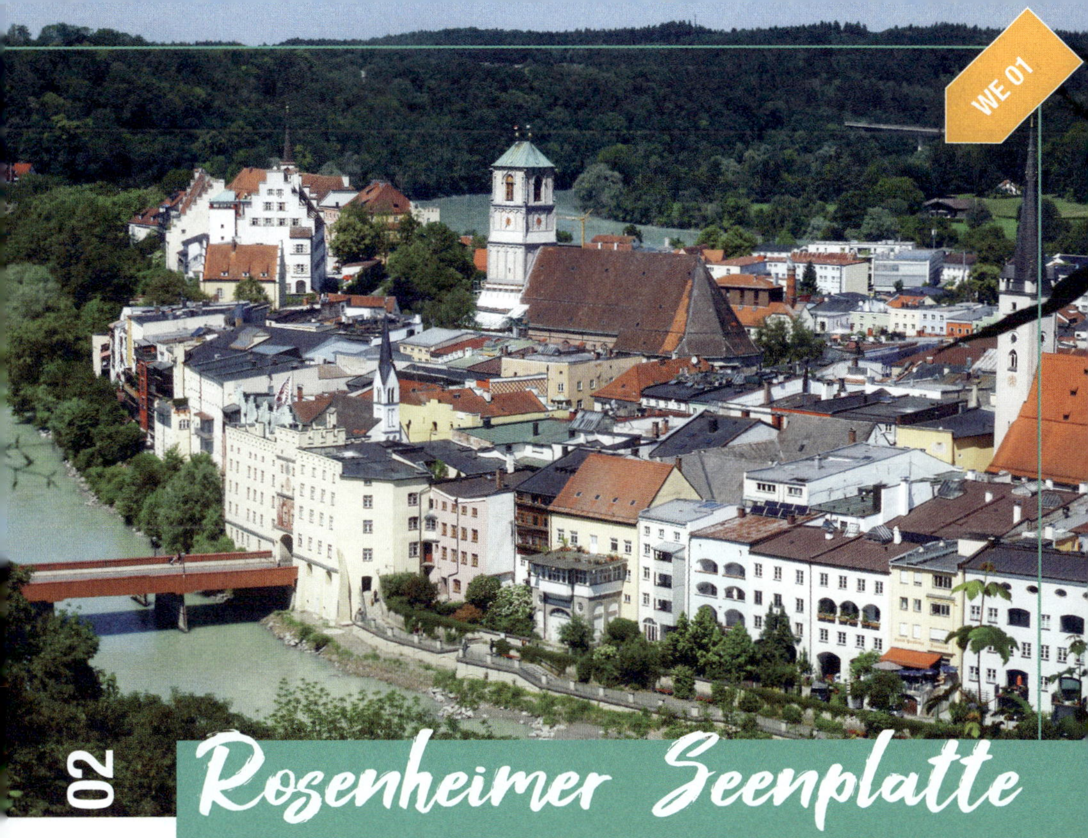

02 Tag

Rosenheimer Seenplatte

Von Wasserburg nach Rosenheim

TOURENART	Radtour
DAUER	4h 30min
LÄNGE	80 km
HÖHENMETER	640 hm
SCHWIERIGKEIT	MITTEL
MIT ÖPNV ERREICHBAR	ja

Das erwartet dich ...

Die Radtour von Wasserburg nach Rosenheim ist einigermaßen sportlich, es gibt eine Summe kleinerer Anstiege und kurzer Abfahrten, du radelst also im munteren Auf und Ab. Die Tour macht einen halbkreisförmigen Bogen nach Osten und folgt nicht dem kürzeren Innradweg. Der Clou: Die Route tangiert mindestens neun attraktive Badeseen. Zu sehen gibt's auch sehr hübsche Ortsbilder – also viel Vergnügen beim „Bike und Swim" durch die Rosenheimer Seenplatte!

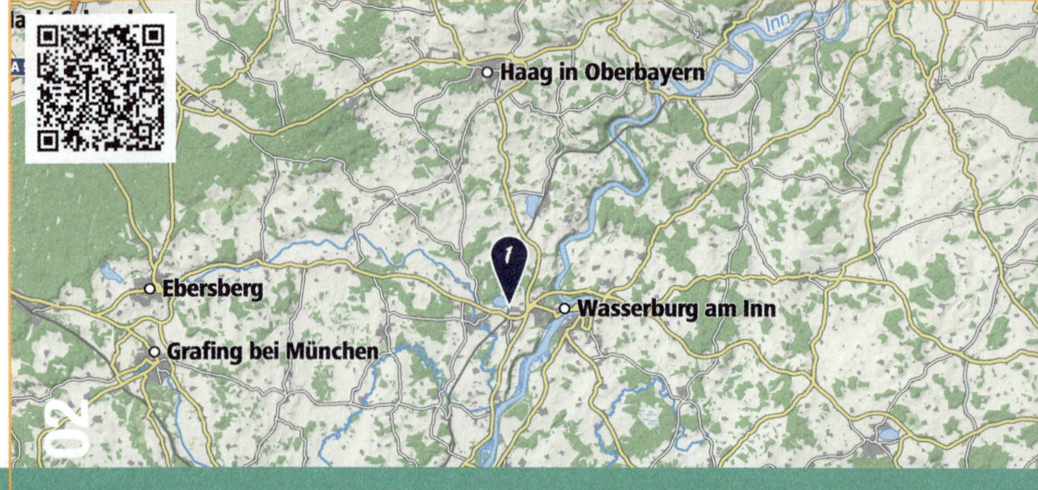

Tag 02

Start & Ziel & Anreise

Wasserburg erreichst du am besten mit der Fahrradmitnahme im Zug mit der kurzen Regionalbahn, entweder von München über Grafing oder mit Umsteigen in Rosenheim, oder von Norden her über Mühldorf. Der Bahnhof liegt in Reitmehring, von hier folgst du der Beschilderung zur Wasserburger Altstadt und rollst vom Ortsteil Gabersee aus steil hinunter zum historischen Ortskern. Der Zielort Rosenheim ist hervorragend an die Schiene angebunden an der Linie Salzburg – München.

Tourenbeschreibung

Nach dem Genuss von Wasserburger Altstadt-Flair radelst du über die Innbrücke, dann die Salzburger Straße aufwärts, ein Linksschlenk durch die Achatzstraße bringt dich auf die Innterrasse. Die bunten Fassaden Wasserburgs wirken italienisch, und nach einigen Schweißtropfen entfaltet der Ort von oben seine pittoreske Schönheit. Dann ein Knick über die Neudecker Straße nach Osten zum Penzinger See – erste potenzielle Badestation! Über kleine Chiemgauer Weiler wie Gumpertsham und Tötzham kurvst du weiter auf ruhigen Radlwegen durch einen zauberhaften Landstrich. Hier reihen sich kleine Seen wie an einer Kette aneinander – es sind Refugien der Stille, aber auch Orte der Bildung und der Kunst. Und weg vom Rummel des Tagestourismus! Zwischen Penzing und St. Leonhard pflegt man die Bräuche: In einem Garten steht ein kreativer „Hungerbaum" für die frisch Verlobten, in der Nachbarschaft Storch-Skulpturen, an Wäscheleinen hängen Strampelanzüge. Über lauschige Waldwege und auf wenig befahrenen

Straßen radelst du nach Schnaitsee und zum urigen Badeweiher, wo hölzerne Umkleiden nostalgisches Flair verbreiten. Nächste Perle an der Kette und nur 8 Kilometer weiter ist der Obinger See, wo eine freundliche Skulptur am Uferweg grüßt. Die Seenroute führt weiter, am Griessee – auch hier kann man „nostalgisch" baden – vorbei, bis aus einer Senke Kirchtürme aufragen. Es ist das durch seine Ausstellungen bekannte Kloster Seeon, welches du über eine Brücke und an einer Skulptur von Heinrich Kirchner vorbei über einen Steg erreichst. Die Stille des Klostergartens lädt ein zur Ruhe und Betrachtung. Auf einem Sträßchen mit kaum Verkehr rollst du nun zum Hartsee, wo du beim „Hartseestüberl" einen schönen Biergarten findest. Nach dem Ort Eggstätt den Rechtsabzweig nicht verpassen: Jetzt radelst du weiter mit der Beschilderung „Via Julia", der alten Römerstraße, und auf Waldwegen durch die Eggstätter Seenplatte weiter nach Westen, oft mit tollem Blick auf Kampenwand oder Wendelstein. Ab Söchtenau führen tolle Teilstücke am Rinser und Hofstätter See entlang. Von Haidbichl geht es steil hinunter ins Inntal an der Leonhardspfunzener Mineralwasserabfüllung vorbei und eine Viertelstunde weiter am Inn entlang bist du nach einem langen Bade- und Radltag in der Rosenheimer Innenstadt.

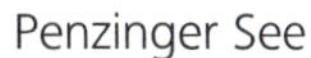

Penzinger See

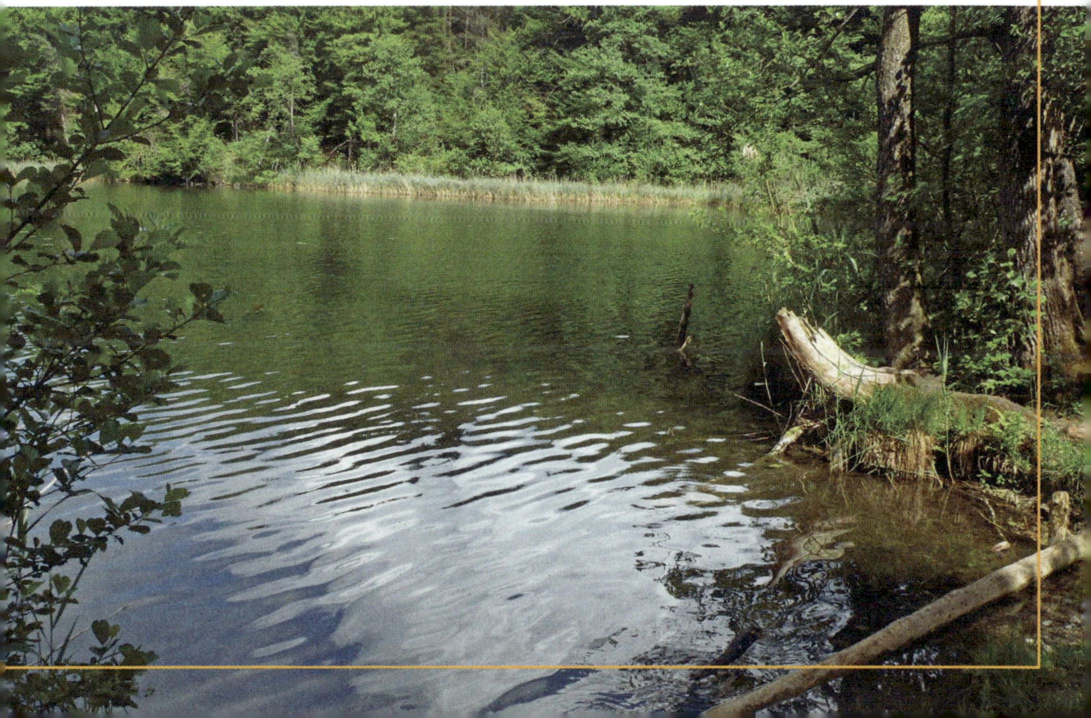

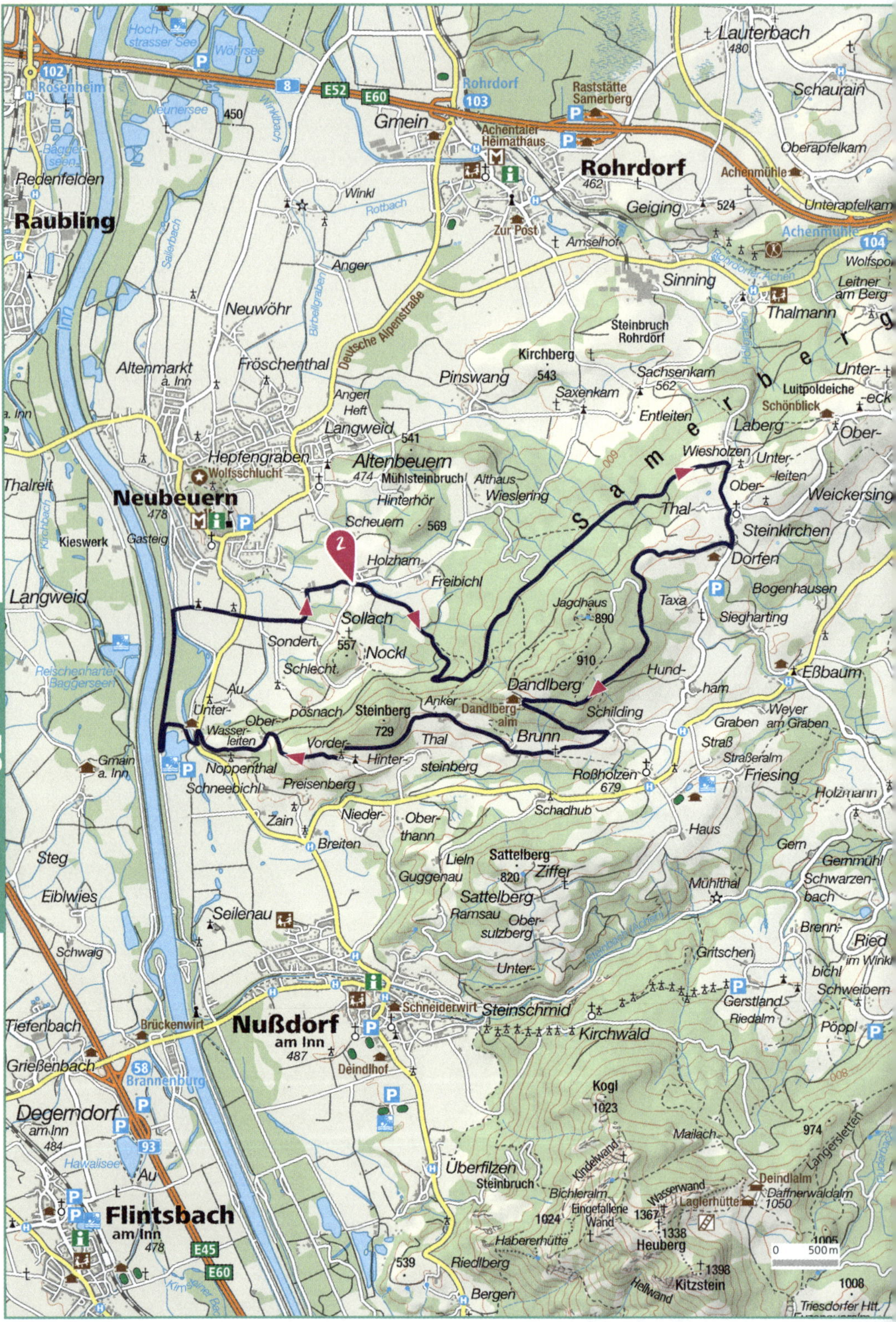

02

Hochstrasser See
Wöhrsee
Lauterbach
480
102
Rosenheim
8
E52
E60
Rohrdorf
103
Raststätte Samerberg
Schaurain
Neuenersee
450
Gmein
Achentaler Heimathaus
Oberapfelkam
Baggerseen
Redenfelden
Rohrdorf
462
Achenmühle
Unterapfelkam
Raubling
Winkl
Rothach
Geiging
524
Zur Post
Amselhof
Achenmühle
104
Leitner am Berg
Anger
Sinning
Thalmann
Inn
Neuwöhr
Steinbruch Rohrdorf
Deutsche Alpenstraße
Kirchberg
543
Altenmarkt a. Inn
Fröschenthal
Pinswang
Sachsenkam
562
Unter-eck
Saxenkam
Luitpoldeiche
Schönblick
Angerl
Heft
Entleiten
Langweid
Laberg
Ober-
541
Samerberg
Hepfengraben
Altenbeuern
Wiesholzen
Unter-leiten
Wolfsschlucht
474
Mühlsteinbruch
Althaus
Thalreit
Ober-
Weickersing
Neubeuern
Wieslering
Hinterhör
478
Thal
Scheuern
569
Steinkirchen
Kieswerk
Gasteig
Dorfen
Holzham
Langweid
Freibichl
Bogenhausen
Jagdhaus
890
Taxa
Siegharting
Sollach
Sondert
557
Nockl
910
Reischenharter Baggersee
Schlecht
Eßbaum
Hund-
Dandlberg
ham
Au
Unter-
pösnach
Anker
Dandlberg-alm
Steinberg
Schilding
Weyer am Graben
Ober-
729
Graben
Wasser-leiten
Brunn
Vorder-
Thal
Straß
Gmain a. Inn
Hinter-
Straßeralm
Noppenthal
steinberg
Roßholzen
679
Friesing
Schneebichl
Preisenberg
Holzmann
Schadhub
Zain
Nieder-
Ober-thann
Haus
Breiten
Gern
Lieln
Sattelberg
Steg
Guggenau
820
Ziffer
Gernmühl
Schwarzen-bach
Eiblwies
Sattelberg
Mühlthal
Ramsau
Ober-sulzberg
Seilenau
Brenn-
Ried im Winkl
Schwaig
Gritschen
bichl
Unter-
Schweibern
Gerstland
Riedalm
Schneiderwirt
Steinschmid
Tiefenbach
Brückenwirt
Nußdorf am Inn
Kirchwald
Pöppl
487
Grießenbach
58
Brannenburg
Deindlhof
Kogl
1023
Degerndorf am Inn
484
974
Langersletten
Mailach
93
Hawalisee
Au
Überfilzen
Kindelwand
Deindlalm
Steinbruch
Bichleralm
Wasserwand
Daffnerwaldalm
Flintsbach am Inn
1050
Eingefallene Wand
Laglerhütte
1024
1367
478
1338
E45
Habererhütte
Heuberg
1005
0
500 m
539
Riedlberg
1398
E60
Kitzstein
1008
Hellwand
Bergen
Triesdorfer Htt.

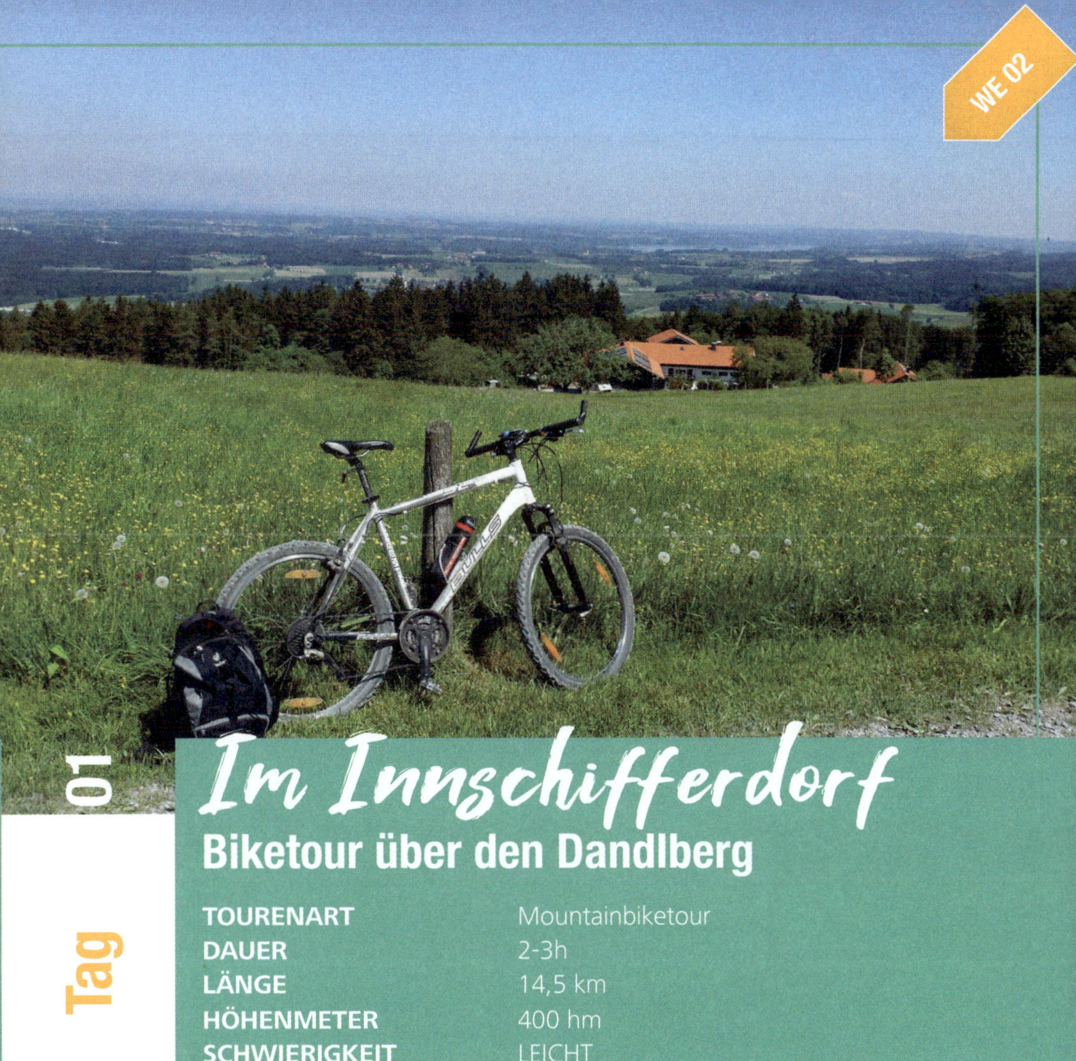

Tag 01

Im Innschifferdorf

Biketour über den Dandlberg

TOURENART	Mountainbiketour
DAUER	2-3h
LÄNGE	14,5 km
HÖHENMETER	400 hm
SCHWIERIGKEIT	LEICHT
MIT ÖPNV ERREICHBAR	ja

Das erwartet dich ...

Neubeuern ist eine echte Perle am Inn: Der Ort blickt auf eine reichhaltige Geschichte zurück, was sich auch in den Lüftlmalereien am Marktplatz zeigt. Die Biketour mit dem MTB oder – technisch gutes Fahren vorausgesetzt – mit dem Gravelbike über den benachbarten Dandlberg bietet tolle Ausblicke auf Inntal und Simssee, kleine Weiler und mit der Dandlbergalm eine beliebte Einkehrstation. Zum Relaxen bietet sich der Neubeurer See an mit seinem kalten Wasser, Beachvolleyballplatz und Kiosk.

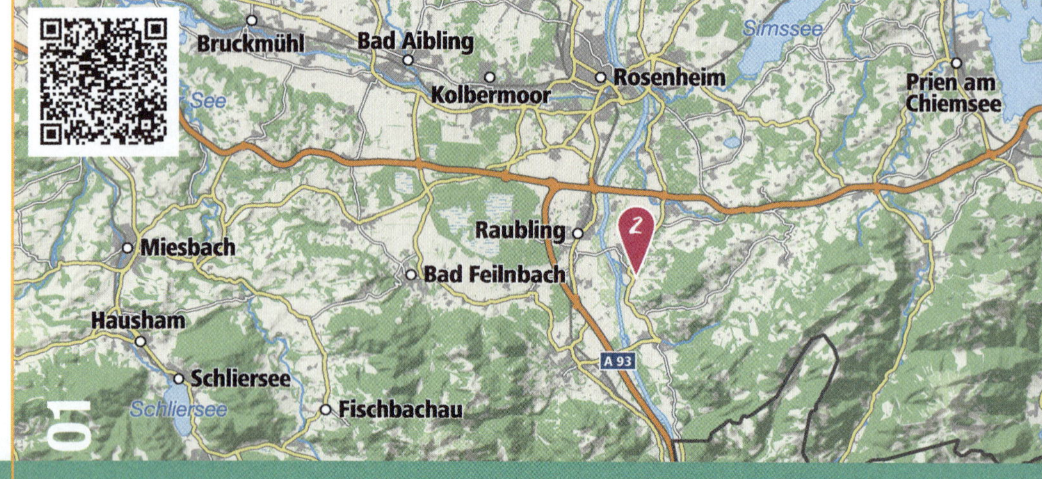

Tag 01

Start & Ziel & Anreise

Nach Neubeuern kommst du mit dem Auto über die A8 München–Salzburg; von der Ausfahrt Rohrdorf sind es noch 5km. Oder du nimmst dein Bike mit im Regionalzug nach Rosenheim (die ECs und ICs haben weniger Platz und setzen eine Platzbuchung voraus) und radelst am Innradweg entlang, die Rosenheimer Seite des Inns ist die schönere. Noch näher ist es mit der Regionalbahn nach Kufstein, dann radelst du vom Raublinger Bahnhof zur Innbrücke und überquerst sie nach Neubeuern.

Tourenbeschreibung

Der eigentliche Startpunkt ist der Weiler Holzham, er liegt am südlichen Ortsrand von Neubeuern. Von hier geht es auf einem Forststräßchen zunächst leicht bergan zum Waldrand, dort ist ein kleiner Wanderparkplatz.

Zunächst steil zieht sich die Dandlbergstraße (örtliche Markierung N29) hangaufwärts – für Einsteiger noch ungewohnt, aber dafür gibt es ja die MTB-Übersetzung und mehrere Berggänge. Der Tritt fällt anfangs noch schwer, doch der Rhythmus stellt sich ein. An heißen Sommertagen hilft der Mischwald und viele Schattenpassagen; wegen der niedrigeren Lage ist der Dandlberg die meiste Zeit im Jahr schneefrei und sogar an sonnigen Wintertagen sehr schön. Zu Recht ist die Route daher eine der beliebten Einsteigertouren der Region.

Du radelst nicht ausschließlich nur bergauf, zwischendurch gibt es kurze sportliche Abfahrten, achterbahnähnlich, das bringt Fahrspaß und entspannt nach der Anstrengung. Fast oben, öffnen sich bei Wiesholzen an einem „Bankerl" die Blicke auf Rosenheimer Land mit dem Inn und der Chiemseeregion. Ein genialer Balkon mit Kühen als Nachbarn. Ein paar Kurbelumdrehungen weiter nach rechts aufwärts wartet ein geradezu magischer Ort, die fotogen und exponiert gelegene Kapelle von Steinkirchen. Hier kann man meditative Ruhe genießen, der Ausblick reicht weit. Der Samerberg, die Hochries, der Heuberg...eine sensationelle Kulisse auch für die über uns schwebenden Paraglider!

Der Weg führt nun aus der offenen Berglandschaft im Weiler Dorfen nach rechts zunächst über Offengelände, dann wieder in den Wald, jetzt ist Genussradeln angesagt, bei gleichzeitiger Rücksichtnahme auf Wanderer. Wenn sich der Weg steiler neigt, stellst du am besten den Sattel niedriger, auf kiesigem Untergrund heißt es Obacht geben. Mit der Dandlbergalm wartet eine attraktive Station – Einkehrschwung bei bester Aussicht ins Mangfallgebirge gegenüber! Die Brotzeit schmeckt, aber weitere Schmankerln landschaftlicher Art kommen noch. In Schilding, Brunn und Anker scheint die Zeit stehengeblieben, archaisch und ruhig wirken die kleinen Häusergruppen hoch über dem Inntal. Über Vordersteinberg und Noppenthal erreichst du die Deutsche Alpenstraße S 2359 im Tal, gegenüber verlockt der Neubeurer See – hoffentlich hast du an die Badehose gedacht!

Kapelle von Steinkirchen

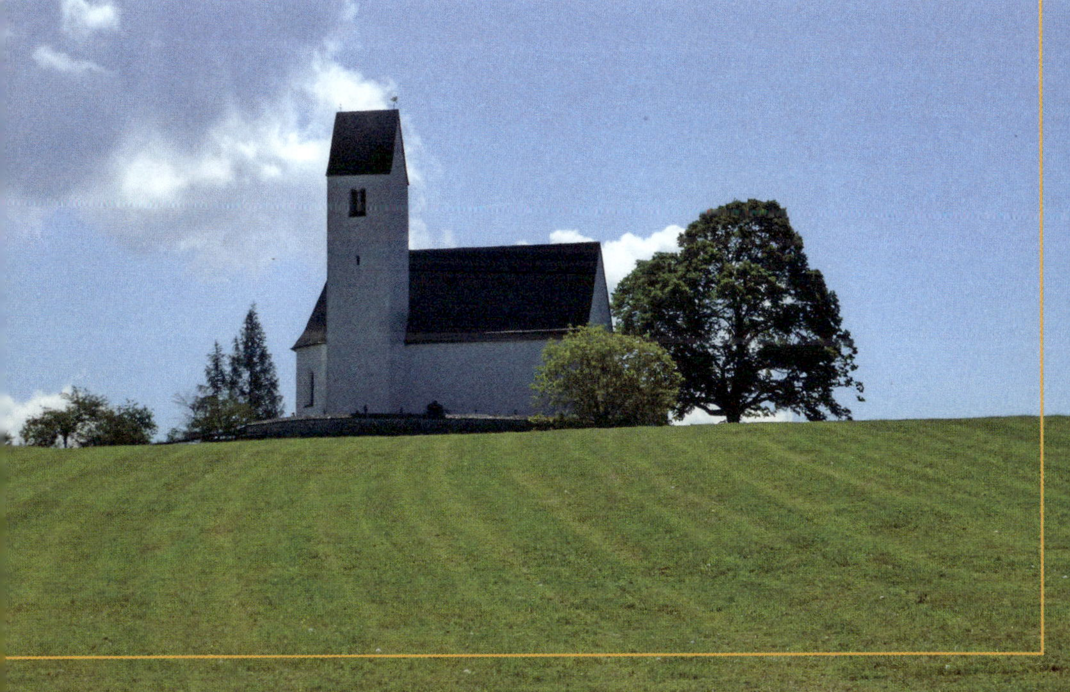

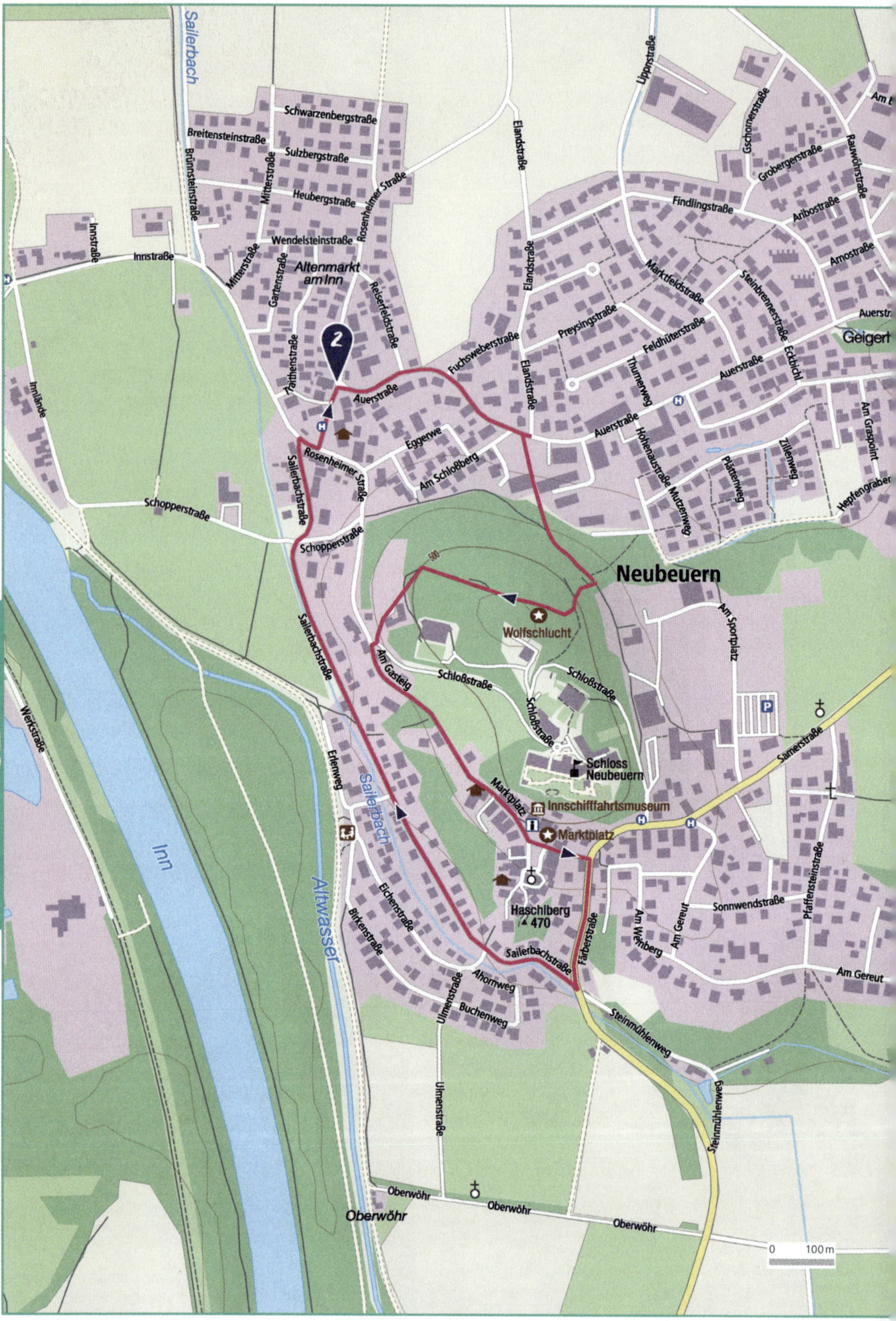

Neubeuern
Altenmarkt am Inn
Oberwöhr
Geigert
Schloss Neubeuern
Innschifffahrtsmuseum
Marktplatz
Wolfschlucht
Haschiberg 470
500
Inn
Altwasser
Sailerbach
Schwarzenbergstraße
Breitensteinstraße
Sulzbergstraße
Brünnsteinstraße
Mitterstraße
Heubergstraße
Rosenheimer Straße
Wendelsteinstraße
Innstraße
Gartenstraße
Reiserfeldstraße
Traithenstraße
Auerstraße
Eggerwe
Am Schloßberg
Sailerbachstraße
Schopperstraße
Innlände
Werkstraße
Am Gasteig
Schloßstraße
Erlenweg
Eichenstraße
Birkenstraße
Ahornweg
Ulmenstraße
Buchenweg
Färberstraße
Steinmühlenweg
Lippnstraße
Elandstraße
Fuchsweberstraße
Preysingstraße
Marktfeldstraße
Feldhüterstraße
Thurnerweg
Hohenaustraße
Mutzenweg
Findlingstraße
Gschornerstraße
Grobergerstraße
Rauwöhrstraße
Aribostraße
Arnostraße
Steinbrennerstraße
Eckbichl
Am Graspoint
Zillenweg
Plättenweg
Hepfengraben
Am Sportplatz
Samerstraße
Sonnwendstraße
Pfaffensteinstraße
Am Weinberg
Am Gereut
0 100 m

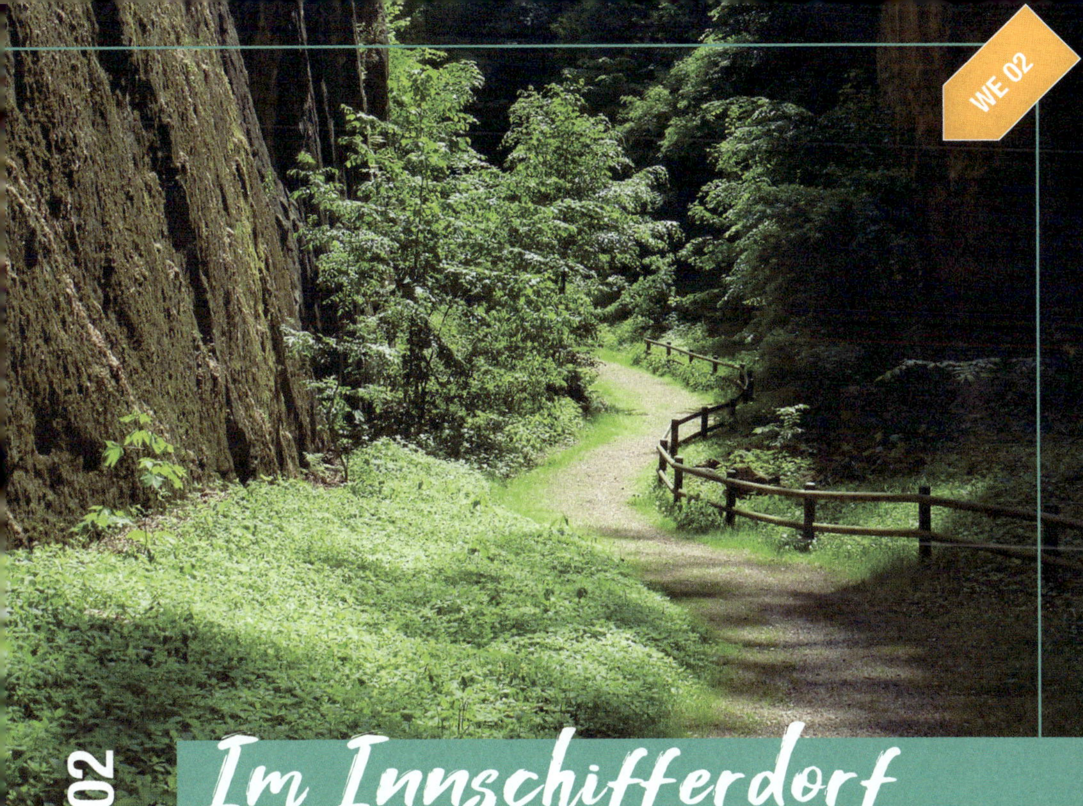

02 Tag

Im Innschifferdorf

Auf den Spuren der Innschiffer

TOURENART	Wanderung
DAUER	2h
LÄNGE	3 km
HÖHENMETER	120 hm
SCHWIERIGKEIT	LEICHT
MIT ÖPNV ERREICHBAR	ja

Das erwartet dich ...

Eine geschichtlich spannende Kurzwanderung auf den Spuren der Innschiffer. Unterwegs gibt es mit einigen örtlichen Infotafeln Einblicke in die regionale Geologie, außerdem in die Wirtschafts- und Kulturgeschichte des Inntals. Neubeuern war ein Hauptort der Innflößer und -schiffer, auf dem Inn wurde bis zum Bau der Eisenbahn Ware „getreidelt". Hierzu findest du ergänzend im Rosenheimer Innmuseum eine Dauerausstellung – viel Vergnügen beim Eintauchen in die Vergangenheit!

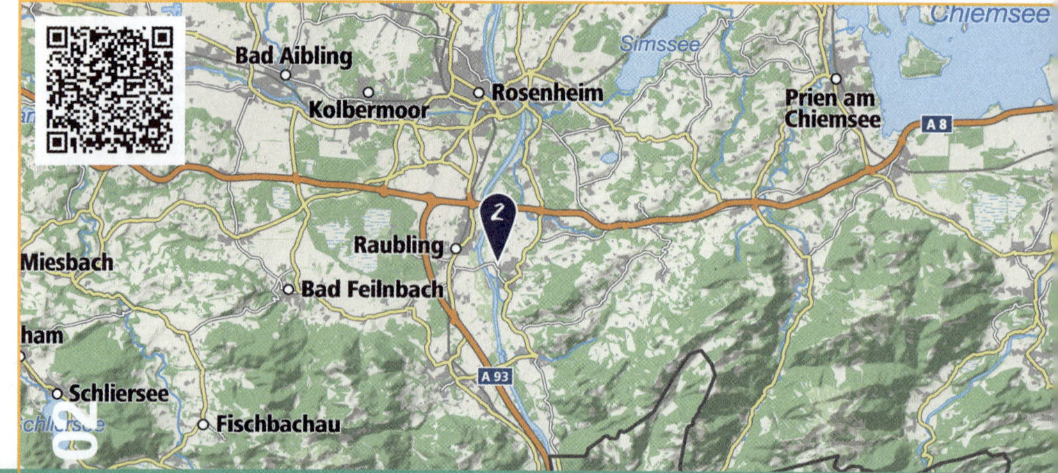

Tag 02

Start & Ziel & Anreise

Nach Neubeuern kommst du mit dem Auto über die A8 München–Salzburg; von der Ausfahrt Rohrdorf sind es noch 5km. Oder du nimmst dein Bike mit im Regionalzug nach Rosenheim (die ECs und ICs haben weniger Platz und setzen eine Platzbuchung voraus) und radelst am Innradweg entlang. Noch näher ist es mit der Regionalbahn nach Kufstein, dann radelst du vom Raublinger Bahnhof über den Inn nach Neubeuern. Busverbindung: RVO-Bus 9490 von Rosenheim nach Neubeuern.

Tourenbeschreibung

Neubeuern war vom 15. bis zum 19. Jahrhundert ein Zentrum der Innschifffahrt mit florierenden Handelsströmen. Auf dem Inn verkehrten „Plätten" – Transportschiffe, die man mit Hilfe von Pferden flussaufwärts „treidelte", also zog. Man verschiffte Getreide und Dinge des täglichen Bedarfs. Aus den örtlichen Steinbrüchen brach man Wetz-, Schleif- und Mühlsteine und lieferte diese zu Abnehmern in ganz Deutschland und in Österreich. Gleich unterhalb des Hügels mit der Altstadt empfängt eine alte Plätte die Besucher – hier ist der Start für die Tour. Der letzte Schiffbaumeister am Inn, Michael Schmidl aus Neubeuern, hatte die Plätte gebaut, bis 1967 diente sie noch als Fähre in Kiefersfelden. Doch die Arbeit auf dem schnell strömenden Gebirgsfluss forderte Opfer: Von 1622 bis 1858 starben allein in „Beuern" 350 Menschen auf dem Inn. Einer der Steinbrüche auf Gemeindegebiet ist das „Geiger Hölzl" an der Auerstraße, hier sind Spuren vom Abbau der Mühlsteine zu sehen, außerdem ein Findling aus Gneis aus der Malojaregion, der auf dem Gletscher seinen Weg nach Neubeuern machte. Hinter dem Bauhof setzt der Pfarrer Leo-Hochreiter-Weg an, er führt an einem kleinen Bikepark vorbei bergauf. Jetzt wird es spannend: Sehr spektakulär und ein wenig unheimlich ist der Gang durch die tief eingeschnittene Wolfsschlucht. Sie ist bis zu 30 Meter hoch und 250 Meter lang und war im 15. Jahrhundert der erste Steinbruch des Ortes. Durch ein Felsentor durch und wieder abwärts kommst du zur Straße Am Gasteig, jetzt links bergan. Der historische Marktplatz ist ein echtes Schmuckstück: Alte Häuser mit Lüftlmalereien an der Fassade machen den denkmalgeschützten Platz zu einem der schönsten Bayerns. Das Thema „Innschiffahrt" zieht sich als roter Faden durch den Ort, am „Stangenreiter" ist an der Hauswand ein Gemälde eines Schiffszugs zu sehen. Über dem Platz thront das Schloss mit seinem markanten Turm, und im Haus der Gästeinformation kannst du im kleinen Innschiffahrtsmuseum Modelle der Innplätten bestaunen. Über die Sailerbachstraße kommst du nach rechts unterhalb wieder zur Innplätte.

Falls du Lust bekommen hast auf eine längere Tour: Der „Schiffleutwanderweg" führt auf 9 Kilometern zu weiteren Orten mit geschichtlichem Hintergrund, auf www.kulturdorf-neubeuern.de findest du ein PDF mit ausführlicher Beschreibung.

Autoren Tipp

Auch Neubeuerns Nachbarort Nussdorf hat einiges zu bieten, wurde sogar schon zum schönsten Dorf Bayerns gewählt – kein Wunder bei dem tradtionellen Ortsbild mit alten Bauernhäusern. In Nussdorf lädt der „Mühlenweg" ein zur Begehung – dort erfährst du an 18 Stationen viel Wissenswertes zu den Themen Wasserkraft und Technikgeschichte. Getreidemühlen, Sägewerke und Dreschmaschinen gibt es zu besichtigen auf der kurzen, aber spannenden und interessanten Technik-Tour – lebendige Geschichte!

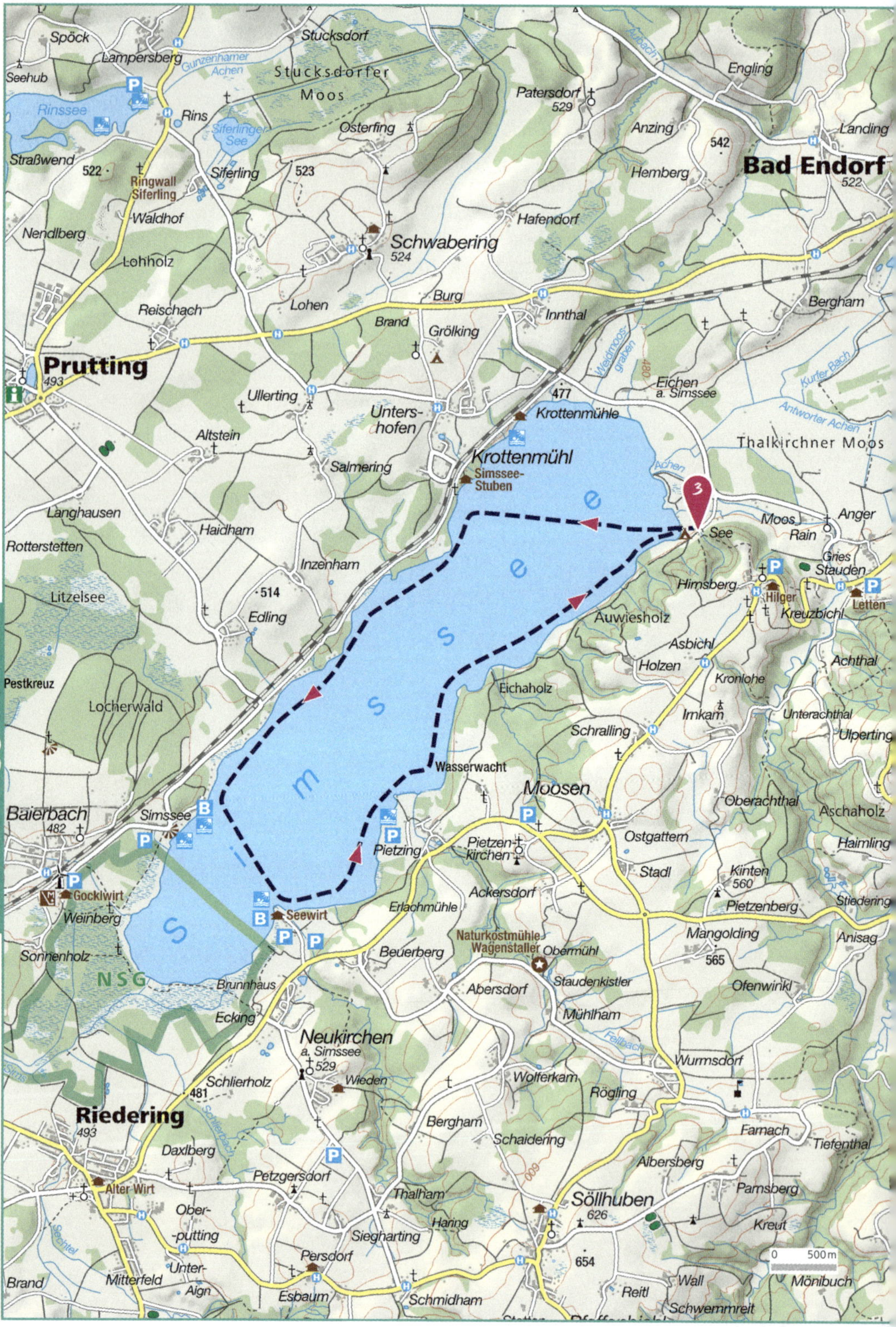

03

Spöck
Lampersberg
Stucksdorf
Seehub
Gunzenhamer Achen
Stucksdorfer Moos
Engling
Rinssee
Rins
Siferlinger See
Osterfing
Patersdorf
529
Anzing
Landing
542
Bad Endorf
522
Straßwend
522
Ringwall Siferling
Siferling
523
Hemberg
Waldhof
Nendlberg
Schwabering
524
Hafendorf
Lohholz
Reischach
Lohen
Burg
Brand
Grölking
Innthal
Bergham
Prutting
493
Weidmoos-graben
480
Kurfer Bach
Ullerting
Unters-hofen
477
Eichen a. Simssee
Antworter Achen
Altstein
Krottenmühle
Thalkirchner Moos
Salmering
Krottenmühl
Simssee-Stuben
Achen
Langhausen
Haidham
Moos
Anger
Rain
See
Rotterstetten
Inzenham
Gries
Stauden
Himsberg
Litzelsee
514
Edling
Hilger
Kreuzbichl
Letten
Auwiesholz
Asbichl
Achthal
Holzen
Kronlohe
Pestkreuz
Eichaholz
Irnkam
Locherwald
Unterachthal
Schralling
Ulperting
Wasserwacht
Moosen
Oberachthal
Aschaholz
Baierbach
482
Simssee
Pietzen-kirchen
Ostgattern
Haimling
Pietzing
Stadl
Kinten
560
Gocklwirt
Ackersdorf
Stiedering
Weinberg
Seewirt
Erlachmühle
Pietzenberg
Mangolding
Sonnenholz
Beuerberg
Naturkostmühle Wagenstaller
Obermühl
Anisag
565
NSG
Brunnhaus
Staudenkistler
Abersdorf
Ofenwinkl
Ecking
Mühlham
Neukirchen a. Simssee
529
Fellbach
Wurmsdorf
Sims
Schlierholz
Wieden
Wolferkam
481
Rögling
Riedering
493
Bergham
Schaidering
Farnach
Tiefenthal
Daxlberg
Albersberg
Petzgersdorf
Alter Wirt
Ober-putting
Thalham
Söllhuben
626
Pamsberg
Haring
Kreut
Siegharting
Unter-Aign
Persdorf
654
0 500 m
Brand
Mitterfeld
Esbaum
Schmidham
Wall
Reitl
Mönibuch
Schwemmreit

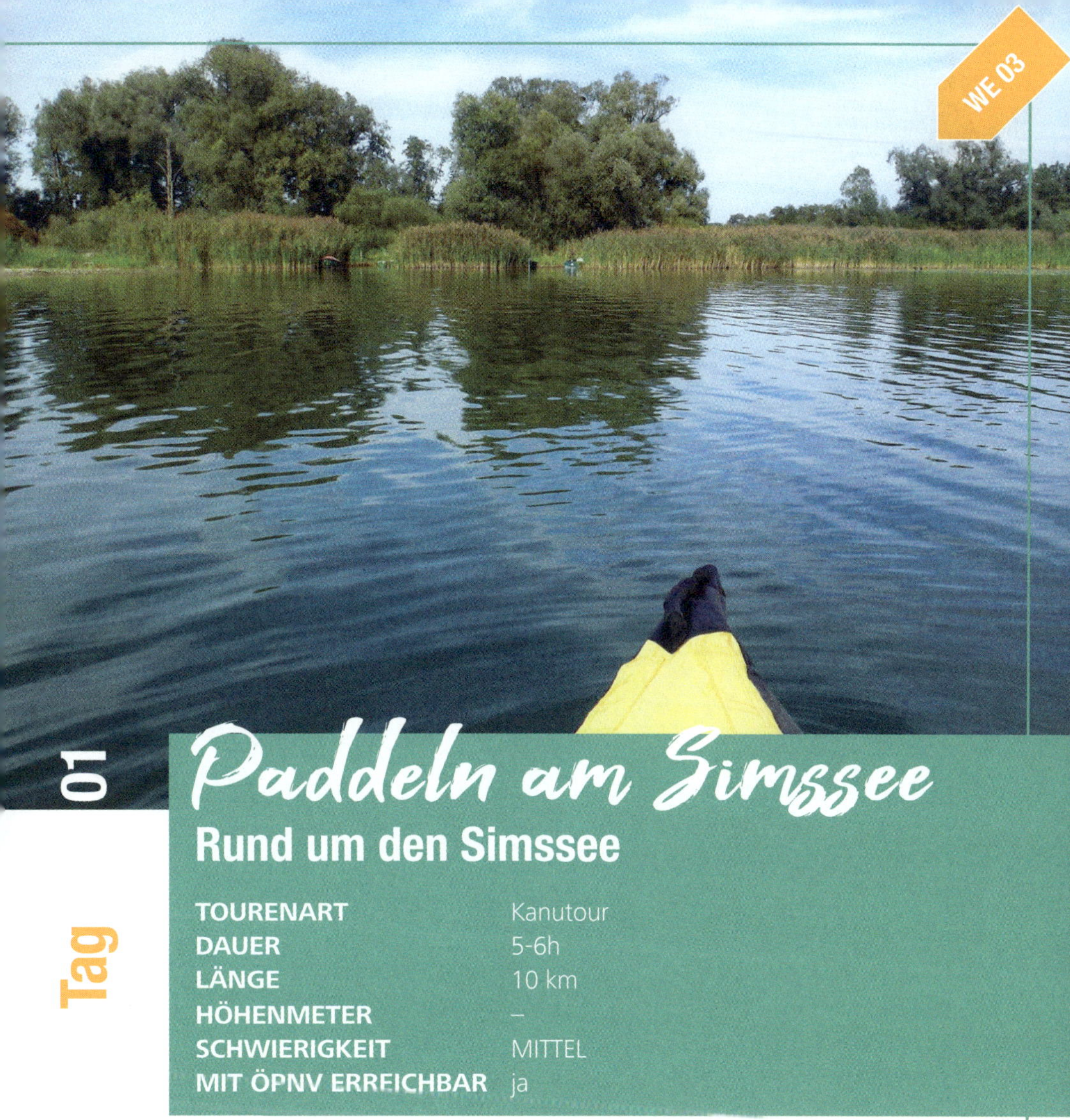

Tag 01

Paddeln am Simssee

Rund um den Simssee

TOURENART	Kanutour
DAUER	5-6h
LÄNGE	10 km
HÖHENMETER	–
SCHWIERIGKEIT	MITTEL
MIT ÖPNV ERREICHBAR	ja

Das erwartet dich ...

Ein wunderbarer Bade- und Paddelsee mit Ausblicken auf Kampenwand und Wendelstein sowie ohne lärmigen Massentourismus. Lange Sonnenuntergänge am Ostufer. Gemütlicher Paddelspaß ohne Schiffsverkehr. Vogelbeobachtungsmöglichkeiten an den Schilfgürteln im Norden und im Süden. Mehrere empfehlenswerte Einkehrstationen und Biergärten an beiden Ufern und Bad Endorf in der Nähe mit Kultur- und Wellnessprogramm.

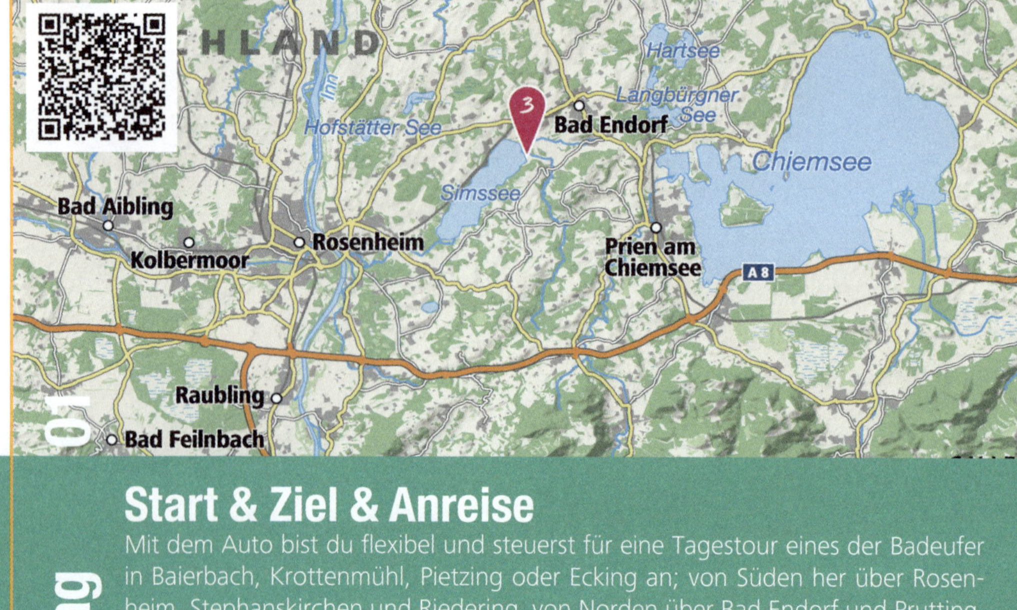

Tag 01

Start & Ziel & Anreise

Mit dem Auto bist du flexibel und steuerst für eine Tagestour eines der Badeufer in Baierbach, Krottenmühl, Pietzing oder Ecking an; von Süden her über Rosenheim, Stephanskirchen und Riedering, von Norden über Bad Endorf und Prutting. Als Gast auf dem Camping Stein bei Thalkirchen mit dem Auto zum Camping. ÖPNV: Bei Übernachtung auf dem Camping Stein bei Thalkirchen und Luftboot im Rucksack mit der Bahn nach Bad Endorf und weiter mit Ortsbus oder Taxi bis zum Campingplatz.

Tourenbeschreibung

Als Übernachtungsgast startest du vom Campingplatz Stein aus mit deiner Tour und genießt bei der Simssee-Umrundung einen kompletten Paddeltag auf einem ruhigen Gewässer mit besten Ausblicken auf Chiemgauer Alpen und Mangfallgebirge. Falls du erst später am Tag startest, erkundest du erst die Westseite, denn an der Ostseite des Sees hast du einen schönen langen „Sundowner" mit prächtiger untergehender Sonne und Stimmung. Also gegen den Uhrzeigersinn erst am Schilfgürtel rechts des Campingplatzes entlang – aber nicht zu nah wegen der Rücksicht auf die Vogelwelt. Hier steht ein Beobachtungsturm, den du vom Camping aus zu Fuß erreichst. Als Nächstes kommt der Ort Krottenmühl, am Ufer locken bereits die Simssee-Stuben mit exzellenten Fischgerichten, Pizzen und einem tollen Badeplatz. In Ufernähe siehst du attraktive Seegrundstücke und paddelst zum Biergarten der Simssee-Brauerei, hier gibt es auch Snacks. Ein paar Meter weiter kommt das Badeufer von Baierbach, nebenan liegen Segelboote.

Jetzt Richtung Südufer, immer mit bester Sicht in die Berge. Auch hier solltest du einen gewissen Abstand zum Schilfgürtel und zum Naturschutzgebiet halten, die vielen Vögel danken es dir! Nächstes Badeufer mit Einkehrmöglichkeit ist in Ecking, dort bietet der Seewirt gehobene Küche an und einen „Spritz" für den Sundowner-Blick vom Holzbrett aus. Wie wäre es mit einem hiesigen Seesaibling vom Simsseefischer? Richtig die Seele baumeln lassen kann man zum Abschluss am Badestrand von Pietzing, ein großes schattiges Gelände mit Kiosk. Der nächste Uferabschnitt ist richtig wild, viele umgestürzte Bäume liegen hier, die Ufer sind teils steil und unzugänglich. Zurück am Campingplatz, hast du eine große Seenumrundung hinter und vielleicht Muskelkater vor dir. Falls du trotzdem noch Lust hast auf eine Mini-Wanderung, gibt es direkt vom Campingplatz aus einen urigen Treppenweg hoch nach Hirnsberg. Der Ort war 2016 zum schönsten Dorf Deutschlands gewählt worden. Gegenüber der Wallfahrtskirche befindet sich der zum Gasthaus Hilger gehörige Biergarten, unter den Bäumen sitzt es sich gut. Außerdem gibt es einen Kramerladen mit einem alten Garten mit Bibelpflanzen und die Luitpoldlinde aus dem Jahr 1911 am Kindergarten zu sehen, eine Tafel erklärt die Zeitumstände der Bepflanzung. Ein anderer Spaziergang führt zum schon erwähnten Vogelbeobachtungsturm am Picknickplatz bei Eichen. Fernglas dabei?

Autoren Tipp

Oberhalb des Campingplatzes und der Simsseefilze liegt der Kurort Bad Endorf. Dort kannst du in den Chiemgau-Thermen richtig gut wellnessen und saunieren. Oder du hast Lust auf gute Filme – Marias Kino bietet ein qualitativ hochwertiges Programm, das wunderbar nostalgische Haus wird von einer ehrenamtlichen Filminitiative betrieben und lädt auch manchmal zu Konzerten ein. Beinah nebenan locken Tapas und sonstige Speisen der „Bodega el andaluz" – eine unwiderstehliche Kombination aus Kino und Kulinarik.

03

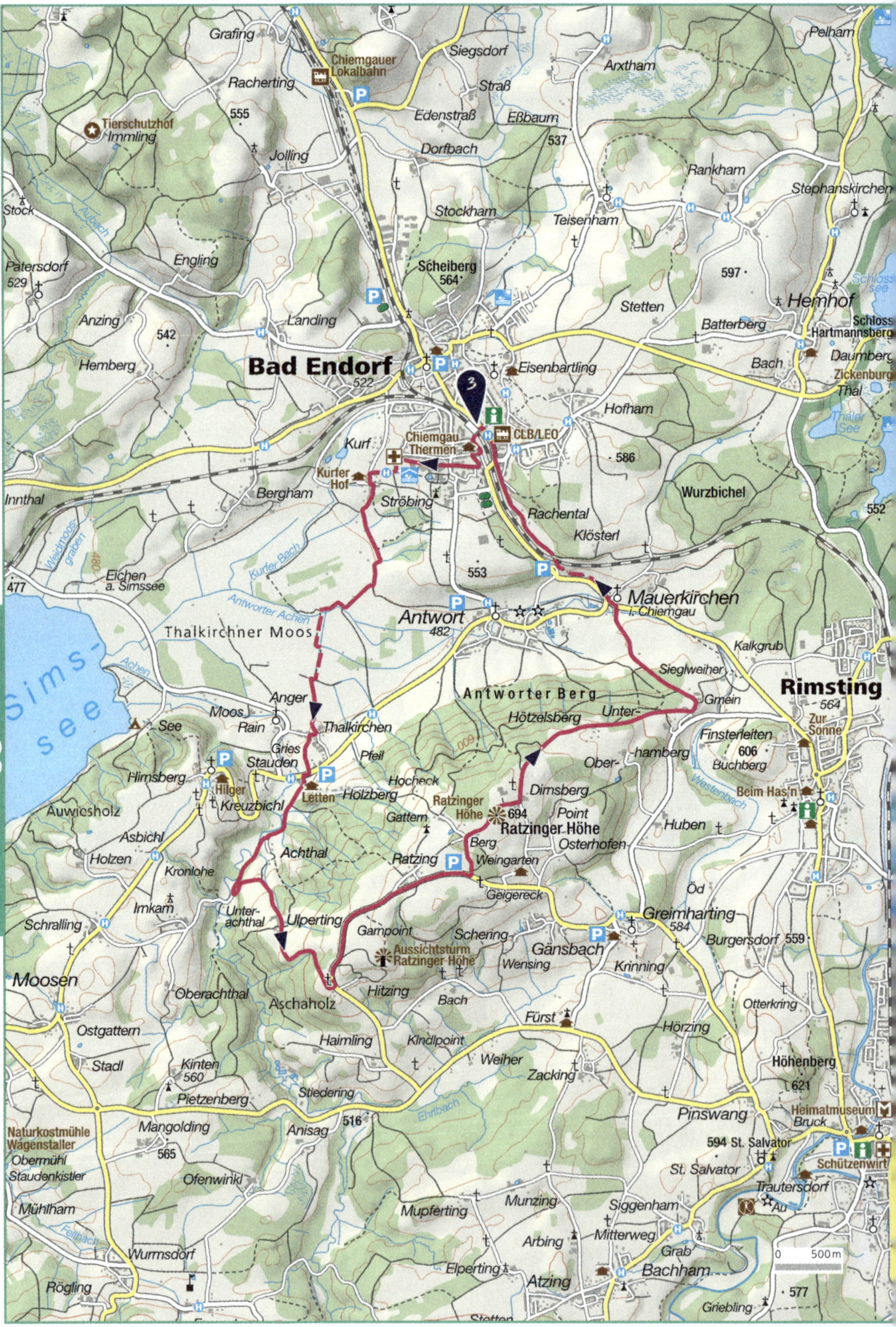

Grafing
Chiemgauer Lokalbahn
Siegsdorf
Pelham
Arxtham
Racherting
Straß
Tierschutzhof Immling
555
Edenstraß
Eßbaum
537
Jolling
Dorfbach
Rankham
Stephanskirchen
Stock
Aubach
Stockham
Teisenham
Patersdorf
529
Engling
Scheiberg
564
597
Hemhof
Anzing
542
Landing
Stetten
Batterberg
Schloss Hartmannsberg
Hemberg
Bad Endorf
522
Eisenbartling
Bach
Daumberg
Zickenburg
Thal
Hofham
Thaler See
Kurf
Chiemgau Thermen
CLB/LEO
Kurfer Hof
586
Innthal
Bergham
Ströbing
Wurzbichel
Rachental
552
Klösterl
Waldmoosgraben
480
Kurfer Bach
Eichen a. Simssee
553
477
Mauerkirchen i. Chiemgau
Antworter Achen
Antwort
482
Thalkirchner Moos
Kalkgrub
Simssee
Achen
Sieglweiher
Rimsting
Antworter Berg
Gmein
564
Anger
Unter-
Moos
Hötzelsberg
Zur Sonne
Rain
Thalkirchen
See
Finsterleiten
606
Gries
Pfeil
Buchberg
Stauden
Ober-
-hamberg
Himsberg
Westerbach
Hilger
Letten
Hocheck
Beim Has'n
Holzberg
Dirnsberg
Kreuzbichl
Ratzinger Höhe
Auwiesholz
Gattern
694
Point
Huben
Ratzinger Höhe
Asbichl
Berg
Osterhofen
Achthal
Holzen
Ratzing
Weingarten
Kronlohe
Öd
Geigereck
Imkam
Unter-achthal
Greimharting
584
Schralling
Ulperting
Gampoint
Schering
Burgersdorf
559
Aussichtsturm Ratzinger Höhe
Gänsbach
Wensing
Krinning
Moosen
Oberachthal
Aschaholz
Hitzing
Otterkring
Bach
Fürst
Ostgattern
Haimling
Hörzing
Kindlpoint
Stadl
Kinten
560
Weiher
Zacking
Höhenberg
621
Pietzenberg
Stiedering
Ehrlbach
Heimatmuseum Bruck
Naturkostmühle Wagenstaller
Mangolding
516
Pinswang
Obermühl
565
Anisag
594 St. Salvator
Staudenkistler
Schützenwirt
Ofenwinkl
St. Salvator
Trautersdorf
Mühlham
Mupferting
Munzing
Siggenham
Au
Fellbach
Arbing
Mitterweg
Wurmsdorf
Grab
0
500 m
Elperting
Bachham
Rögling
Atzing
577
Griebling
Stetten

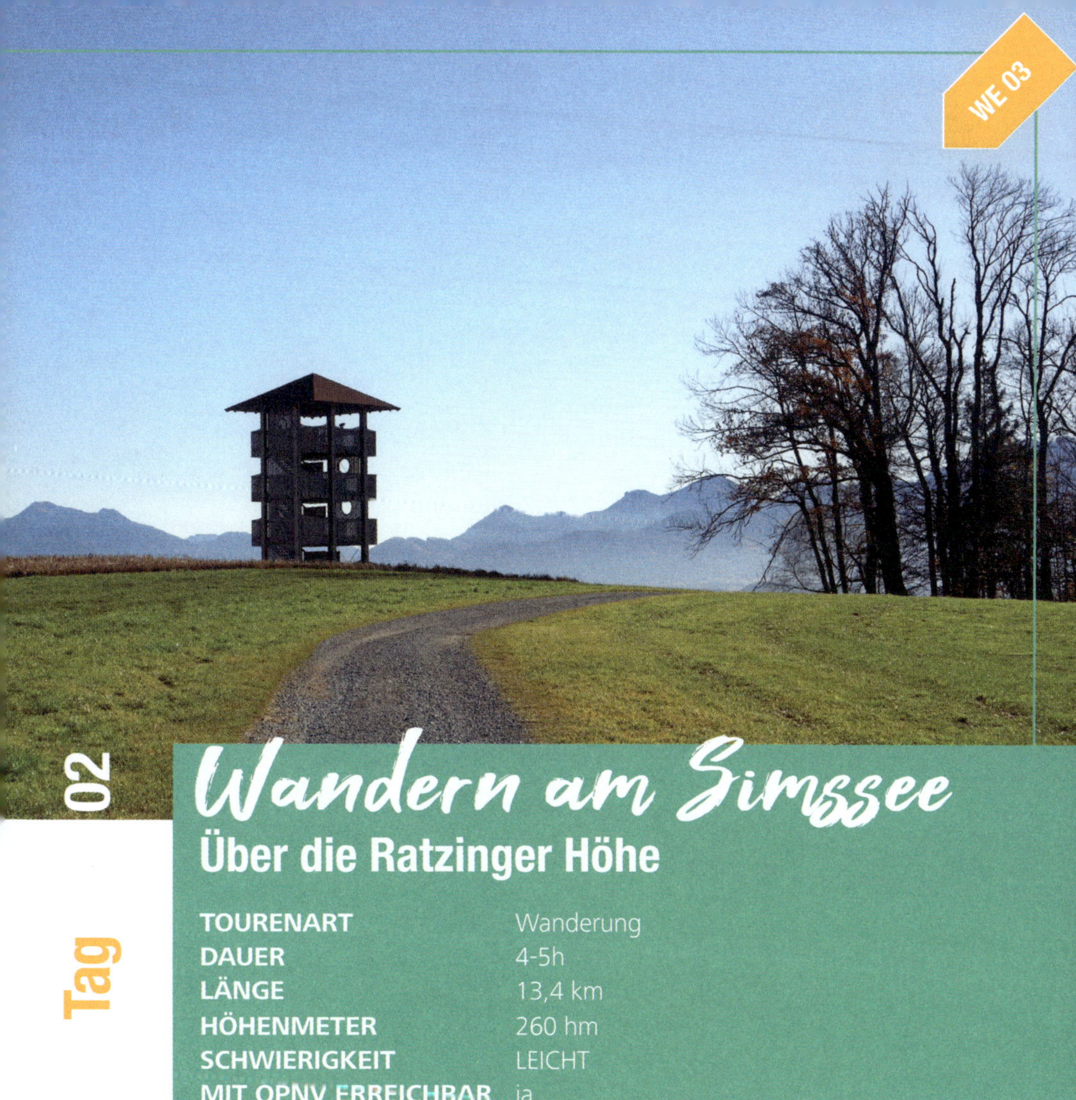

WE 03

02 Tag

Wandern am Simssee

Über die Ratzinger Höhe

TOURENART	Wanderung
DAUER	4-5h
LÄNGE	13,4 km
HÖHENMETER	260 hm
SCHWIERIGKEIT	LEICHT
MIT OPNV ERREICHBAR	ja

Das erwartet dich ...

Die Ratzinger Höhe ist ein kleiner Höhenzug nördlich der Alpen zwischen Simssee und Chiemsee, mit kleinen Weilern und tollen Ausblicken in die umgebende Landschaft. Bekannt ist der Landstrich für die Pflege seltener Obstbaumarten, die Hofläden verkaufen regionale Produkte. Die Runde komplettiert sich mit einem Gang durch Bad Endorf und einem Teilstück durch die nördliche Simsseefilze, ein bedeutendes Naturschutzgebiet mit bodenbrütenden Vögeln.

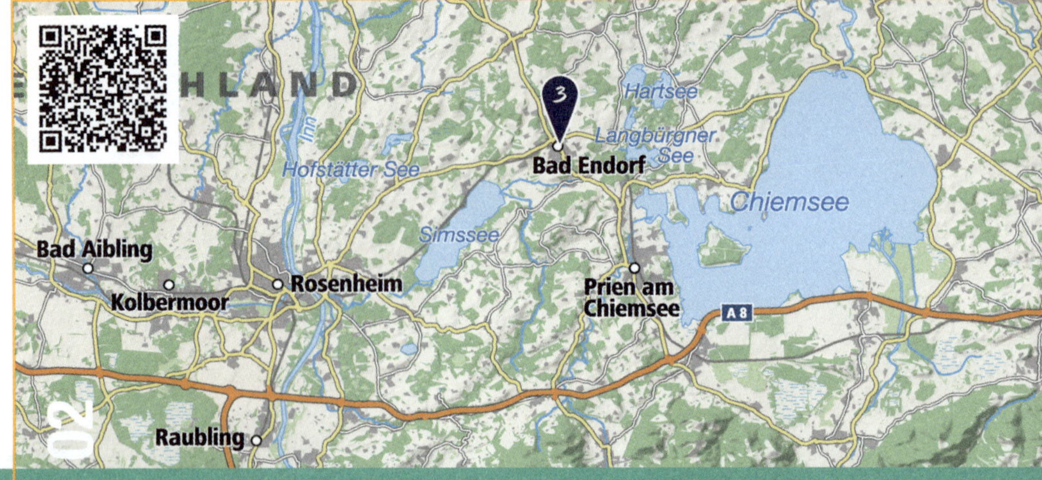

Tag 02

Start & Ziel & Anreise

Mit dem Auto steuerst du den Weiler Rain bei Thalkirchen an, dort gibt es unterhalb der zauberhaft gelegenen Kirche einen Wanderparkplatz. Vom Campingplatz aus kannst du das Stück auf der Teerstraße in 20 Minuten zu Fuß gehen. Oder du kommst mit dem Zug nach Bad Endorf (Bahnlinie München–Salzburg) und startest dort die Tour, beginnend mit dem Teilstück hinunter Richtung Simssee mit dem tollen Panorama.

Tourenbeschreibung

Von Rain aus hältst du dich nach Süden und kommst zur Gaststätte „Zur Letten". Von hier führt ein Sträßchen in das Tal der Thalkirchener Achen, die den Status „Landschaftsschutzgebiet" genießt. Einen Kilometer gehst du in das Tal entlang des mäandrierenden Bachs, bis scharf nach links der Hinweis nach Ulperting erfolgt. Steil hinauf führt eine schmale Teerstraße, die links und rechts von Obstbäumen mit Artenbezeichnung gesäumt wird. Hier verläuft ein Teil des „Obst- und Kulturweges" auf der Ratzinger Höhe. Nicht nur wegen seltener Obstbaumarten, auch wegen einiger Schnapsbrennereien hat die Gegend einen guten Ruf bei Gartenfreunden und Spirituosen-Liebhabern. Im Zuge der Industrialisierung sank die wirtschaftliche Attraktivität des Obstanbaus und damit auch die Kenntnis um alte Sorten. Viele Birnen- und Apfelsorten verschwanden und mit ihnen das Wissen um ihre Vorzüge, ihre Verwendung und ihre Bedeutung. Heute kümmern sich

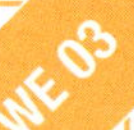

Vereine und Einzelpersonen wieder verstärkt um solche alten Sorten, die auch bei Feinschmeckern guten Ruf genießen.

Auf einem Wirtschaftsweg geht es leicht bergan weiter, nach etwa 800 Metern erreichst du die Häuser von Hitzing. Hier hältst du dich links bergan und kannst gleich nach der Kurve zum „2-Seen-Blick" wandern, wo ein hölzerner Aussichtsturm steht. Von hier kannst du deinen „Indianerblick" über das Voralpenland schweifen lassen. Wieder zurück und rechts kommst du durch Ratzing, den Namensgeber der „Ratzinger Höhe". Du gehst jetzt auf dem Höhenzug in der Mitte zwischen Simssee und Chiemsee und kannst so richtig Sonne tanken. 5 Gehminuten nach Ratzing biegst du im rechten Winkel links ab nach Berg, dort wieder rechts. In Dirnsberg, das wir weitere 5 bis 10 Minuten später erreichen, hältst du dich links. Zur Eröffnung des Weges wurde hier ein Bildstock zu Ehren der Hl. Gertraud geweiht. Sie ist die Schutzpatronin der Gärtner. Von hier aus hat man einen herrlichen Blick auf die etwa 10 km entfernte Alpenkette. Jetzt geht es nur noch bergab, und nachdem du durch Hitzelsberg gekommen bist, gelangst du bei den Häusern von Gmein auf eine T-Kreuzung. Hier links und am Western-Reithof links vorbei auf den Radweg nach Mauerkirchen, wo du die stark befahrene Straße querst und entlang dieser den Weg nach Bad Endorf fortsetzt. Unter der Bahn durch, bringt dich ein Wirtschaftsweg zur Hauptstraße von Bad Endorf und zum Bahnhof (Eisdiele!), den du unterquerst.

Du folgst der Beschilderung „Chiemgau-Thermen" durch das Wohngebiet. Vor der Thermenanlage stehen eine Übersichtstafel und ein Wegweiserbaum. Hier hältst du dich rechts und orientierst dich am Weg 5 beziehungsweise der Ortsangabe „Antwort über Kurf" und gehst leicht bergab. Rechts von uns dampfen die heißen Wasserbecken der beliebten Badeanstalt. Rechts leicht bergab gelangen wir zu den Häusern des Ortsteils Kurf, die teils aus dem 17. Jahrhundert datieren. Im Örtchen geht es links ab, wir folgen dem Radweg nach Thalkirchen zum Simssee. Nun macht der Blick weiter auf und du erkennst die weitläufige Senke der Simsseefilze mit ihrem Wechsel aus Offenland und kleineren Wäldchen. Streuwiesen und Niedermoorbereiche sind von hohem ökologischen Wert. An einer Sitzbank steht ein metallenes Bergpanorama, das Auskunft gibt über die Rosenheimer Hausberge. An einer Verzweigung käme man links nach Antwort, du folgst jedoch dem Lauf der Antworter Achen nach rechts durch die Filze. In der Achen leben Bachforellen, die man auch in Antwort direkt beim Bachfischer erwerben kann. Schilder weisen darauf hin, dass es sich um einen sensiblen Lebensraum für wiesenbrütende Vögel handelt, daher sollte man den Weg nicht verlassen. Es geht über den Bach und teils auf schmalem, feuchtem Pfad weiter bis zu den Häusern von Thalkirchen und zur Kirche von Rain, deinem Ausgangspunkt.

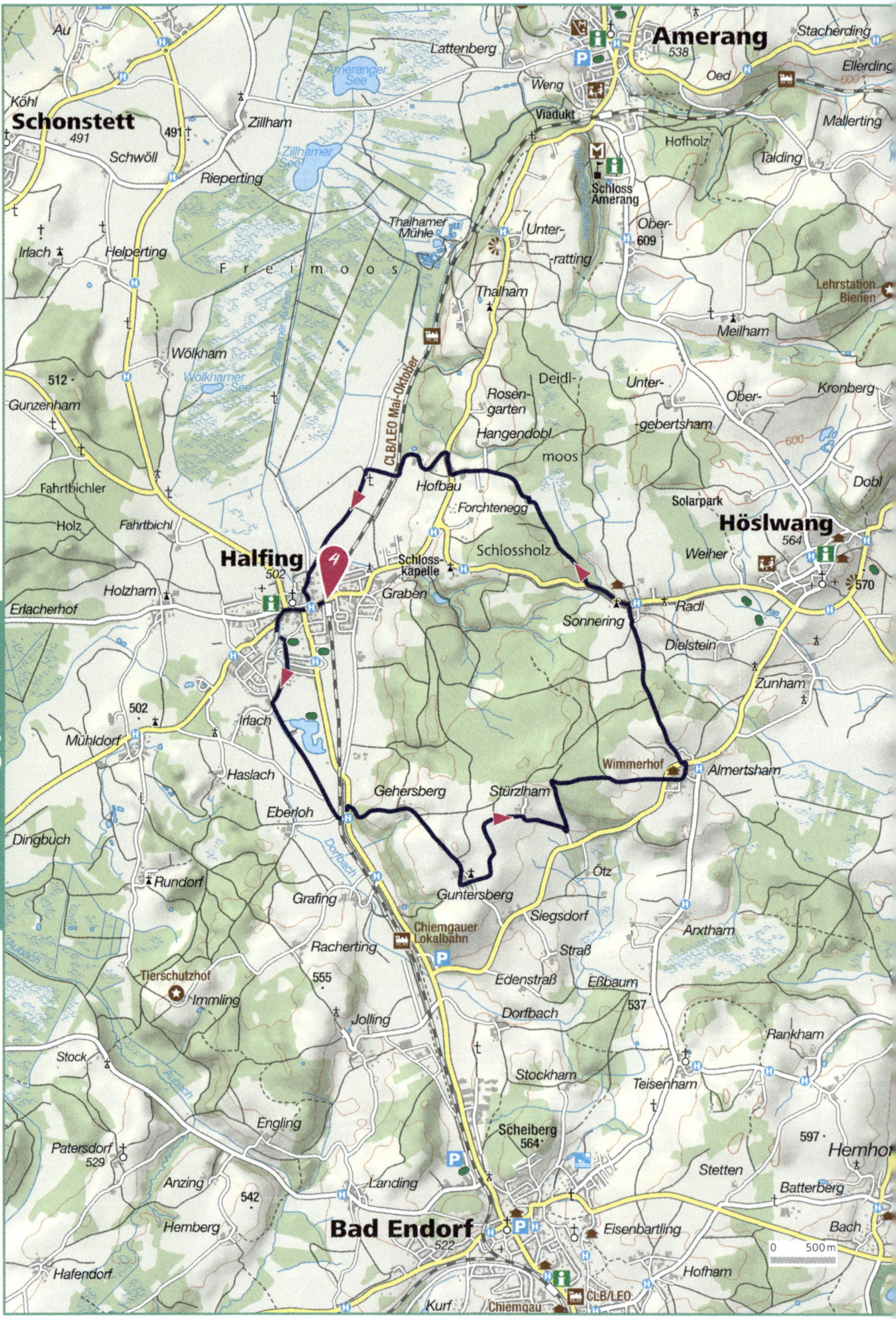

Au
Lattenberg
Amerang
538
Stacherding
Ameranger See
Weng
Oed
Ellerding
600
Köhl
Schonstett
491
Zillham
491
Viadukt
Mallerting
Schwöll
Zillhamer See
Hofholz
Taiding
Rieperting
Schloss Amerang
Thalhamer Mühle
Unter-
-ratting
Ober-
609
Irlach
Helperting
Freimoos
Thalham
Lehrstation Bienen
Meilham
Wölkham
Zillhamer Achen
Wolkhamer See
CLB/LEO Mai–Oktober
Deidl-
moos
Unter-
gebertsham
Ober-
Kronberg
512
Rosen-
garten
Gunzenham
Hangendobl
600
Dobl
Fahrtbichler
Hofbau
Solarpark
Forchtenegg
Holz
Fahrtbichl
Höslwang
564
Schlossholz
Halfing
502
Schloss-
kapelle
Weiher
570
Holzham
Graben
Erlacherhof
Radl
Sonnering
Dielstein
Zunham
502
Irlach
Mühldorf
Wimmerhof
Almertsham
Haslach
Gehersberg
Stürzlham
Eberloh
Dingbuch
Dorfbach
Ötz
Guntersberg
Rundorf
Grafing
Siegsdorf
Arxtham
Chiemgauer Lokalbahn
Racherting
Straß
Aubach
Tierschutzhof
555
Edenstraß
Eßbaum
Immling
537
Jolling
Dorfbach
Rankham
Stock
Stockham
Teisenham
Aubach
Engling
Scheiberg
564
597
Patersdorf
529
Hemhof
Stetten
Anzing
542
Landing
Batterberg
Hemberg
Bad Endorf
522
Eisenbartling
Bach
0 500 m
Hafendorf
Hofham
CLB/LEO
Kurf
Chiemgau

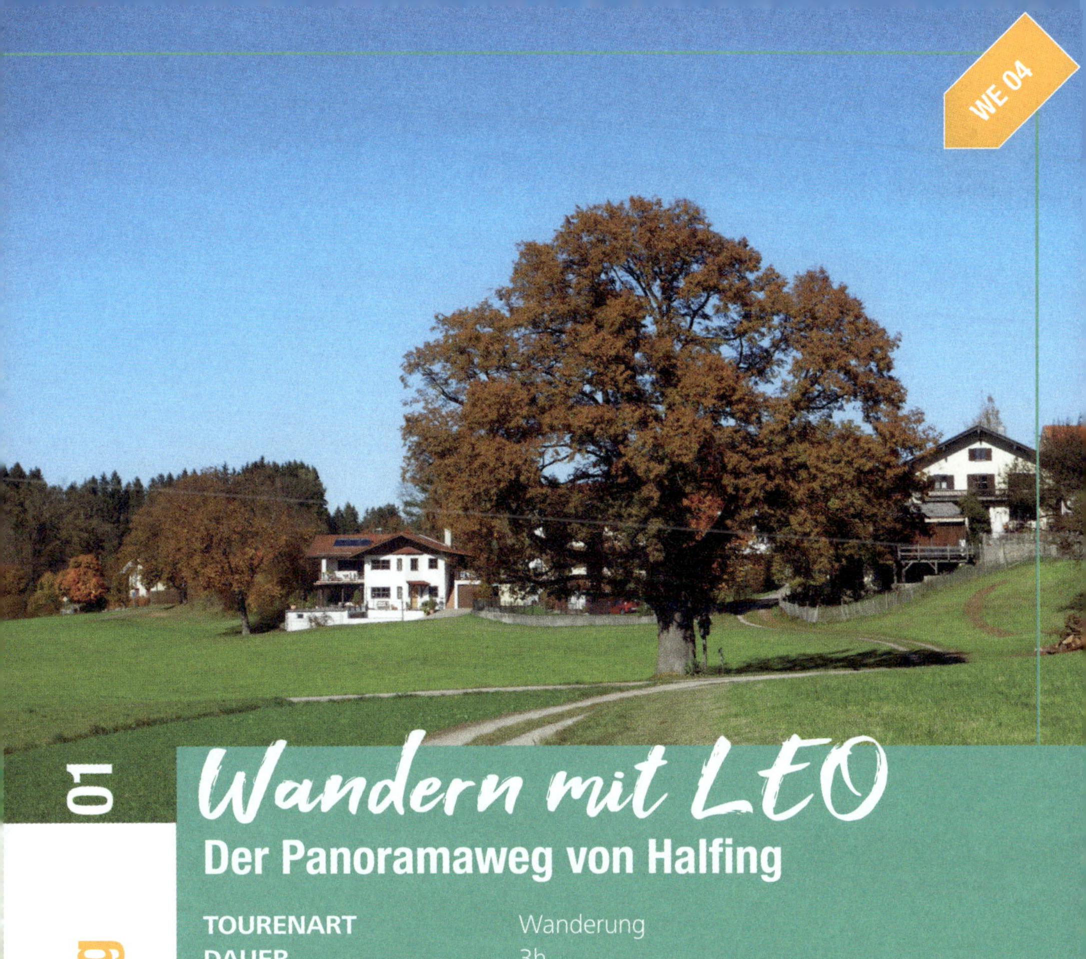

Wandern mit LEO

Der Panoramaweg von Halfing

TOURENART	Wanderung
DAUER	3h
LÄNGE	12 km
HÖHENMETER	180 hm
SCHWIERIGKEIT	LEICHT
MIT ÖPNV ERREICHBAR	ja

Das erwartet dich ...

Der „LEO" ist die von einem engagierten Verein betriebene Lokalbahn von Bad Endorf nach Obing mit seinem Badesee; sie fährt von Mai bis Oktober als Triebwagen und an besonderen Tagen unter Dampf. Den nostalgischen Bahn-Trip kannst du hervorragend mit einer Wanderung kombinieren. Von Halfing aus geht es mit bestem Alpenpanorama über die Weiler auf der Höhe, gute Einkehrmöglichkeiten inklusive, und auch der Halfinger Naturerlebnisweiher verleitet zum „Einihupfn".

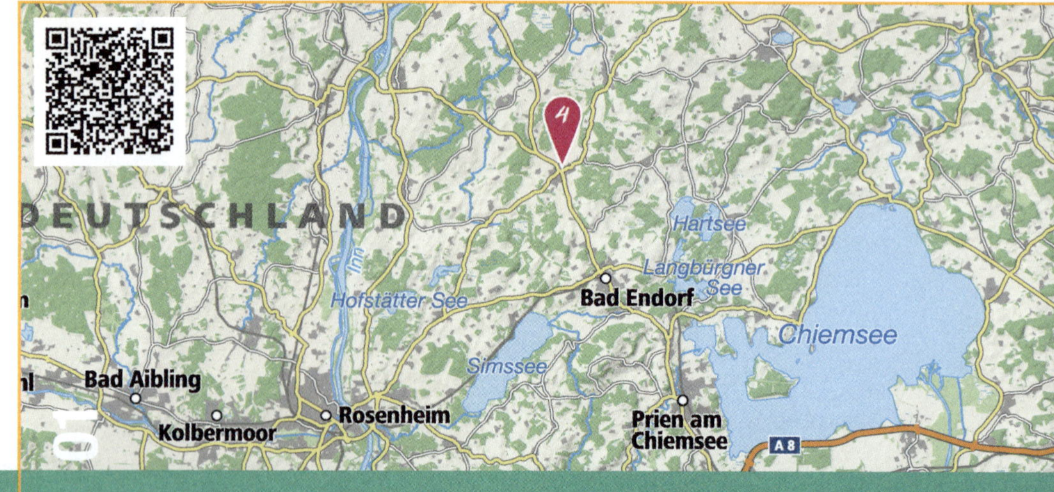

Tag 01

Start & Ziel & Anreise

Als umweltbewusster Bahnfahrer bist du gemäß dem Motto dieses Tourenwochenendes in Bad Endorf in den „LEO" umgestiegen (Bad Endorf an der Bahnlinie München–Salzburg) und mit der Kleinbahn nach Halfing getuckert, falls du nicht sowieso in einem der Orte drumrum Urlaub machst. Alternativ beziehungsweise außerhalb der Saison fährt der RVO-Bus 9492 von Rosenheim nach Halfing. Oder du kommst mit dem Auto und stellst es mitten in Halfing ab.

Tourenbeschreibung

Der Panoramaweg beginnt vom Bahnhaltepunkt aus kommend in der Ortsmitte Halfings an der Kirche Mariä Himmelfahrt, eine sehr große Kirche aus dem Spätbarock und eine der größten Kirchen im Chiemgau, mit einer Länge von 39 Metern. Bereits für das Jahr 928 ist der Bestand des Gotteshauses urkundlich nachgewiesen. Die Tour bietet dem Wanderer entlang des Weges eindrucksvolle Blicke auf das Alpenpanorama, mehrere Schautafeln erläutern die Namen der „Hausberge" zwischen Berchtesgaden und Tegernseer Bergen, der Blick reicht an schönen Tagen vom Watzmann bis zur Benediktenwand. Meist führt die Strecke über Feld- und Waldwege und ist daher für Kinder und Senioren sowie gemütliche, einkehrfreudige Gruppen und Entspannung suchende Einzelpersonen gut geeignet. Die Rundtour führt über die idyllischen Dörfer, vorbei an Wiesen und Waldstücken. Von der Kirche aus führt der Weg nach Süden aus dem Ort heraus, es geht vorbei an der Kneippanlage und dem Halfinger Naturerlebnisweiher mit seinem Badeufer. Danach biegt der Weg links über die Hauptstraße nach Gehersberg ab, hier geht es ein Stück auf Teer aufwärts. Weiter geht es nach Guntersberg, mit seiner sehenswerten spätgotischen Kirche Sankt Bartholomäus – ein Blick hinein lohnt sich. Die Kirche entstand Mitte des 15. Jahrhunderts und wurde wohl von einem Wasserburger Meister erbaut. Die kleine Kirche gilt als eine der wenigen spätgotischen Landkirchen in Altbayern, in denen die malerische und farbliche Ausschmückung des Raumes noch ursprünglich erhalten ist.

Auf einem Wiesenweg kommen wir nach Stürzlham, kurz darauf geht es scharf links aufwärts und auf einem Waldweg marschierst du weiter nach Almertsham, im Gasthof Waldwinkl mit angeschlossener Metzgerei (oder umgekehrt) gibt es eine zünftige Einkehr. An einer Panoramatafel vorbei und in schönem Wechsel aus Offenland und Wald wanderst du an einer uralten Linde vorbei nach Sonnering, wo es sich an der Hauswand beim „Angstl" hervorragend sitzt. Dann gehst du 300 Meter die Teerstraße Richtung Halfing entlang, zweigst dann nach rechts in den Waldweg ein (örtliche Markierung „2"). Der Waldweg ist nach Regenfällen etwas unangenehm, aber es ist nur ein kurzes Stück bis zu dem Weiler Forchtenegg und seinen Pferdekoppeln. Von hier gehst du bergab zur Talstraße bei Hofbau, überquerst diese und ein Stück weiter auch die Gleise des „LEO", dann wanderst du nach links weiter auf flachem Weg nach Halfing zurück.

Autoren Tipp

Falls du deine Tour verlängern oder variieren willst, kannst du auch eine Runde durch das „Halfinger Moos" wandern. Es ist mit dem „Ameranger Moos" verbunden, insgesamt ergeben sich eine Vielzahl von Wandermöglichkeiten in dem bewaldeten Gebiet. Das Moos ist gut ausgeschildert und mit vielen interessanten Infotafeln zu Moorentstehung, Torfgewinnung und Naturschutzaspekten mit einer Portion Umweltbildung ausgestattet.

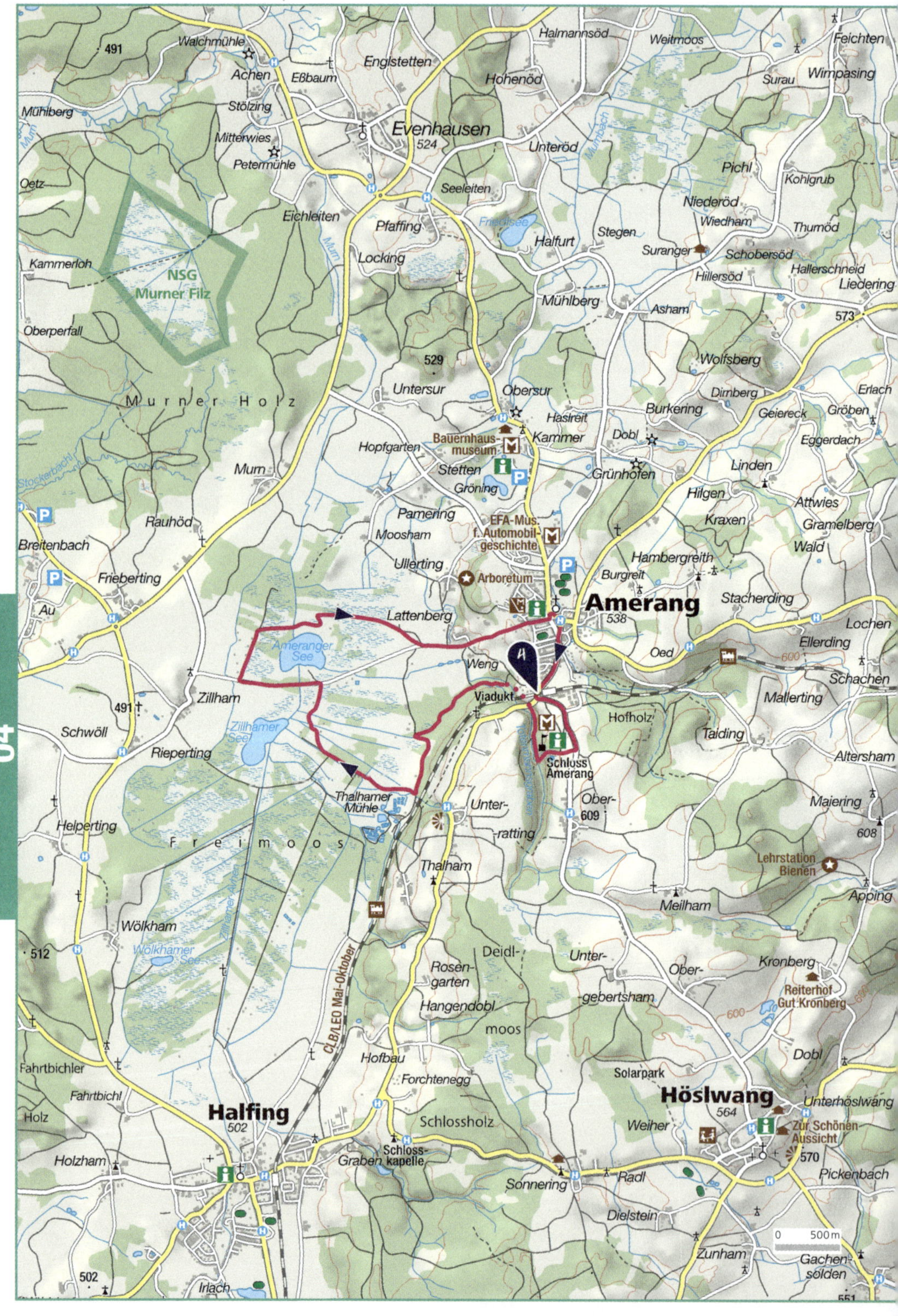
Walchmühle
491
Achen
Eßbaum
Englstetten
Halmannsöd
Weitmoos
Feichten
Surau
Wimpasing
Hohenöd
Mühlberg
Stölzing
Evenhausen
524
Mitterwies
Petermühle
Unteröd
Mumbach
Pichl
Kohlgrub
Oetz
Seeleiten
Niederöd
Wiedham
Thurnöd
Eichleiten
Pfaffing
Friedlsee
Halfurt
Stegen
Suranger
Schobersöd
Hallerschneid
Kammerloh
NSG
Murner Filz
Locking
Hillersöd
Liedering
Mühlberg
Asham
573
Oberperfall
529
Wolfsberg
Untersur
Obersur
Dirnberg
Erlach
Murner Holz
Haslreit
Burkering
Geiereck
Gröben
Bauernhaus-
museum
Kammer
Dobl
Eggerdach
Hopfgarten
Stetten
Grünhofen
Linden
Murn
Gröning
Hilgen
Attwies
Stockerbach
Pamering
Kraxen
Gramelberg
Rauhöd
Moosham
EFA-Mus.
f. Automobil-
geschichte
Wald
Breitenbach
Hambergreith
Ullerting
Burgreit
Frieberting
Arboretum
Stacherding
Au
Amerang
538
Lattenberg
Lochen
Ameranger
See
Ellerding
Oed
Weng
600
Schachen
Zillham
Viadukt
Mallerting
491
Hofholz
Schwöll
Zillhamer
See
Talding
Rieperting
Schloss
Amerang
Altersham
Thalhamer
Mühle
Ober-
609
Majering
Unter-
-ratting
608
Helperting
Freimoos
Thalham
Lehrstation
Bienen
Meilham
Apping
Wölkham
512
Wölkhamer
See
Zillhamer Achen
Deidl-
Unter-
Ober-
Kronberg
Rosen-
garten
-gebertsham
Reiterhof
Gut Kronberg
Hangendobl
moos
Fahrtbichler
Hofbau
CLB/LEO Mai-Oktober
Dobl
Fahrtbichl
Forchtenegg
Solarpark
Holz
Halfing
502
Höslwang
564
Unterhöslwang
Schlossholz
Weiher
Zur Schönen
Aussicht
Holzham
Schloss-
kapelle
Graben
570
Radl
Pickenbach
Sonnering
Dielstein
0 500 m
Zunham
Gachen-
solden
502
Irlach
551

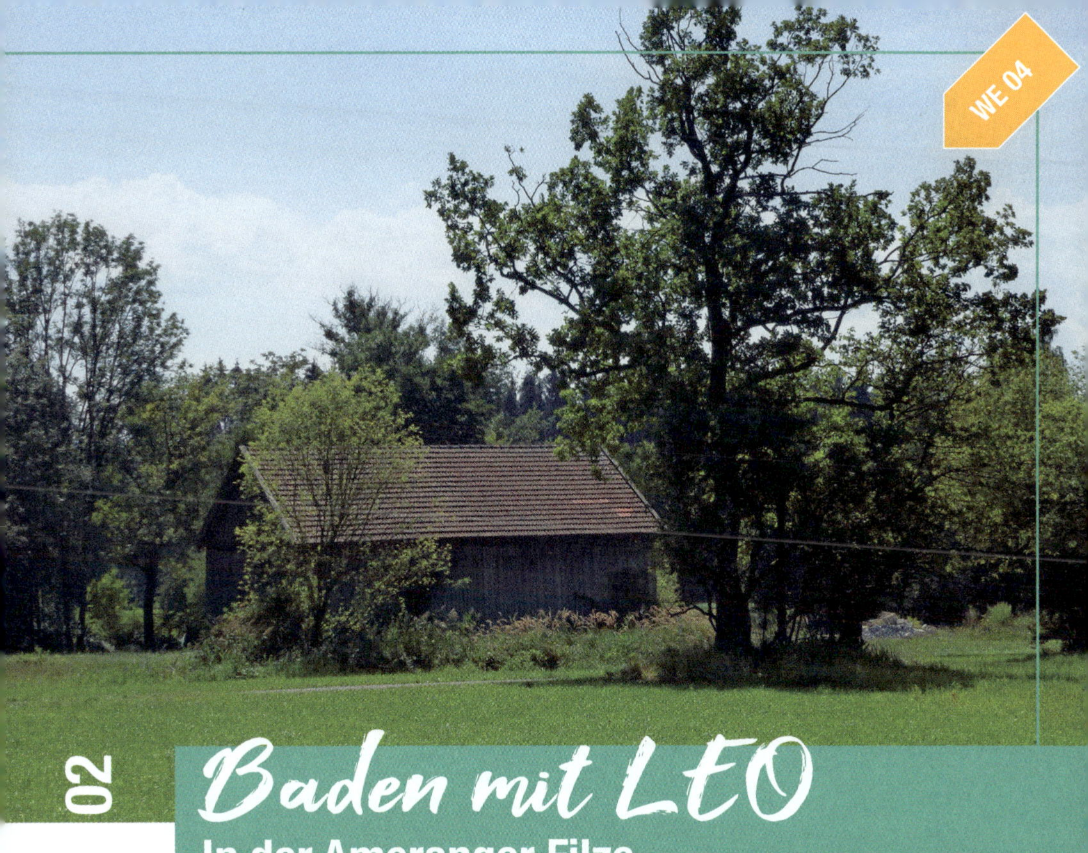

WE 04

Tag 02

Baden mit LEO

In der Ameranger Filze

TOURENART	Wanderung
DAUER	2h 30min
LÄNGE	8,5 km
HÖHENMETER	110 hm
SCHWIERIGKEIT	LEICHT
MIT ÖPNV ERREICHBAR	ja

Das erwartet dich ...

Zunächst einmal eine lustige Fahrt mit dem „LEO" von Bad Endorf nach Amerang. Auf der Tour erkundest du das Ameranger Schloss mit seinem „Arboretum" und wanderst auf dem Moosrundweg durch die entspannende Ameranger Moorlandschaft (bayerisch „Filze") mit ihren kleinen Seen und Naturbeobachtungsmöglichkeiten. Die Tour ist beinah flach und kann auch im Winter bei geringer Schneelage gut gewandert werden.

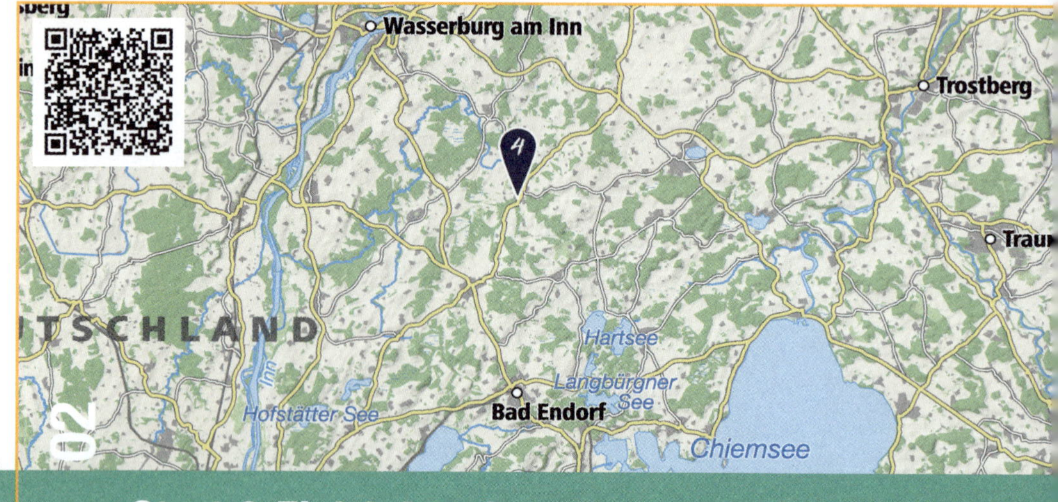

Tag 02

Start & Ziel & Anreise

Mit dem „LEO" kommst u von Mai bis Oktober als Freund des Öffentlichen Schienennahverkehrs nach Amerang zum idyllischen Bahnhaltepunkt (PKW: wenige Parkplätze direkt beim Arboretum). Bad Endorf liegt an der Bahnstrecke München – Salzburg. Alternativ beziehungsweise außerhalb der Saison fährt der RVO-Bus 9492 von Rosenheim nach Amerang. Oder du kommst mit dem Auto und stellst es am Arboretum (wenige Plätze) oder in der Nähe ab.

Tourenbeschreibung

Vom idyllischen Bahnhaltepunkt aus mit Lummerland-Feeling gehst du ein kleines Stück zurück und folgst der Beschilderung zum Ameranger Schloss etwas bergan die Höslwanger Straße entlang. Das Schloss ist leider nicht zu besichtigen, aber vielleicht ist zufällig gerade Kunsthandwerkermarkt – auch ein schönes Ziel. Am Schloss vorbei kannst du auf einem Pfad hinunter zum „Arboretum", dem hiesigen Baumgarten. Über 100 exotische Baumarten wachsen hier, der frühere Schlossherr war ein Freund internationaler Botanik und hatte Bäume gesammelt und kultiviert. Es sind Mammutbäume dabei und exotische Tannen aus Japan und viele weitere mehr, interessant beschriftet. Der grabenähnliche Einschnitt namens „Totmannsgraben" drumherum wird bewusst nicht von der Forstwirtschaft gepflegt, hier kann sich der Wald wild entwickeln. Durch das Arboretum kommst du zur Hauptstraße, die du querst zum Beginn eines Wanderwegs, welcher sich lauschig einem Bachlauf entlang schlängelt, schön schattig und gut auch an heißen Tagen wanderbar. Nach etwa einem Kilometer kommst du zu einer Wegverzweigung und schlägst einen Haken nach links. Noch bevor du zu den Gleisen des „LEO“ kommst und noch vor den Fischteichen der Thalhamer Mühle, gehst du im rechten Winkel nach rechts auf dem Moosrundweg weiter. Auf einem Stichweg kommst du zum „Zillhamer See“ und zu einem Beobachtungsturm mit tollem Blick auf die Moorlandschaft und die Wasserfläche.

Entlang des Moosrundwegs erklären viele Infotafeln anschaulich die Moorentstehung und viele Naturschutzaspekte. Wieder zurück auf den Weg, der Moosrundweg schwenkt im rechten Winkel nach links. Nach etwa 700 Metern geht es rechts rum und nach etwa 500 Metern wieder rechts, der Weg streift jetzt kurz den „Ameranger See“ wieder tolle Blicke! Geradeaus läufst du jetzt schon nach Amerang zurück. An einem kleinen Parkplatz gibt es eine Sitzecke und Infotafeln über das Moorgebiet sowie Flyer zum Mitnehmen. Du kannst jetzt dem Teersträßchen hangaufwärts folgen, dann wanderst du in die Ortsmitte von Amerang und findest hier Gaststätten und Cafés. Die Hauptstraße nach rechts geht zurück zur Bahnstation. Weitere Wandermöglichkeiten kannst du mit Hilfe einer Wanderkarte im Maßstab 1:25.000 erkunden. Falls du noch Zeit hast: Das Bauernhausmuseum am nördlichen Ende des Ortes ist ebenfalls einen Besuch wert!

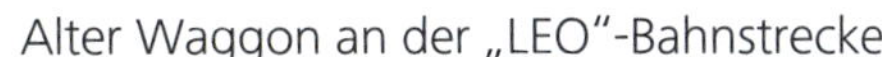

Alter Waggon an der „LEO“-Bahnstrecke

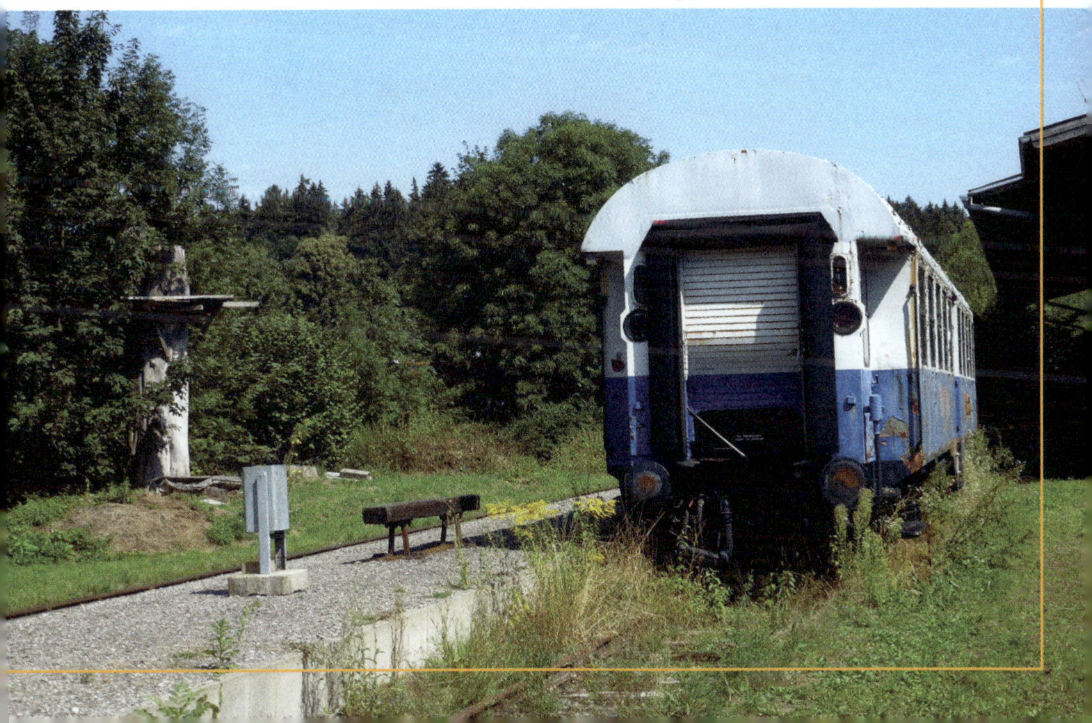

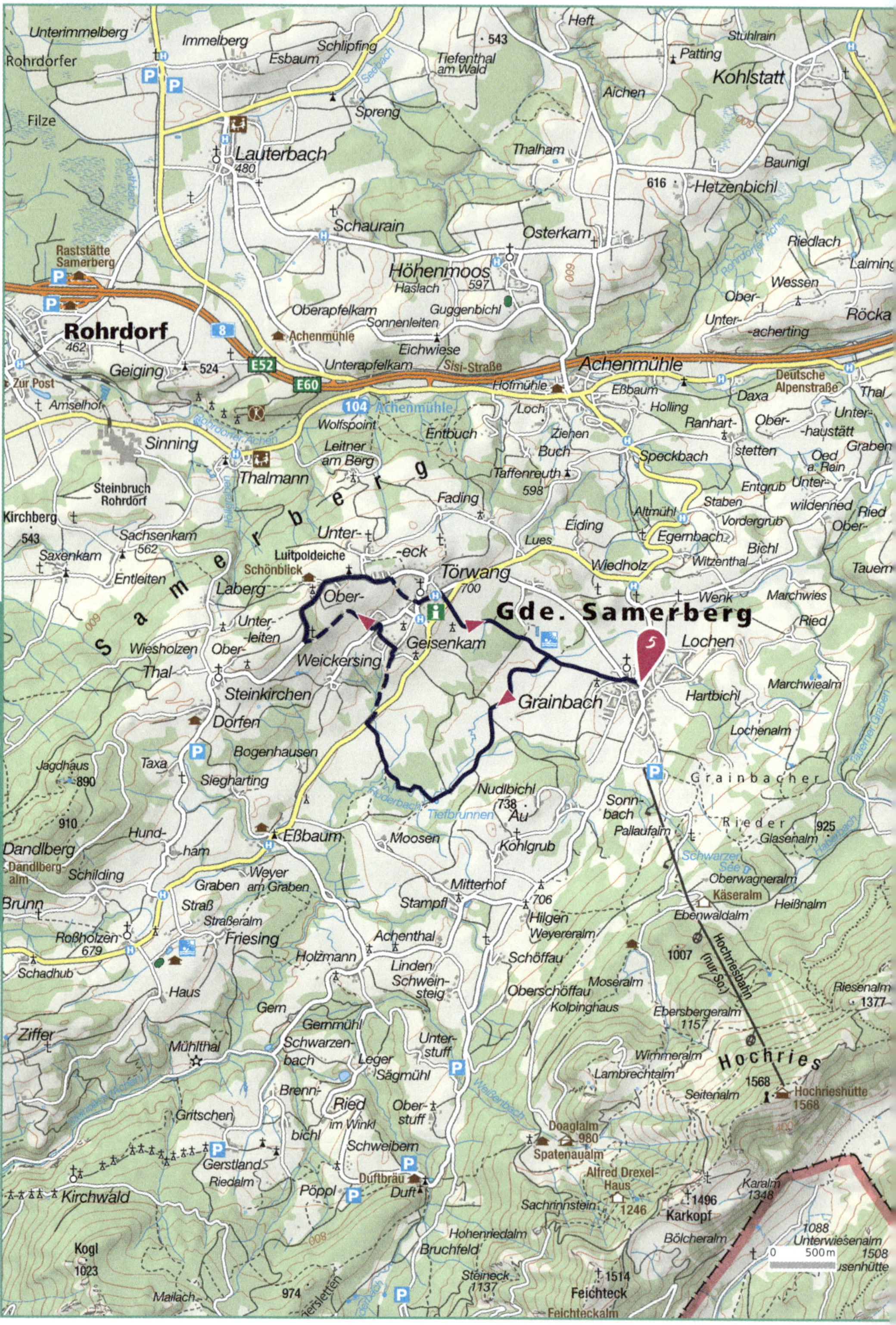

Unterimmelberg
Immelberg
Schlipfing
543
Heft
Stuhlrain
Rohrdorfer
Esbaum
Tiefenthal am Wald
Patting
Kohlstatt
Spreng
Aichen
Filze
Lauterbach
480
Thalham
Baunigl
616
Hetzenbichl
Schaurain
Osterkam
Riedlach
Raststätte Samerberg
Höhenmoos
Haslach
597
Wessen
Laiming
Ober-
Oberapfelkam
Guggenbichl
Unter-
-acherting
Röcka
Rohrdorf
462
8
Achenmühle
Sonnenleiten
Eichwiese
Geiging
524
E52
Unterapfelkam
Sisi-Straße
Achenmühle
E60
Zur Post
Amselhof
Hofmühle
Eßbaum
Holling
Daxa
Deutsche Alpenstraße
Thal
104
Achenmühle
Wolfspoint
Entbuch
Loch
Ziehen
Ranhart-
Ober-
Unter-
-haustätt
Sinning
Buch
Speckbach
stetten
Oed a. Rain
Graben
Thalmann
Leitner am Berg
Taffenreuth
598
Entgrub
Unter-
wildenried
Steinbruch Rohrdorf
Staben
Fading
Altmühl
Vordergrub
Ried
Ober-
Kirchberg
543
Unter-
Eiding
Egernbach
Sachsenkam
562
-eck
Lues
Bichl
Saxenkam
Luitpoldeiche
Witzenthal
Tauern
Schönblick
Törwang
700
Wiedholz
Entleiten
Laberg
Ober-
Wenk
Marchwies
Gde. Samerberg
Ried
Unter-
-leiten
Geisenkam
Lochen
Samerberg
Wiesholzen
Ober-
Weickersing
Thal-
Grainbach
Hartbichl
Marchwiealm
Steinkirchen
Dorfen
Lochenalm
Bogenhausen
Jagdhaus
890
Taxa
Siegharting
Grainbacher
Nudlbichl
738
Sonn-
bach
910
Au
Rieder
925
Tiefbrunnen
Pallaufalm
Glasenalm
Hund-
Eßbaum
Moosen
Kohlgrub
Dandlberg
-ham
Schwarzer See
Dandlberg-alm
Schilding
Weyer am Graben
Oberwagneralm
Graben
Mitterhof
Käseralm
Brunn
Straß
Stampfl
706
Heißnalm
Ebenwaldalm
Straßeralm
Hilgen
Roßholzen
679
Friesing
Achenthal
Weyereralm
Hochriesbahn (nur So.)
Holzmann
Schöffau
1007
Schadhub
Linden
Schwein-
steig
Moseralm
Riesenalm
1377
Haus
Oberschöffau
Kolpinghaus
Gern
Ebersbergeralm
1157
Gernmühl
Ziffer
Schwarzen-
bach
Unter-
stuff
Mühlthal
Leger
Wimmeralm
Sägmühl
Lambrechtalm
Hochries
Brenn-
Seitenalm
1568
Hochrieshütte
1568
Gritschen
Ried im Winkl
Ober-
stuff
bichl
Doaglalm
980
Schweibern
Spatenaualm
Gerstland
Riedalm
Alfred Drexel-Haus
1246
Duftbräu
Karalm
1348
Kirchwald
Pöppl
Duft
1496
Karkopf
Sachrinnstein
Hohenriedalm
1088
Unterwiesenalm
Bölcheralm
Kogl
1023
Bruchfeld
0
500 m
1508
Steineck
1137
1514
Mailach
974
Feichteck
Feichteckalm

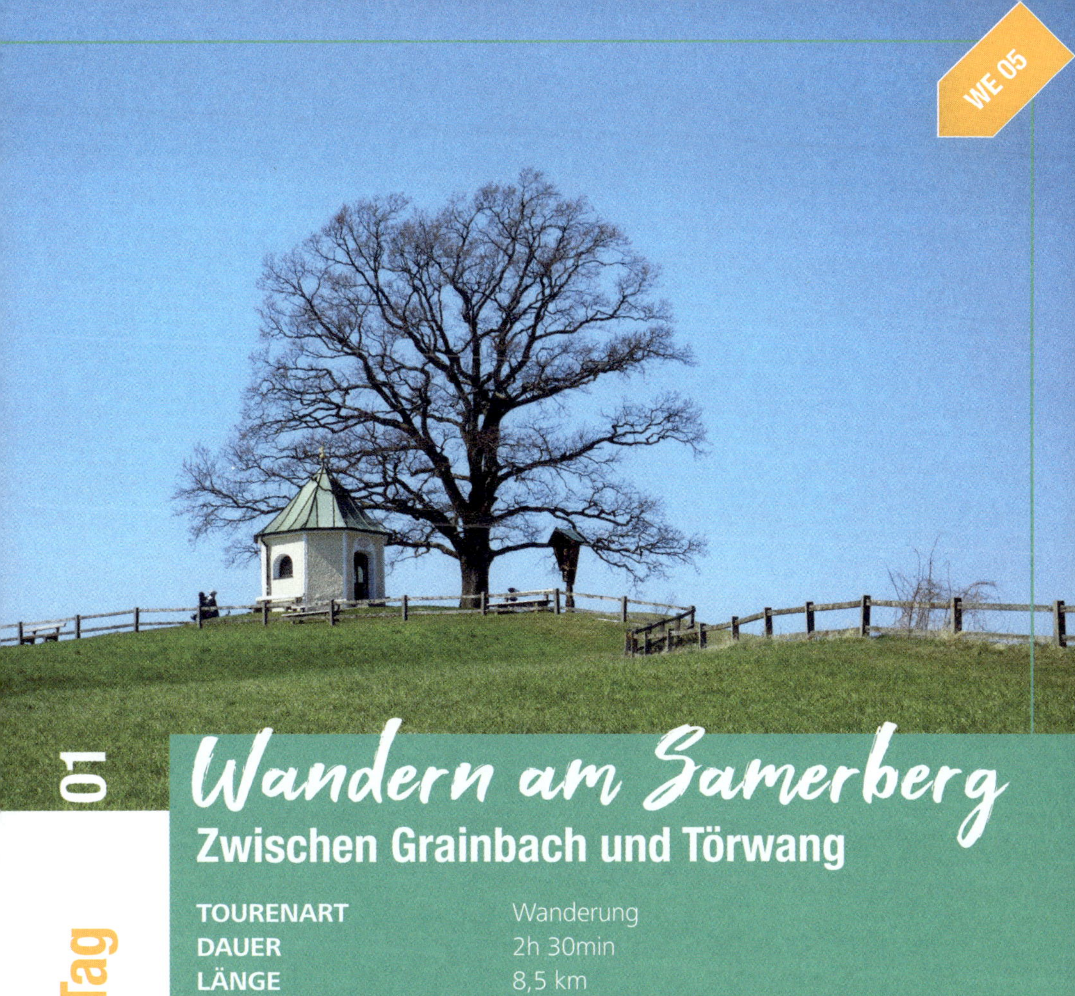

Wandern am Samerberg

Zwischen Grainbach und Törwang

TOURENART	Wanderung
DAUER	2h 30min
LÄNGE	8,5 km
HÖHENMETER	180 hm
SCHWIERIGKEIT	LEICHT
MIT ÖPNV ERREICHBAR	ja

Das erwartet dich ...

Der Samerberg ist eine wunderbare Wanderregion mit einer Vielfalt von verschiedenen Ökosystemen auf kleinem Raum: Ein Moorgebiet, sanfte Hügel, Wald und Almflächen findest du hier. Außerdem warten mehrere Chiemgauer Berge ringsum auf ihre Besteigung. Von Grainbach nach Törwang und retour kommst du durch die Filze, genießt weite Blicke von der Luitpoldeiche und kannst noch ins Naturschwimmbad springen. Ideal zum Entschleunigen!

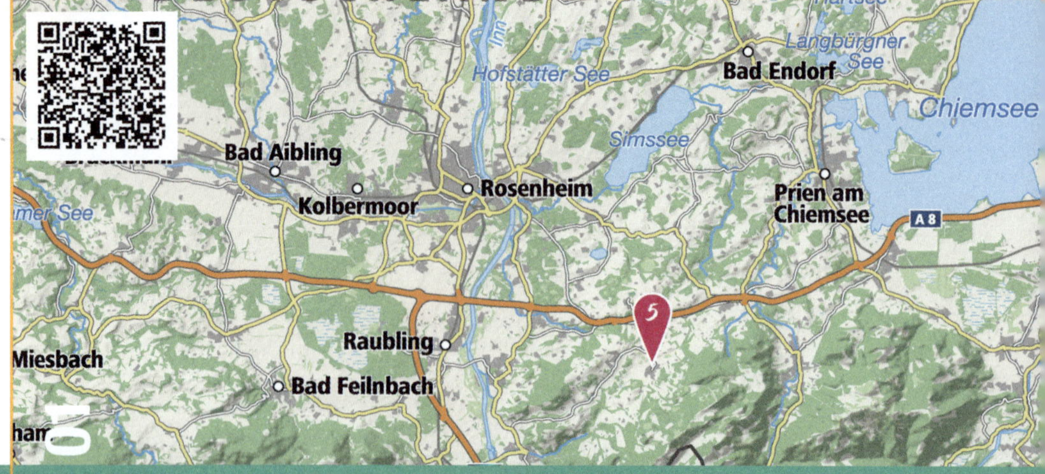

Tag 01

Start & Ziel & Anreise

Mit dem Auto kommst du über die Autobahn München–Salzburg ans Ziel, ab Ausfahrt Achenmühle und dann in einigen Serpentinen mit alpinem Charakter hoch zum Samerberg, der Start ist mitten in Grainbach, von der Ortsmitte aus nach links gibt es einen gut ausgeschilderten Parkplatz. Mit den Bussen 9494 und 9493 kommst du von Rosenheim aus zum Samerberg, den Sommer über fährt auch sonntags ein Wanderbus von Rosenheim aus.

Tourenbeschreibung

Los geht's beim Gasthaus Maurer mitten im Grainbach, hier sitzt es sich auch gut nach der Tour im Biergarten oder in der urigen Gaststube. Von der Hauptstraße aus zweigst du nach rechts auf den Weg „Kirchplatz" ab und folgst den Beschilderungen auf einem schmalen Teerweg bergab, an einer kleinen Kapelle vorbei. In der Senke gehst du erst über den Steinbach und folgst diesem nach links auf einem Wiesenweg. Es ist ein sehr lauschiger Weg hier am Wasser entlang, im offenen Gelände.

An der nächsten Wegkreuzung gehst du nach links über eine kleine Brücke und folgst dem Steinbach auf der linken Uferseite. Der Weg knickt dann im rechten Winkel nach rechts ab, du gehst gleich nach diesem Rechtsknick wieder links – jetzt auf einem manchmal morastigen, mit Bohlen ausgelegten Stück in das Wäldchen hinein. Es geht jetzt leicht hangaufwärts in einem Rechtsbogen, am Wegrand steht ein Lehrbienenstand. Angekommen an der Straße, querst du diese, gehst ein paar Meter nach rechts. Hier zieht ein sehr schöner Weg rechts am Waldrand bergan und du kommst zu den Häusern von Geisenkam. Im Ort gehst du links den Fichtenweg bergan, zweigst nach links in den Birkenweg und gleich wieder nach rechts bergan in den Weg Sonnenfeld. Jetzt nur noch leicht bergan nach links durch einen sehr schönen, alten Mischwald. Du kommst auf das Teersträßchen, jetzt nach rechts zum Weiler Obereck. Am Ortsausgang kommst du zu einem der schönsten Aussichtspunkte im Chiemgau – der Luitpoldeiche! Von hier hast du einen wunderbaren Blick auf das Flachland mit der Seenlandschaft und auf Rosenheim und das Inntal, auch abends ist es hier sehr schön.

Jetzt geht es hinab nach Törwang, auf einem schmalen Abkürzer-Fußweg. Törwang ist wie Grainbach sehr schön gelegen, mit malerischen alten Häusern und der „Post" und dem „Entenwirt" als Einkehrstationen. Die Hauptstraße leicht abwärts und dann nach rechts auf den Osterkamerweg – dieser führt hinunter zur stärker befahrenen Talstraße. Diese querst du und wanderst abwärts in das Wäldchen hinein. Hier bietet sich ein Abstecher zum Törwanger Naturschwimmbad in der Samerberger Filzen an – es hat eine Top-Wasserqualität dank des Schilfgürtels und ein sehr schönes Ambiente, außerdem gibt es auch hier eine Einkehrmöglichkeit. Bergauf kommst du wieder zurück nach Grainbach und zum Startpunkt.

Autoren Tipp

Zwischen Grainbach und dem Duftbräu findest du direkt an der Straße das Areal des „Mellaland". Die Familie Rüth hat auf einem für mechanisierte Landwirtschaft ungeeigneten Landstück ein kleines Nutzgarten-Meisterwerk geschaffen. Das Mellaland ist gelebte Permakultur – hier gedeihen Obst und Gemüse prächtig, auch viele Tierarten haben etwas von dieser Art der Landnutzung. Auf der Website gibt es viele tolle Infos über das Gelände und über die Philosophie der Permakultur: www.lebensraum-familie-rueth.info

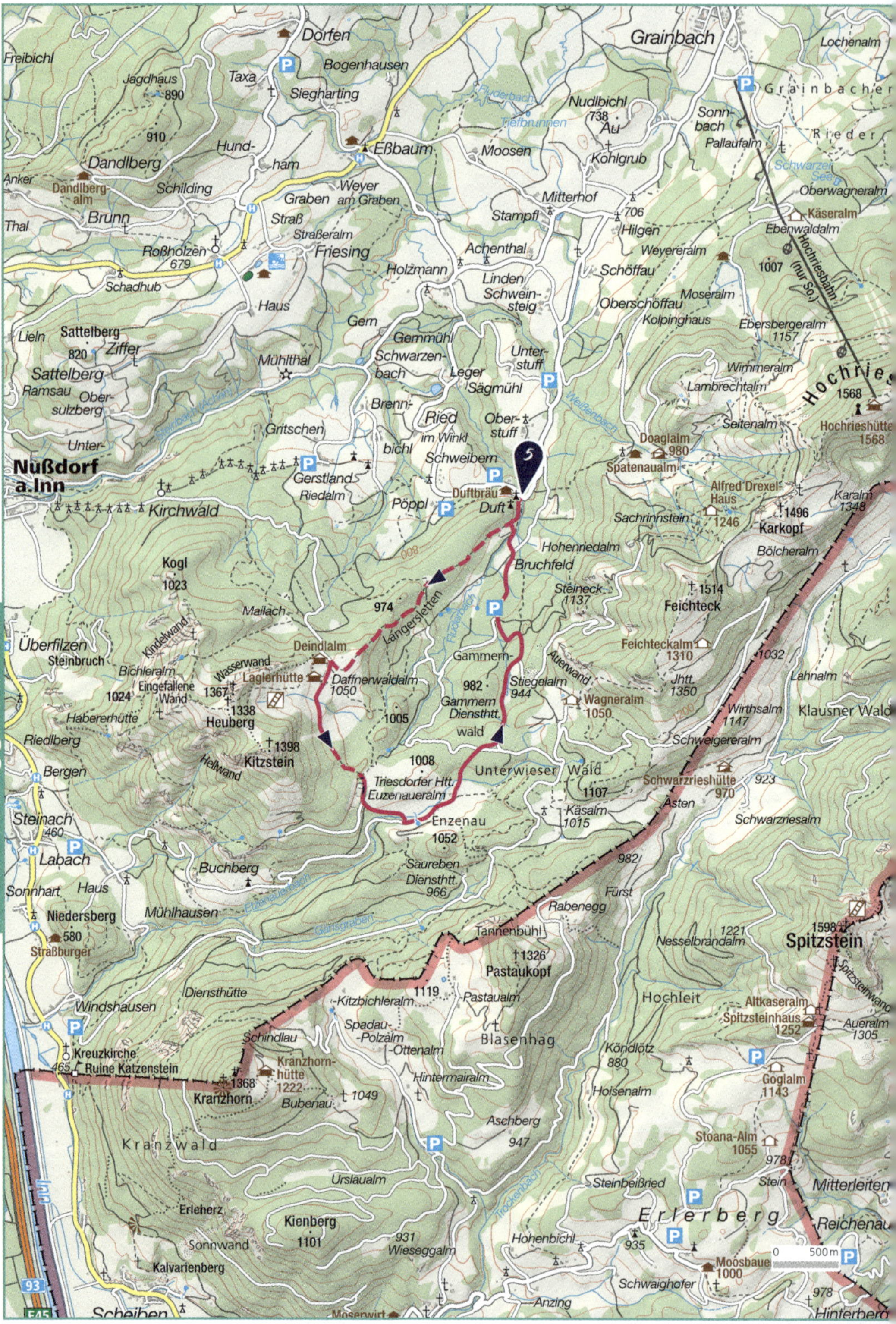

05

Dorfen
Grainbach
Lochenalm
Freibichl
Bogenhausen
Grainbacher
Jagdhaus
890
Taxa
Siegharting
Fluderbach
Tiefbrunnen
Nudlbichl
738
Au
Sonnbach
Rieder
910
Hundham
Eßbaum
Moosen
Kohlgrub
Pallaufalm
Schwarzer See
Dandlberg
Oberwagneralm
Anker
Dandlbergalm
Schilding
Weyer am Graben
Graben
Mitterhof
Brunn
Straß
Stampfl
706
Käseralm
Thal
Hilgen
Ebenwaldalm
Roßholzen
679
Straßeralm
Friesing
Achenthal
Weyereralm
Hochriesbahn (nur So.)
Schadhub
Holzmann
Linden
Schöffau
1007
Schweinsteig
Moseralm
Haus
Oberschöffau
Kolpinghaus
Ebersbergeralm
1157
Gern
Lieln
Sattelberg
Ziffer
Gernmühl
820
Schwarzenbach
Unterstuff
Sattelberg
Mühlthal
Wimmeralm
Ramsau
Obersulzberg
Leger
Sägmühl
Lambrechtalm
Hochries
1568
Brenn-
Ried
Oberstuff
Seitenalm
Hochrieshütte
1568
Gritschen
im Winkl
Unter-
bichl
Weißenbach
Doaglalm
980
Schweibern
Spatenaualm
Nußdorf a.Inn
Gerstland
Riedalm
Alfred Drexel-Haus
1246
Karalm
1348
Pöppl
Duftbräu
Duft
Sachrinnstein
1496
Karkopf
Kirchwald
Hohenriedalm
Bölcheralm
008
Bruchfeld
Kogl
1023
Steineck
1137
1514
Feichteck
974
Mailach
Langersletten
Überfilzen
Fluderbach
Kindelwand
Deindlalm
Steinbruch
Feichteckalm
1310
1032
Gammern
Auerwand
Wasserwand
Lahnalm
Bichleralm
Laglerhütte
Daffnerwaldalm
1050
982
Stiegelalm
944
Jhtt.
1350
1024
Eingefallene Wand
1367
Wagneralm
1050
1338
Gammern Diensthtt.
Wirthsalm
1147
Klausner Wald
Habererhütte
Heuberg
1005
1300
wald
Riedlberg
1398
Schweigereralm
Kitzstein
1008
Hellwand
Bergen
Unterwieser Wald
Triesdorfer Htt.
Schwarzrieshütte
970
923
Euzenaueralm
1107
Asten
Steinach
Käsalm
1015
460
Enzenau
Schwarzriesalm
1052
Labach
Saureben Diensthtt.
966
982
Buchberg
Sonnhart
Haus
Fürst
Niedersberg
Mühlhausen
Enzenauerbach
580
Rabenegg
Straßburger
Gießgraben
1221
Tannenbühl
1598
Nesselbrandalm
Spitzstein
1326
Pastaukopf
1119
Hochleit
Diensthütte
Kitzbichleralm
Pastaualm
Spitzsteinwand
Windshausen
Altkaseralm
Spadau-Polzalm
Spitzsteinhaus
1252
Aueralm
1305
Blasenhag
Schindlau
Ottenalm
Kreuzkirche
Kröndlötz
880
465
Ruine Katzenstein
Kranzhornhütte
1222
Goglalm
1143
1368
Hintermairalm
Kranzhorn
1049
Bubenau
Holsenalm
Aschberg
Kranzwald
947
Stoana-Alm
1055
978
Trockenbach
Urslaualm
Stein
Steinbeißried
Mitterleiten
Erlerberg
Inn
Reichenau
Erleherz
Kienberg
1101
Sonnwand
931
Wieseggalm
Hohenbichl
935
0
500 m
Kalvarienberg
Moosbauer
1000
Schwaighofer
93
978
Anzing
E45
Scheiben
Moserwirt
Hinterberg

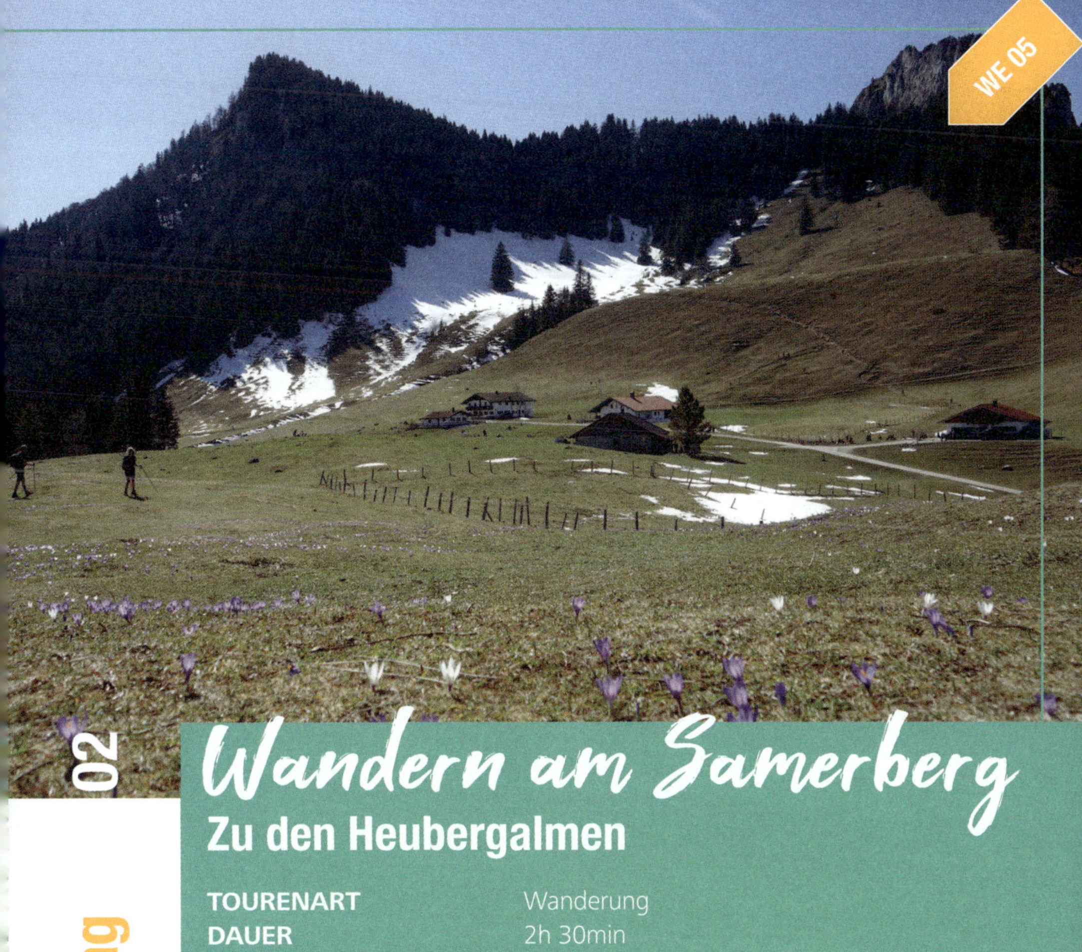

Tag 02

Wandern am Samerberg

Zu den Heubergalmen

TOURENART	Wanderung
DAUER	2h 30min
LÄNGE	8 km
HÖHENMETER	340 hm
SCHWIERIGKEIT	MITTEL
MIT ÖPNV ERREICHBAR	ja

Das erwartet dich ...

Die Tour zu den Heubergalmen ist eine sehr schöne Rundtour, sie verläuft teils durch den Wald und teils über offenes Almengelände. Bei den Heubergalmen gibt es viel Platz zum Picknick auf der Wiese, außerdem gute und urige Einkehrstationen, es gibt Brotzeiten und Kuchen. Hier mischen sich einzelne Bergwanderer, Familien und Mountainbiker. Besonders zur Schneeschmelze ist es sehr schön, wenn die Krokusse blühen.

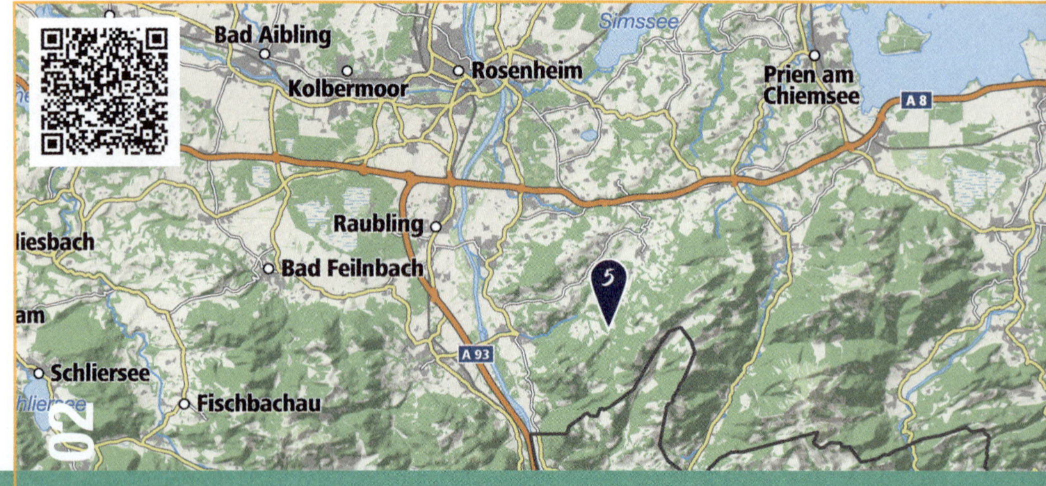

Tag 02

Start & Ziel & Anreise

Mit dem Auto kommst du über die Autobahn München–Salzburg ans Ziel, ab Ausfahrt Achenmühle und dann in einigen Serpentinen mit alpinem Charakter hoch zum Samerberg, der Startpunkt Duftbräu mit seinem Wanderparkplatz ist gut ausgeschildert. Mit den Bussen 9494 und 9493 kommst du von Rosenheim aus hoch zum Samerberg, den Sommer über fährt auch sonn- und feiertags der Samerberger Wanderbus bis zum Duftbräu.

Tourenbeschreibung

Der Heuberg ist einer der klassischen Chiemgauer Wanderberge, mit gleich mehreren Gipfeln. Deine gemütliche Tour steuert einfach die Heubergalmen an, die unterhalb des Gipfelanstiegs liegen und zu Brotzeit und guten Kuchen einladen. Du startest vom Wanderparkplatz am Duftbräu aus, wo es sich nach der Tour ebenfalls gut sitzt. Beinah am Gebäude des Gasthofs beginnt der Wanderweg: Er zieht leicht bergan am Bach entlang, der in einigen reizvollen Kaskaden ins Tal plätschert.

Der Hauptweg verläuft weiter den Bach entlang, aber du gehst anders: Etwa 300 Meter nach dem Wegeinstieg zweigst du nach rechts ab auf einen Forstweg, an der Gabelung folgst du ihm nach links. Zunächst ist der Forstweg breit und komfortabel zu gehen, nach etwa 400 bis 500 Metern wird er zum Bergpfad und schmaler. Als „Max-Schäfer-Steig" verläuft der Bergwanderpfad jetzt steiler und mit vielen Wurzeln durch das Waldstück bergauf, auf einem Kamm. Nach dem Waldstück kommst du „oben" ins Offengelände, jetzt bist du im Gebiet der Heubergalmen, es sind die Deindlalm, die Lagleralm und die Daffnerwaldalm – Pause nach dem schweißtreibenden Aufstieg! In einem Linksbogen folgst du dem Hauptweg an den Almen vorbei, der breite Weg führt leicht bergab. An einer Verzweigung etwa einen Kilometer nach den Almen gehst du links und überquerst den Euzenauer Bach an einer Furt. Jetzt gehst du nach links weiter zu den Euzenauer Almen, ein sehr schönes Gelände, fernab vom Schuss. Vierhundert Meter nach der Furt und am letzten Gebäude, der Triesdorfer Hütte, gehst du links auf einem schmalen Pfad weiter. Nach 400 Metern am Forstweg rechts und nach 150 Meter wieder links. An der Gammern-Diensthütte und an der Stiegleralm vorbei kommst du zum Waldparkplatz, einem sehr großen Wanderparkplatz. Von hier läufst du die Anfahrtspiste weiter und nach gut 400 Metern kommt ein Linksabzweig.

Auf diesem kommst du zurück zum Fluderbach, an dem du am Anfang der Tour entlanggegangen bist. Jetzt sind es nur noch ein paar hundert Meter zurück zum Duftbräu und zum Startpunkt. Wer Lust hat, kann sich noch die Tafeln vom ausgeschilderten Bierrundweg durchlesen. Es ist nur eine von vielen möglichen Touren im Gebiet, mit einer Wanderkarte möglichst im Maßstab 1:25.000 entdeckst du noch viele weitere Varianten, beispielsweise kannst du auch die Wagneralm ansteuern.

Autoren Tipp

An den ersten warmen Frühlingstagen Ende März bis Mitte April schleckt die Sonne den Schnee auf den Almwiesen auf. Dann zeigen sich die ersten Krokusse und stecken ihre Köpfchen aus den Schneeresten heraus – ein schöner bunter Kontrast! Nach und nach bedecken sie das Gebiet rund um die Heubergalmen und bilden mit ihrem weiß-violetten Blütenmeer einen farbenfrohen Teppich, ein sehr schöner Anblick wie auch die Buschwindröschen und die gelben Dotter- und Schlüsselblumen an den glitzernden Bächen.

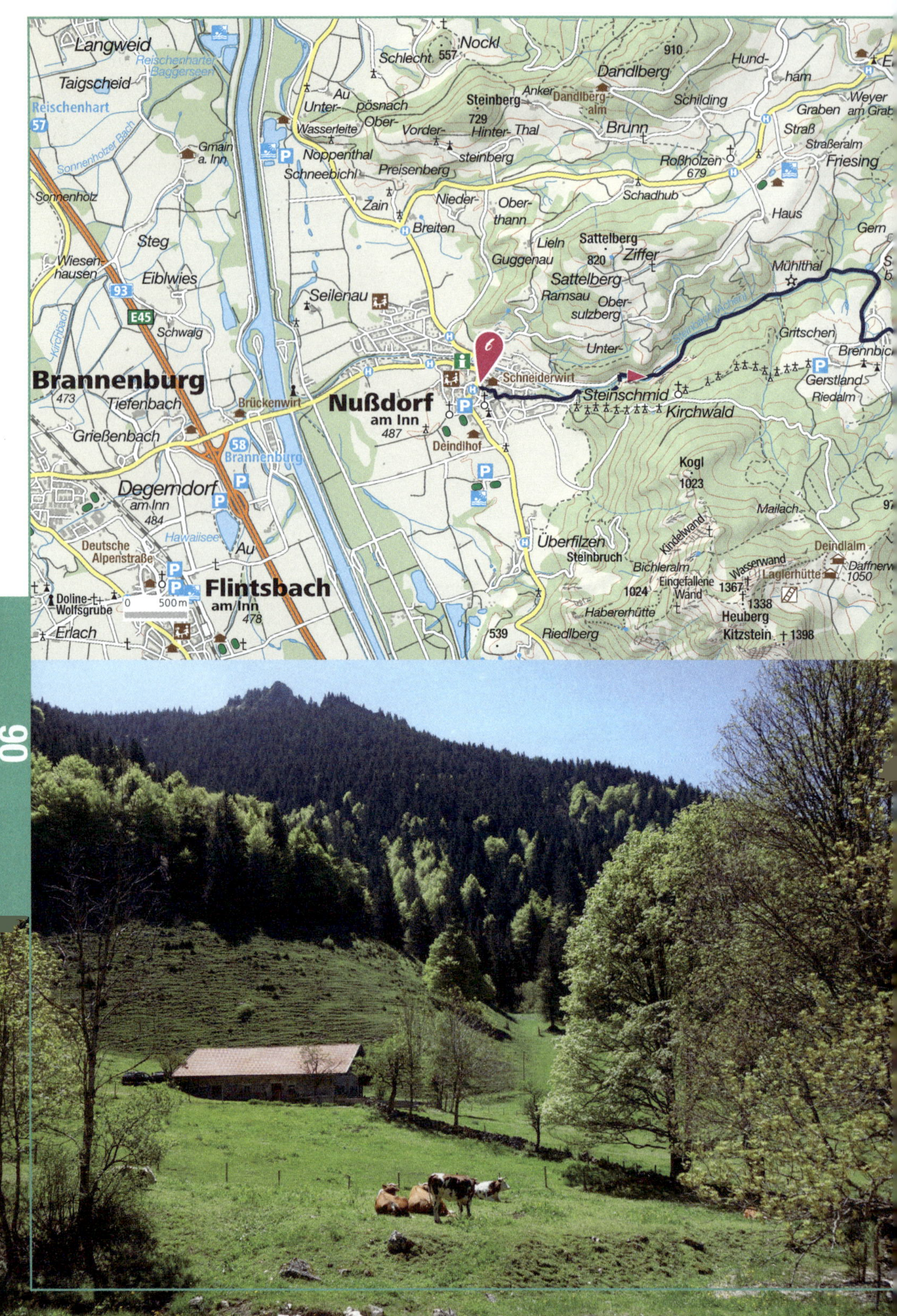

Langweid
Reischenharter Baggersee
Taigscheid
Reischenhart
57
Sonnenholzer Bach
Gmain a. Inn
Sonnenholz
Steg
Wiesenhausen
Eiblwies
93
E45
Schwaig
Kirchbach
Brannenburg
473
Tiefenbach
Grießenbach
Brückenwirt
58
Brannenburg
Degerndorf am Inn
484
Hawaiisee
Deutsche Alpenstraße
Au
Doline
Wolfsgrube
0
500m
Erlach
Flintsbach am Inn
478
Schlecht
557
Nockl
Au
Unter-
Ober-
pösnach
Wasserleite
Noppenthal
Schneebichl
Vorder-
Steinberg
729
Hinter-
steinberg
Anker
Dandlberg-alm
Thal
Preisenberg
Zain
Nieder-
Ober-
thann
Breiten
Seilenau
Nußdorf am Inn
487
Deindlhof
Schneiderwirt
Steinschmid
Kirchwald
910
Dandlberg
Hund-
ham
Schilding
Brunn
Weyer am Grab
Graben
Straß
Straßeralm
Roßholzen
679
Friesing
Schadhub
Haus
Gern
Lieln
Guggenau
Sattelberg
820
Ziffer
Sattelberg
Ramsau
Ober-
sulzberg
Mühlthal
Unter-
Steinbach (Kirchbach)
Gritschen
Brennbic
Gerstland
Riedalm
Kogl
1023
Mailach
Kindelwand
Überfilzen
Steinbruch
Bichleralm
1024
Eingefallene Wand
Wasserwand
1367
Laglerhütte
1338
Deindlalm
Daffnerw
1050
Habererhütte
Heuberg
Kitzstein
1398
539
Riedlberg

WE 06

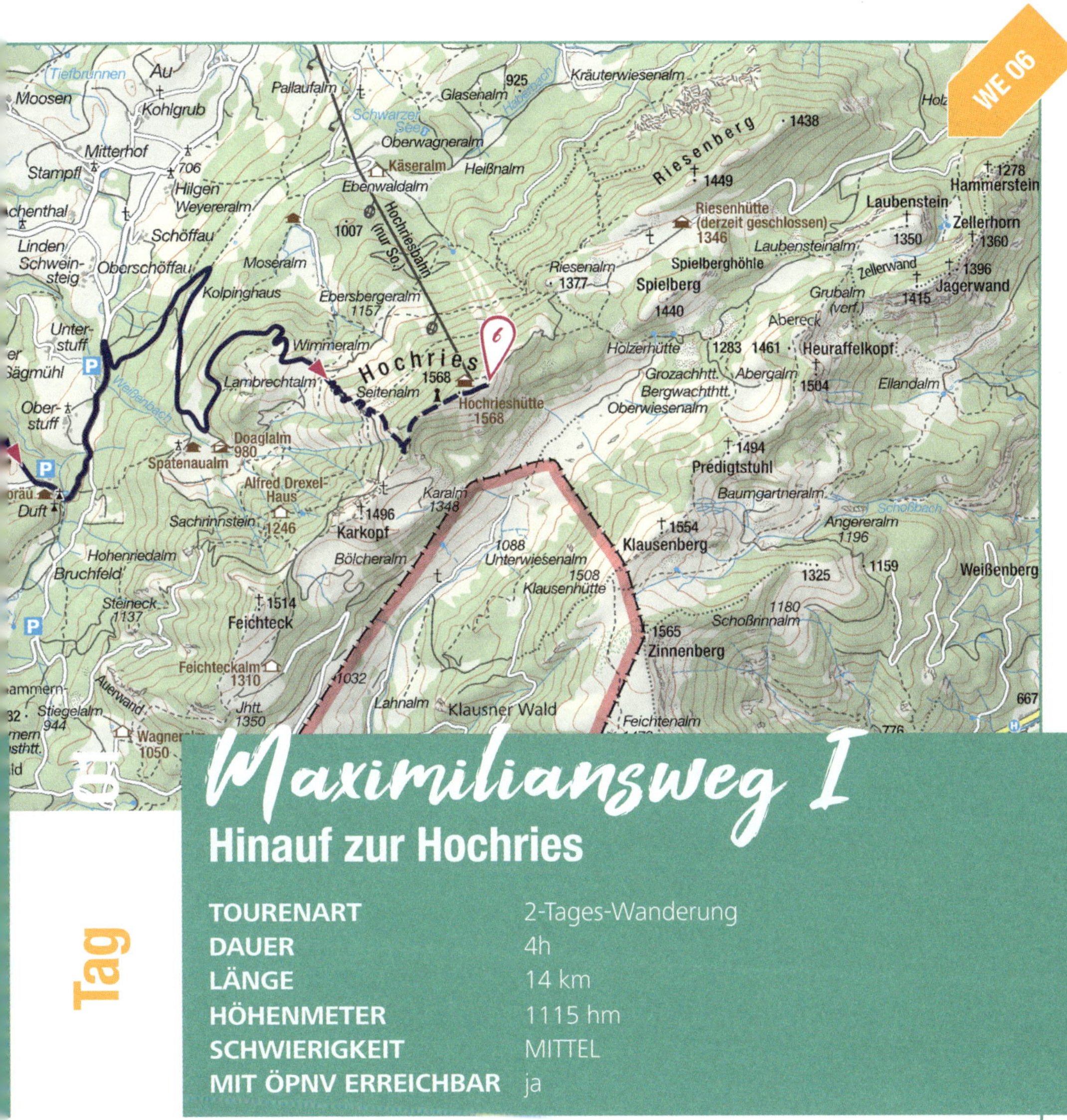

Tag 01

Maximiliansweg I

Hinauf zur Hochries

TOURENART	2-Tages-Wanderung
DAUER	4h
LÄNGE	14 km
HÖHENMETER	1115 hm
SCHWIERIGKEIT	MITTEL
MIT ÖPNV ERREICHBAR	ja

Das erwartet dich ...

Du startest im Inntal in Nußdorf, einem der schönsten Dörfer von ganz Bayern, mit Innschiffertradition und alten Bauernhäusern. In sanftem, schattigen Aufstieg durch das Mühltal mit seinem Bach und der historischen Mühle kommst du zum offenen Almengelände des Samerbergs. Dort wird es sportlicher, und du wanderst das letzte Stück auf einem Treppenweg zum Hochrieshaus, wo du übernachtest.

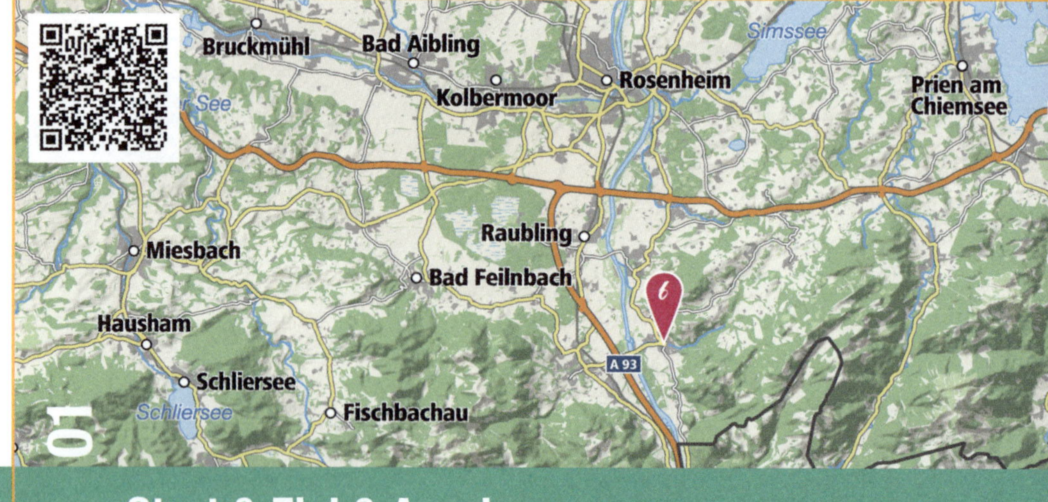

Tag 01

Start & Ziel & Anreise

Das Auto ist bei dieser Streckentour eher hinderlich, also reist du am besten mit der Bahn an. Von der Haltestelle „Bahnhof-Süd" am Rosenheimer Bahnhof kommst du mit der Buslinie 9490 nach Nußdorf (Haltestelle Hauptstraße). Alternativ kannst du mit dem Zug Richtung Kufstein fahren und steigst in Brannenburg aus, dann wanderst du über die Innbrücke nach Nußdorf (plus 1 Stunde). Reservierung mit Anzahlung von 20 Euro unter hochries@dav-rosenheim.de. Tel. 08032-8210.

Tourenbeschreibung

Der „Maximiliansweg" ist der große alpine Fernwanderweg in Bayern – er führt vom Bodensee zum Königssee, und die Etappen durch die Chiemgauer Alpen gehören zu den schönsten der ganzen Strecke, mit vielen tollen Ausblicken in „Balkonsituation" über der Seenplatte mit dem Chiemsee. Du übernachtest in einer Alpenvereinshütte, daher bekommst du auf eine Alpenvereinsmitgliedschaft ermäßigte Übernachtung. Nimm einen Hüttenschlafsack mit, ebenso sind Ohrenstöpsel kein Fehler in den Mehrbettzimmern. In Nußdorf, 487 m, können wir einfach am Ortseingang dem Verlauf des Steinbachs Richtung Mühlthal folgen. Schöner ist aber ein Abstecher in den Ortskern des Flößerdorfes mit seinen wunderschönen alten Bauernhäusern. Nußdorf wurde mehrfach für sein traditionelles Ortsbild ausgezeichnet. Das Dorf legt großen Wert auf Brauchtum und seine Vergangenheit als Flößerort der Innschifffahrt. Der Inn galt lange Zeit als wichtige

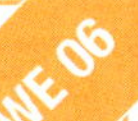

Verkehrsachse und Städte wie Rosenheim und Wasserburg erlebten eine Zeit der Blüte durch den Handel am Fluss.

Von der Bushaltestelle aus die Hauptstraße etwas zurück, zweigst du nach rechts ab durch die Dorfstraße Richtung Kirche, ein wenig hangaufwärts. Hier verläuft der „Mühlenweg" durch einen Teil der Gemeinde, mit interessanten Informationen zur historischen Nutzung der Wasserkraft. Gesäumt wird der Weg von Kunstwerken, denn Nußdorf ist ein Künstlerdorf. Das Dorf legt großen Wert auf bayerisches Brauchtum und auf seine Historie als Ort der Innschiffer und -flößer. Auf dem Mühlenweg gelangst du entlang schmucker Häuser und gepflegter Gärten zum Waldpark mit einem kleinen Pavillon. Hier querst du den Steinbach und marschierst entlang der Straße, die so gut wie keinen Verkehr aufweist. Zur Linken siehst du im Ortsteil Mühlthal das große oberschlächtige Wasserrad an der ehemaligen Mühle. Eine Viertelstunde weiter befindet sich das alte Elektrizitätswerk. Hier folgst du den Schildern zum Gehöft Schwarzenbach und zum Duftbräu. Oberhalb von Schwarzenbach folgst du nach rechts der Teerstraße und nimmst eine Viertelstunde später den Abkürzer nach links, der dich zum Duftbräu bringt. Direkt am Duftbräu weist zwar ein Schild auf den Weg zur Hochries hin. Obacht: Dies ist allerdings eine längere Variante, denn der Weg führt über Karkopf und Feichteck ans Ziel. Der zehnminütige Abstecher zu den Katarakten des Bachs jedoch lohnt sich, du kehrst aber wieder zum Duftbräu zurück. Es geht noch etwa einen Kilometer die Teerstraße entlang, bis du zum „Spatenau"-Wanderparkplatz kommst. Hier folgst du den Hinweisschildern zur Hochries und lässt nach einem abwechselnd über „Abkürzer" und ein Teerstück verlaufenden Aufstieg die Doaglalm rechts liegen. Das Gelände wird nun offen, der ausgetrampelte Weg ist nicht zu verfehlen. Ein steiler Anstieg, der mit einem langen, ehrenamtlich restaurierten Treppenweg ausgebaut ist, bringt dich zu den Seitenalmen und weiter hinauf bis zum Sattel zwischen Hochries links und Feichteck rechts. Von hier sind es nur noch ein paar hundert Meter nach links bis zum Hochriesgipfel und dem Hochrieshaus auf 1568 m. Obacht geben – der Weg über die Steinplatten in Richtung Hochrieshaus ist etwas holprig, vermeide ein Umknicken! Das Hochrieshaus gehört zur Alpenvereinssektion Rosenheim, von hier aus starten auch viele Gleitschirmflüge – ein schöner Anblick.

Variante zur Hochries: Statt auf Teer durch das Mühltal zu laufen, kannst du auch rechts des Bachs von Nußdorf aus zur Wallfahrtskirche beziehungsweise Einsiedelei von Kirchwald aufsteigen, der Weg ist stückweise wurzelig und am besten bei trockenen Verhältnissen zu gehen. Auf dem Wanderweg Nummer 3 und über die Weiler Gritschen und Schweibern kommst du zum Duftbräu, dann weiter wie oben beschrieben.

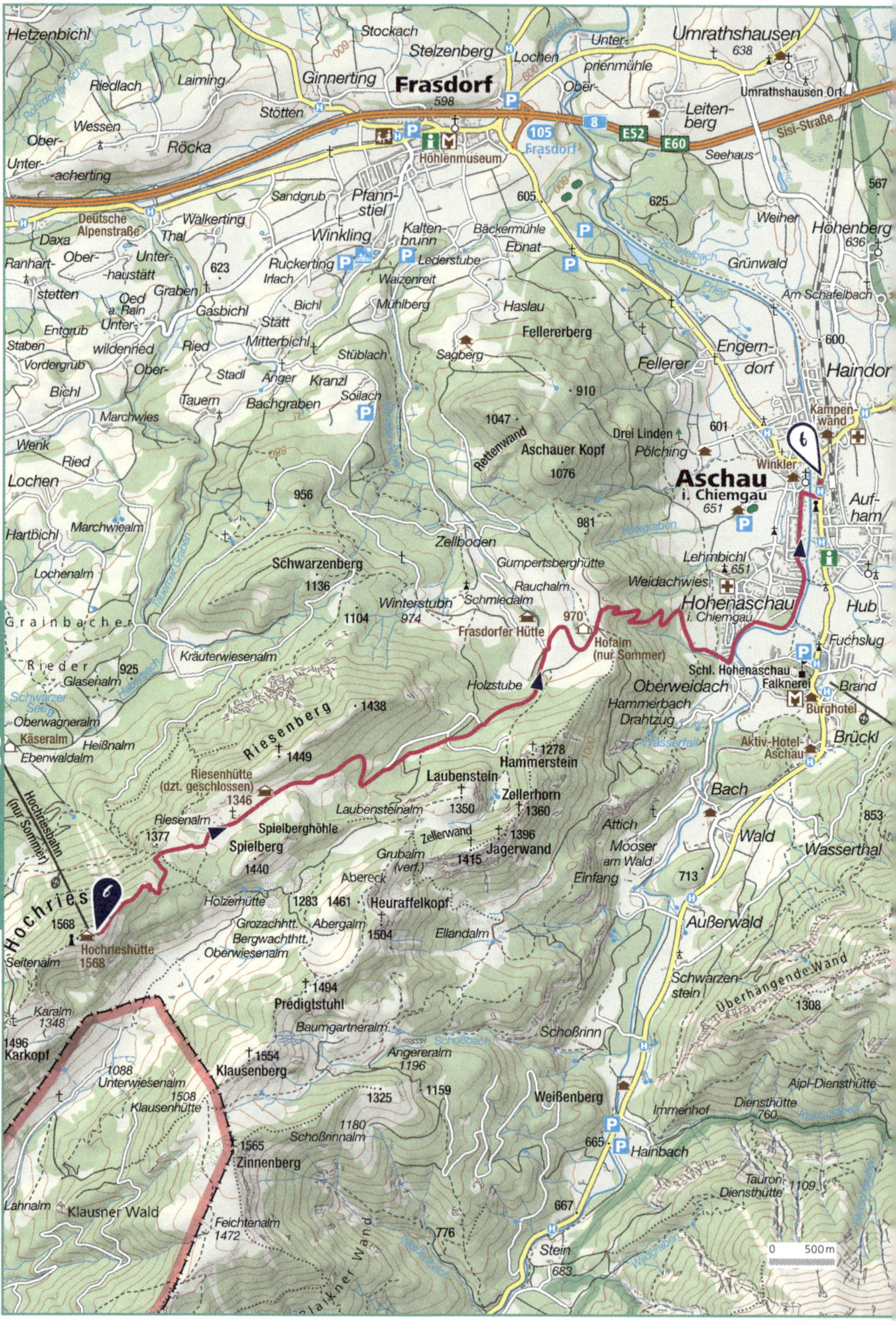

06

Hetzenbichl
Stockach
Stelzenberg
Lochen
Unter-
prienmühle
Umrathshausen
638
Ober-
Umrathshausen Ort
Riedlach
Laiming
Ginnerting
Frasdorf
598
Leiten-
berg
Sisi-Straße
Wessen
Stötten
8
E52
E60
Ober-
Röcka
Höhlenmuseum
105
Frasdorf
Seehaus
Unter-
-acherting
Sandgrub
Pfann-
stiel
605
625
567
Deutsche
Alpenstraße
Walkerting
Weiher
Höhenberg
636
Daxa
Thal
Winkling
Kalten-
brunn
Bäckermühle
Ebnat
Ranhart-
Ober-
Unter-
-haustätt
623
Ruckerting
Irlach
Lederstube
Grünwald
stetten
Graben
Waizenreit
Oed
a. Rain
Gasbichl
Bichl
Mühlberg
Haslau
Am Schafelbach
Entgrub
Unter-
Stätt
Fellererberg
Staben
wildenried
Ried
Mitterbichl
600
Vordergrub
Ober-
Stüblach
Sagberg
Engern-
dorf
Haindor
Stadl
Anger
Kranzl
Fellerer
Bichl
Soilach
910
Tauern
Bachgraben
Kampen-
wand
Marchwies
1047
Rettenwand
Drei Linden
601
Wenk
Aschauer Kopf
Pölching
Winkler
Ried
1076
Lochen
Aschau
i. Chiemgau
651
Auf-
ham
956
981
Hartbichl
Marchwiealm
Zellboden
Lehmbichl
651
Gumpertsberghütte
Lochenalm
Schwarzenberg
Rauchalm
Weidachwies
1136
Schmiedalm
Hohenaschau
i. Chiemgau
Hub
Winterstubn
974
Grainbacher
1104
Frasdorfer Hütte
970
Hofalm
(nur Sommer)
Fuchslug
Kräuterwiesenalm
Schl. Hohenaschau
Brand
Rieder
925
Falknerei
Glasenalm
Holzstube
Oberweidach
Schwarzer
See
Hammerbach
Drahtzug
Burghotel
Oberwagneralm
1438
Käseralm
Heißnalm
Riesenberg
Wasserfall
Aktiv-Hotel-
Aschau
Brückl
Ebenwaldalm
1449
1278
Hammerstein
Hochriesbahn
(nur Sommer)
Riesenhütte
(dzt. geschlossen)
1346
Laubenstein
Bach
Zellerhorn
853
Laubensteinalm
1350
1360
Riesenalm
1377
Spielberghöhle
Wald
Zellerwand
1396
Spielberg
Jagerwand
Attich
Wasserthal
Grubalm
(verf.)
1415
Mooser
am Wald
1440
Abereck
Einfang
713
Hochries
Holzerhütte
1283
1461
Heuraffelkopf
1568
Grozachhtt.
Abergalm
Außerwald
Hochrieshütte
1568
Bergwachthtt.
1504
Ellandalm
Seitenalm
Oberwiesenalm
Schwarzen-
stein
Überhängende Wand
1494
Predigtstuhl
1308
Karalm
1348
Baumgartneralm
Schoßrinn
1496
Karkopf
Schoßbach
1554
Angereralm
1196
Aipl-Diensthütte
1088
Unterwiesenalm
Klausenberg
Weißenberg
1508
Klausenhütte
1325
1159
Immenhof
Diensthütte
760
1180
Schoßrinnalm
665
1565
Hainbach
Zinnenberg
Tauron
Diensthütte
1109
Lahnalm
Klausner Wald
667
Feichtenalm
1472
776
Stein
683
Plaikner Wand
0
500 m

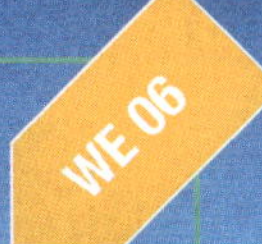

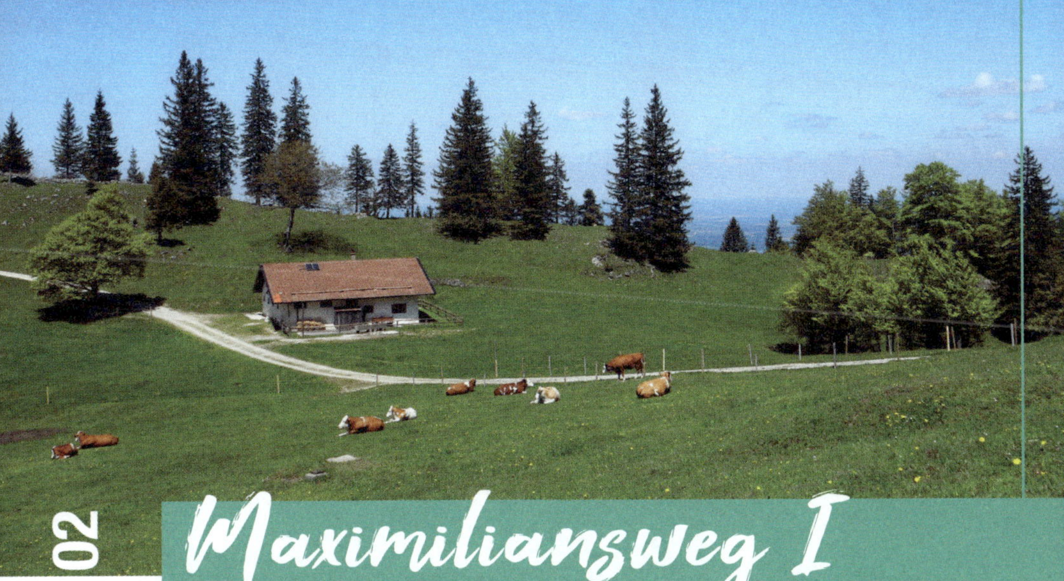

02 Tag

Maximiliansweg I

Hinab nach Aschau

TOURENART	2-Tages-Wanderung
DAUER	3h 30min
LÄNGE	9 km
HÖHENMETER	1000 hm Abstieg
SCHWIERIGKEIT	LEICHT
MIT ÖPNV ERREICHBAR	nein

Das erwartet dich …

Zunächst einmal ein wunderbarer Morgen am Berg mit einem Hüttenfrühstück auf dem Hochrieshaus, und hoffentlich hast du keine Ohrenstöpsel gebraucht. Du steigst heute ab und kannst es gemütlich angehen, der Tag liegt vor dir. Auf den offenen Almengeländen rund um Riesenhütte (derzeit nicht bewirtschaftet) und rund um die Hofalm (bewirtschaftet) lässt es sich gut pausieren. An Burg Hohenaschau vorbei schlenderst du das letzte Stück zum Aschauer Bahnhof.

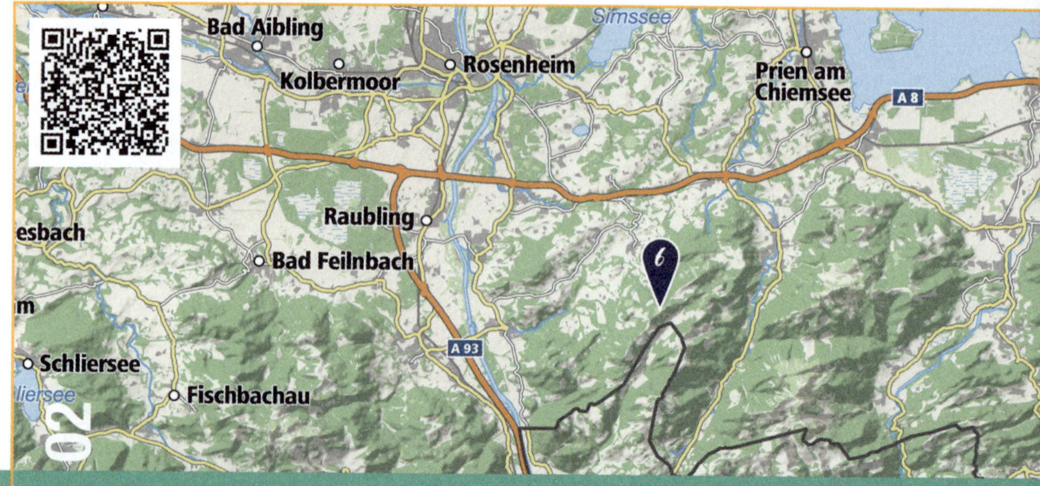

Tag 02

Start & Ziel & Anreise

Dein Start ist die Hochrieshütte des Alpenvereins, wo du übernachtet hast. Oder du packst die Tour von Nußdorf aus an einem langen, konditionell fordernden Wandertag, das geht auch. Von Aschau im Tal aus kommst du mit der Regionalbahn nach Prien weiter, dort steigst du um in Regional- oder Fernzüge Richtung Rosenheim und München oder Richtung Salzburg. Alternativ kannst du mit etwas Glück den RVO-Bus 9496 nach Rosenheim nutzen, bereits von Hohenaschau aus.

Tourenbeschreibung

Die Etappe ist ein reiner Abstieg, du solltest aber auf geröllige Passagen achten, außerdem sind gerne Mountainbiker unterwegs. Am Hochrieshaus genießt du noch den grandiosen Blick Richtung Zentralalpen und auf das Rosenheimer Land. Du startest am Hochrieshaus über die breite Nordostseite des Berges hinab zu einem Wegkreuz in der Nähe der Riesenalm. Nach einer flacheren und offenen Passage über Almgelände mit Karstformen wie Dolinen erreichst du die Riesenhütte, 1346 m, die hoffentlich durch die Münchner Alpenvereinssektion Oberland wieder renoviert wird. Auf bequemem breiten Fahrweg geht es weiter bergab, nun durch den Wald. Nach der „Hammerleite" erreichst du offeneres Almgelände mit einigen schönen Blicken auf den Chiemsee. Rechts zweigt nun im spitzen Winkel ein schmalerer markierter Weg ab (Nr. 217). Er kürzt eine großzügige Schleife ab und führt über eine große offene Fläche zur idyllisch gelegenen Hofalm, sie liegt auf 970 m. Links unterhalb, nahe am Hauptzufahrtsweg, steht die

Frasdorfer Hütte. Etwa 100 Meter hinter der Hofalm hast du am Waldrand die Wahl zwischen zwei Wegen, die beide hinunter führen nach Aschau. Links setzt sich Weg Nr. 217 steil und geröllig mit vielen Serpentinen fort. Der angenehmere Weg ist der rechte, auch wenn ein Schild vor eventuellen Hindernissen warnt. Die Wegführung ist wildromantisch und das Hindernis besteht aus einer Geröllverblockung, die du dank guter Markierung jedoch leicht überqueren kannst. Aus dem Waldstück heraus siehst du bereits Burg Hohenaschau.

Die Burg wurde im letzten Drittel des 12. Jahrhunderts erbaut und während der Renaissance und im Barock erweitert. Im 19. Jahrhundert lebte der Großindustrielle Theodor Freiherr von Cramer-Klett in dem Anwesen.

Der Ortsteil Hammerbach, durch den wir in Richtung der Prien wandern, ist industriegeschichtlich interessant. Pankraz von Freyberg verlagerte im 16. Jahrhundert die Eisenerzverhüttung nach Aschau. Die hier vorhandene Wasserkraft und der Holzreichtum lieferten die Energiebasis für die Herstellung des Eisens, das als Erz von der Kampenwand kam. Angekommen am Hangfuß folgst du der Zellerhornstraße nach links und hältst dich nach Abzweig in die Cramer-Klett-Straße dann der Prien entlang. Über die Zillbillerstraße und dann rechts über die Schulstraße und eine Brücke kommst du zum Bahnhof.

Burg Hohenaschau

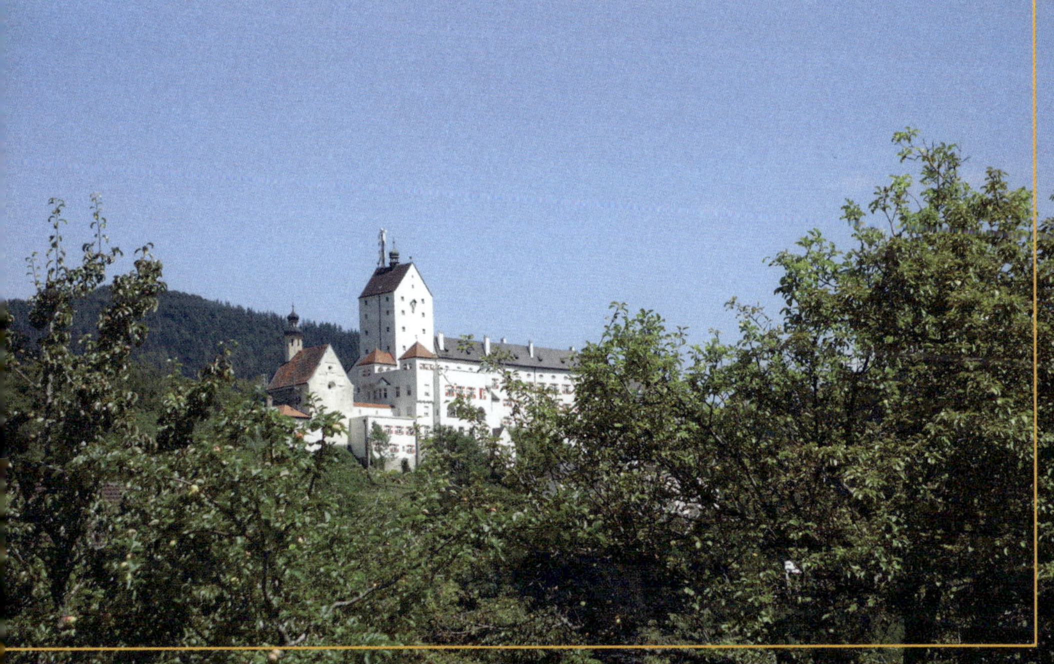

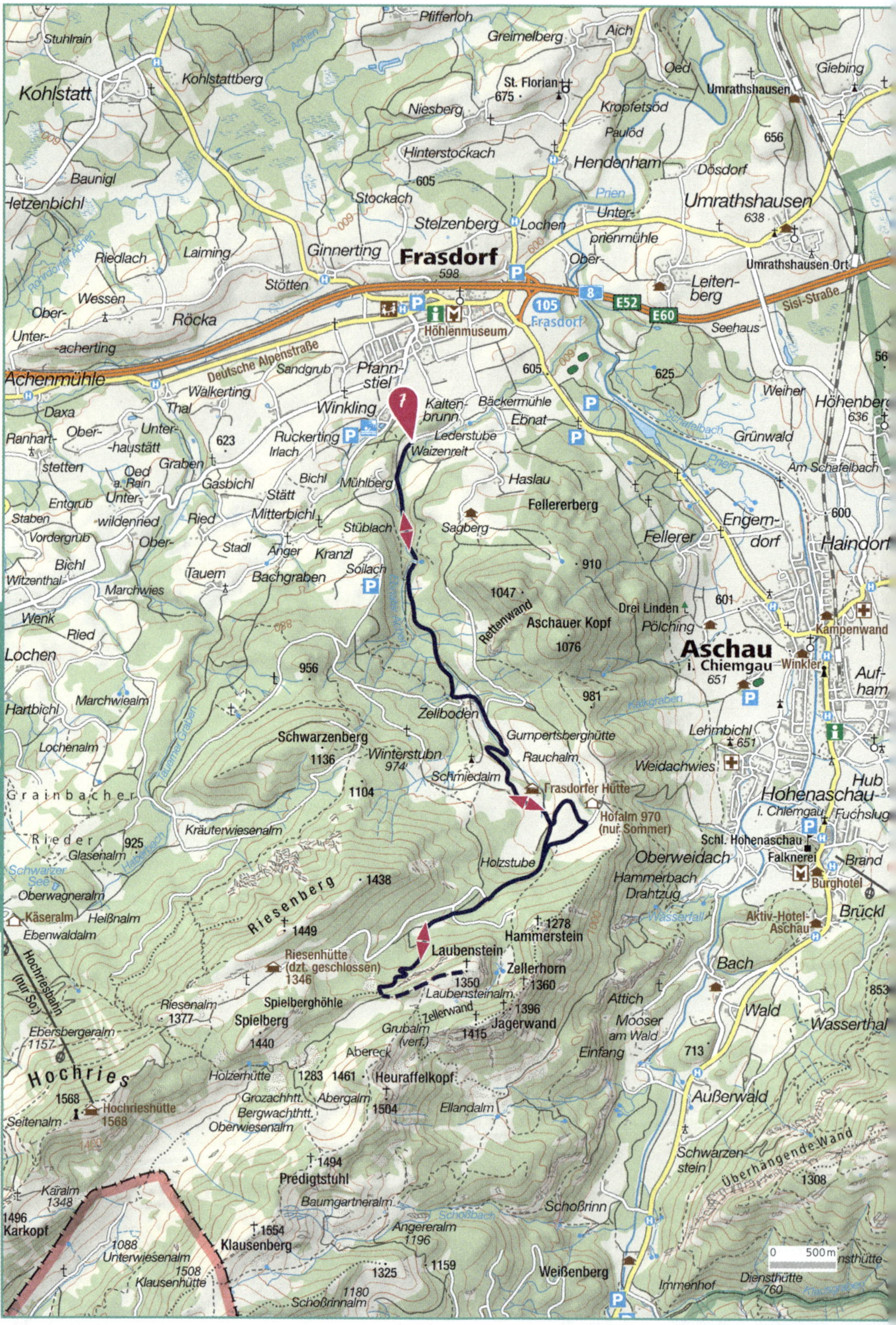

Pfifferloh
Stuhlrain
Greimelberg
Aich
Oed
Giebing
Kohlstattberg
Kohlstatt
St. Florian
675
Umrathshausen
Niesberg
Kropfetsöd
Paulöd
656
Hinterstockach
Hendenham
Dösdorf
Baunigl
605
Prien
Hetzenbichl
Stockach
Umrathshausen
638
Stelzenberg
Lochen
Unter-
prienmühle
Riedlach
Laiming
Ginnerting
Frasdorf
598
Ober-
Umrathshausen Ort
Stötten
Leiten-
berg
Wessen
105
8
E52
Sisi-Straße
Ober-
Röcka
Höhlenmuseum
Frasdorf
E60
Unter-
-acherting
Seehaus
Deutsche Alpenstraße
Sandgrub
Pfann-
stiel
605
Achenmühle
625
56
Walkerting
Weiher
Höhenberg
636
Daxa
Thal
Winkling
Kalten-
brunn
Bäckermühle
Ober-
Unter-
Ebnat
Ranhart-
hauställ
623
Ruckerting
Lederstube
Grünwald
stetten
Graben
Irlach
Waizenreit
Am Schafelbach
Oed
a. Rain
Gasbichl
Bichl
Mühlberg
Haslau
Entgrub
Unter-
Stätt
Fellererberg
Staben
wildenried
Ried
Mitterbichl
Sagberg
Engern-
600
Vordergrub
Ober-
Stadl
Anger
Stüblach
dorf
Haindorf
Bichl
Kranzl
Fellerer
Witzenthal
Tauern
Bachgraben
Sollach
910
Marchwies
1047
Drei Linden
601
Wenk
Rettenwand
Aschauer Kopf
Pölching
Kampenwand
Ried
1076
Lochen
Aschau
i. Chiemgau
Winkler
956
651
Auf-
ham
Hartbichl
Marchwiealm
981
Zellboden
Lehmbichl
651
Lochenalm
Schwarzenberg
Gumpertsberghütte
1136
Winterstubn
974
Rauchalm
Weidachwies
Hub
Grainbacher
Schmiedalm
Frasdorfer Hütte
Hohenaschau
1104
i. Chiemgau
Fuchslug
Hofalm 970
(nur Sommer)
Rieder
Kräuterwiesenalm
Schl. Hohenaschau
925
Glasenalm
Holzstube
Oberweidach
Falknerei
Brand
Schwarzer
See
Hammerbach
Burghotel
Oberwagneralm
1438
Drahtzug
Riesenberg
Wasserfall
Brückl
Käseralm
Heißnalm
Aktiv-Hotel-
Aschau
Ebenwaldalm
1449
1278
Hammerstein
Laubenstein
Hochriesbahn
(nur So.)
Riesenhütte
(dzt. geschlossen)
1346
Zellerhorn
Bach
1350
1360
853
Laubensteinalm
Spielberghöhle
Attich
Riesenalm
1377
1396
Wald
Spielberg
Zellerwand
Jagerwand
Mooser
am Wald
Wasserthal
Ebersbergeralm
1157
Grubalm
(verf.)
1415
1440
Abereck
Einfang
713
Hochries
Holzerhütte
1283
1461
Heuraffelkopf
Außerwald
1568
Hochrieshütte
1568
Grozachhtt.
Bergwachthtt.
Abergalm
1504
Ellandalm
Seitenalm
Oberwiesenalm
Schwarzen-
stein
Überhängende Wand
1494
1308
Predigtstuhl
Karalm
1348
Baumgartneralm
Schoßbach
1496
Karkopf
1554
Schoßrinn
Klausenberg
Angereralm
1196
1088
Unterwiesenalm
1508
Klausenhütte
1325
1159
0
500 m
Weißenberg
Immenhof
Diensthütte
760
1180
Schoßrinnalm

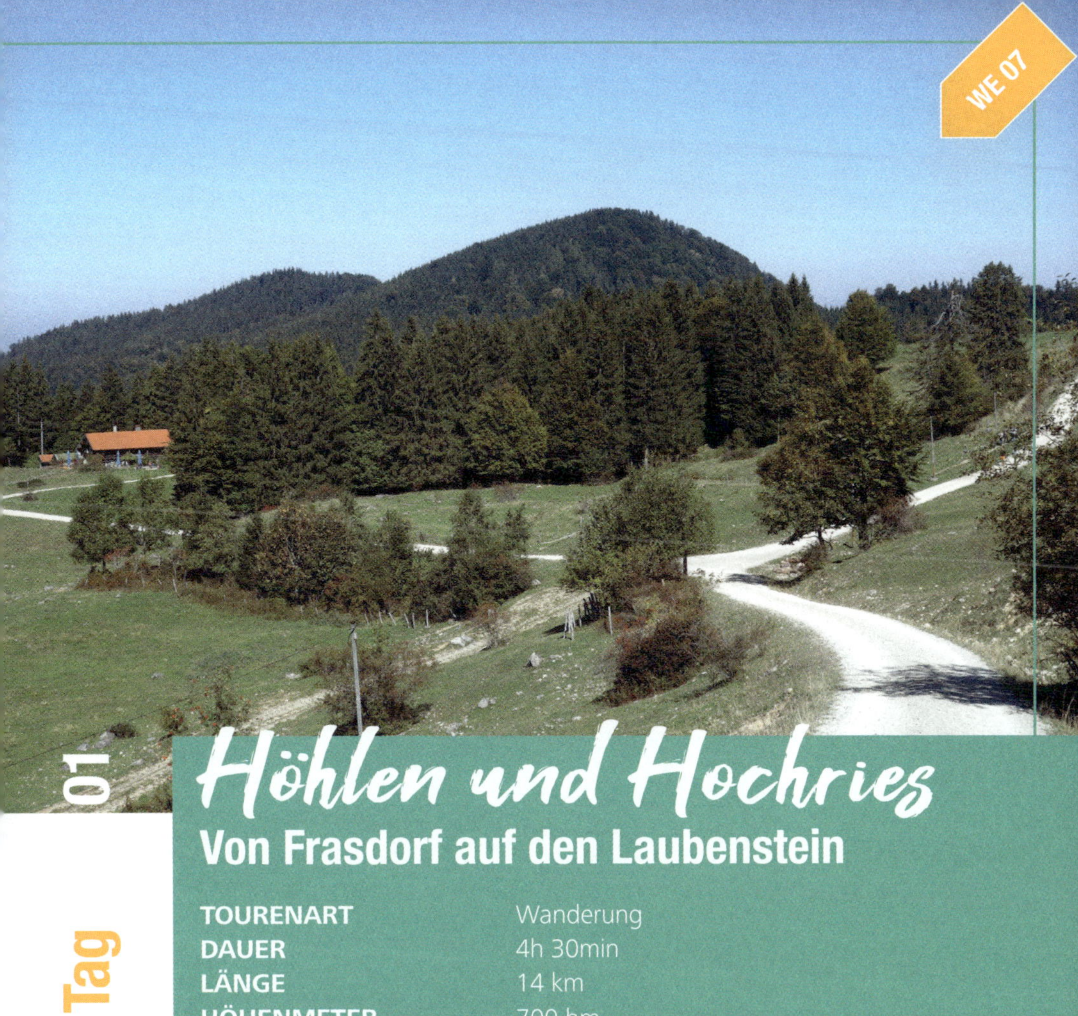

Tag 01

Höhlen und Hochries

Von Frasdorf auf den Laubenstein

TOURENART	Wanderung
DAUER	4h 30min
LÄNGE	14 km
HÖHENMETER	700 hm
SCHWIERIGKEIT	MITTEL
MIT ÖPNV ERREICHBAR	ja

Das erwartet dich ...

Das Hochriesgebiet ist einer der beliebten Wander-Hotspots im Chiemgau, der Hochriesgipfel ist der Hausberg Rosenheims. Im Wechsel von Wald und Offengelände entdeckst du den Laubensteingipfel, der tolle Ausblicke auf die benachbarte Kampenwand bietet. Falls du am Sonntag unterwegs bist und dich für Geologie interessierst, solltest du noch das Höhlenmuseum mitten in Frasdorf anschauen, du findest es in der Schulstraße 7; www.frasdorfmuseen.de.

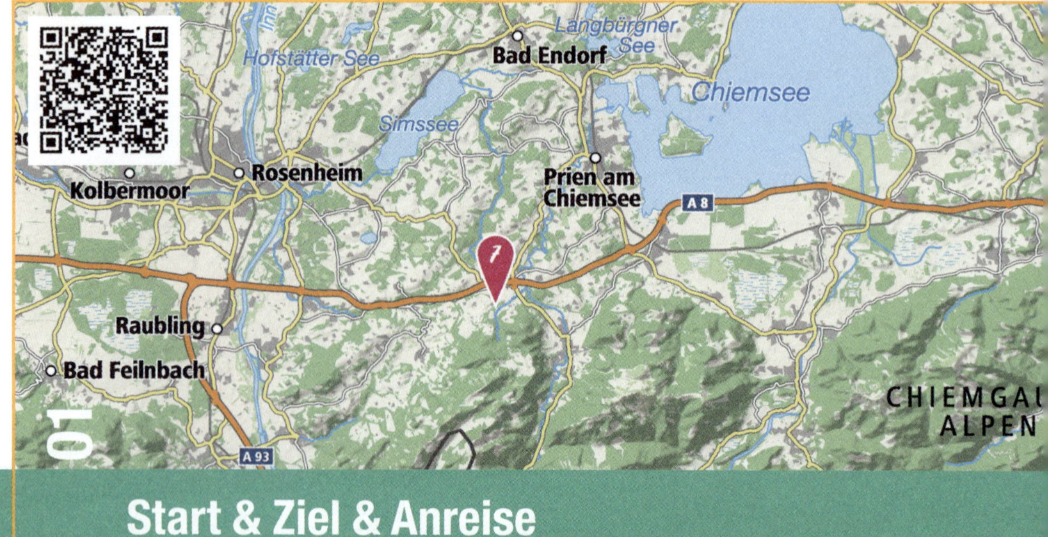

Tag 01

Start & Ziel & Anreise

Mit dem Auto kommst du über die Autobahn München–Salzburg ans Ziel, von der Ausfahrt Frasdorf aus fährst du zur Ortsmitte, von dort zum gut ausgeschilderten Wanderparkplatz Lederstube. Mit den Bussen 9494 und 9496 kannst du von Rosenheim aus nach Frasdorf fahren, von der Hauptstraße bis zum Wanderparkplatz sind es 20 Minuten zu Fuß extra.

Tourenbeschreibung

Vom Start am gut frequentierten Wanderparkplatz Lederstube zieht ein breiter, kinderwagentauglicher Weg den Berg hinauf, mehr oder weniger schattig durch das Tälchen der Ebnater Achen. Die Breite des Weges verführt dazu, großzügig nebeneinander herzulaufen, allerdings heißt es Obacht geben, denn der Weg wird auch von Mountainbikern genutzt. Nach etwa einer Stunde ist schon die Frasdorfer Hütte erreicht. Rund um die toll gelegene Hütte – aktuell mit Edelgastronomie – lädt das offene Gelände zum Schauen ein, denn von hier zeigt sich die Kampenwand in ihrer vollen Schönheit – ein erster „Wow"-Effekt! Manche „Gemütliche" aus der „Wanderkarawane" bleiben hier an der gastronomisch neu konzipierten „Stubn" schon hängen, doch der Berg bietet weitere Varianten. In einer langen Rechtskurve folgst du an der Frasdorfer Hütte vorbei dem Forstweg, dann kommt ein Linksabzweig mit Beschilderung „Riesenhütte, Hochries". Durch den „Eiskeller" – er heißt so wegen des Mikroklimas und wegen kälteliebender

Pflanzen – führt die Tour steiler bergauf, es wird etwas wurzelig, aber dann wird der Wald wieder lichter. An einem Scheitelpunkt beziehungsweise Wegverzweigung gelangst du geradeaus ins Trockenbachtal, rechter Hand weiter oben thronen Riesenberg und Hochries, von wo aus sich Gleitschirmflieger und Downhill-Biker ins Tal stürzen.

Der ausgeschilderte Weg zum Laubenstein macht hier eine Linkskurve und wendet sich wieder nach Norden, wo du abermals in Wiesengelände die Laubensteinalmen passierst, die sich hier pittoresk an die Hänge schmiegen. Viele trichterförmige Absenkungen fallen hier ins Auge: Es sind Dolinen und Ponore, die durch die Lösungsverwitterung im Kalk entstehen. Unterirdisch löst sich das Gestein und oberirdisch sackt Erdreich nach. Jedenfalls ist es bequem, sich zur Brotzeit auf einen Dolinenrand zu setzen und die Beine baumeln zu lassen, einwandfrei! Der Chiemseeblick vom 1351 Meter hohen Laubensteingipfel tut das Übrige, wie auf einem Aussichtsbalkon und mit viel Platz im offenen Gelände sitzen ratschende Wandergruppen und in stiller Einkehr versunkene Naturfreaks, die den Laubensteingipfel ruhig und andächtig auskosten möchten. Der Rückweg entspricht mit einer Ausnahme dem Hinweg: Ein Schlenker führt zur Hofalm, wo leckere selbstgebackene Kuchen und eine Almbrotzeit warten.

Autoren Tipp

Sonntags ist noch das Höhlenmuseum mitten in Frasdorf einen Blick wert. Es erklärt im Nachhinein viele Details der zuvor durchwanderten Landschaft, und die geologischen Zeichnungen vom höhlenreichen Inneren des Wanderbergs lassen die Wanderer schon staunen, denn die Höhlenzugänge sind beim Wandern von außen schwer zu erkennen. Die ehrenamtlichen Museumsmacher haben sich einige Spezialitäten für die Besucher ausgedacht, beispielsweise eine kleine Höhlenbärengrotte – selbst erkunden!

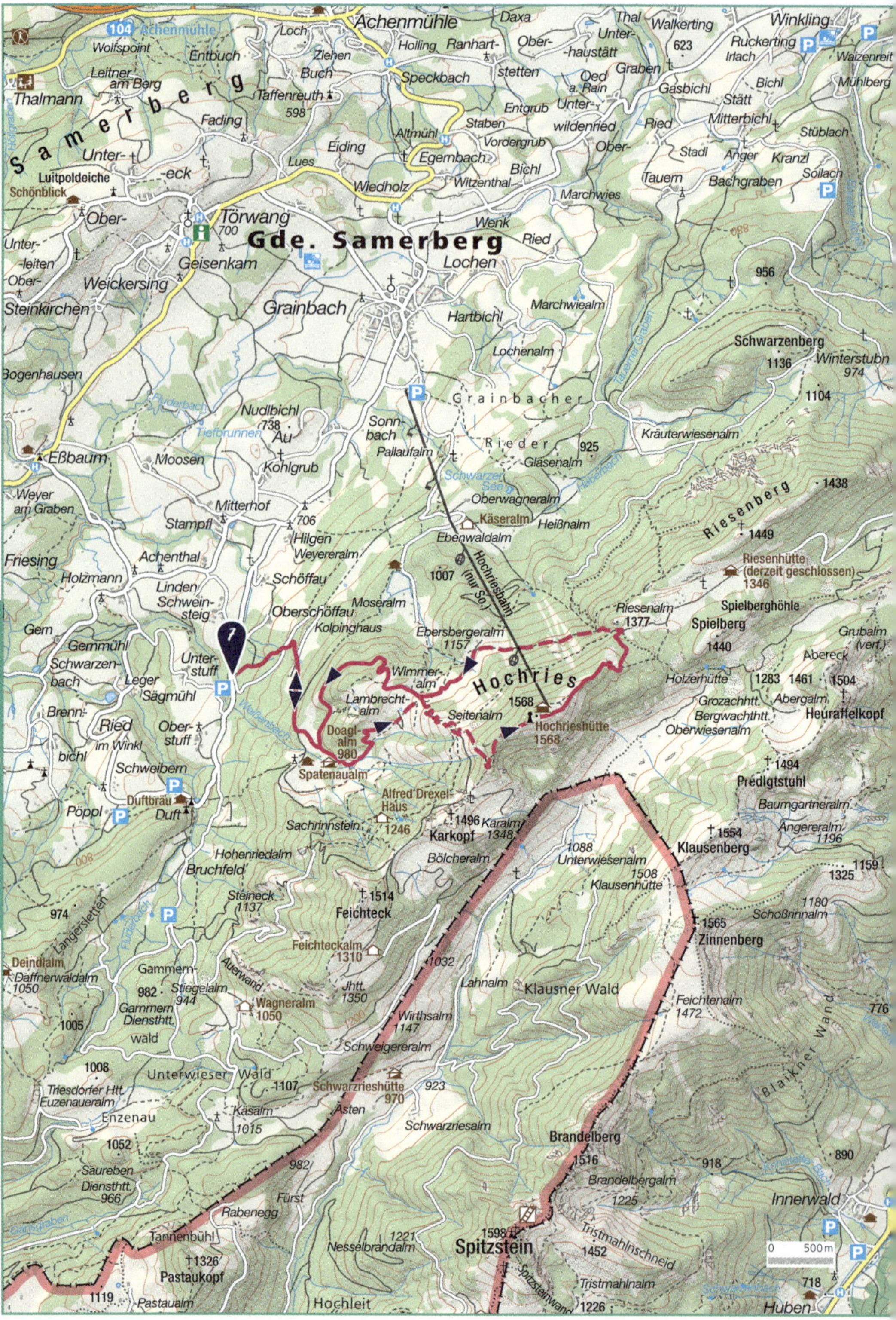

Achenmühle
Loch
Daxa
Thal
Walkerting
Winkling
Wolfspoint
Entbuch
Ziehen
Hoiling
Ranhart-
stetten
Ober-
Unter-
-haustätt
623
Ruckerting
Irlach
Waizenreit
Leitner
am Berg
Buch
Speckbach
Oed
a. Rain
Graben
Gasbichl
Bichl
Mühlberg
Thalmann
Taffenreuth
598
Entgrub
Unter-
wildenried
Stätt
Samerberg
Fading
Staben
Ried
Mitterbichl
Stüblach
Altmühl
Vordergrub
Ober-
Unter-
-eck
Eiding
Egernbach
Stadl
Anger
Kranzl
Lues
Bichl
Soilach
Luitpoldeiche
Schönblick
Wiedholz
Witzenthal
Tauern
Bachgraben
Marchwies
Ober-
Törwang
700
Wenk
Gde. Samerberg
Ried
Unter-
-leiten
Geisenkam
Lochen
956
Ober-
Weickersing
Steinkirchen
Grainbach
Hartbichl
Marchwiealm
Lochenalm
Schwarzenberg
1136
Winterstubn
974
Bogenhausen
1104
Grainbacher
Nudlbichl
738
Au
Sonn-
bach
Pallaufalm
Rieder
925
Kräuterwiesenalm
Glasenalm
Eßbaum
Moosen
Kohlgrub
Schwarzer
See
Weyer
am Graben
Oberwagneralm
1438
Mitterhof
Riesenberg
Stampfl
706
Käseralm
Heißnalm
1449
Hilgen
Ebenwaldalm
Weyereralm
Friesing
Achenthal
Riesenhütte
(derzeit geschlossen)
1346
Holzmann
Linden
1007
Hochriesbahn
(nur So.)
Schöffau
Schwein-
steig
Moseralm
Oberschöffau
Riesenalm
1377
Spielberghöhle
Spielberg
Kolpinghaus
Gern
Ebersbergeralm
1157
1440
Grubalm
(verl.)
Gemmühl
7
Unter-
stuff
Wimmer-
alm
Hochries
Abereck
Schwarzen-
bach
Holzerhütte
1283
1461
1504
Leger
Sägmühl
Lambrecht-
alm
1568
Grozachhtt.
Abergalm
Brenn-
Seitenalm
Bergwachthtt.
Heuraffelkopf
Ried
Ober-
stuff
Doagl-
alm
980
Hochrieshütte
1568
Oberwiesenalm
im Winkl
bichl
Schweibern
Spatenaualm
1494
Predigtstuhl
Alfred-Drexel-
Haus
1246
Duftbräu
Duft
Pöppl
Baumgartneralm
1496
Karalm
1348
Sachrinnstein
Karkopf
1554
Angereralm
1196
Klausenberg
Hohenriedalm
Bruchfeld
Bölcheralm
1088
Unterwiesenalm
1508
Klausenhütte
1159
1325
Steineck
1137
1514
974
Langerstetten
Feichteck
1180
Schoßrinnalm
1565
Zinnenberg
Feichteckalm
1310
Deindlalm
Daffnerwaldalm
1050
Gammern-
1032
982
Stiegelalm
944
Jhtt.
1350
Lahnalm
Klausner Wald
Gammern
Diensthtt.
Auerwand
Wagneralm
1050
Feichtenalm
1472
776
1005
wald
Wirthsalm
1147
Blaikner Wand
Schweigereralm
1008
Unterwieser Wald
1107
Schwarzrieshütte
970
923
Triesdorfer Htt.
Euzenaueralm
Asten
Enzenau
Käsalm
1015
Schwarzriesalm
Brandelberg
1052
Säureben
Diensthtt.
966
1516
918
890
Brandelbergalm
1225
Innerwald
Fürst
982
Rabenegg
Tristmahlnschneid
1598
Tannenbühl
1221
Nesselbrandalm
Spitzstein
1452
1326
Pastaukopf
Tristmahlnalm
718
1119
Pastaualm
Hochleit
1226
Huben
0 500 m

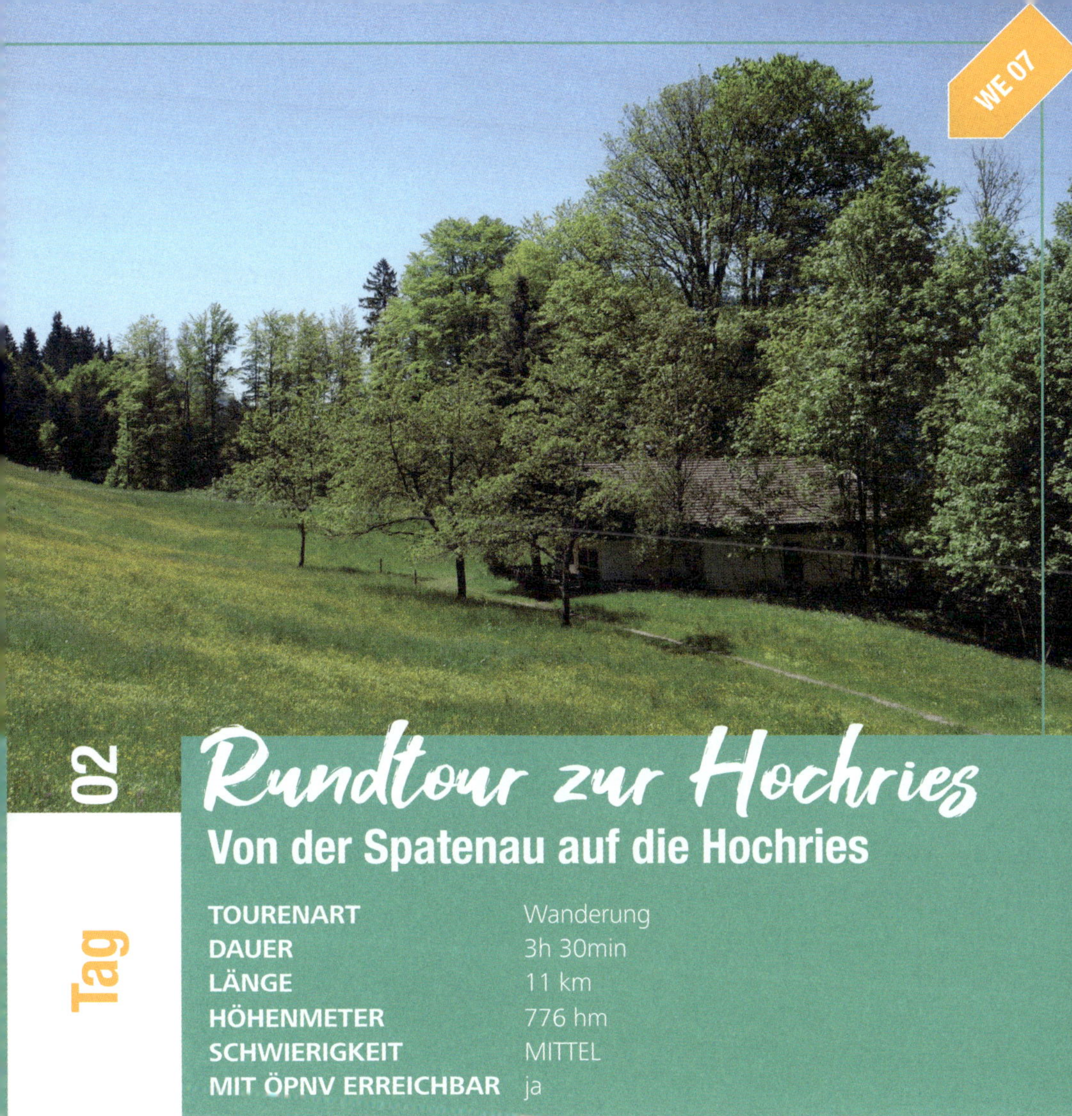

WE 07

Tag 02

Rundtour zur Hochries

Von der Spatenau auf die Hochries

TOURENART	Wanderung
DAUER	3h 30min
LÄNGE	11 km
HÖHENMETER	776 hm
SCHWIERIGKEIT	MITTEL
MIT ÖPNV ERREICHBAR	ja

Das erwartet dich ...

Der Hochriesgipfel ist der Hausberg Rosenheims, an seinen Hängen oberhalb vom Samerberg gibt es viele Wandermöglichkeiten mit Varianten. Über Almengelände und teils durch Wald steigst du auf und genießt auf der Terrasse des Hochrieshauses das Panorama; von hier aus starten auch viele Gleitschirmfans in die Lüfte. Auf einem weniger begangenen Bergpfad schließt du die Runde.

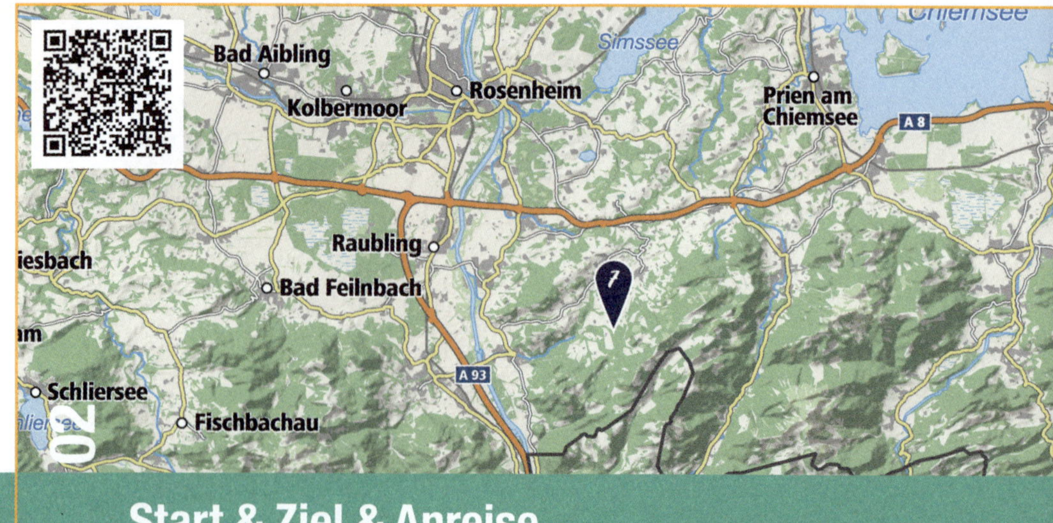

Tag 02

Start & Ziel & Anreise

Mit dem Auto kommst du über die Autobahn München-Salzburg ans Ziel, von der Ausfahrt Frasdorf aus fährst du nach Grainbach, ein Stück weiter in Richtung Duftbräu findest du den Wanderparkplatz Spatenau. Von Mai bis Oktober fährt sonntags von Rosenheim aus ein Wanderbus über den Samerberg mit Halt am Spatenau-Wanderparkplatz.

Tourenbeschreibung

Vom Wanderparkplatz in der Spatenau folgst du der deutlichen Beschilderung zur Hochries (Weg 216c). Der Anstieg erfolgt erst durch Wald in nordwestlicher Richtung, nach etwa 600 Metern nach Süden in offenerem Gelände. An einem Getränkeautomaten mit der Bezeichnung „letzte Tankstelle“ vorbei zieht der Weg über Almengelände bergan und setzt sich schließlich als vom Alpenverein aufwändig restaurierter Treppenweg fort. Jetzt geht es im Zickzack an den unbewirtschafteten, auf 1300 Metern gelegenen Seitenalmen vorbei (Weg 216b), die man von weither bereits sieht und wo sich eine Verschnaufpause mit toller Aussicht anbietet. In einem Wäldchen bist du schon fast oben: Rechts geht es zum Karkopf, links zur Hochries. Vorsicht beim Auftreten, der Weg ist hier holprig auf dem letzten Stück zum Hochrieshaus. Bei schönem Wetter sitzt man im Gras in Hüttennähe und picknickt oder man lässt sich auf der Terrasse nieder, übernachten kann man hier auch. In Verlängerung des bisherigen Wanderwegs steigst du nach

Nordosten ab in Richtung von Riesenalm und Riesenhütte, kommst dabei erst an der Seilbahnstation vorbei. An der ersten Gabelung links und nach weiteren 350 Metern im Waldstück wieder links – hier gehst du nicht rechts zur Riesenalm weiter, das ist der entscheidende Schlenk! Dein Weg zieht jetzt etwa 150 Meter abwärts.

Du gehst an einer Verzweigung nicht den gerölligen Steig steil hinunter, sondern auch hier wieder links auf den sanft abfallenden Weg. Ein weiterer Weg nach links verläuft übrigens hangparallel zu den Seitenalmen zurück, das wäre auch eine Variante. Auf dem leicht abfallenden, schmalen, aber bei trockenen Verhältnissen gut zu gehenden Bergpfad kommst du durch ein tolles Bergwald-Gebiet. Verhalte dich hier besonders rücksichtsvoll, denn hier leben auch die seltenen Auerhühner. Nach dem Waldstück kommst du zur Ebersbergeralm und etwas weiter zur Wimmeralm und hast Anschluss an deinen vorherigen Treppen-Aufstiegsweg. Du läufst die Runde jetzt aber anders: Auf einem Zufahrtsweg umrundest du die Anhöhe mit der Lambrechtalm nordseitig recht angenehm und kommst erst danach wieder auf die Aufstiegsroute zurück, auf der du retour zum Spatenau-Wanderparkplatz findest. Falls du noch einkehren willst: Einen Kilometer weiter die Teerstraße nach links entlang kommst du zum Duftbräu, rechts fährst du nach Grainbach zum Maurerwirt.

Anhöhe zur Ebersbergeralm

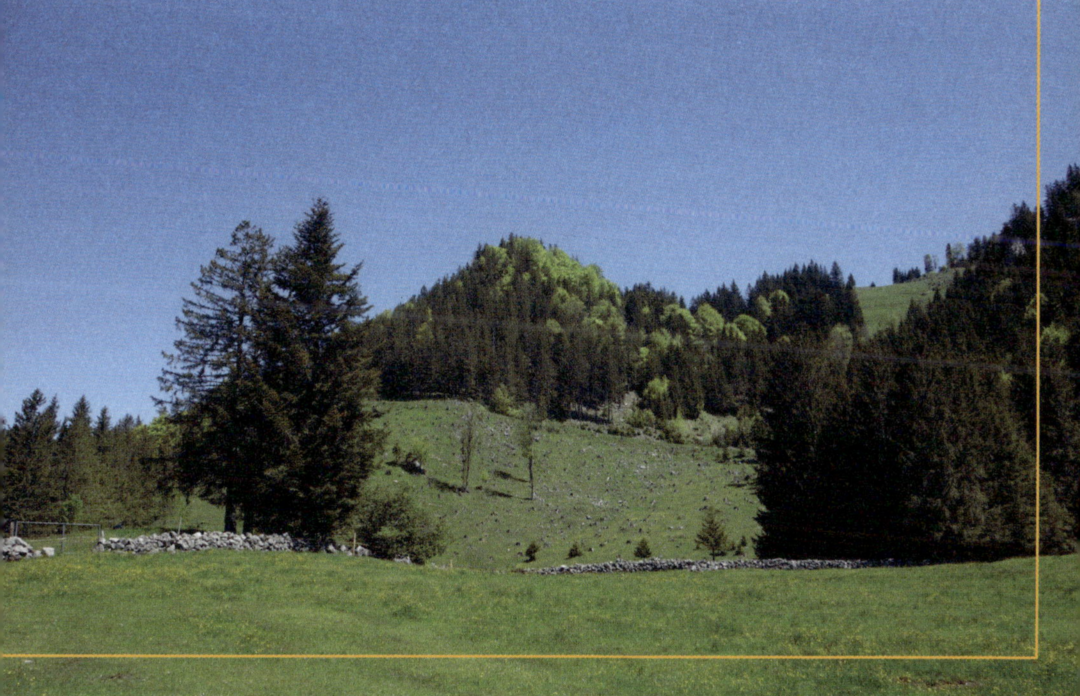

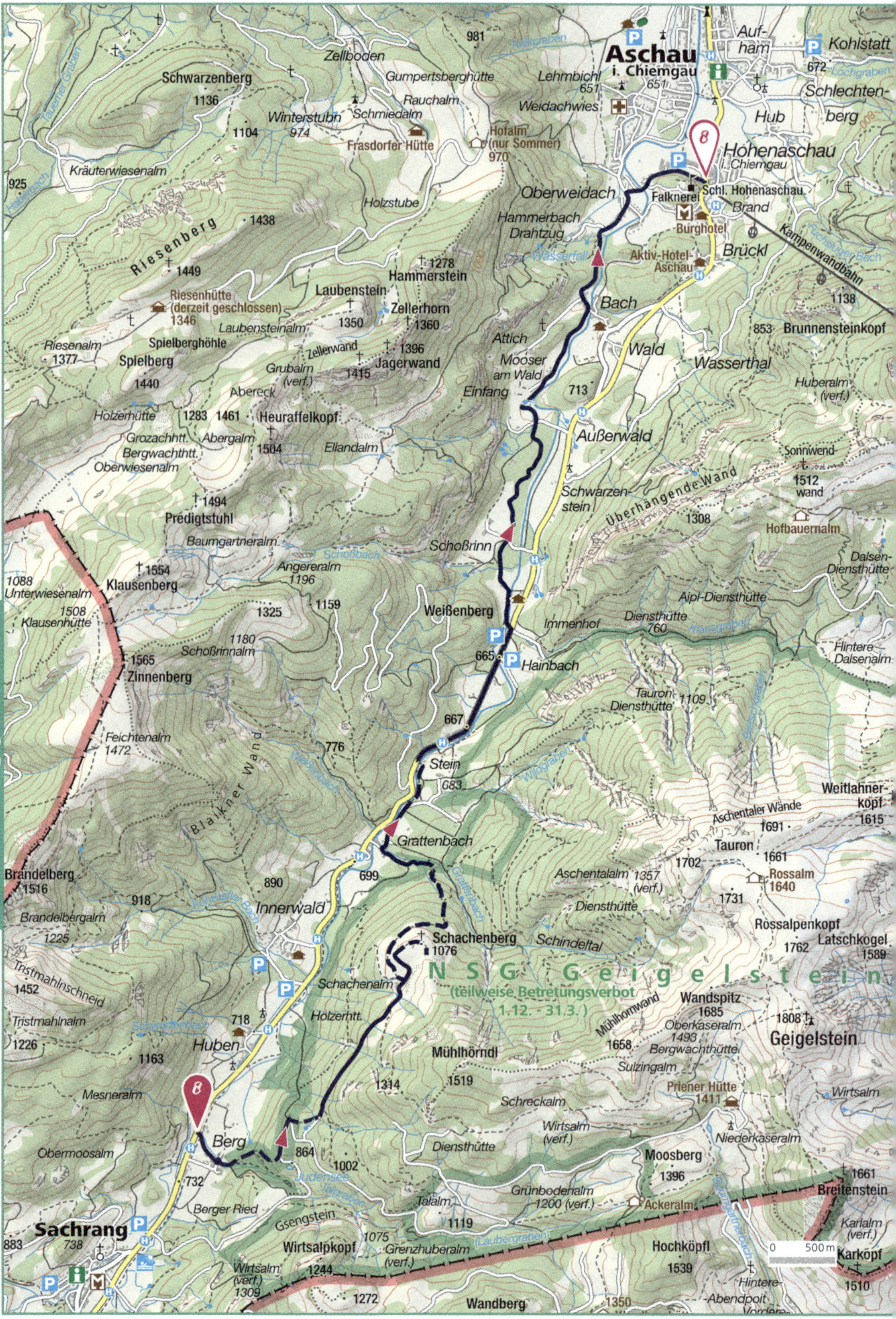

08

Aschau i. Chiemgau 651
Aufham
Kohlstatt 672
Schlechtenberg
Hub
Hohenaschau i. Chiemgau
Zellboden
981
Gumpertsberghütte
Lehmbichl 651
Rauchalm
Weidachwies
Schwarzenberg 1136
Winterstubn 974
Schmiedalm
1104
Frasdorfer Hütte
Hofalm (nur Sommer) 970
Kräuterwiesenalm
925
Holzstube
Oberweidach
Falknerei
Schl. Hohenaschau
Brand
Burghotel
Kampenwandbahn
Riesenberg 1438
1449
Hammerbach Drahtzug
Wasserfall
Aktiv-Hotel-Aschau
Brückl
1278 Hammerstein
Riesenhütte (derzeit geschlossen) 1346
Laubenstein 1350
Zellerhorn 1360
Bach
1138
Laubensteinalm
853
Brunnensteinkopf
Riesenalm 1377
Spielberghöhle
Zellerwand
1396
Attich
Spielberg 1440
Grubalm (verf.)
1415
Jägerwand
Mooser am Wald
Wald
Wasserthal
Abereck
Einfang
713
Huberalm (verf.)
Holzerhütte
1283
1461
Heuraffelkopf
Grozachhtt.
Abergalm
Außerwald
Bergwachthtt.
1504
Ellandalm
Sonnwendwand 1512
Oberwiesenalm
Schwarzenstein
Überhängende Wand
1494
Predigtstuhl
1308
Hofbauernalm
Baumgartneralm
Schoßbach
Schoßrinn
1554 Klausenberg
Angereralm 1196
Dalsen-Diensthütte
1088 Unterwiesenalm
1508 Klausenhütte
1325
1159
Weißenberg
Aipl-Diensthütte
Immenhof
Diensthütte 760
1180 Schoßrinnalm
Hintere Dalsenalm
1565 Zinnenberg
665
Hainbach
Tauron-Diensthütte
1109
667
Feichtenalm 1472
Blaikner Wand
776
Stein 683
Wildgraben
Weitlahnerkopf 1615
Aschentaler Wände
1691
Grattenbach
Tauron
1702
1661
Brandelberg 1516
890
699
Aschentalalm 1357 (verf.)
Rossalm 1640
918
1731
Brandelbergalm 1225
Innerwald
Diensthütte
Rossalpenkopf
Schachenberg 1076
Schindeltal
Latschkogel 1589
1762
Tristmahlnschneid 1452
NSG Geigelstein (teilweise Betretungsverbot 1.12. - 31.3.)
Schachenalm
Mühlhornwand
Wandspitz 1685
Tristmahlnalm 1226
718
Holzerhtt.
Oberkaseralm 1493
1808
Geigelstein
Huben
1658
Bergwachthütte
1163
Mühlhörndl 1519
Sulzingalm
1314
Priener Hütte 1411
Mesneralm
Wirtsalm
Schreckalm
Berg
Wirtsalm (verf.)
Niederkaseralm
Obermoosalm
864
1002
Diensthütte
Moosberg 1396
1661 Breitenstein
732
Judensee
Grünbodenalm 1200 (verf.)
Ackeralm
Berger Ried
Talalm
Sachrang 738
Gsengstein
1119
Karlalm (verf.)
883
1075
Hochköpfl 1539
0 500 m
Wirtsalpkopf 1244
Grenzhuberalm (verf.)
Karkopf 1510
Wirtsalm (verf.) 1309
1272
Wandberg
1350
Hintere-Abendpoit

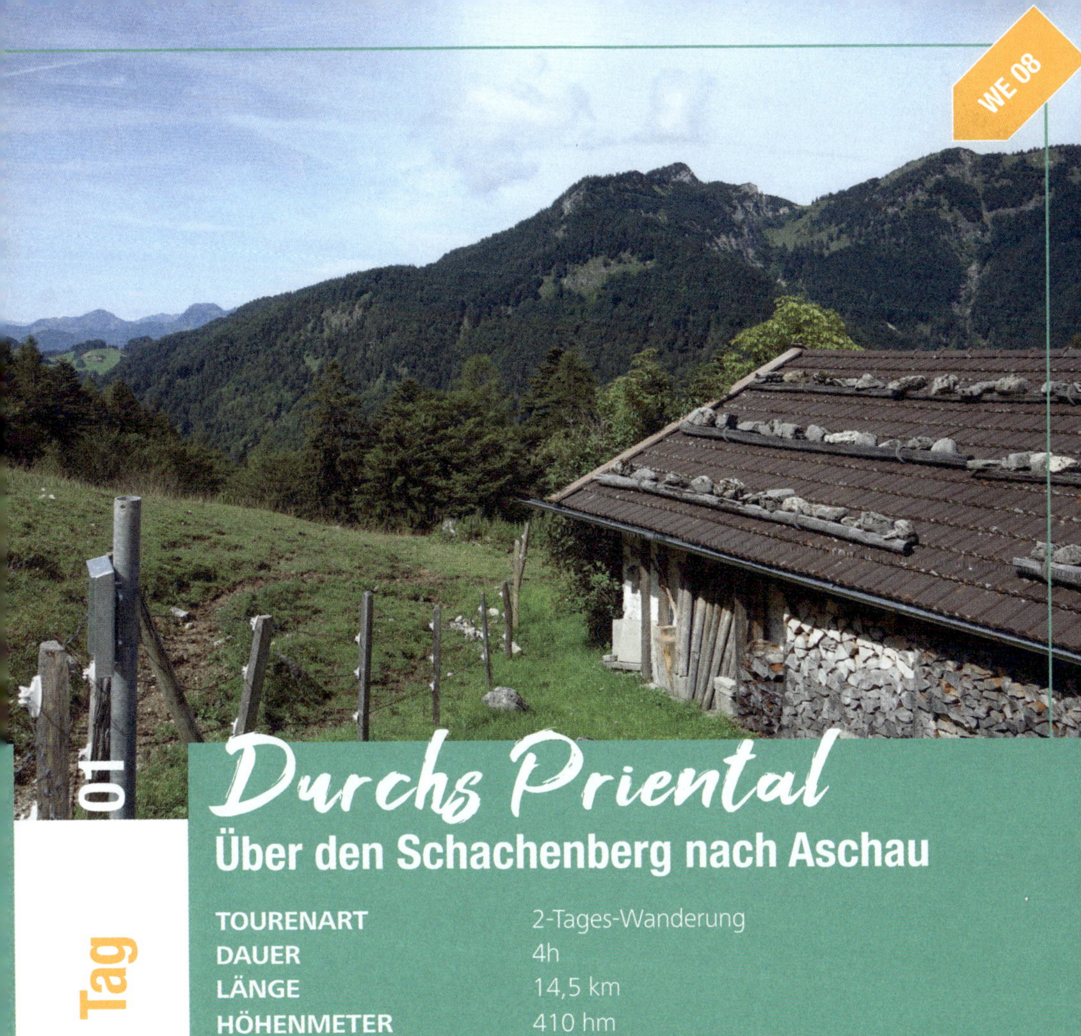

Tag 01

Durchs Priental

Über den Schachenberg nach Aschau

TOURENART	2-Tages-Wanderung
DAUER	4h
LÄNGE	14,5 km
HÖHENMETER	410 hm
SCHWIERIGKEIT	MITTEL
MIT ÖPNV ERREICHBAR	ja

Das erwartet dich ...

Das Priental ist ein wunderbares, von der Eiszeit geschaffenes Tal mit dem Höhenrücken zwischen Spitzstein und Laubenstein im Nordwesten und der Bergkette vom Wandberg über die Kampenwand bis zur Gedererwand im Südosten. Viele kleine Details machen den Reiz der 2-Tages-Tour aus, die du stressfrei läufst, mit Übernachtung in Aschau. In Teil eins läufst du erst über den Schachenberg, der eine tolle Aussicht über das Tal bietet.

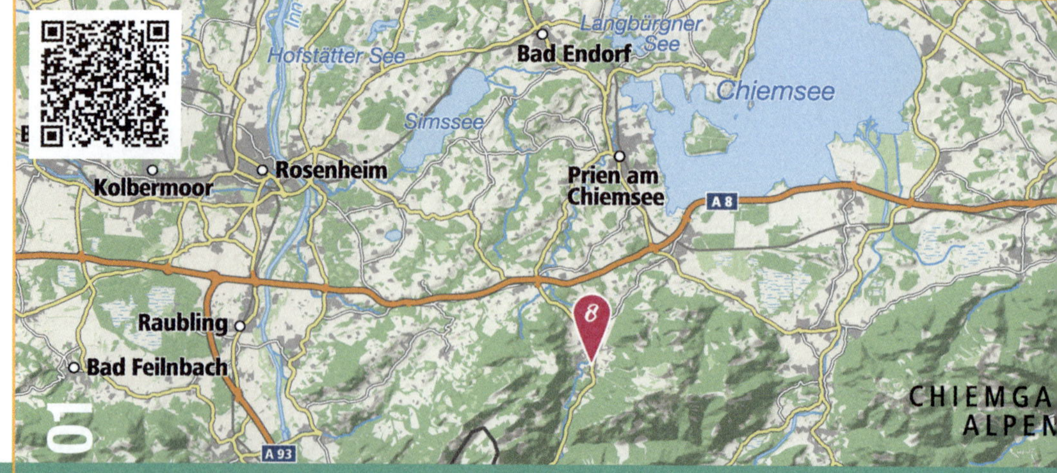

Tag 01

Start & Ziel & Anreise

Das Auto lässt du für diese Streckentour ganz daheim oder parkst es in Bernau oder Prien am Chiemsee, je nach individueller Planung. Der Start ist in Sachrang, Haltestelle „Ort". Dorthin kommst du mit der Buslinie 9502 entweder von Bernau aus, oder du fährst mit der Regionalbahn von Prien nach Aschau und steigst dort in den Bus um. Von München aus fährt auch der „Bergsteigerbus" des Alpenvereins direkt nach Aschau.

Tourenbeschreibung

Das idyllische Sachrang war nicht nur die Heimat des in Romanen und Fernsehserien erwähnten „Müllner Peter", sondern ist auch „Bergsteigerdorf": Das heißt, der Ort hat einen hohen Anspruch bezüglich nachhaltigem Leitbild und touristischer Vermarktung.

Von hier aus steuerst du den Weiler „Berg" an, entweder direkt die Hauptstraße lang oder mit einem Linksschlenk ab der Kirchstraße. In Berg nach dem Bushäuschen rechts ab, den Bach entlang, links über eine Brücke und wieder hoch in das Waldstück hinein. Ein Abstecher führt zu einem Wasserfall. Am Forstweg gehst du knapp 300 Meter nach links, dort zweigst du scharf rechts ab und folgst dem Weg in einer sanften Linkskurve nach Norden. Das Gelände wird offen und du gehst bei freiem Blick bergan und dann steiler an der Schachenalm auf einem Fahrweg vorbei. Du verlässt nach der Alm den Fahrweg und wanderst auf einem serpentinenreichen Pfad weiter auf die Kuppe des Schachenbergs, der 1074 Meter hoch ist – toller Aussichtsblick und Gipfelkreuz! Auf selbem Weg wieder runter zur Alm und jetzt links um den Berg rum auf dem Fahrweg. An der Nordseite geht es in das Wäldchen hinein auf einem steilen und schmalen Pfad – hier bei Nässe besondere Vorsicht. Der Pfad führt hinunter nach Grattenbach an der Talstraße. Jetzt folgst du der Ausschilderung des offiziellen „Grenzenlos-Wanderwegs" über die Weiler Stein und Hainbach. Es gibt sehr schöne Passagen im Wechsel mit ein paar Metern an der Talstraße entlang. Ab Hainbach gehst du auf der linken Seite des Tals weiter Richtung Schoßrinn, wo du schon wieder einen Wasserfall-Abstecher einlegen kannst.

Von der Talstraße bekommst du jetzt nichts mehr mit. Über die verwunschen gelegenen Orte Einfang und Bach wanderst du langsam Richtung Aschau. Ab Bach geht es kurz aufwärts und du läufst ein ganzes Stück oberhalb der Prien, die sich als Wildbach mit vielen Gumpen um den Burgberg von Hohenaschau herumschlängelt. Hier ist die Kettenkapelle – sie soll die Wanderer beschützen, denn angeblich spukt es hier! Von Hammerbach aus kommst du über die Zellerhornstraße und die Schloßbergstraße zur Aschauer Hauptstraße, oder du schaust dir noch Schloss Hohenaschau an. Hohenaschau war zeitweise im Besitz der Industriellenfamilie Cramer-Klett und gehört heute der Bundesrepublik Deutschland. Du kannst dich hier einer Schlossführung anschließen oder eine Greifvogel-Vorführung anschauen.

Autoren Tipp

Schloss Hohenaschau wurde im letzten Drittel des 12. Jahrhunderts als mittelalterliche Ringburg erbaut und während der Renaissance und im Barock erweitert. Im 19. Jahrhundert lebte der Großindustrielle Theodor Freiherr von Cramer-Klett in dem Anwesen. Seine Nachfahren halten heute noch großen Grundbesitz im Hochriesgebiet. Von April bis Oktober finden Führungen durch Hohenaschau statt, das inzwischen auch eine Greifvogelwarte mit Flugvorführungen beherbergt. Aschau ist ein beliebter Ferienort und Ausgangsbasis für reizvolle Tageswanderungen.

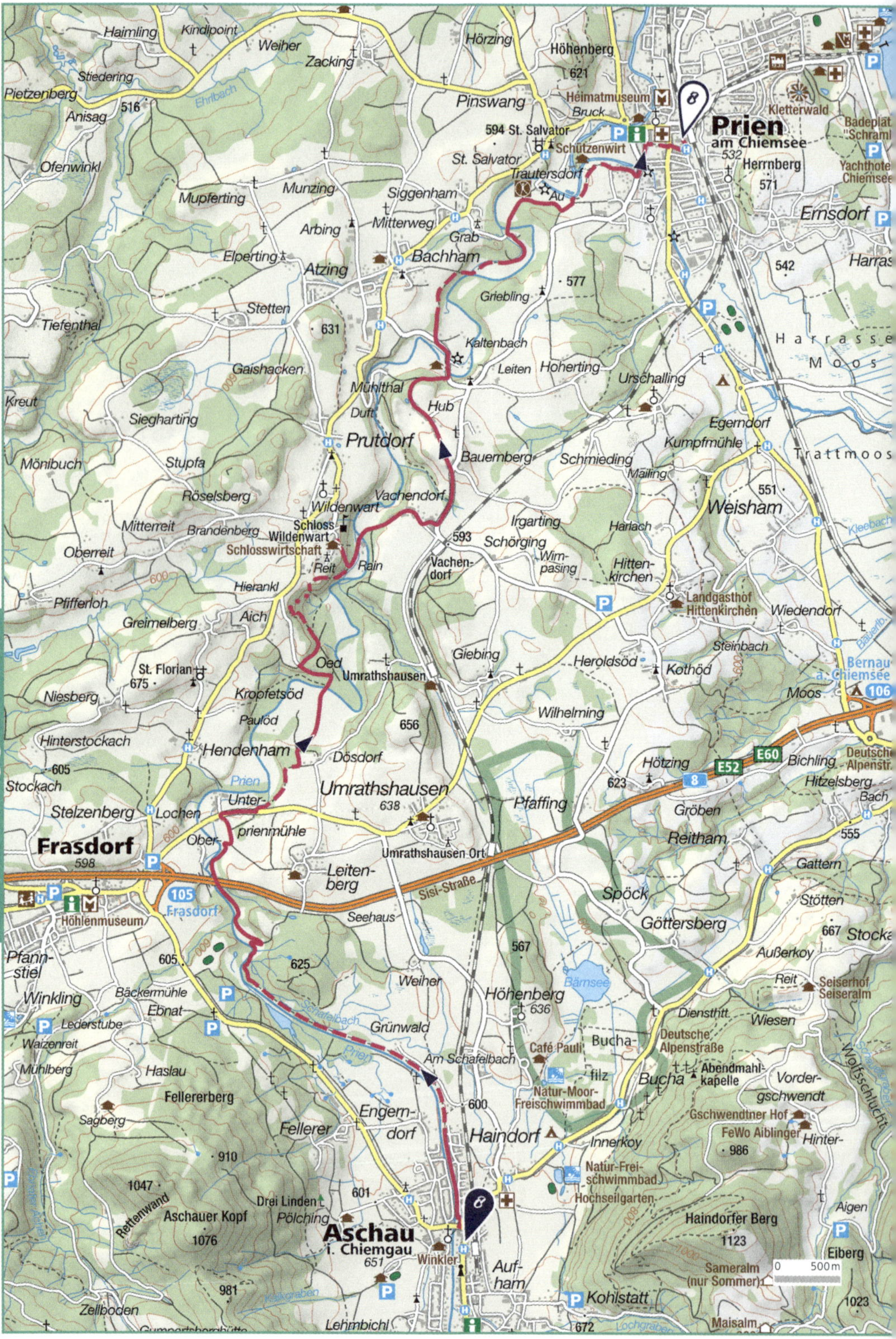

Haimling
Kindlpoint
Weiher
Zacking
Hörzing
Höhenberg
621
Stiedering
Pietzenberg
Ehrbach
Anisag
516
Pinswang
Heimatmuseum
Bruck
8
Prien
am Chiemsee
532
Kletterwald
Badeplatz Schraml
594 St. Salvator
St. Salvator
Schützenwirt
Trautersdorf
Au
Herrnberg
571
Yachthotel Chiemsee
Ofenwinkl
Mupferting
Munzing
Siggenham
Mitterweg
Grab
Ernsdorf
Arbing
Elperting
Atzing
Bachham
Griebling
577
542
Harras
Stetten
Tiefenthal
631
Kaltenbach
Gaishacken
Leiten
Hoherting
Urschalling
Harrasser Moos
Kreut
Mühlthal
Duft
Hub
Siegharting
Prutdorf
Egerndorf
Kumpfmühle
Trattmoos
Bauernberg
Schmieding
Mailing
Mönibuch
Stupfa
551
Röselsberg
Vachendorf
Weisham
Wildenwart
Irgarting
Kleebach
Mitterreit
Brandenberg
Schloss Wildenwart
593
Schörging
Harlach
Schlosswirtschaft
Vachendorf
Wimpasing
Hittenkirchen
Oberreit
Reit
Rain
600
Hierankl
Landgasthof Hittenkirchen
Wiedendorf
Pfifferloh
Aich
Greimelberg
Giebing
Steinbach
Oed
Umrathshausen
Heroldsöd
Kothöd
Bernau a. Chiemsee
St. Florian
675
Kropfetsöd
Niesberg
Moos
106
Paulöd
656
Wilhelming
Hinterstockach
Hendenham
Dösdorf
Hötzing
E52
E60
Bichling
Deutsche Alpenstr.
605
Prien
623
8
Hitzelsberg
Stockach
Unter-
Umrathshausen
638
Pfaffing
Bach
Stelzenberg
Lochen
Gröben
Frasdorf
598
Ober-
prienmühle
Reitham
555
Umrathshausen Ort
Leitenberg
Gattern
Sisi-Straße
105
Frasdorf
Höhlenmuseum
Seehaus
Spöck
Stötten
Göttersberg
667
Stock
Pfannstiel
605
625
567
Außerkoy
Winkling
Bäckermühle
Weiher
Höhenberg
636
Bärnsee
Reit
Seiserhof Seiseralm
Ebnat
Lederstube
Schafelbach
Grünwald
Dienstitt
Wiesen
Waizenreit
Prien
Deutsche Alpenstraße
Mühlberg
Haslau
Am Schafelbach
Café Pauli
Bucha-
filz
Abendmahlkapelle
Bucha
Vordergschwendt
Fellererberg
Natur-Moor-Freischwimmbad
Sagberg
Engerndorf
600
Gschwendtner Hof
Wolfsschlucht
Fellerer
Haindorf
Innerkoy
FeWo Aiblinger
Hinter-
910
986
1047
Rettenwand
Drei Linden
601
Natur-Frei-schwimmbad
Hochseilgarten
Aschauer Kopf
1076
Pölching
8
Haindorfer Berg
Aigen
Aschau
i. Chiemgau
651
1123
Eiberg
Winkler
Aufham
0 500 m
Sameralm (nur Sommer)
981
Kalkgraben
Kohlstatt
1023
Zellboden
Lehmbichl
672
Lochgraben
Maisalm

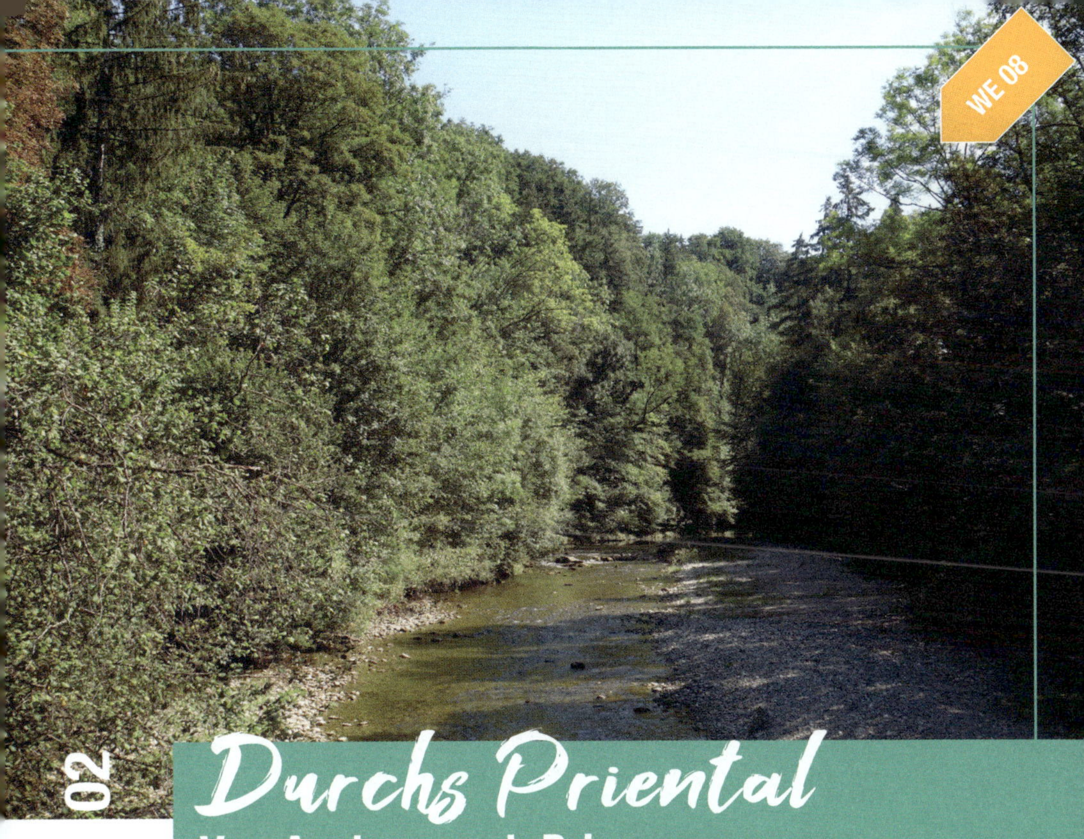

Tag 02

Durchs Priental

Von Aschau nach Prien

TOURENART	2-Tages-Wanderung
DAUER	4h
LÄNGE	14,3 km
HÖHENMETER	99 hm
SCHWIERIGKEIT	LEICHT
MIT ÖPNV ERREICHBAR	ja

Das erwartet dich ...

Du folgst von Aschau aus dem Flusslauf der Prien – einem echten bayerischen Wildfluss. Der Wegverlauf ist sehr abwechslungsreich und folgt der Prien mal am rechten, dann am linken Ufer, mal direkt am Bach und mal weit oberhalb auf schmalem Wanderpfad. Die Tour klingt in Prien im Eichental langsam aus, du kannst dir im Ort noch das Heimatmuseum anschauen oder hinunter nach Prien-Stock zum Schiffsanleger am Chiemseeufer wandern.

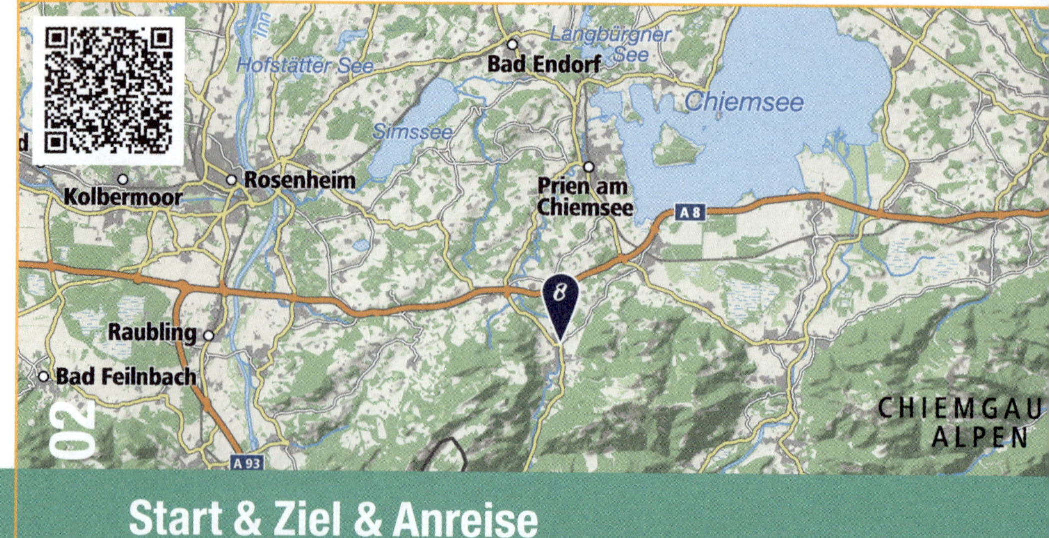

Tag 02

Start & Ziel & Anreise

Das Auto lässt du für diese Streckentour am besten ganz daheim oder parkst es in Prien. Nach Aschau bist du von Sachrang aus schon gewandert, sonst kommst du mit der Bahn dorthin über Prien und Umstieg in die kleine Regionalbahn nach Aschau. Von Rosenheim aus fahren auch Busse der Linie 9496 direkt nach Aschau.

Tourenbeschreibung

In Aschau gehst du vom Bahnhof aus 150 Meter nach Norden bis zum Kreisel, wo du in der Wiesengrundstraße und auf dem Damm bereits dem Flusslauf der hier begradigten Prien und der Beschilderung des „Grenzenlos-Wanderwegs" folgst.

Der Weg tritt ein in ein Filzen- beziehungsweise Moorgebiet, ab hier wird es mit einigen Flussmäandern etwas spannender, manchmal gibt es kleine Inseln und Anschwemmung von Ästen und Baumstämmen. Unter der Autobahn durch kommst du nach Unterprienmühle, wo du die Kreisstraße 250 Meter weiter querst. Von Dösdorf gehst du nach links hangabwärts und querst die Prien auf einer Brücke zu den Häusern von Oed, nach diesem Weiler geht es rechts weiter. Jetzt kommt das schönste Stück der kompletten Strecke: Weit oberhalb des steil eingeschnittenen Flusslaufs verläuft der Grenzenlos-Wanderweg als schmaler Wanderpfad, die Böschung fällt manchmal stark ab. Bitte aufpassen auf diesem Wegabschnitt, vor allem nach Regenfällen! Du erreichst nach diesem wildromantischen Trail Wildenwart – dies war der letzte Rückzugsort der bayerischen Monarchie in der Zeit der Räterepublik. Das Schloss kann leider nicht besichtigt werden, Teile des Anwesens werden als Restaurant mit gehobenem Anspruch genutzt. Der Wanderweg knickt unterhalb von Wildenwart bereits Richtung Prien ab und steigt nach Überquerung des Bachs nach Vachendorf wieder an. Die nächsten Dörfer sind Bauernberg und Hub, dann querst du erneut die Prien hinauf nach Kaltenbach.

500 Meter nach Kaltenbach gehst du auf einer steilen Treppe wieder hinunter zum Fluss und kommst zu einer Brücke. Jetzt bist du im Eichental, ein deutliches Überbleibsel der Eiszeit und des Prientalgletschers. Alter Baumbestand, mächtige Prallhänge und Flussmäander sind eine landschaftliche Schau! Nach rechts und ein Stück am Prienkanal entlang kommst du zur Ortsmitte von Prien und durch den Kurpark zum Bahnhof. Alternativ kannst du ab der Brücke den linken Abzweig nehmen, der durch die Sportanlagen des Eichentals zum Priener Marktplatz und zum Heimatmuseum führt, auf dem Weg kommst du beim „Schützenwirt" mit seinem Biergarten vorbei. Von hier ist es nicht mehr weit zum Bahnhof, zum Chiemsee läuft man die Seestraße entlang etwa 30 Minuten – wie wär's noch mit einer Dampferfahrt zur Herren- und Fraueninsel im Chiemsee?

Angekommen in Prien

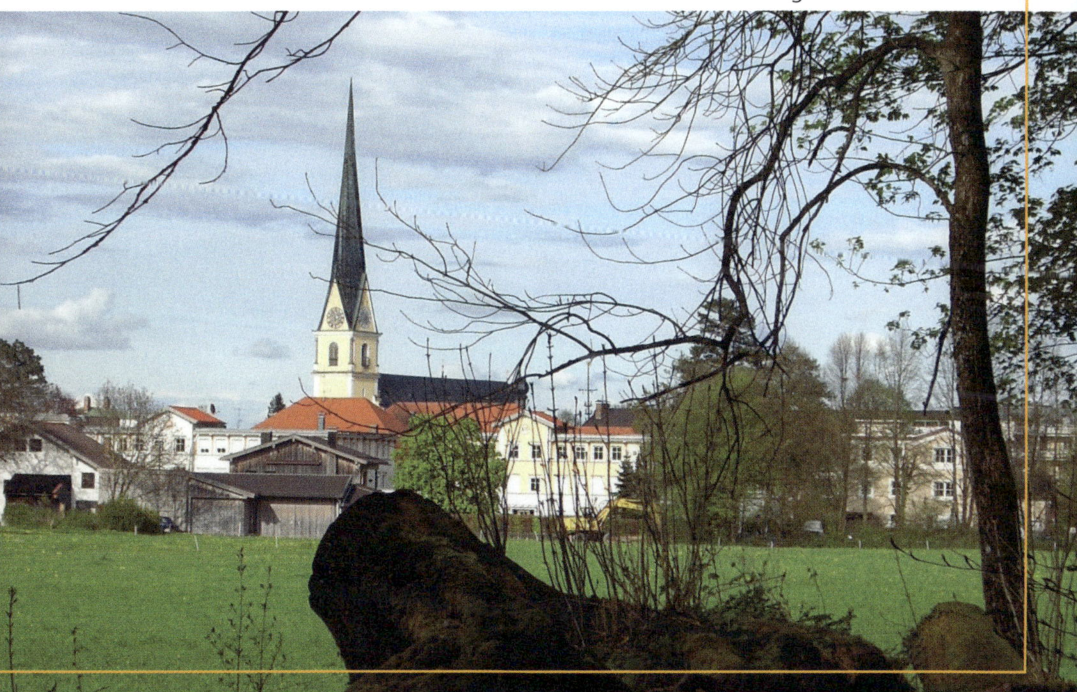

Attel
Lampferding
Ostermünchen
ntenhausen
Tattenhausen
Schechen
Inn
Murn
Lindberg
506
Vogtareuth
Halfir
Söchtenau
Bad Endc
Zaisering
Schwabering
Rott
Pfaffenhofen
am Inn
Großkarolinenfeld
Langenpfunzen
Prutting
Krottenmühl
Himsbe
Ellmosen
Westerndorf-Sankt
Peter
Moosen
ad Aibling
Unterfürstätt
Holztechn.
Museum
Gedenkstein
Simssee
Kolbermoor
Fürstätt
Schloßberg
Stephanskirchen
Stadtmuseum
Rosenheim
Mang
0
1,5 km
Riedering
Söllhubner Feld
654
Söllhuben
Happing
Pfaffenbichl

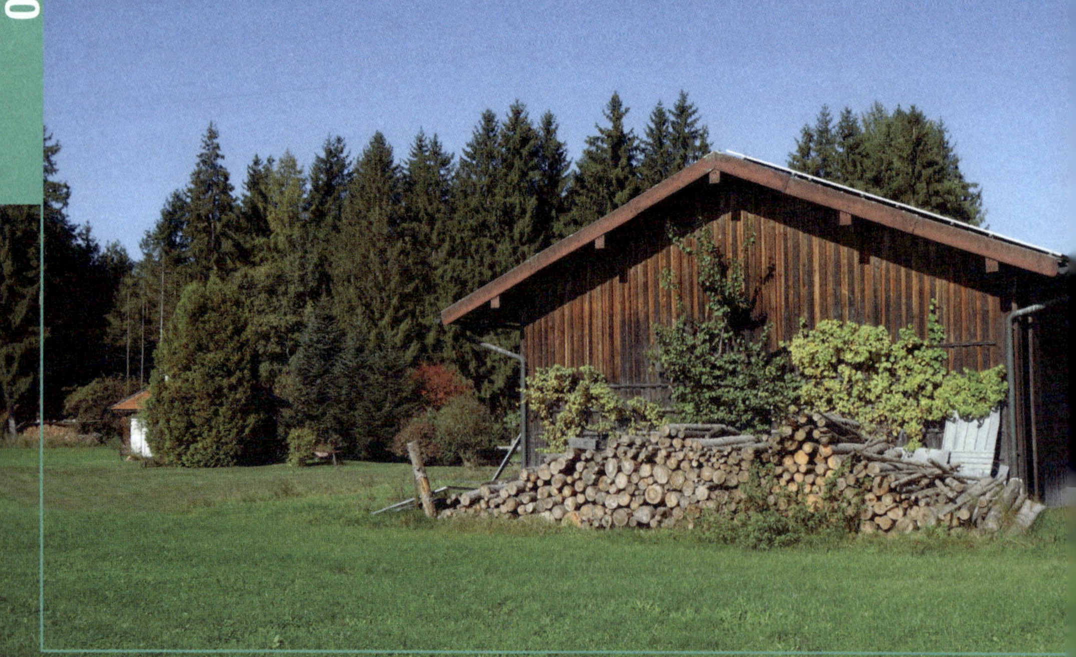

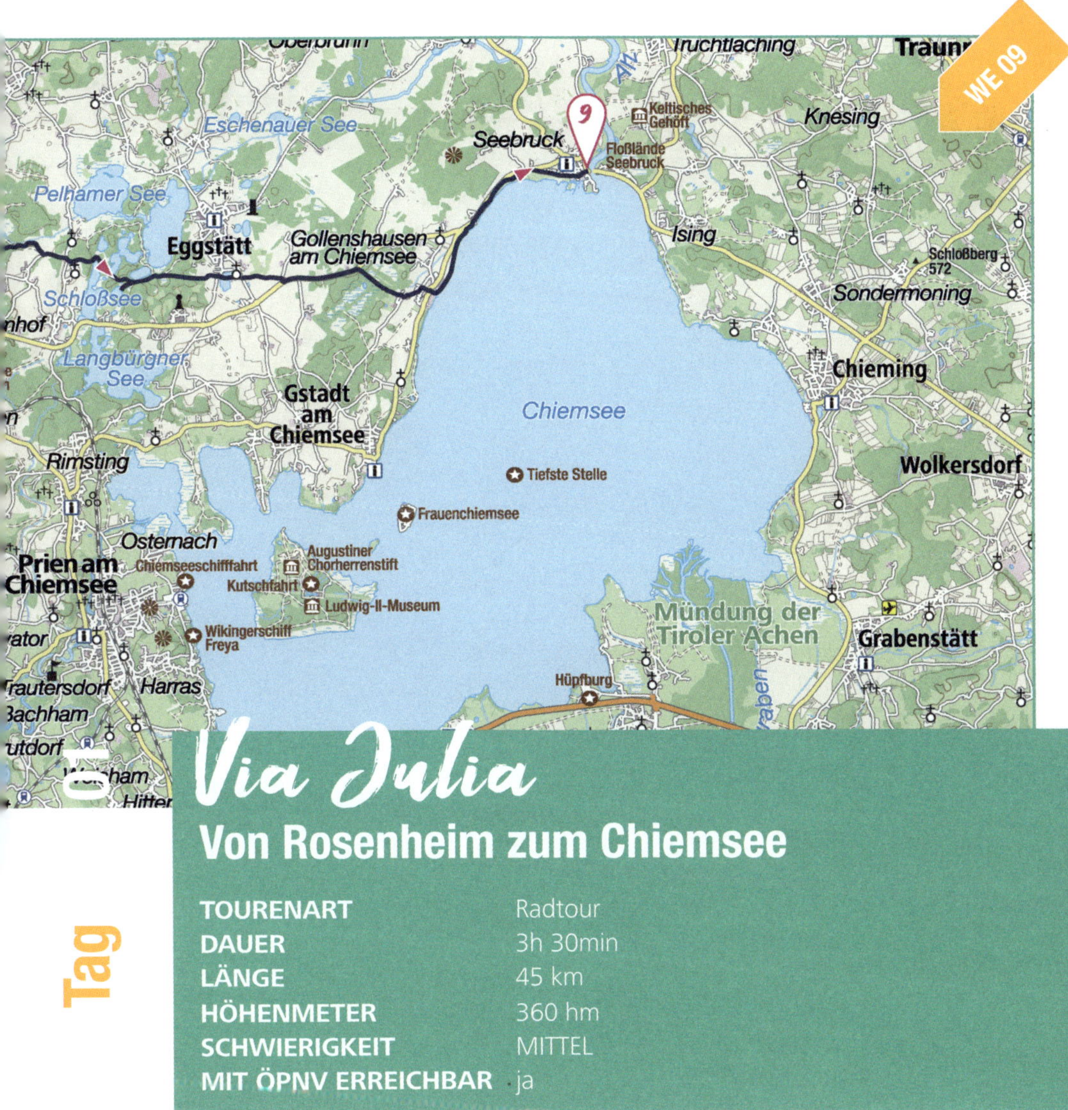

Tag 01

Via Julia

Von Rosenheim zum Chiemsee

TOURENART	Radtour
DAUER	3h 30min
LÄNGE	45 km
HÖHENMETER	360 hm
SCHWIERIGKEIT	MITTEL
MIT ÖPNV ERREICHBAR	ja

Das erwartet dich ...

Die Via Julia ist eine Radroute, die auf der alten Römerstraße von Günzburg nach Salzburg verläuft. Auf zwei gemütlichen Etappen radelst du entlang des Inns und an Seeufern entlang auf dieser Traumtour. Am ersten Tag schaust du dir Rosenheim an mit seinen Ufern von Mangfall und Inn, dann geht es auf der Via Julia mit einigen Bademöglichkeiten über das hügelige Alpenvorland und durch die Eggstätter Seenplatte bis zum Etappenziel Seebruck am Chiemsee.

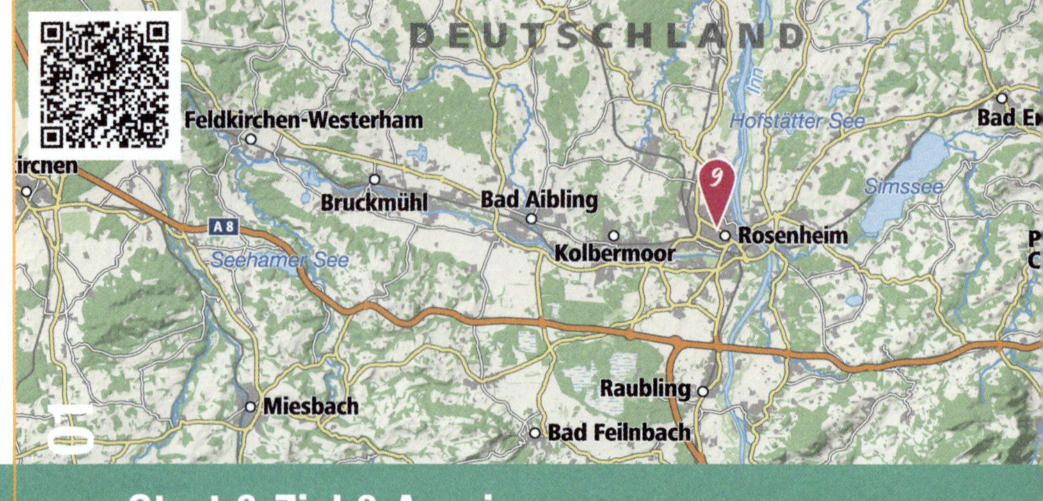

Tag 01

Start & Ziel & Anreise

Eine autolose Tour: Du nimmst dein Rad mit im Regionalzug der Bayerischen Regiobahn (früher „Meridian") oder von Mühldorf kommend mit der Südostbayernbahn nach Rosenheim. Durch Bahnhofstraße und Münchner Straße radelst du zur Fußgängerzone, dem „Max-Josefs-Platz". Von hier aus orientierst du dich durch die Innstraße und querst den Fluss, gleich an der Innbrücke links ist der eigentliche Tourbeginn. Du kannst vorher noch zum „Innspitz" radeln, wo Inn und Mangfall zusammenfließen – toller Anblick !

Tourenbeschreibung

Von der Rosenheimer Innbrücke aus geht es erstmal flach auf dem Inndamm den großen Alpenfluss entlang. Die Innauen mit ihren Hochwasserflutmulden sind ein beeindruckendes Landschaftselement. Nach Lust und Laune kannst du vom Innradweg einen Abstecher zum „Baodwirt" machen: Hier sind Infotafeln zur römischen Geschichte aufgestellt, an der Leonhardsquelle kannst du deine Wasserflasche füllen und gleich nebenan ist die professionelle Mineralwasserabfüllung mit hohen Wänden aus Getränkekisten. An dieser Stelle gab es zu römischen Zeiten eine Brücke über den Inn, die „Pons Aeni", was viele Funde belegen.

Am Inn geht es weiter bis zu einer steilen Rampe, gut ausgeschildert kommst du nach Söchtenau und radelst dort in ein Waldstück über Rundorf nach Mühlthal. Ab Mühlthal geht es wieder sportlich hoch, dann abwärts zu den Gleisen des „LEO", der Lokalbahn von Endorf nach Obing. Auf der Höhe des Endorfer Flugplatzes schickt dich die Via Julia hangaufwärts und über die Weiler Edenstraß und Eßbaum geht es teils auf landschaftlich zauberhaften Feldwegen nach Stephanskirchen, wo du wieder in ein Waldstück hineinradelst. Jetzt bist du im Bereich der Eggstätt-Hemhofer Seenplatte, ein tolles Landschaftskleinod mit vielen Bademöglichkeiten. Du querst die Seenplatte – übrigens ein Relikt der Eiszeit, die Seen waren früher sogenannte „Toteislöcher" – nach Osten, machst vielleicht einen individuellen Schlenker zum Hartseebadestrand und näherst dich dem Chiemsee, den du bei Gollenshausen erreichst. Freie Blicke auf die Chiemgauer Alpen, Ausflugsdampferverkehr auf dem „Bayerischen Meer" und vielleicht der Duft von Steckerlfisch ergeben eine tolle Mischung.

Bitte bleibe auf dem Radweg, manche Abschnitte sind für Fußgänger reserviert – danke. Seebruck an sich hat schon etwas maritimes Ambiente, hier liegen viele Segelboote und das Publikum ist sportiv-mondän, ein neues Luxushotel ist in Planung. Doch sehr interessant ist die römische Geschichte des Ortes, an deiner Route findest du das Römermuseum „Bedaium" mit einem original römischen Garten. An einer benachbarten Hauswand zeigt ein Relief die historische Ortsansicht von Seebruck, hier befand sich eine ebenfalls wichtige Brücke, nämlich über die Alz, den nördlichen Chiemsee-Ausfluss. In Seebruck kannst du außerdem noch einen Spaziergang auf den Spuren des Bildhauers Heinrich Kirchner unternehmen, seine Plastiken stehen in der Nähe des Römermuseums und am Segelhafen.

Autoren Tipp

Die Eggstätter Seenplatte entstammt mit ihren vielen kleinen und größeren Seen der Eiszeit. Das älteste bayerische Naturschutzgebiet beherbergt ein Mosaik hochwertiger und zerbrechlicher Lebensräume. Es gibt eine Vielzahl von Wasserflächen, Schwingrasen, Schwimmblatt- und Verlandungszonen, Quellen, Tümpel, Bäche und Auen, Moorgebiete und lichte Laubmischwälder. Hier leben viele seltene Wasservögel, Amphibien und über 40 verschiedene Libellenarten wie die vom Aussterben bedrohte „zierliche Moosjungfer".

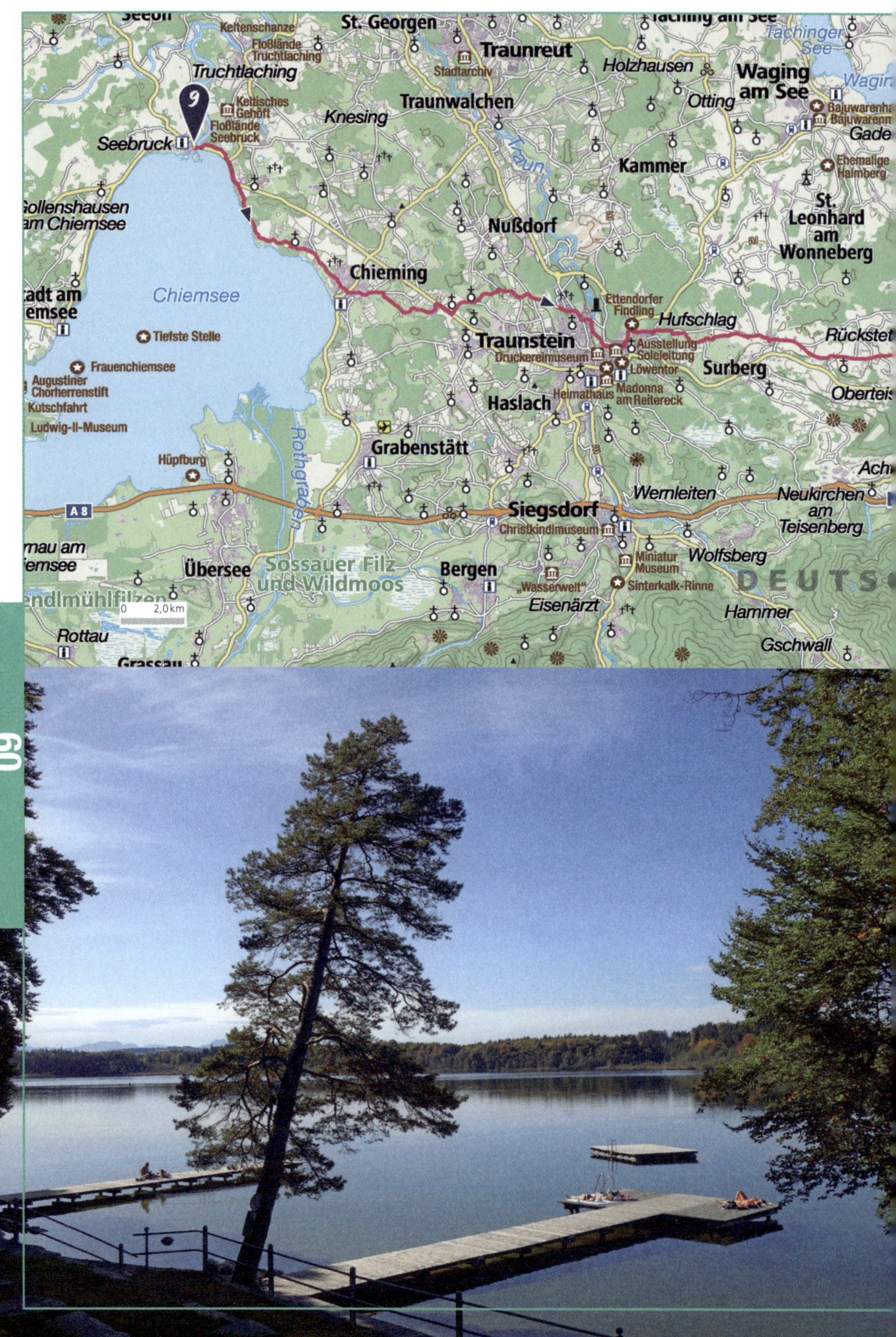

Keltenschanze
Floßlände Truchtlaching
Truchtlaching
St. Georgen
Traunreut
Stadtarchiv
Holzhausen
Waging am See
Tachinger See
Keltisches Gehöft
Floßlände Seebruck
Seebruck
Knesing
Traunwalchen
Otting
Bajuwarenhof
Kammer
Ehemalige Halmberg
Traun
St. Leonhard am Wonneberg
Nußdorf
Chieming
Chiemsee
Ettendorfer Findling
Hufschlag
Traunstein
Druckereimuseum
Ausstellung Soleleitung
Löwentor
Surberg
Tiefste Stelle
Frauenchiemsee
Augustiner Chorherrenstift
Kutschfahrt
Ludwig-II-Museum
Haslach
Heimathaus
Madonna am Reitereck
Grabenstätt
Rothgraben
Hüpfburg
A 8
Wernleiten
Neukirchen am Teisenberg
Siegsdorf
Christkindlmuseum
Miniatur Museum
Wolfsberg
Übersee
Sossauer Filz und Wildmoos
Bergen
„Wasserwelt“
Sinterkalk-Rinne
Eisenärzt
Hammer
Gschwall
Rottau
0 2,0 km

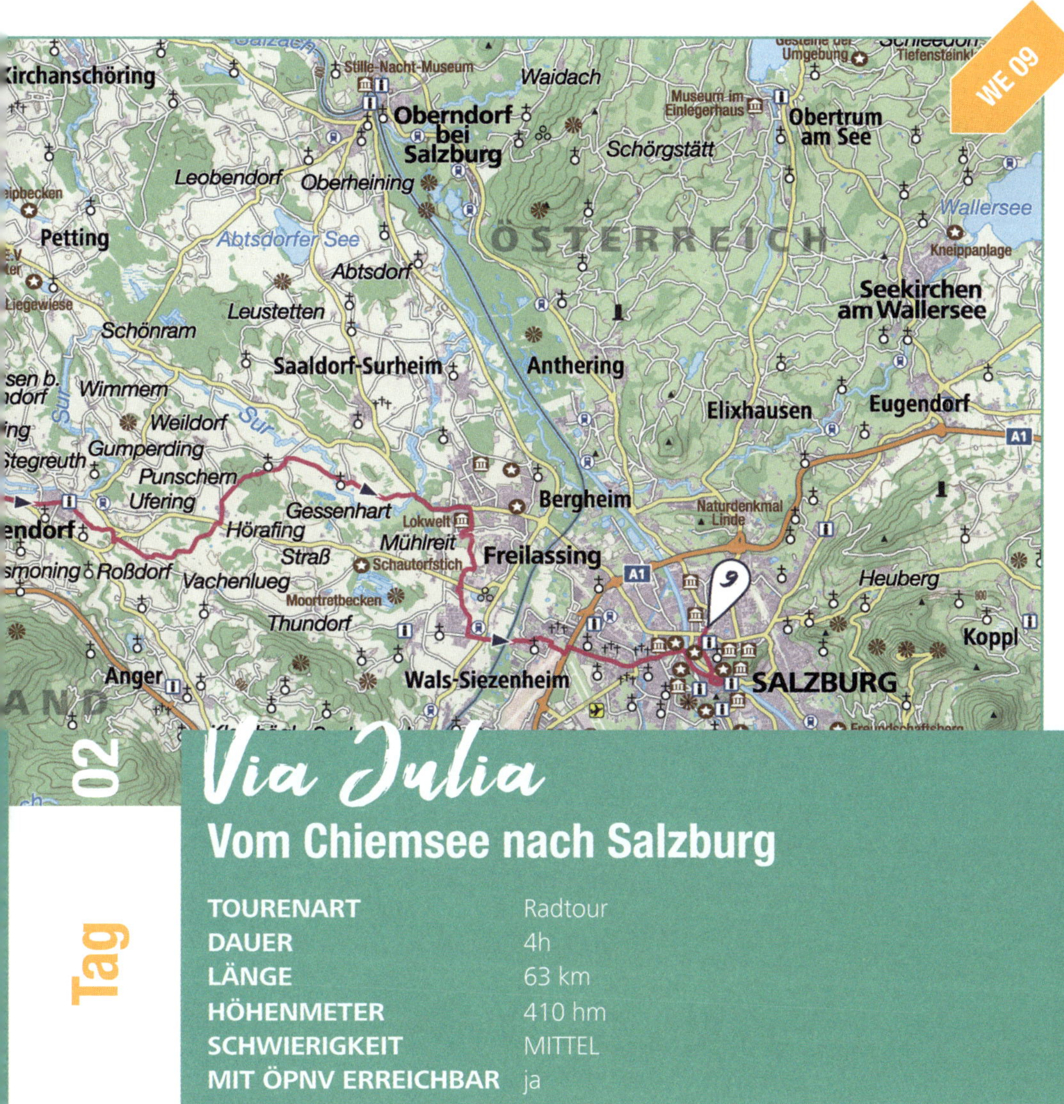

02 Tag

Via Julia

Vom Chiemsee nach Salzburg

TOURENART	Radtour
DAUER	4h
LÄNGE	63 km
HÖHENMETER	410 hm
SCHWIERIGKEIT	MITTEL
MIT ÖPNV ERREICHBAR	ja

Das erwartet dich ...

Auf der Radroute Via Julia bist du heute vom Chiemsee aus unterwegs und radelst über Traunstein nach Salzburg. Wie am ersten Tag der Tour ist das Gelände hügelig, mit Wechsel aus Offengelände und Wald. Vom Chiemsee weg durchstreifst du Bauernland und bewegst dich auf wenig befahrenen Straßen. Mehr Bebauung ist dann ab Freilassing und du erreichst ein traumhaftes Ziel – die Mozartmetropole Salzburg!

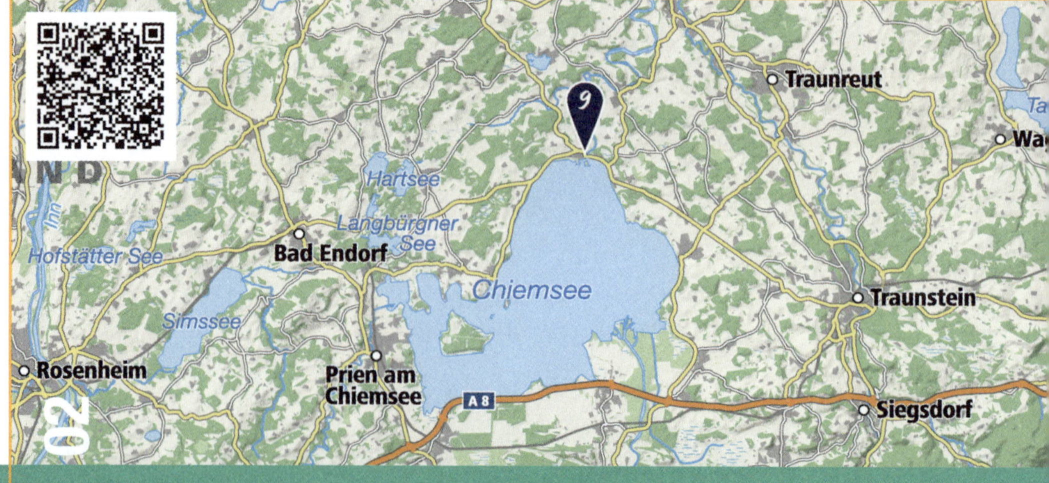

Tag 02

Start & Ziel & Anreise

Du hast vermutlich in Seebruck oder drumherum übernachtet, hier gibt es gleich mehrere budgetschonende Campingplätze. Seebruck als Ausgangspunkt erreichst du sonst in der Sommersaison von Prien aus (Bahnanschluss) mit dem Bus der „Chiemsee-Ringlinie" samt Fahrradanhänger. Auch die Chiemseedampfer nehmen Fahrräder mit. Von Salzburg aus geht es mit der Regionalbahn zurück Richtung München.

Tourenbeschreibung

Von Seebruck aus radelst du am Chiemsee entlang nach Chieming. Bitte beachte die örtlichen Ausschilderungen, manche Teilabschnitte am See sind Fußgängern vorbehalten. In Chieming knickt die Via Julia im Ortskern nach Osten ab, über Aufham und Außerlohen radelst du teils konditionell fordernd und bergan, bis die Route nach Traunstein hinein wieder abfällt, die Via Julia verläuft offziell am Traunufer und umkurvt die etwas erhöhte Altstadt. Traunstein ist der Hauptort des Chiemgau-Kerngebiets: Mit seinen rund 20.000 Einwohnern ist es das wirtschaftliche und kulturelle Zentrum der Region. Hier befand sich die Saline, wo die flüssige Salzsole aus Bad Reichenhall ankam und zu Salz weiterverarbeitet wurde. Der „Salinenpark" ist daher ein bedeutendes industriegeschichtliches und städtebauliches Denkmal, zahlreiche Wasserläufe Traunsteins wurden für getriftetes Holz als Rohstoff zum Sieden der Sole benutzt. Mitten in Traunstein bietet sich für dich ein Stopp auf dem Stadtplatz (Schlenker nach rechts oben von der Traun aus) an, beim „Sehen-und-Gesehen-Werden" der Traunsteiner Bevölkerung. Mit einigem Auf und Ab radelst du Richtung Osten und querst mehrfach die Bahnlinie Rosenheim–Traunstein-Salzburg bis Teisenham, dessen Ortsbild durch die großen Gebäude einer Brauerei dominiert wird. Das Gelände ist ländlich-sittlich und vor allem hügelig.

Ein reizvoller Abstecher von der Via Julia nach Ainring ist übrigens das Kloster Höglwörth. Auf der Standardroute querst du den Bachlauf der Sur zweimal und radelst nach Freilassing, wo du aber noch vor dem Zentrum nach Süden abbiegst. Über Ainring und Hausmoning radelst du über die Salzburger Außenbezirke mit etwas unübersichtlicher Wegführung hinein in die Mozartstadt. Das Ufer der Salzach ist ein Traum! Am Franz-Josefs-Kai entlang kannst du Richtung Salzburger Altstadt kurbeln mit Getreidegasse, Residenzplatz und Mozartplatz. Salzburg wirkt wesentlich majestätischer als es seine Einwohnerzahl von gut 150.000 ausdrückt, denn der Salzhandel hatte der Stadt immensen Reichtum beschert, was sich auch in den Gebäuden ausdrückt. Vielleicht bleibst du ja eine zusätzliche Nacht und gönnst dir einige Besichtigungen? Über die Staatsbrücke kommst du zum Salzburger Hauptbahnhof. Vorher solltest du aber noch vom Mirabellplatz aus einen Blick in den großartigen Mirabellgarten werfen mit seinen tollen Anlagen und Brunnen.

Kloster Höglwörth

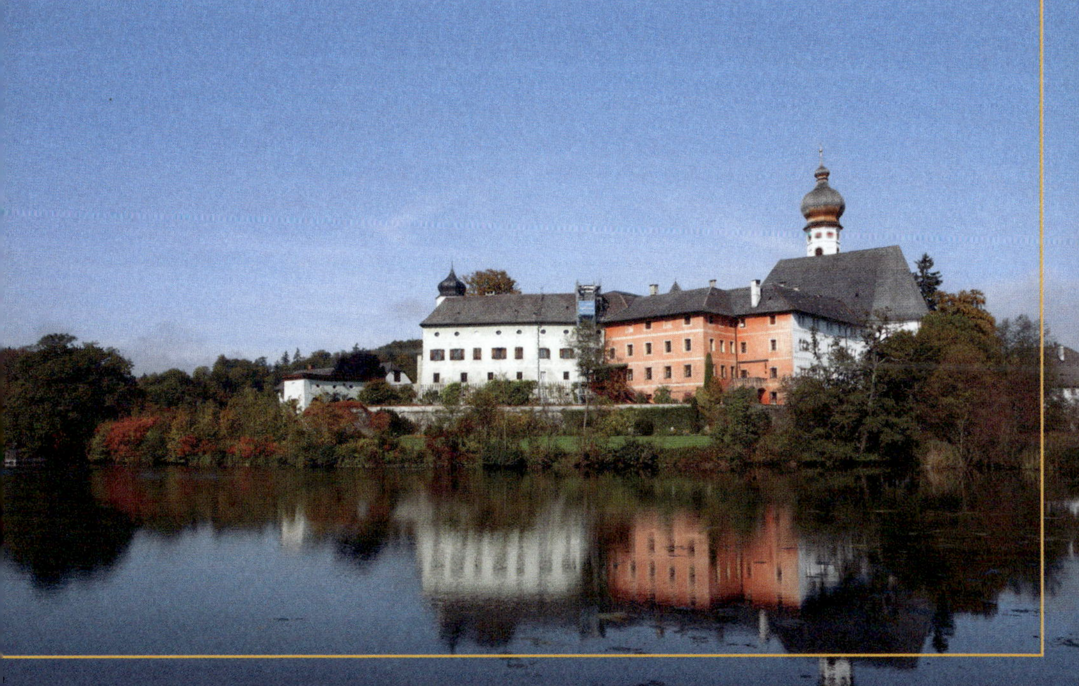

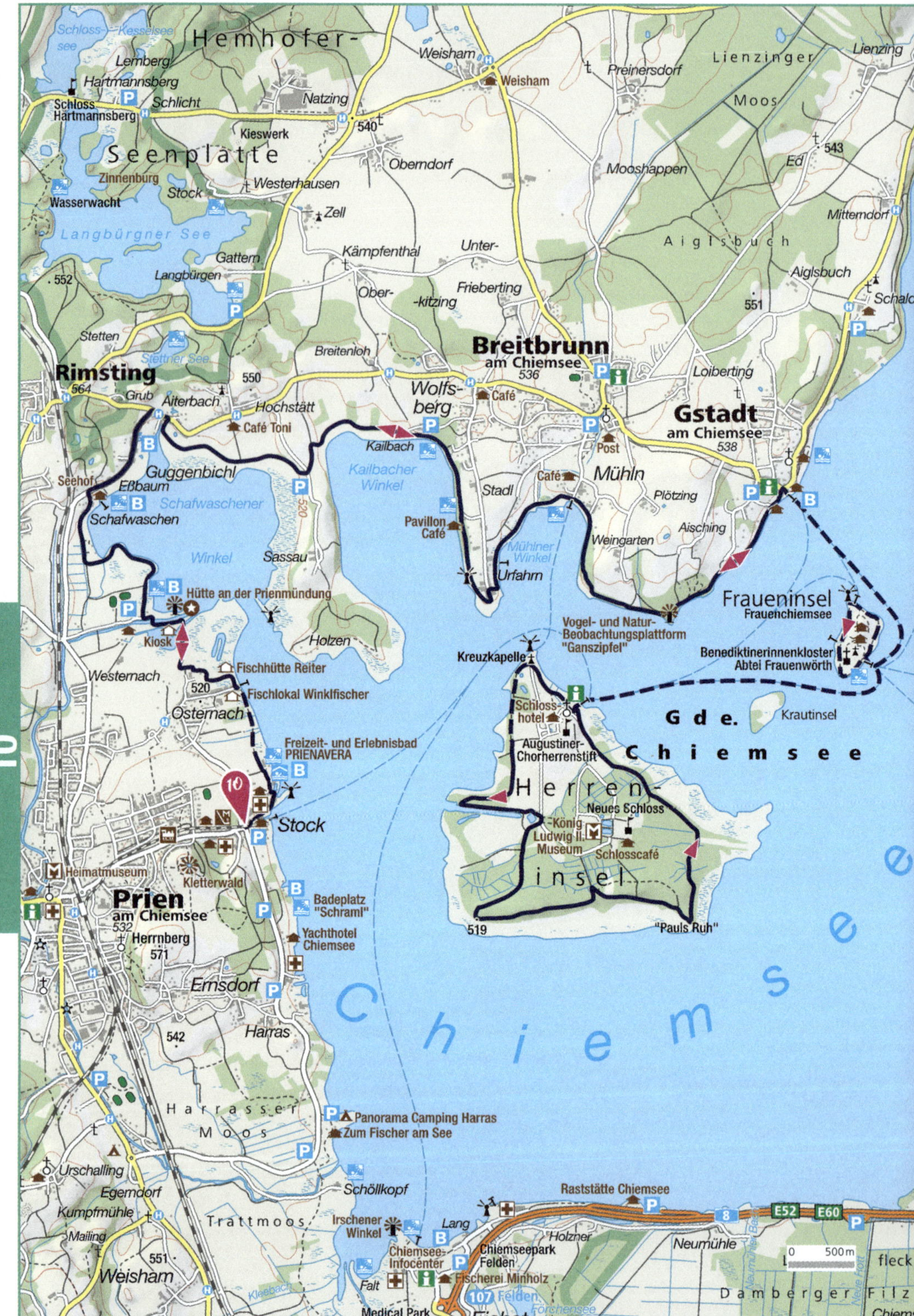

Schloss-see
Kesselsee
Hemhofer-
Seenplatte
Lemberg
Hartmannsberg
Schloss Hartmannsberg
Schlicht
Natzing
Kieswerk
540
Weisham
Preinersdorf
Lienzinger
Moos
Lienzing
543
Ed
Oberndorf
Mooshappen
Zinnenburg
Stock
Westerhausen
Wasserwacht
Zell
Mitterndorf
Langbürgner See
Aiglsbuch
Kämpfenthal
Unter-
Gattern
Langbürgen
552
Ober-
-kitzing
Frieberting
Aiglsbuch
551
Schalc
Stetten
Stettner See
Breitenloh
Breitbrunn
am Chiemsee
536
Loiberting
Rimsting
564
Grub
550
Aiterbach
Hochstätt
Wolfsberg
Café
Gstadt
am Chiemsee
538
Café Toni
Kailbach
Post
Guggenbichl
Kailbacher Winkel
Mühln
Seehof
Eßbaum
Schafwaschener
Schafwaschen
520
Stadl
Café
Plötzing
Pavillon Café
Mühlner Winkel
Aisching
Weingarten
Winkel
Sassau
Urfahrn
Hütte an der Prienmündung
Fraueninsel
Frauenchiemsee
Vogel- und Natur-Beobachtungsplattform "Ganszipfel"
Kiosk
Holzen
Kreuzkapelle
Benediktinerinnenkloster Abtei Frauenwörth
Fischhütte Reiter
Westernach
520
Fischlokal Winklfischer
Schlosshotel
Krautinsel
Osternach
Gde. Chiemsee
Augustiner-Chorherrenstift
Freizeit- und Erlebnisbad PRIENAVERA
10
Herren-
Neues Schloss
Stock
König Ludwig II. Museum
Schlosscafé
Heimatmuseum
Kletterwald
insel
Prien
am Chiemsee
532
Badeplatz "Schraml"
519
"Pauls Ruh"
Herrnberg
571
Yachthotel Chiemsee
Ernsdorf
Chiemsee
542
Harras
Harrasser Moos
Panorama Camping Harras
Zum Fischer am See
Urschalling
Egerndorf
Schöllkopf
Raststätte Chiemsee
Kumpfmühle
Trattmoos
Irschener Winkel
Lang
8
E52
E60
Mailing
Holzner
Neumühle
551
Chiemsee-Infocenter
Chiemseepark Felden
0
500 m
fleck
Weisham
Falt
Fischerei Minholz
Kleebach
107
Felden
Damberger Filz
Medical Park
Förchensee
Chiems

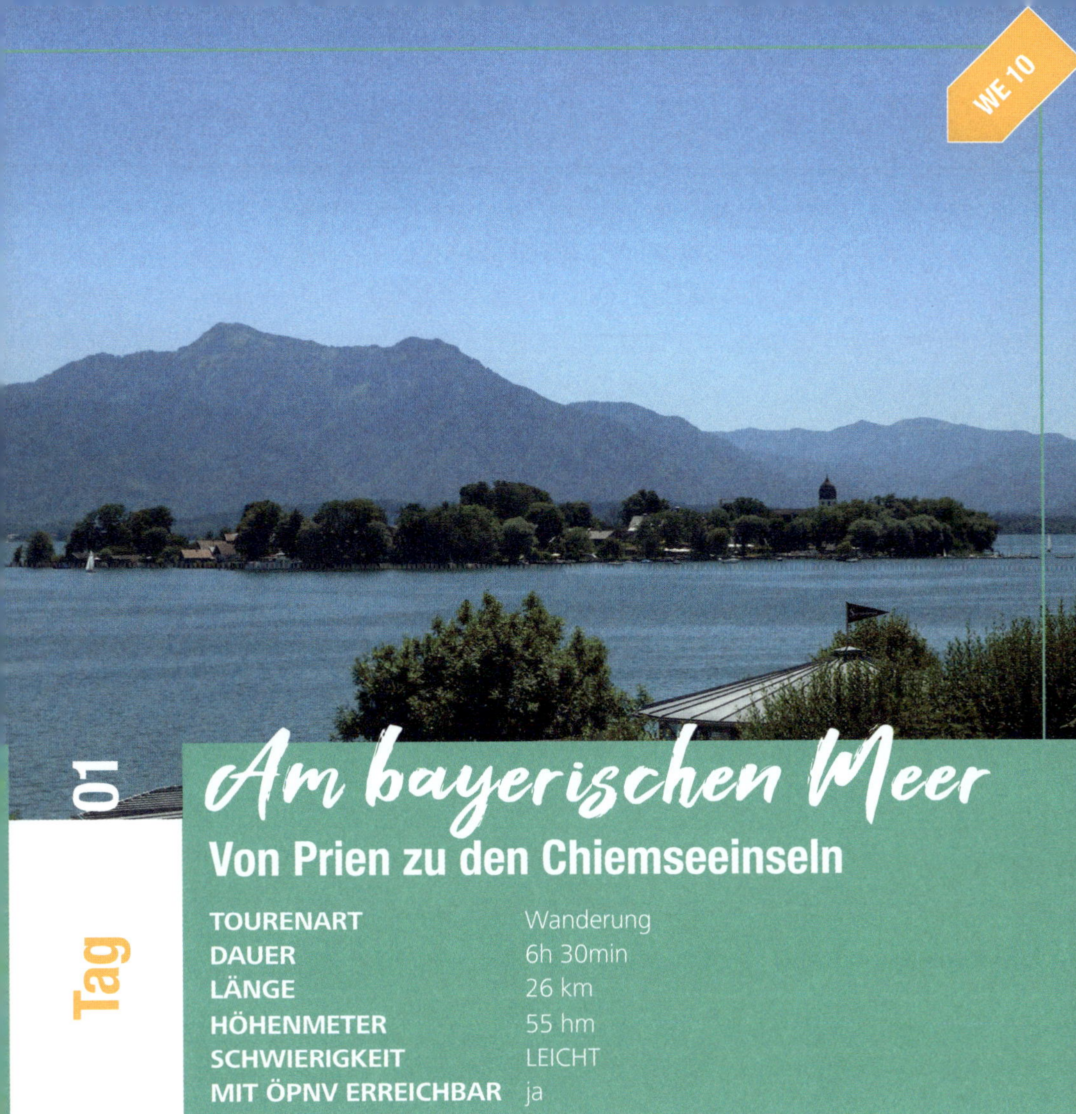

WE 10

Tag 01

Am bayerischen Meer

Von Prien zu den Chiemseeinseln

TOURENART	Wanderung
DAUER	6h 30min
LÄNGE	26 km
HÖHENMETER	55 hm
SCHWIERIGKEIT	LEICHT
MIT ÖPNV ERREICHBAR	ja

Das erwartet dich ...

Von deinem Standort Prien aus hast du viele Möglichkeiten, am Chiemsee etwas zu unternehmen. Du startest mit Dampferunterstützung eine „Hike and Swim" – Chiemseetour und testest die Badeufer auf den Inseln. Beim Rundgang auf der Fraueninsel entdeckst du regionales Kunsthandwerk und auf Herrenchiemsee besichtigst du das Schloss. Am Chiemseeufer läufst du mit Blick auf die Berge zurück nach Prien.

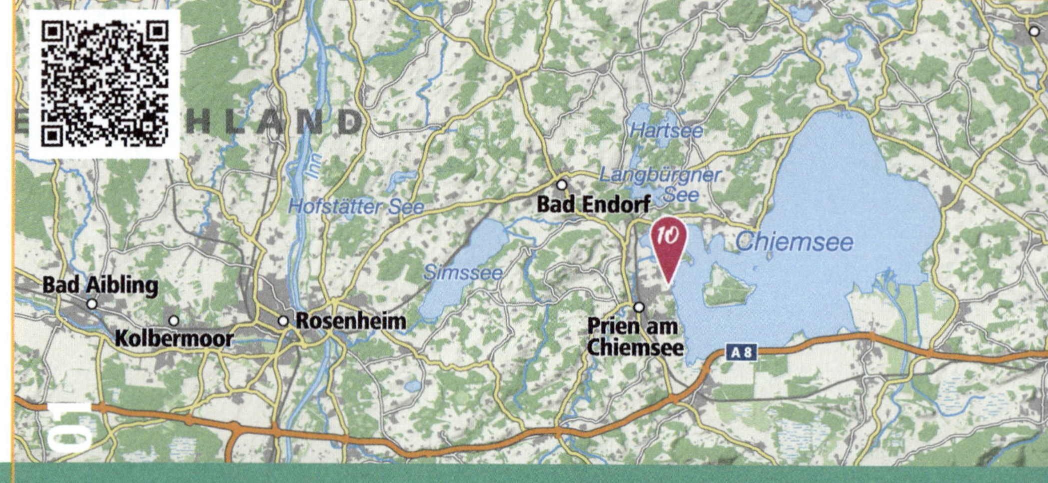

Tag 01

Start & Ziel & Anreise

Dein Ausgangsort ist Prien am Chiemsee, wo es am Harras auch einen schön gelegenen Campingplatz gibt. Prien erreichst du hervorragend mit der Bahn, hier halten auf der Strecke München – Salzburg auch überregionale Züge. Ein nostalgischer Spaß ist in der Urlaubssaison eine Fahrt mit dem „Feurigen Elias", der kleinen Dampfbahn zwischen dem Priener Bahnhof und der Schiffsanlegestelle. Infos zu den Dampferfahrten unter: www.chiemsee-schifffahrt.de

Tourenbeschreibung

Dies ist eine absolute Genuss-Tour, bei der du ruhig den kompletten Tag vergondelst, mit rumschlendern auf der Fraueninsel, Besichtigung des Schlosses Herrenchiemsee und einer langen, aber leichten Uferwanderung mit Badestopps. Auch auf den Inseln gibt es Badeufer!

Von der Uferpromenade aus starten die Schiffe der weißen Chiemseeflotte ganzjährig zu den Inseln und den Sommer über auch zu den weiter entfernten Orten am Chiemsee. Die Fraueninsel ist recht schnell umrundet, du kannst die Klosterkirche anschauen und siehst vielleicht eine Nonne beim Rumflitzen mit einem Elektroauto. Es gibt mehrere Einkehrmöglichkeiten mit leckeren regionalen Gerichten und schönen Biergärten, eine Inselbrauerei und einen Tante-Emma-Laden. An der Südwestecke kannst du unter Bäumen ausruhen und eine Runde schwimmen, mit Blick auf den Dampfer- und Segelverkehr auf dem Wasser. Auf der Fraueninsel, die in einer halben Stunde umrundet ist, besichtigst du die Münsterkirche des Frauenklosters, deren größter Teil aus der Zeit um 1000 stammt. Berühmt ist die nach der Gründerin des Klosters benannte Irmengardkapelle mit ihren romanischen Fresken. Noch heute leben mehrere Schwestern im Kloster, wo man allerlei Meditations-, Literatur- und sogar ayurvedische Kochkurse besuchen kann.

Die Herreninsel ist ein eigenes kleines Wanderziel, mit einem alten und mächtigen Baumbestand. Hier leben auch Fledermäuse, Infotafeln geben Auskunft über die Artenvielfalt und über Forschungsprojekte. Im Schloss Herrenchiemsee kannst du an einer Führung teilnehmen – kurios ist die Tatsache, dass das Schloss nie fertiggestellt wurde. Und grandios die Blicke im Spiegelsaal – was für ein edles und kostbares Ambiente!

Für die Inselumrundung bist du rund zwei Stunden unterwegs. Von der Anlegestelle aus wanderst du nach rechts und kommst nach zehn Minuten an der Kreuzkapelle vorbei. Dem Westufer folgend gelangst du zum Schlosskanal und zurück Richtung Schloss. Auf dem Spazierwegesystem peilst du nun den Südwesten an, den du über eine alte Ringwallanlage erreichst. Von hier gehst du auf dem Ufer nächsten Weg nach Südosten, zum Rastplatz „Pauls Ruh" am Wasser und von hier wieder zurück zum Dampfersteg. Vom Dampfersteg in Gstadt aus wanderst du zurück am Chiemseeufer, dabei hast du einen grandiosen Blick auf die Chiemgauer Alpen mit den Gipfeln von Hochfelln und Hochgern, der Hochplatte und der krass aufragenden Kampenwand. Badeufer gibt es direkt in Gstadt und dann an der Halbinsel von Urfahrn. Der Weg wird teils von hohem Schilf eingesäumt, hier brüten viele Singvögel. Als Nächstes kommst du zur Schafwaschener Bucht, dort gibt es einen kleinen Biergarten und eine geologische Ausstellung mit typischen Alpengesteinsarten sowie einen Turm zur Vogelbeobachtung. Du wanderst jetzt schon die Schlussetappe auf Prien zurück und nach der Brücke über den Fluss Prien kannst du dich noch mit Steckerlfisch stärken. Die Wanderung geht freilich auch an einem kühlen Tag, dann kannst du zum Finale noch in die Sauna im Hallenbad „Prienavera" und vom Whirlpool aus auf die Herreninsel schauen.

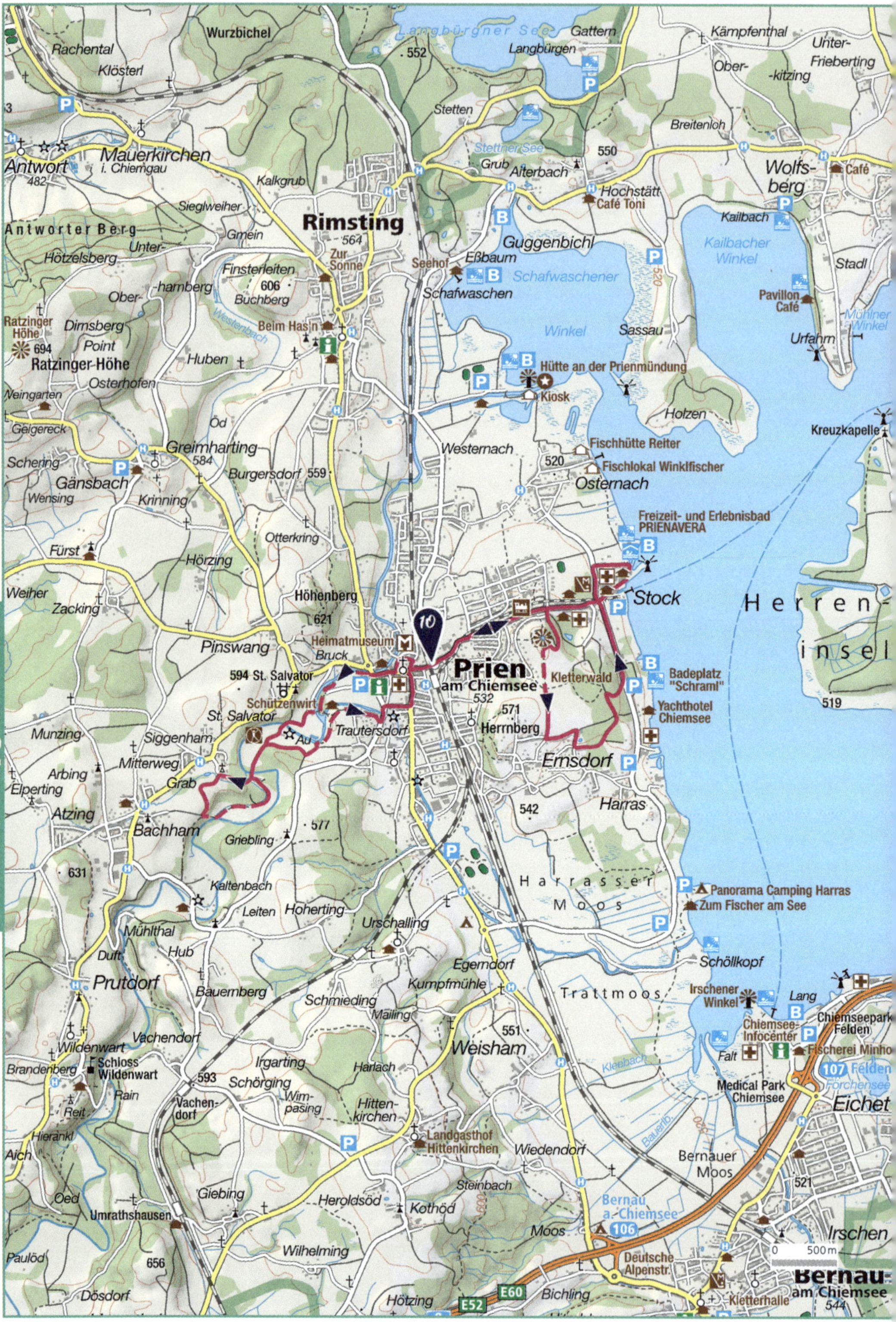

10

Wurzbichel
Langbürgner See
Gattern
Kämpfenthal
Unter-
Frieberting
Rachental
Klösterl
552
Langbürgen
Ober-
-kitzing
Stetten
Breitenloh
Stettner See
550
Antwort
482
Mauerkirchen
i. Chiemgau
Kalkgrub
Grub
Alterbach
Hochstätt
Café Toni
Wolfs-
berg
Café
Sieglweiher
Kailbach
Rimsting
564
Antworter Berg
Gmein
Unter-
Hötzelsberg
Guggenbichl
Kailbacher
Winkel
Zur
Sonne
Seehof
Eßbaum
Finsterleiten
606
Buchberg
Ober-
-hamberg
Schafwaschen
Schafwaschener
520
Stadl
Pavillon
Café
Ratzinger
Höhe
694
Dirnsberg
Point
Ratzinger-Höhe
Westernbach
Beim Has'n
Winkel
Sassau
Urfahrn
Mühlner
Winkel
Huben
Weingarten
Osterhofen
Hütte an der Prienmündung
Kiosk
 Öd
Holzen
Geigereck
Kreuzkapelle
Greimharting
584
Schering
Gänsbach
Wensing
Burgersdorf
559
Westernach
Fischhütte Reiter
520
Fischlokal Winklfischer
Osternach
Krinning
Otterkring
Fürst
Freizeit- und Erlebnisbad
PRIENAVERA
Hörzing
Weiher
Zacking
Höhenberg
621
Stock
Herren-
insel
Pinswang
Heimatmuseum
10
Bruck
Prien
am Chiemsee
532
594
St. Salvator
Kletterwald
Badeplatz
"Schraml"
519
Munzing
Schützenwirt
St. Salvator
571
Herrnberg
Yachthotel
Chiemsee
Siggenham
Au
Trautersdorf
Arbing
Mitterweg
Ernsdorf
Elperting
Grab
Atzing
Harras
Bachham
542
Griebling
577
631
Harrasser
Moos
Panorama Camping Harras
Zum Fischer am See
Kaltenbach
Leiten
Hoherting
Urschalling
Mühlthal
Duft
Hub
Prutdorf
Egerndorf
Schöllkopf
Bauernberg
Schmieding
Kumpfmühle
Trattmoos
Irschener
Winkel
Lang
Mailing
Chiemseepark
Felden
Wildenwart
Vachendorf
551
Weisham
Chiemsee-
Infocenter
Falt
Fischerei Minho
Brandenberg
Schloss
Wildenwart
Kleinbach
107
Felden
Forchensee
593
Irgarting
Harlach
Medical Park
Chiemsee
Eichet
Rain
Schörging
Wim-
pasing
Reit
Vachen-
dorf
Hitten-
kirchen
Hierankl
Landgasthof
Hittenkirchen
Bauerb.
Aich
Wiedendorf
Bernauer
Moos
521
Steinbach
Giebing
Heroldsöd
Kothöd
Oed
Bernau
a. Chiemsee
Umrathshausen
106
Moos
Irschen
Paulöd
656
Wilhelming
Deutsche
Alpenstr.
0
500 m
Bernau
am Chiemsee
544
Dösdorf
Hötzing
Bichling
E52
E60
Kletterhalle

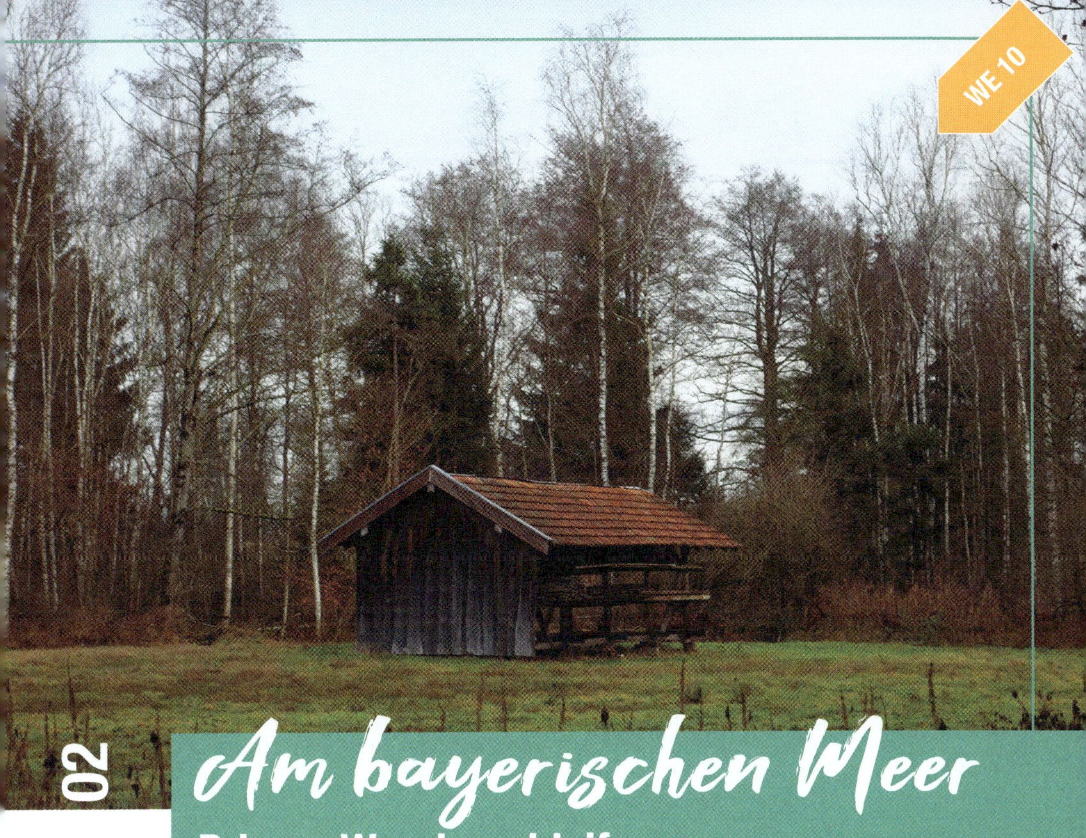

02 Tag

Am bayerischen Meer

Priener Wanderschleife

TOURENART	Wanderung
DAUER	3h
LÄNGE	12 km
HÖHENMETER	140 hm
SCHWIERIGKEIT	LEICHT
MIT ÖPNV ERREICHBAR	ja

Das erwartet dich ...

Eine sehr abwechslungsreiche Ortserkundung: Auf Priener Gemeindegebiet kannst du eine tolle Wanderung unternehmen, mit Bergbach und Chiemseeblicken, Badestopp inklusive. Erst erkundest du das romantische Eichental, dann erklimmst du den Herrenberg und dir liegt der Chiemsee zu Füßen. Zum Abschluss gibt es noch sportliche Herausforderungen im Priener Kletterwald und Chillen am Badeufer.

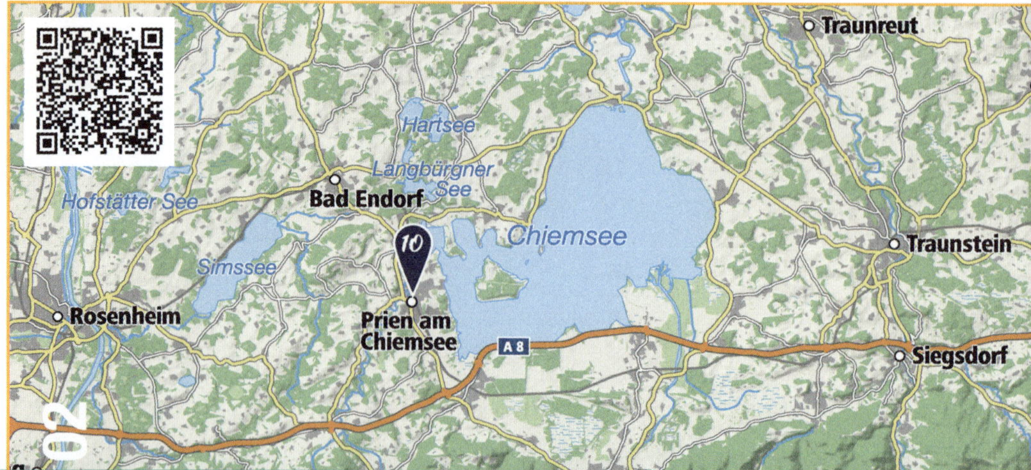

Tag 02

Start & Ziel & Anreise

Dein Ausgangsort ist Prien am Chiemsee, wo es am Harras auch einen schön gelegenen Campingplatz gibt. Prien erreichst du hervorragend mit der Bahn (Strecke München–Salzburg), hier halten auch überregionale Züge. Ein nostalgischer Spaß ist in der Urlaubssaison eine Fahrt mit dem „Feurigen Elias", der kleinen Dampfbahn zwischen dem Priener Bahnhof und der Schiffsanlegestelle. Infos zu den Dampferfahrten unter: www.chiemsee-schifffahrt.de

Tourenbeschreibung

Du startest deine Tour am Bahnhof und erkundest erst einmal das historische Zentrum mit dem Marktplatz und der Kirche Mariä Himmelfahrt, hier stehen noch alte Häuser mit hübschen Lüftlmalereien, das Heimatmuseum samt Kräutergarten und mehrere Cafés. Am Ortseingang an der Prien beginnt eine abwechslungsreiche und landschaftlich eindrucksvolle Kurzwanderung, sie führt durch das mächtige Eichental.

Es ist Ende der letzten Eiszeit in der Folge der Chiemseevergletscherung entstanden, durch riesige Wassermassen. In mehreren Flussmäandern schlängelt sich hier die Prien durch den Taleinschnitt. Sie ist einer der wenigen alpinen Wildflüsse mit einem längeren noch nicht begradigten Wasserlauf. Wasseramseln tauchen ein, bleiben ein paar Sekunden unter Wasser und schwimmen bei der Nahrungssuche mehrere Meter. Wer sehr viel Glück hat, kann auch Eisvögel beobachten, die in den Steilufern der Prallhänge brüten. Gleich mehreren Themenwegen kann man folgen: Kunstobjekte verdeutlichen das „Miteinander" als Ideal, Infotafeln erklären die Ökologie der Prien und es gibt einen Naturlehrpfad. Am „Schützenwirt" vorbei führt der Weg Richtung Elektrizitätswerk, einem geeigneten Wendepunkt der Tour. Aber es ist ein Beispiel mehr für die Kraft des Wassers: Am Weg gibt es außerdem ein riesiges Mühlrad an einem Seitenkanal der Prien, und die Aumühle war früher ein von Wasserkraft versorgter Industriebetrieb. Wieder retour, unterquerst du die Bahn und steigst von der Seestraße aus nach rechts zur Aussichtsplattform hoch, hier auf dem Herrenberg gibt es im Winter sogar einen Mini-Skilift.

Den Anny-Auerbach-Weg gehst du über offenes Gelände nach Süden, dann links über die Kranzhornstraße leicht abwärts und biegst in den Forstweg ein. Du hältst dich wieder links und kommst auf einem Stichweg zur Chiemseeuferstraße. Auf der rechten Seite kommst du zum Strandbad Schraml und kannst hier gut baden und chillen.Ein paar Meter weiter links wartet schon der Kletterwald auf dich mit ein wenig Nervenkitzel auf Baumpfaden und Hängebrücken. Nächste Station: Die „Schären" mit dem Schiffsanleger – ein touristischer Hotspot! Zurück zum Bahnhof kommst du über die Seestraße oder parallel dazu auf dem Radweg. Oder du gönnst dir noch eine Fahrt mit dem „Feurigen Elias" – die Schnauferlbahn fährt vom Hafen bis zum Bahnhof.

Blick auf die angeschneiten Berge der Umgebung

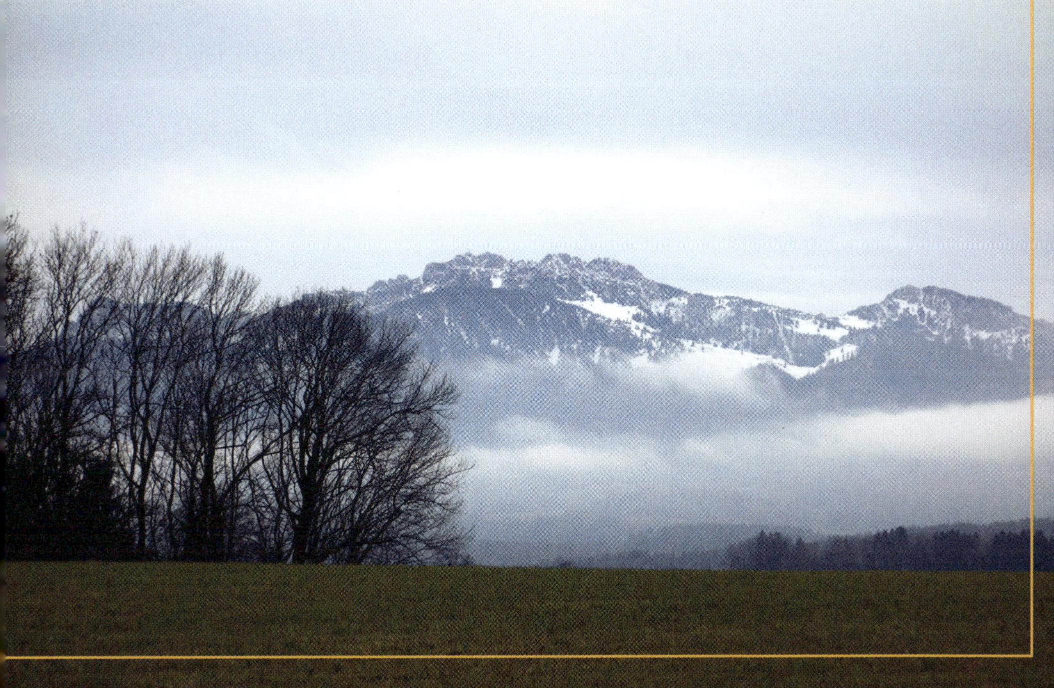

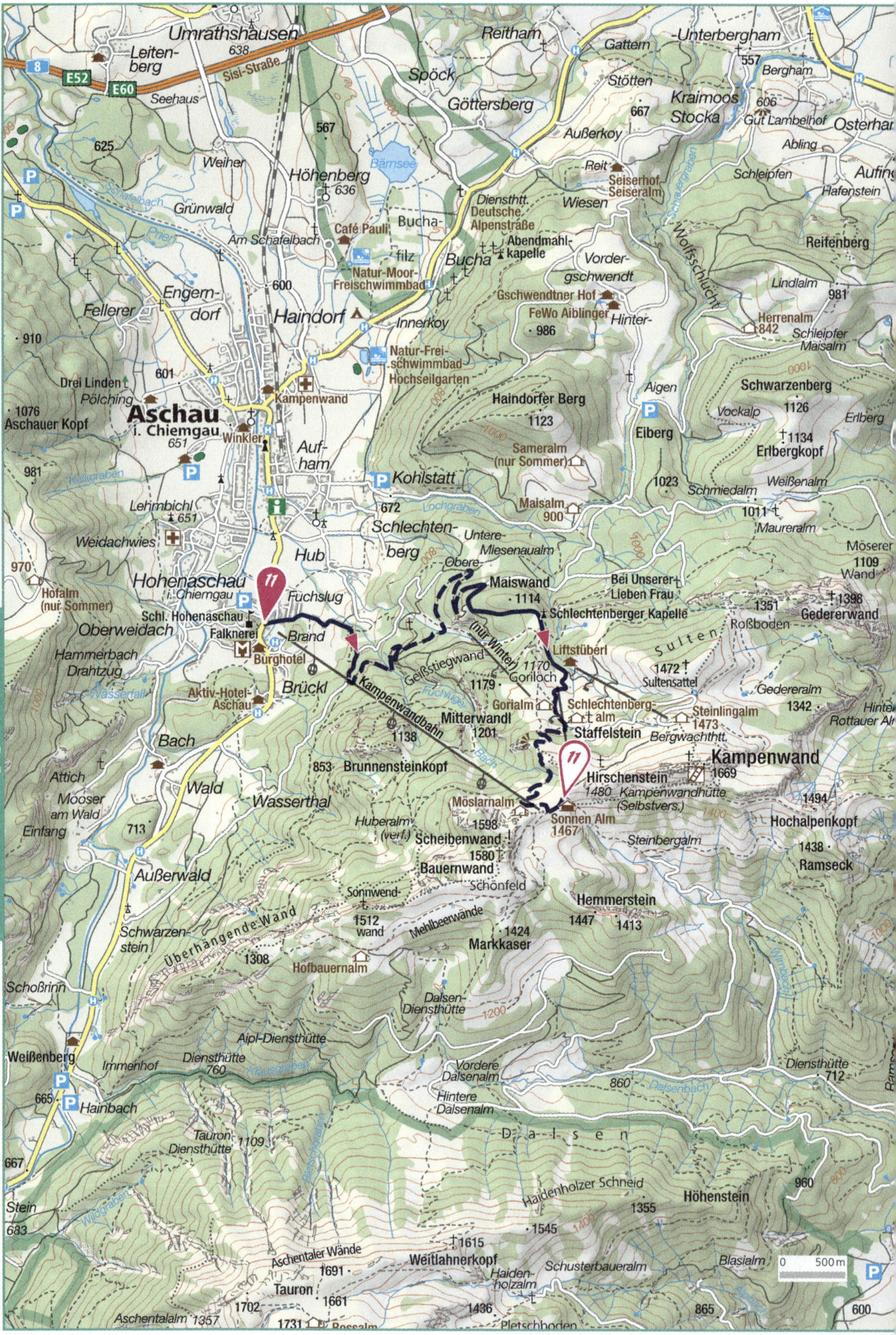

11

Umrathshausen
638
Leitenberg
Sisi-Straße
8
E52
E60
Seehaus
Reitham
Gattern
Unterbergham
557
Bergham
Spöck
Stötten
Göttersberg
Kraimoos
Stocka
606
Gut Lambelhof
Osterham
667
Außerkoy
Abling
567
625
Weiher
Höhenberg
636
Bärnsee
Reit
Seiserhof
Seiseralm
Schleipfen
Aufing
Hafenstein
Grünwald
Schafelbach
Prien
Diensthtt.
Deutsche Alpenstraße
Wiesen
Café Pauli
Bucha-filz
Am Schafelbach
Bucha
Abendmahlkapelle
Vorder-gschwendt
Reifenberg
Natur-Moor-Freischwimmbad
600
Gschwendtner Hof
Lindlalm
981
Engerndorf
Fellerer
Haindorf
Innerkoy
FeWo Aiblinger
Hinter-
986
Herrenalm
842
Schleipfer Maisalm
910
Natur-Frei-schwimmbad
Hochseilgarten
601
Drei Linden
Pölching
Kampenwand
Haindorfer Berg
Aigen
Schwarzenberg
1076
Aschauer Kopf
Aschau
i. Chiemgau
651
Winkler
Aufham
1123
Sameralm
(nur Sommer)
Eiberg
Vockalp
1126
Erlberg
1134
Erlbergkopf
981
Kohlstatt
1023
Schmiedalm
Weißenalm
Lehmbichl
651
672
Lochgraben
Maisalm
900
1011
Maureralm
Weidachwies
Schlechtenberg
Hub
Untere Miesenaualm
Möserer Wand
1109
970
Hofalm
(nur Sommer)
Hohenaschau
i. Chiemgau
Obere
Maiswand
1114
Bei Unserer Lieben Frau
1351
1398
Gedererwand
Schl. Hohenaschau
Fuchslug
Schlechtenberger Kapelle
Roßboden
Oberweidach
Falknerei
Brand
(nur Winter)
Liftstüberl
Sulten
Burghotel
Geißstiegwand
1170
Goriloch
1472
Sultensattel
Hammerbach
Drahtzug
Wasserfall
Brückl
1179
Gedereralm
Hinter Rottauer Alm
Aktiv-Hotel-Aschau
Kampenwandbahn
Gorialm
Schlechtenbergalm
Steinlingalm
1473
1342
1138
Mitterwandl
1201
Staffelstein
Bergwachthtt.
Bach
Kampenwand
853
Brunnensteinkopf
Hirschenstein
1669
Attich
Wald
1480
Kampenwandhütte
(Selbstvers.)
Mooser am Wald
Wasserthal
Möslarnalm
Sonnen Alm
1467
1494
Hochalpenkopf
Einfang
713
Huberalm
(verf.)
1598
Scheibenwand
Steinbergalm
1580
1438
Ramseck
Außerwald
Bauernwand
Schönfeld
Sonnwendwand
1512
Hemmerstein
1447
1413
Mehlbeerwände
1424
Markkaser
Schwarzenstein
Überhängende Wand
1308
Hofbauernalm
Schoßrinn
Dalsen-Diensthütte
1200
Aipl-Diensthütte
Weißenberg
Immenhof
Diensthütte
760
Vordere Dalsenalm
Diensthütte
712
665
Hainbach
Hintere Dalsenalm
860
Dalsenbach
Dalsen
Tauron Diensthütte
1109
667
960
Haidenholzer Schneid
Höhenstein
1355
Stein
683
Wildgraben
1545
1615
Aschentaler Wände
Weitlahnerkopf
Haidenholzalm
Schusterbaueralm
Blasialm
0 500 m
1691
Tauron
1661
1702
1436
865
600
Aschentalalm
1357
1731
Rossalm
Pletschboden

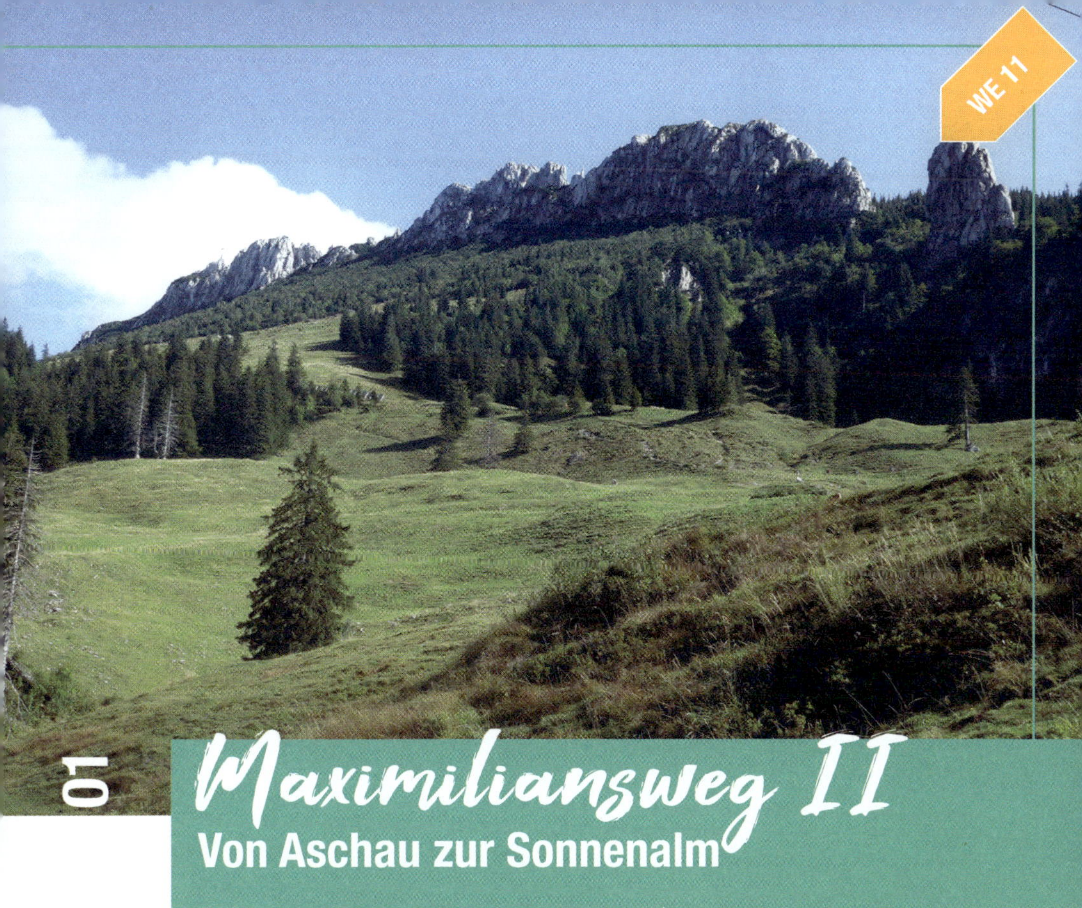

01 Tag

Maximiliansweg II

Von Aschau zur Sonnenalm

TOURENART	2-Tages-Wanderung
DAUER	3h 30min
LÄNGE	7 km
HÖHENMETER	850 hm
SCHWIERIGKEIT	MITTEL
MIT ÖPNV ERREICHBAR	ja

Das erwartet dich ...

Die Überquerung der Kampenwand mit deren Besteigung ist ein „Klassiker" unter den Touren auf die bayerischen Hausberge. Die Tour bietet alle Ingredienzen, die dazugehören: Aufstieg durch Bergwald, Almengelände und tolle Blicke auf den Chiemsee und die Inseln Frauen- und Herrenchiemsee. Am ersten Tag steigst du auf zur Sonnenalm, wo du übernachtest. Weitere Infos zur Sonnenalm: www.kampenwand.de

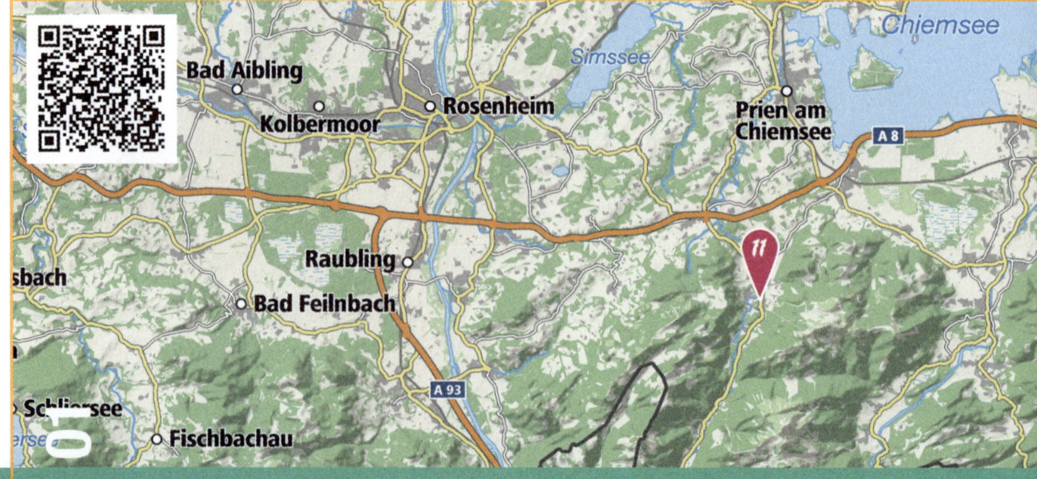

Tag 01

Start & Ziel & Anreise

Dein Ausgangsort ist Aschau. Vielleicht bis du schon über die Hochries nach Aschau abgestiegen (siehe Tour Nummer 6) und wanderst gleich weiter. Sonst ist der im Priental gelegene Ort mit der Regionalbahn von Prien (Bahnstrecke München – Salzburg) aus gut zu erreichen. Den eigentlichen Wanderstart im Ortsteil Hohenaschau erreichst du mit einem halbstündigen Spaziergang oder du steigst in den RVO-Bus 9502 um und steigst am Schloss Hohenaschau aus.

Tourenbeschreibung

Von der Bushaltestelle Hohenaschau querst du die Hauptstraße. Am Hangfuß ist die Talstation der Kampenwandseilbahn mit ihren bunten Vierergondeln. Es gibt Pläne, die Seilbahn auszubauen und auch Widerstand gegen das Projekt. Los geht es am ehemaligen Ökonomiegebäude des Schlosses, das schön restauriert wurde. Hier geradeaus und in den Wald. Eine Viertelstunde nach Beginn an der Hauptstraße zweigt der alte Reitweg zur Kampenwand in spitzem Winkel nach links ab. In einigen Kehren und stets bergan steigst du hinauf, die Route zur Kampenwand ist gut ausgeschildert (Weg As20).

Nach einer halben Stunde querst du die Skipiste und triffst zwanzig Minuten später auf ein Teersträßchen, dem du nach rechts folgst. Nach weiteren zwanzig Minuten kommst du zum „Liftstüberl“, auch hier findest du eine potenzielle Übernachtungsmöglichkeit, musst dann aber am nächsten Tag umso höher auf-

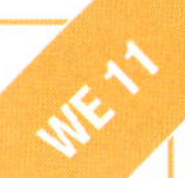

steigen. Jetzt kannst du einfach der Teerstraße weiter folgen, bis du an der Gorialm vorbei zur Sonnenalm kommst, deiner Herberge für die Nacht. Schöner ist allerdings der Abzweig am Liftstüberl nach links Richtung Steinlingalm auf 1448 m, die du nach weiteren zwanzig Minuten erreichst. Dieser Wanderweg abseits vom Mountainbikerummel auf den Teersträßchen bietet Chiemseeaussicht, die du auch an der Steinlingalm genießen kannst. Von hier führt ein aussichtsreicher und viel begangener Weg leicht bergan in Richtung der Sonnenalm auf 1467m, die direkt oberhalb der Bergstation der Kampenwandbahn liegt. Falls du auf der Tour noch Abstecher unternehmen willst, kannst du noch vor Erreichen der Steinlingalm hoch auf den Sulten, der sonst gerne den Blick auf den Chiemsee verstellt. Aber vom Sultengipfel aus hast du garantiert freie Sicht! Ein schöner Abstecher ist auch der Weg von der Sonnenalm zur südwestlich 100 Höhenmeter tiefer gelegenen Hofbauernalm. Von hier aus genießt du schöne Nachmittagsblicke ins Priental, bevor du auf der Sonnenalm die Nacht verbringst.

Noch eine Möglichkeit ist, dass du gleich von der Steinlingalm aus die Kampenwand erklimmst, du kannst diese auch am nächsten Tag umwandern. Der Aufstieg zur Kampenwand ist nicht zu unterschätzen – bitte nur bei trockenen Verhältnissen unternehmen! An mehreren Passagen sind die Trittsteine reichlich glatt, die letzten Meter zum Gipfel geht es auf einem seilgesicherten Stück.

Sonnenalm

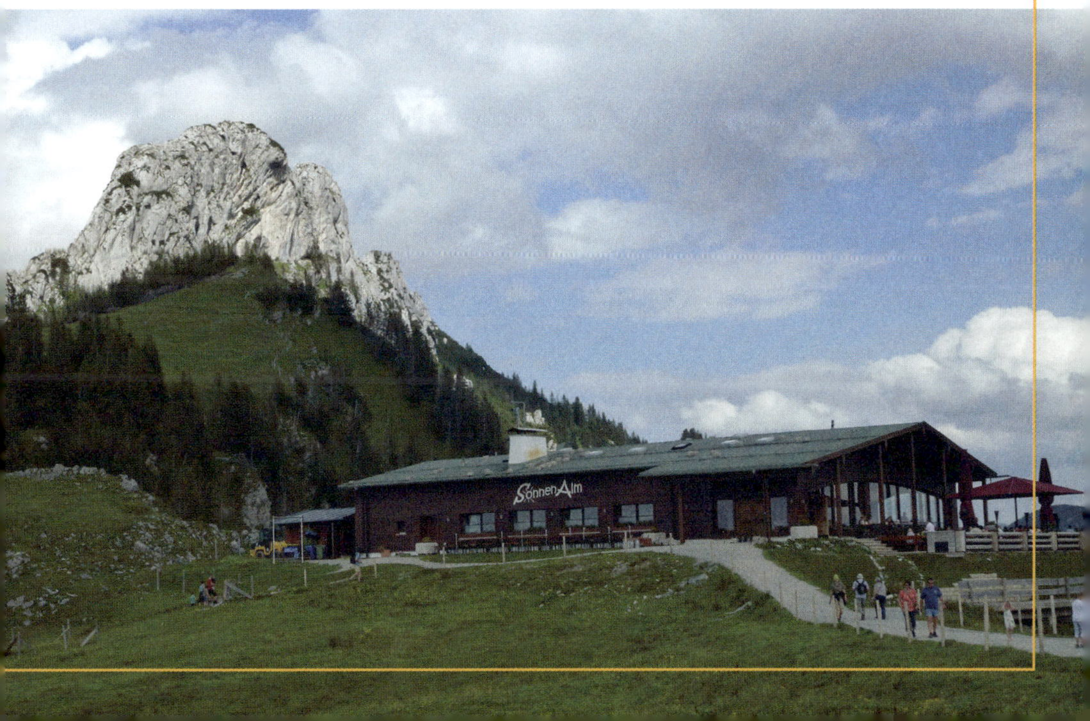

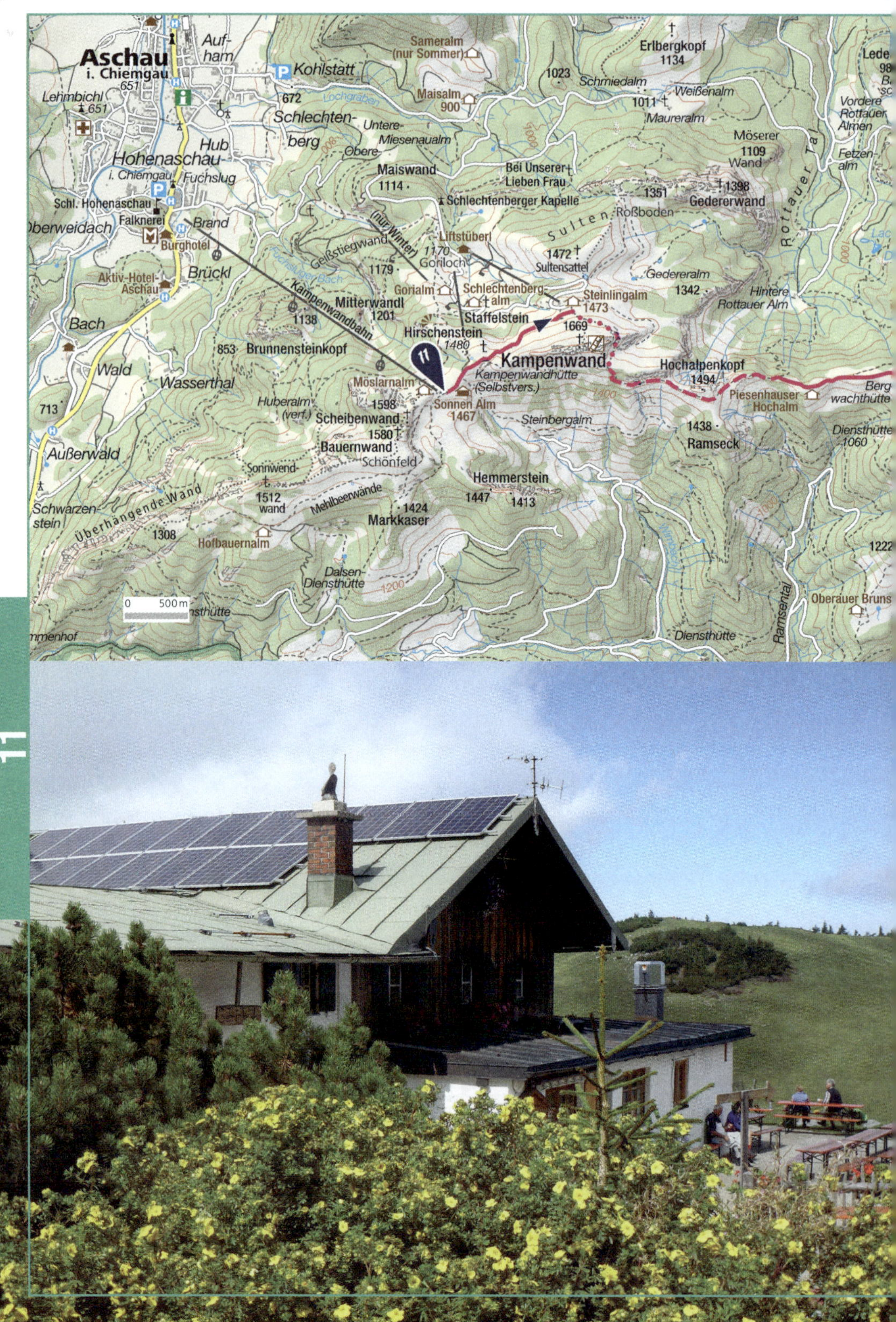

Aschau
i. Chiemgau
651
Aufham
Kohlstatt
Lehmbichl
651
672
Schlechtenberg
Lochgraben
Sameralm
(nur Sommer)
Maisalm
900
Untere-
Miesenaualm
Obere-
Hub
Hohenaschau
i. Chiemgau
Fuchslug
Schl. Hohenaschau
Falknerei
Oberweidach
Brand
Burghotel
Aktiv-Hotel-
Aschau
Brückl
Bach
Wald
Wasserthal
713
Außerwald
Schwarzenstein
Überhängende Wand
1308
Hofbauernalm
Sonnwendwand
1512
Mehlbeerwände
Maiswand
1114
Schlechtenberger Kapelle
Bei Unserer
Lieben Frau
(nur Winter)
Geißstiegwand
Fuchslueger Bach
1179
Liftstüberl
1170
Goriloch
Gorialm
Schlechtenbergalm
Staffelstein
Mitterwandl
1201
1138
Kampenwandbahn
Hirschenstein
1480
853
Brunnensteinkopf
Möslarnalm
Huberalm
(verf.)
1598
Scheibenwand
1580
Bauernwand
Schönfeld
Sonnen Alm
1467
Kampenwand
Kampenwandhütte
(Selbstvers.)
1669
Steinlingalm
1473
1472
Sultensattel
Sulten
Roßboden
1351
Erlbergkopf
1134
1023
Schmiedalm
1011
Weißenalm
Maureralm
Möserer
1109
Wand
1398
Gedererwand
Gedereralm
1342
Hintere
Rottauer Alm
Rottauer Tal
Vordere
Rottauer
Almen
Fetzenalm
Hochalpenkopf
1494
Piesenhauser
Hochalm
Bergwachthütte
Steinbergalm
1438
Ramseck
Diensthütte
1060
Hemmerstein
1447
1413
1424
Markkaser
Dalsen-
Diensthütte
1200
Diensthütte
Ramsental
Oberauer Bruns
1222
0
500 m

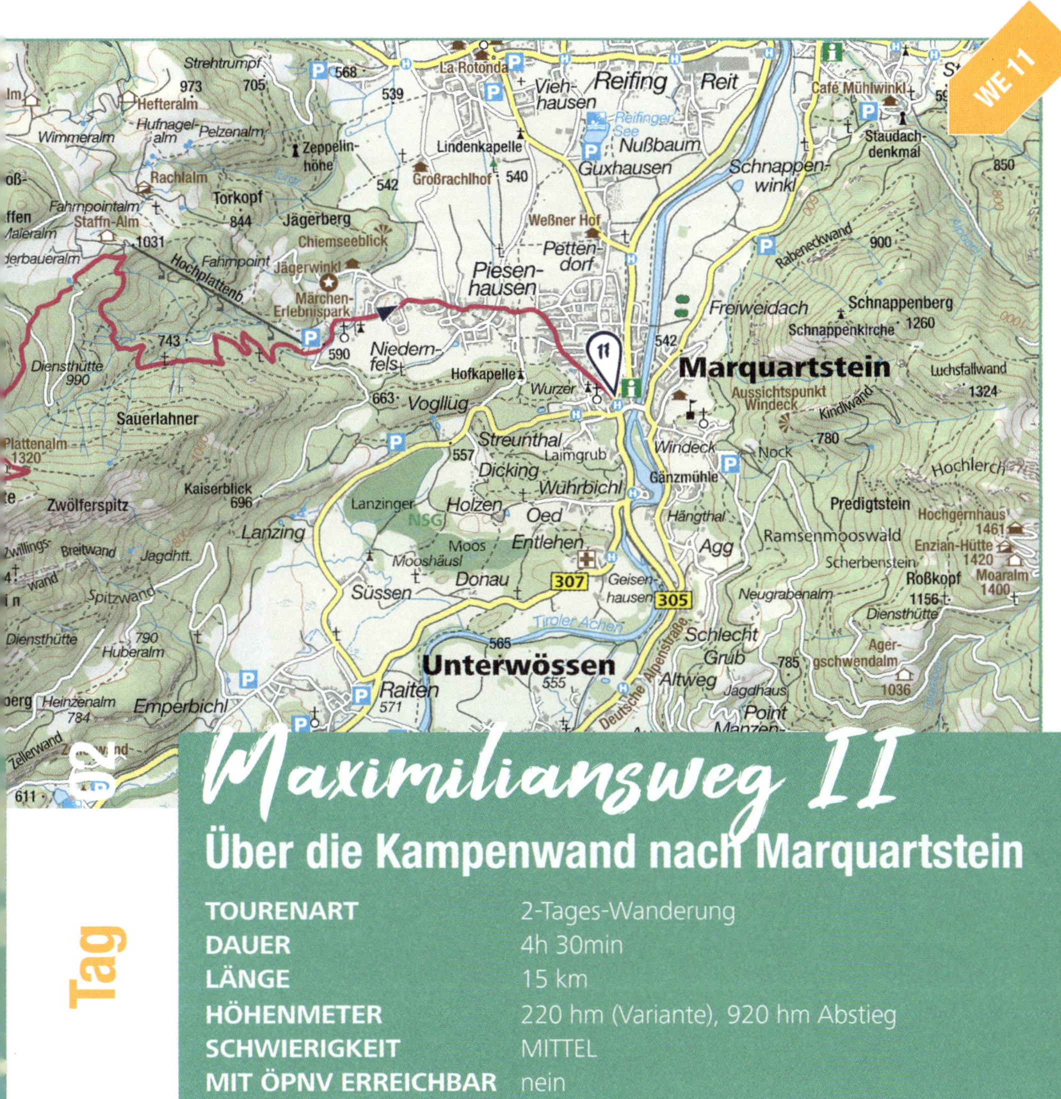

Tag 02

Maximiliansweg II

Über die Kampenwand nach Marquartstein

TOURENART	2-Tages-Wanderung
DAUER	4h 30min
LÄNGE	15 km
HÖHENMETER	220 hm (Variante), 920 hm Abstieg
SCHWIERIGKEIT	MITTEL
MIT ÖPNV ERREICHBAR	nein

Das erwartet dich ...

Die Überquerung der Kampenwand mit deren Besteigung ist ein „Klassiker" unter den Touren auf die bayerischen Hausberge. Die Tour von der Sonnenalm zur Hochplatte ist ein echtes Landschaftsschmankerl mit tollen Panoramablicken auf den Chiemsee wie von einem Balkon aus. Den Abstieg nach Marquartstein kannst du langsam angehen und kehrst noch auf der urigen Hefteralm ein.

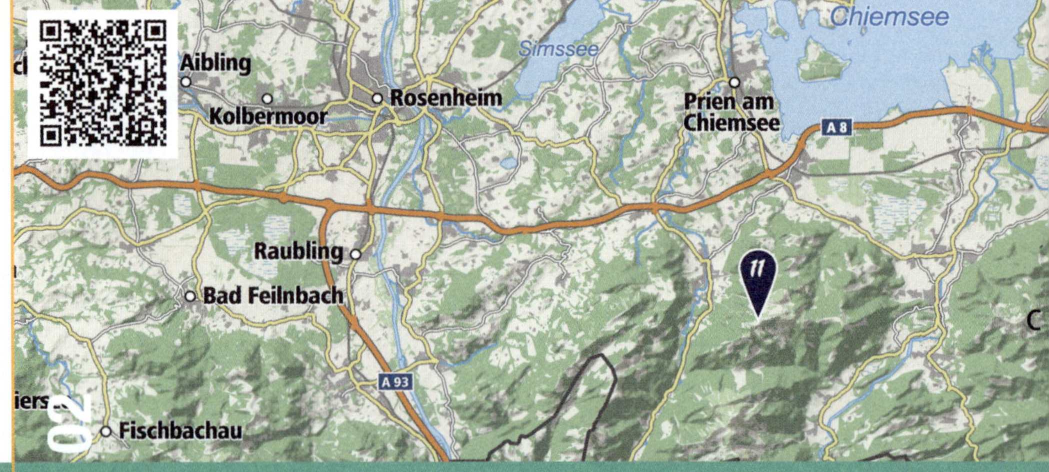

Tag 02

Start & Ziel & Anreise

Dein Ausgangsort ist die Sonnenalm, wo du übernachtet hast. Falls du nur die Tour von der Sonnenalm nach Marquartstein unternehmen willst, kannst du auch mit der Kampenwandbahn abkürzen und hinaufschweben, mit sehr schönen Talblicken auf Aschau und das Schloss Hohenaschau. Zurück kommst du von Marquartstein aus mit dem RVO-Bus 9505 nach Bernau und Prien, wo du wieder Bahnanschluss hast.

Tourenbeschreibung

Gut geschlafen, gut gefrühstückt? Dann bist du bereit für Etappe zwei der Kampenwandtour. Die Kampenwand kannst du auf dem Maximiliansweg umwandern, oder du startest zur Gipfelbegehung. Aber erst einmal wanderst du auf dem breiten Berg-Spazierweg leicht abwärts zur Steinlingalm.

Du kommst an mehreren Felsen vorbei, wo manchmal Klettertouren oder Kletterkurse zu beobachten sind. Zum Gipfel kommst du von der Steinlingalm auf der ausgetrampelten Direttissima. Nach dem Abschnitt durch Latschen und Geröll wird es steiler – bei Nässe solltest du das nicht unternehmen, denn dann werden die sowieso durch Schuhsohlen und Hände polierten Steine äußerst rutschig. Von den „Kaisersälen" aus folgst du der mit einem Kabel befestigten Passage nach oben zum Gipfel mit seinem riesigen Gipfelkreuz – geschafft! Auf selbem Weg zurück oder sehr kraxelig auf dem Kampenwandsteig weiter zum Weg mit der Nummer 205, der auch der Maximiliansweg ist. Die Umgehung der Kampenwand von der Steinlingalm aus erfolgt auf zwei Varianten: Von der Direttissima im unteren Drittel nach links abzweigen (Weg 205 als Abschnitt des „Via Alpina"-Weitwanderwegs) oder auf Weg 200 höhengleich um den Berg herum. Auf einem Gratweg – links und rechts geht es runter, der Weg ist aber gut zu gehen – folgst du der Route nach Osten zur Piesenhausener Hochalm. Die Alm liegt attraktiv in offenem Gelände, saisonal gibt es hier Brotzeit und Buttermilch. Hier verlaufen der Europäische Fernwanderweg E4, Via Alpina und Maximiliansweg auf der selben Trasse. Ab der Piesenhausener Hochalm wird der Weg breiter und bequemer und du wanderst über den Haberspitz, einen Mini-Gipfel, danach kommst du an der Plattn-Alm vorbei.

Es gibt mehrere Varianten für den Weiterweg zum Talort Marquartstein und schneller geht es rechts herum über die Staffnalm und dann parallel zum Sessellift. Schöner ist es aber, sich Zeit zu lassen, dann nimmst du etwa einen Kilometer nach der Plattenalm die linke Variante und steigst über die Hefteralm ab. Dort sitzt es sich hervorragend mit Blick auf Ponys und Gänse, es gibt leckere Brotzeiten, selbst produzierten Bergkäse und ein Backhäusl. Über die Rachlalm und die Ortsteile Niedernfels und Piesenhausen erreichst du in Marquartstein die Hauptstraße in der Nähe der Bushaltestelle am Rathaus.

Autoren Tipp

Falls du nach dem Abstieg nach Marquartstein noch Zeit und Lust hast auf „mehr", dann hast du auf der anderen Talseite bereits ein nächstes mögliches Ziel vor Augen, den Hochgern. Bis zum privat bewirtschafteten Hochgernhaus, wo du auch übernachten kannst, sind es rund 3 Stunden Aufstieg von Marquartstein. Eine schöne Halbtagestour mit tollem Chiemseeblick führt zur Schnappenkapelle; beide Touren beginnen am großen Wanderparkplatz oberhalb von Marquartstein.

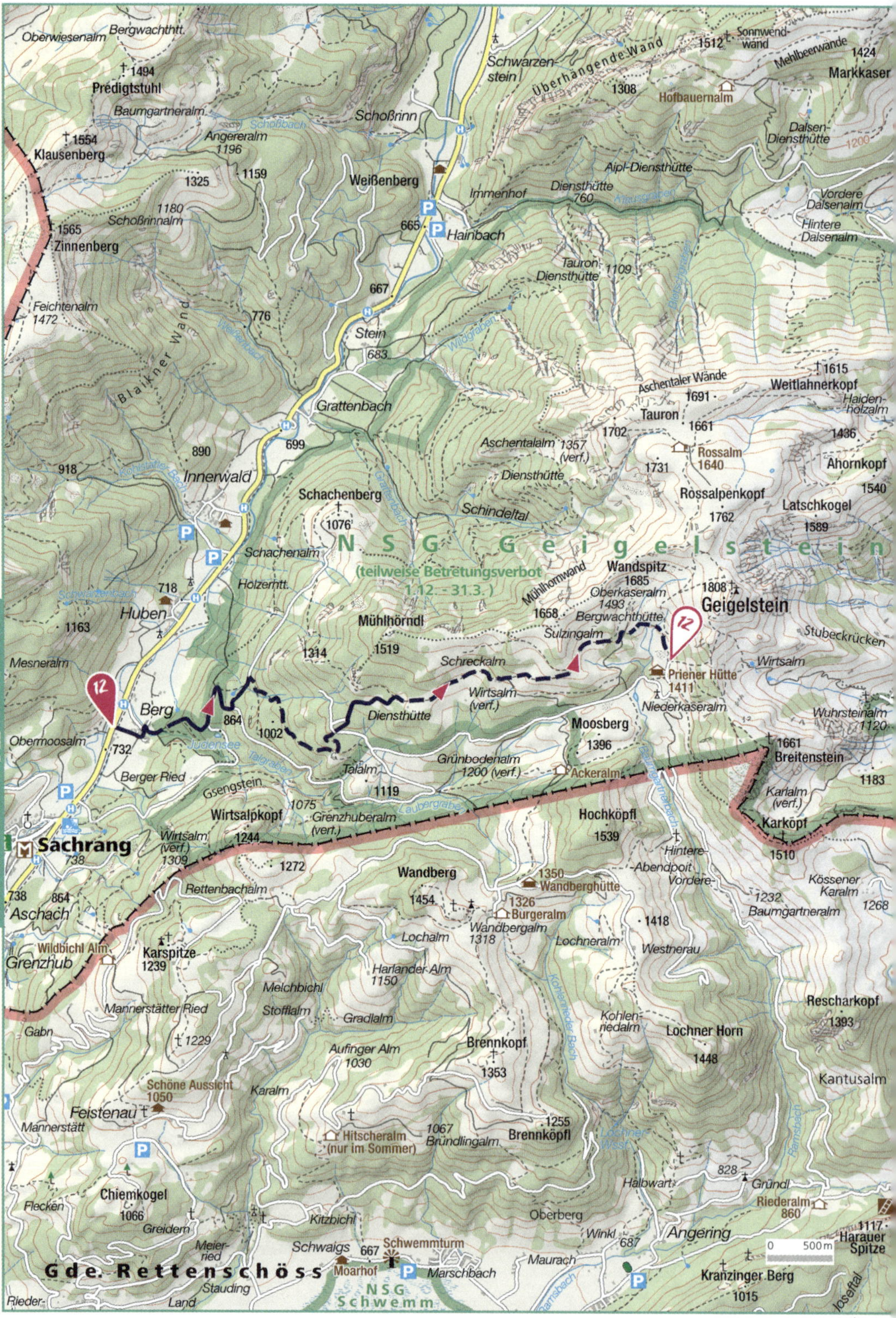

12

Oberwiesenalm
Bergwachthtt.
1494
Predigtstuhl
Baumgartneralm
Schoßbach
1554
Klausenberg
Angereralm
1196
1325
1159
1180
Schoßrinnalm
1565
Zinnenberg
Feichtenalm
1472
776
Blaikner Wand
918
890
Innerwald
Schwarzenstein
Überhängende Wand
1512
Sonnwendwand
Mehlbeerwände
1424
Markkaser
1308
Hofbauernalm
Schoßrinn
Dalsen-Diensthütte
1200
Weißenberg
Aipl-Diensthütte
Immenhof
Diensthütte
760
Vordere Dalsenalm
Hintere Dalsenalm
665
Hainbach
Tauron-Diensthütte
1109
667
Stein
683
Wildgraben
Grattenbach
699
Aschentaler Wände
1615
Weitlahnerkopf
Haidenholzalm
1691
Tauron
1661
1702
Aschentalalm
1357 (verf.)
Rossalm
1640
1436
Ahornkopf
1731
Diensthütte
Schachenberg
1076
Rossalpenkopf
1540
Schindeltal
1762
Latschkogel
1589
Schachenalm
NSG Geigelstein
(teilweise Betretungsverbot
1.12.–31.3.)
Holzerhtt.
Wandspitz
1685
1808
Mühlhornwand
Oberkaseralm
1493
Geigelstein
718
Huben
1658
Bergwachthütte
Schwarzenbach
1163
Mühlhörndl
Sulzingalm
Stubeckrücken
1314
1519
Schreckalm
Mesneralm
Wirtsalm
12
12
Priener Hütte
1411
Wirtsalm (verf.)
Berg
864
Diensthütte
Niederkaseralm
Wuhrsteinalm
1120
1002
Moosberg
Obermoosalm
732
Jüdensee
1396
1661
Breitenstein
Talalm
Grünbodenalm
1200 (verf.)
Ackeralm
Berger Ried
Gsengstein
1119
1183
Karlalm (verf.)
1075
Laubergraben
Wirtsalpkopf
Grenzhuberalm (verf.)
Hochköpfl
Karkopf
Wirtsalm (verf.)
1244
1539
1510
Sachrang
1309
738
1272
Hintere-
Abendpoit
Vordere-
Kössener Karalm
738
864
Rettenbachalm
Wandberg
1350
Wandberghütte
1232
Baumgartneralm
1268
Aschach
1454
1326
Burgeralm
Wildbichl Alm
Karspitze
1239
Lochalm
Wandbergalm
1318
Lochneralm
1418
Grenzhub
Westnerau
Harlander Alm
1150
Melchbichl
Mannerstätter Ried
Stofflalm
Gradlalm
Kohlenriedalm
Rescharkopf
1393
Gabn
Lochner Horn
1229
Aufinger Alm
1030
Brennkopf
1448
1353
Schöne Aussicht
1050
Karalm
Kantusalm
Feistenau
Mannerstätt
1255
Hitscheralm
(nur im Sommer)
1067
Bründlingalm
Brennköpfl
Chiemkogel
1066
Halbwart
828
Gründl
Flecken
Greidern
Riederalm
860
Kitzbichl
Oberberg
1117
Harauer Spitze
Meierried
Schwaigs
667
Schwemmturm
Winkl
687
Angering
0 500 m
Gde. Rettenschöss
Moarhof
Marschbach
Maurach
Kranzinger Berg
Stauding
NSG Schwemm
1015
Rieder
Land
Ramsbach
Josefstal

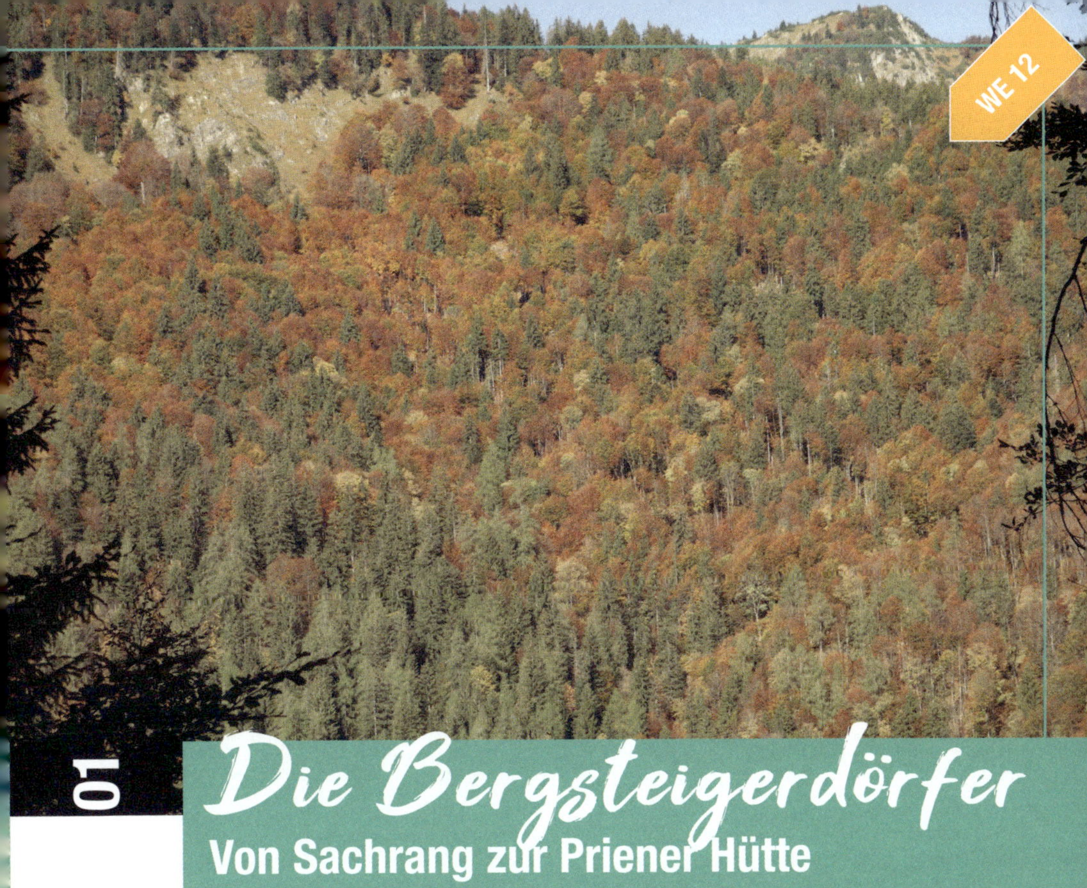

01 Tag

Die Bergsteigerdörfer

Von Sachrang zur Priener Hütte

TOURENART	2-Tages-Wanderung
DAUER	3h
LÄNGE	7 km
HÖHENMETER	700 hm
SCHWIERIGKEIT	MITTEL
MIT ÖPNV ERREICHBAR	ja

Das erwartet dich ...

Die Überquerung des Blumenbergs Geigelstein ist eine der schönsten Aussichtstouren, die man in den bayerischen Alpen unternehmen kann. Besonders im Spätsommer bei klarem Licht und dem Farbenspiel des Bergwalds ergeben sich wunderbare Berg-Momente. Zudem verbindet die Tour die mit dem Qualitätsbegriff „Bergsteigerdörfer" versehenen Orte Sachrang und Schleching. Am Tag eins übernachtest du in der Priener Hütte in freundlicher Umgebung. Kontakt 08057/428; kontakt@priener-huette.de.

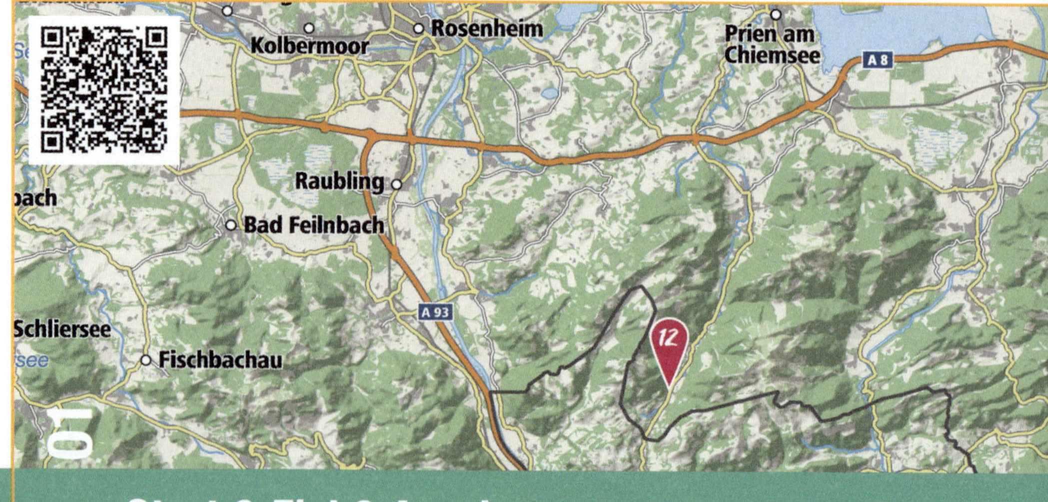

Tag 01

Start & Ziel & Anreise

Eine autolose Streckentour! Los geht es vom Bergsteigerdorf Sachrang aus, welches der Deutsche Alpenverein als „Bergsteigerdorf" ausgezeichnet hat, wegen dessen nachhaltigem Orts-Leitbild. Mit dem RVO-Bus 9502 fährst du „öffentlich" durchs Priental, vorher bist du mit der Bahn über Prien und Aschau oder über Bernau angereist. Alternativ gibt es an einzelnen Terminen auch den DAV-Bergsteigerbus von München aus nach Sachrang.

Tourenbeschreibung

„Bergsteigerdörfer sind vorbildhafte regionale Entwicklungskerne im nachhaltigen Alpintourismus mit einer entsprechenden Tradition. Sie garantieren für ein Tourismusangebot, welches auf Bergsteiger ausgerichtet ist, weisen eine exzellente Landschafts- und Umweltqualität auf und setzen sich für die Bewahrung der örtlichen Kultur- und Naturwerte ein." So heißt es in den Statuten des Alpenvereins, der sich des Themas „Nachhaltigkeit" verstärkt angenommen hat und mit einem Bus-Angebot Anreize für eine umweltfreundliche Anreise setzen möchte.

Von Sachrang aus – kurzer Ortsrundgang und ein Blick in die Kirche vorausgesetzt – querst du die Talstraße und kommst zu einem großen Wanderparkplatz. Hier folgst du dem Hauptweg bergan, die Priener Hütte ist ausgeschildert. Du wanderst zunächst auf der Forststraße. Nach einer guten halben Gehstunde vollführt die Forststraße einen Knick nach rechts. Du zweigst nach der Kurve aber auf den

Weg 207 nach links ab, dieser Weg ist schöner als die Forststraße. Auf schmalem Bergpfad durch den Wald und teils steil kommst du durch das Gelände der verfallenen Wirtsalm, dann an der hübsch gelegenen Schreckalm vorbei. Durch sehr schönes Gelände wanderst du leicht bergan zur Sulzingalm.

Etwa 600 Meter weiter an einer Wegkreuzung hast du die Qual der Wahl: Geradeaus kommst du an der Bergwachthütte und an der Mitterkaseralm vorbei leicht bergabwärts zur Priener Hütte. Die Hütte erzeugt ihren eigenen Strom mit einer Photovoltaikanlage und viele Zutaten stammen aus dem eigenen Garten, außerdem heißt es hier „so schmecken die Berge", denn regionale Lebensmittel stehen auf der Speisekarte. In der Priener Hütte mischt sich das Publikum: Viele Familien übernachten hier, aber auch Fernwanderer. Die Hütte zieht auch viele Tagesgäste an sowie Mountainbikerinnen und -biker. In der Priener Hütte findest du am Stammtisch noch alte Fotos der „Oberkaser Mare", die auf der oberhalb der Hütte gelegenen Alm gelebt hat. Ihr Leben war sehr wechsel- und schicksalhaft, denn auch im Winter wollte sie nicht ins Tal, sie überstand schwere Verschüttungen der Alm durch Schneemassen. Im Buch „Harte Tage, gute Jahre" hat die Bestsellerautorin Christiane Tramitz ihr Leben nachgezeichnet.

Priener Hütte

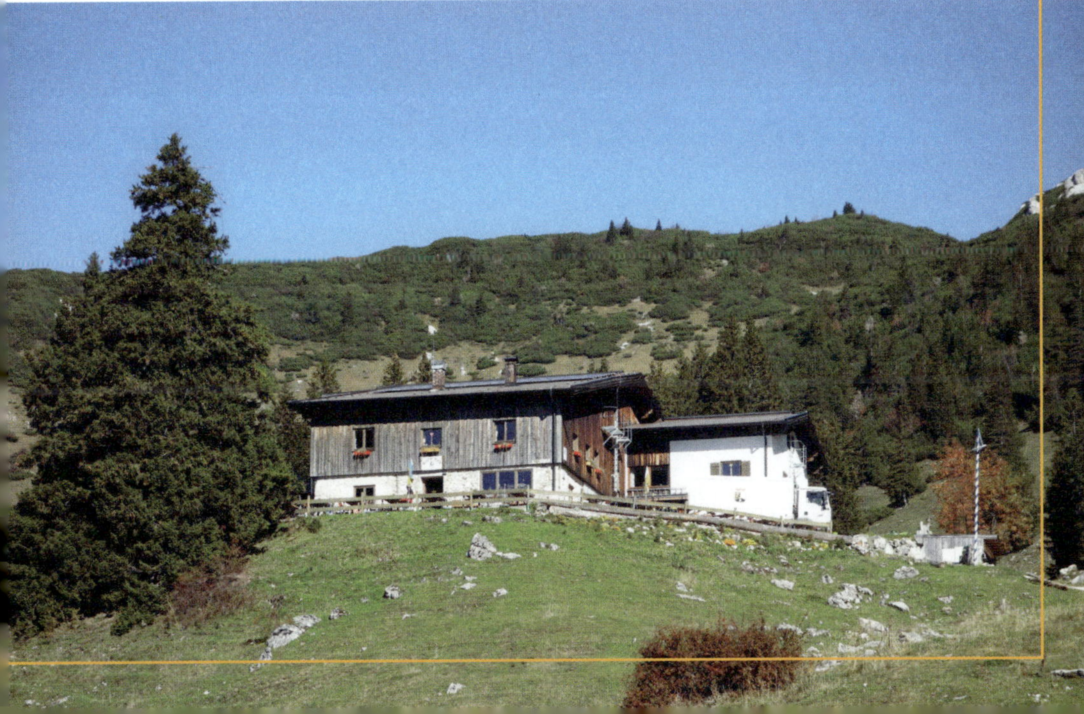

12

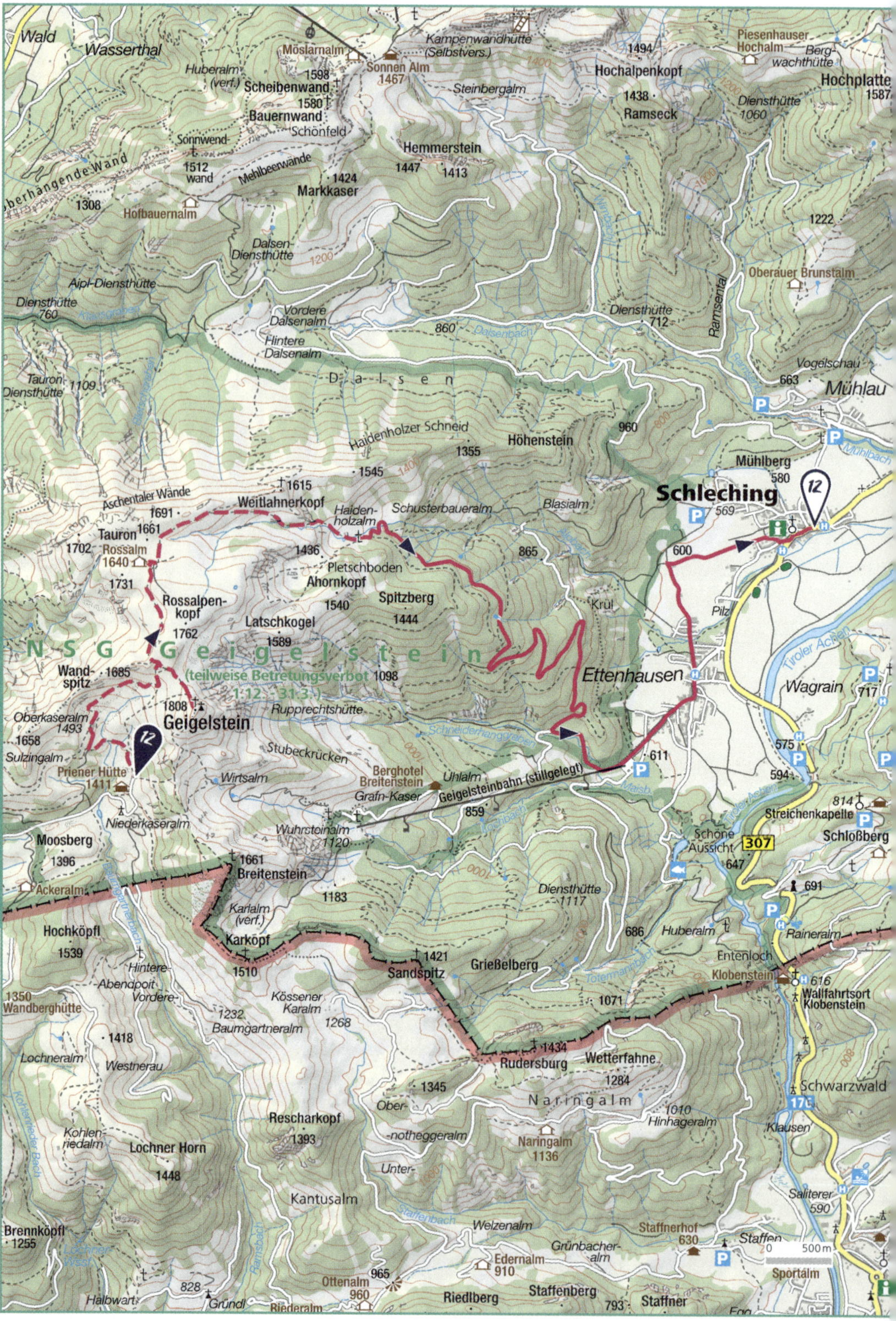

Wald
Wasserthal
Möslarnalm
Sonnen Alm
1467
Kampenwandhütte
(Selbstvers.)
1494
Piesenhauser
Hochalm
Berg-
wachthütte
Hochplatte
1587
Huberalm
(verf.)
1598
Scheibenwand
1580
Bauernwand
Schönfeld
Steinbergalm
Hochalpenkopf
1438
Ramseck
Diensthütte
1060
Sonnwend-
1512
wand
Mehlbeerwände
Überhangende Wand
1308
Hofbauernalm
1424
Markkaser
Hemmerstein
1447
1413
1222
Dalsen-
Diensthütte
1200
Aipl-Diensthütte
Diensthütte
760
Oberauer Brunstalm
Ramsental
Vordere
Dalsenalm
Hintere
Dalsenalm
860
Dalsenbach
Diensthütte
712
Vogelschau
663
Mühlau
Tauron-
Diensthütte
1109
Dalsen
Haidenholzer Schneid
1355
Höhenstein
960
1545
1615
Aschentaler Wände
Weitlahnerkopf
Haiden-
holzalm
Schusterbaueralm
Blasialm
Mühlberg
580
Schleching
569
1691
1661
Tauron
1702
Rossalm
1640
1731
1436
Pletschboden
Ahornkopf
1540
Spitzberg
1444
865
600
Rossalpen-
kopf
1762
Latschkogel
1589
Krül
Pilz
NSG Geigelstein
(teilweise Betretungsverbot 1.12.–31.3.)
1098
Tiroler Achen
Wand-
spitz
1685
Ettenhausen
Wagrain
717
1808
Geigelstein
Rupprechtshütte
Oberkaseralm
1493
1658
Sulzingalm
Schneiderhanggraben
575
Stubeckrücken
611
594
Priener Hütte
1411
Wirtsalm
Berghotel
Breitenstein
Uhlalm
Grafn-Kaser
Geigelsteinbahn (stillgelegt)
859
814
Streichenkapelle
Niederkaseralm
Wuhrsteinalm
1120
Schöne
Aussicht
307
647
Schloßberg
Moosberg
1396
1661
Breitenstein
691
Ackeralm
1183
Diensthütte
1117
Karlalm
(verf.)
Hochköpfl
1539
Karkopf
1510
1421
Sandspitz
Grießelberg
686
Huberalm
Raineralm
Entenloch
Klobenstein
616
Wallfahrtsort
Klobenstein
Hintere
Abendpoit
Vordere
1350
Wandberghütte
Kössener
Karalm
1232
Baumgartneralm
1268
1071
1418
Lochneralm
Westnerau
1434
Rudersburg
Wetterfahne
1284
1345
Ober-
Naringalm
Schwarzwald
170
1010
Hinhageralm
Kohlen-
riedalm
Rescharkopf
1393
-notheggeralm
Klausen
Lochner Horn
1448
Naringalm
1136
Unter-
Kantusalm
Saliterer
590
Staffenbach
Welzenalm
Brennköpfl
1255
Staffnerhof
630
Staffen
Grünbacher-
alm
Edernalm
910
0 500 m
Sportalm
965
828
Ottenalm
960
Halbwart
Gründl
Riederalm
Riedlberg
Staffenberg
793
Staffner

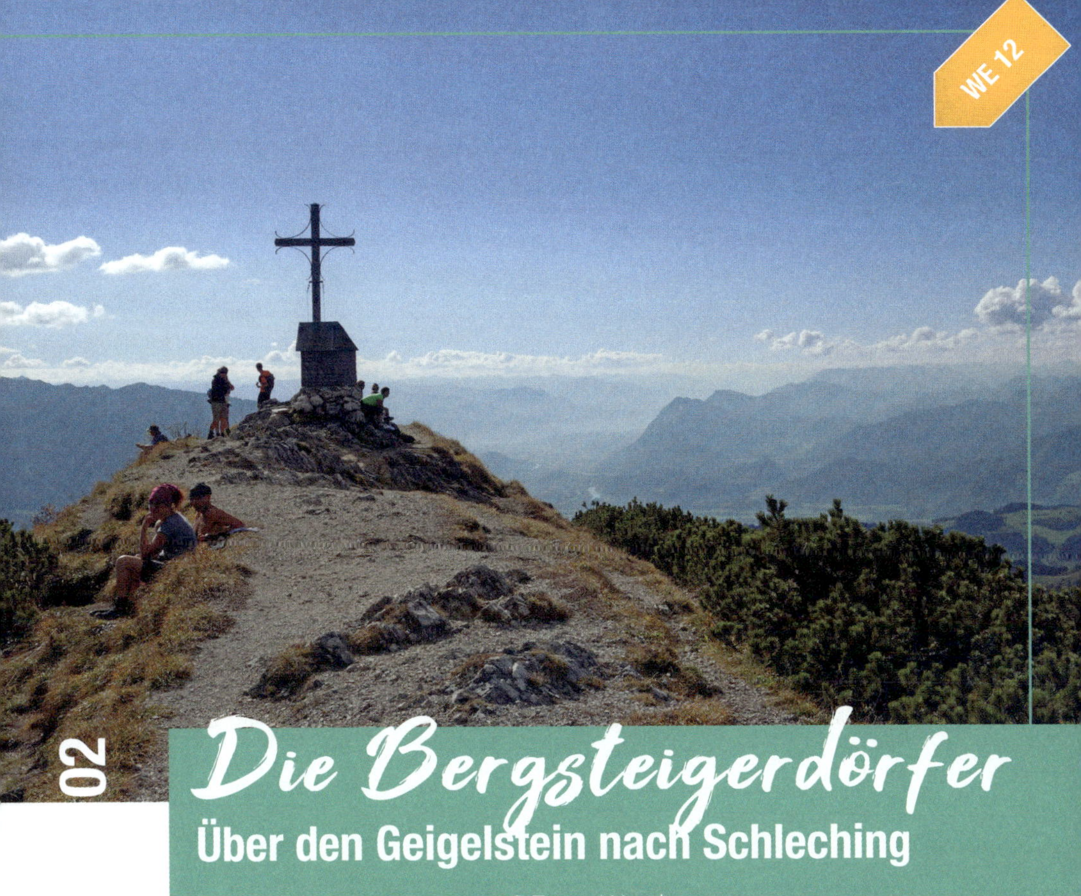

02 Tag

Die Bergsteigerdörfer

Über den Geigelstein nach Schleching

TOURENART	2-Tages-Wanderung
DAUER	4h
LÄNGE	13 km
HÖHENMETER	40 hm
SCHWIERIGKEIT	MITTEL
MIT ÖPNV ERREICHBAR	nein

Das erwartet dich ...

Heute wanderst du von der Priener Hütte über den Geigelstein, den „Blumenberg" der Chiemgauer Alpen. Er bietet eine grandiose Rundumsicht und zählt zu den schönsten Aussichtsgipfeln der bayerischen Hausberge. Das Gelände rund um die Roßalm ist wenig frequentiert und darum umso reizvoller. Für den Abstieg brauchst du eine gewisse Ausdauer, dafür kommst du im reizvollen Bergsteigerdorf Schleching an.

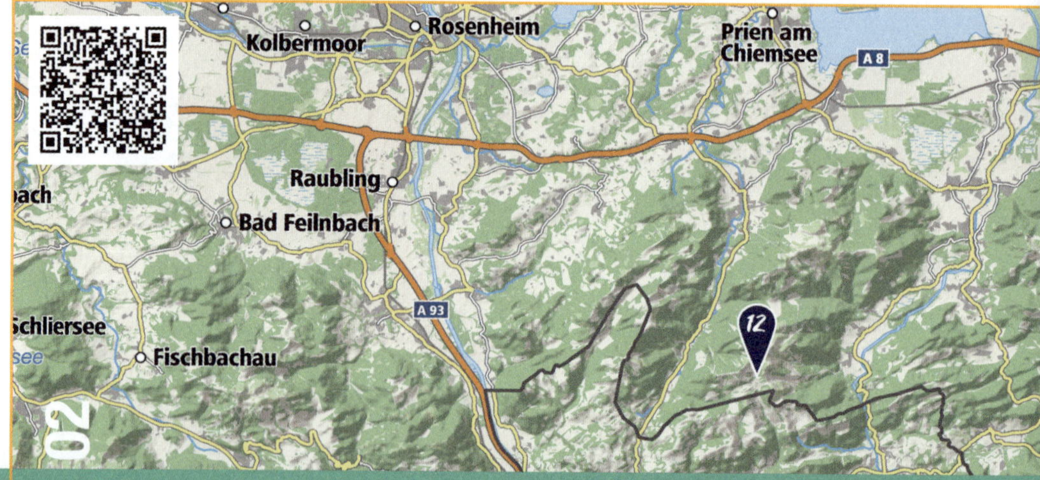

Tag 02

Start & Ziel & Anreise

Du hast bereits auf der Priener Hütte übernachtet und startest nach gesundem und reichhaltigem Frühstück und netter Umgebung. Von Schleching aus nimmst du den RVO-Bus 9509 Richtung Traunstein. Du steigst entweder in Marquartstein in den Bus nach Prien um oder fährst bis zum Bahnhof Übersee am Chiemsee, dort hast du Anschluss an die Regionalzüge zwischen München und Salzburg.

Tourenbeschreibung

Von der Priener Hütte aus wird es sehr schnell sportlich: Über die Mitterkaseralm, die Bergwachthütte und die Oberkaseralm gewinnst du an Höhe, das Gelände ist offen mit Latschenkiefern. Infotafeln erklären die sensible Ökologie und insbesondere das Birkwild, welches im Winter durch den Skitourenbetrieb gestört wird. 300 Höhenmeter über der Priener Hütte folgst du am Abzweig dem Weg nach rechts – er führt durch Latschengebüsch hinauf zum Gipfel des Geigelsteins. Viele seltene Pflanzen gedeihen hier, wie die Weiße Silberwurz, Trollblume oder Pestrausch. Ein Traumblick geht in alle Richtungen, bis zu Großvenediger und Großglockner! Seit 1991 ist der Geigelstein Naturschutzgebiet, bestimmte Flächen dürfen deshalb nicht betreten werden – bitte auch keine „Abkürzer" laufen wegen der Erosion. 1975 war geplant, auf dem Geigelstein eine Skischaukel und Bergbahnen zu errichten. Doch eine damalige Bürgerinitiative konnte dies zum Glück verhindern und die reichhaltige Tier- und Pflanzenwelt des Geigelsteins gerettet

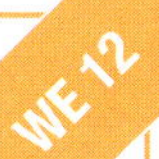

werden. Über das ganze Gebiet verteilen sich rund 720 Farn- und Blütenarten, einige davon kommen ausschließlich hier vor. Durch diesen Artenreichtum kam der Geigelstein auch zu seinem Namen „Blumenberg" des Chiemgaus.

Am schönsten sind die trockenen Tage im Spätsommer und im Herbst, dann leuchtet der Bergwald in einem richtigen Farbenrausch. Im Kontrast zum populären Aussichtsgipfel ist in Richtung Rossalm viel weniger los, die Route ist eher ein Geheimtipp, doch durch die Ruhe und das Ambiente sehr reizvoll. Hier zweigt der Abstieg nach Schleching ab, auf schmalem Bergpfad bis zur Haidenholzalm. Dann heißt es entweder auf dem Forstweg (Weg A8) „hatschen" oder man tut sich einen spannenden, aber zur Konzentration zwingenden Abzweig an, wie den „Knogler-Lahner-Steig". Bei feuchten Verhältnissen solltest du diesen schmalen Steig meiden, hier herrscht Rutsch- und Absturzgefahr! Der Steig führt in dreißig schmalen, steilen Serpentinen zum Schlechinger Ortsteil Ettenhausen und zum Ortskern des Bergsteigerdorfs im Achental, welches etwas weiter ausládt und Schleching etwas mehr Sonne beschert. Ähnlich wie in Sachrang legt man auch hier wert auf Nachhaltigkeit, bester Beweis hierfür ist das „Ökomodell Achental", dieses steht für die naturnahe Produktion von Lebensmitteln.

Das Bergsteigerdorf Schleching

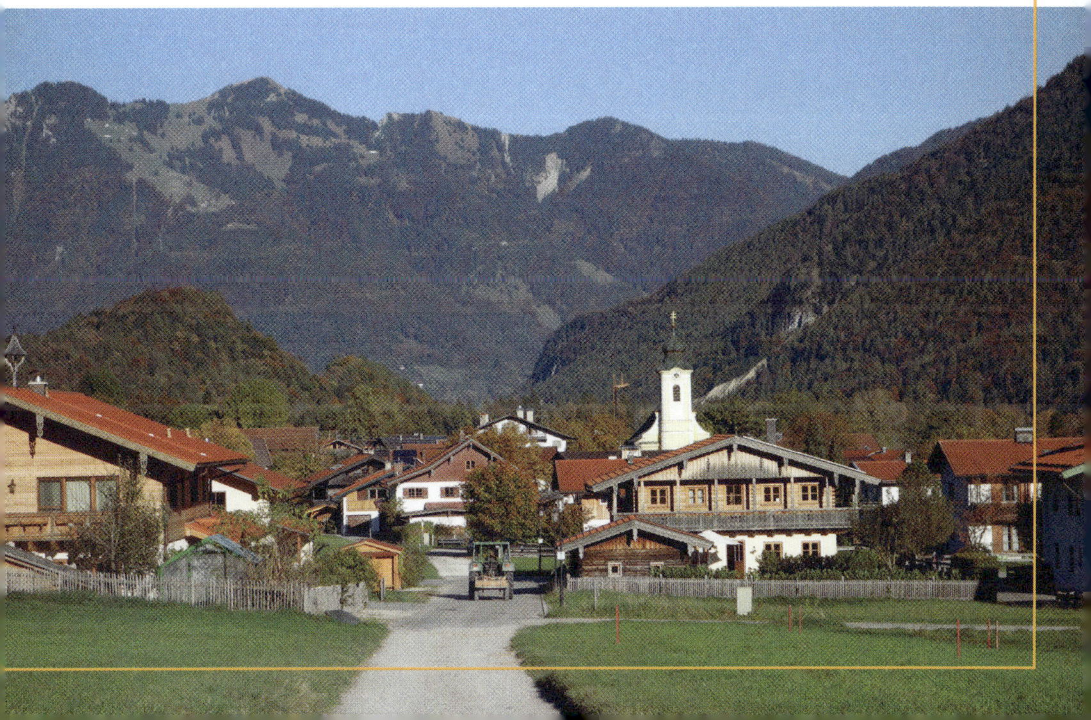

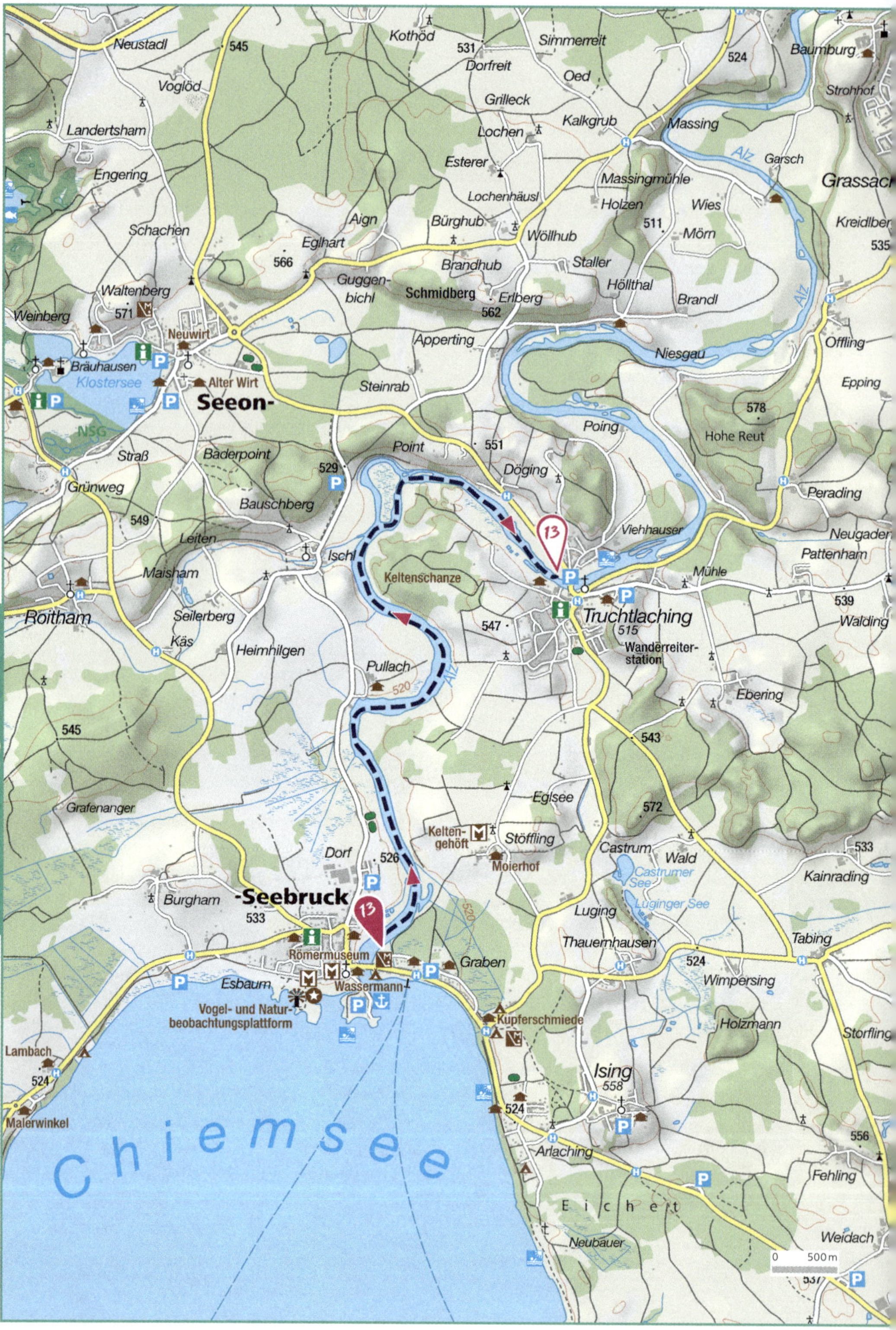

13

Neustadl
545
Kothöd
531
Dorfreit
Simmerreit
Oed
524
Baumburg
Strohhof
Voglöd
Landertsham
Grilleck
Lochen
Kalkgrub
Massing
Esterer
Alz
Garsch
Grassac
Engering
Massingmühle
Lochenhäusl
Holzen
Wies
Kreidlber
Schachen
Aign
Bürghub
Wöllhub
511
Mörn
535
Eglhart
566
Brandhub
Staller
Höllthal
Brandl
Waltenberg
Guggen-
bichl
Schmidberg
Erlberg
562
Weinberg
571
Neuwirt
Apperting
Niesgau
Offling
Bräuhausen
Klostersee
Alter Wirt
Seeon-
Steinrab
Epping
578
Hohe Reut
NSG
Poing
Straß
Baderpoint
Point
551
Grünweg
529
Döging
Perading
549
Bauschberg
13
Viehhauser
Neugader
Leiten
Isch
Pattenham
Maisham
Keltenschanze
Mühle
539
Truchtlaching
515
Walding
Roitham
Seilerberg
547
Wanderreiter-
station
Käs
Heimhilgen
Pullach
520
Ebering
545
543
Grafenanger
Eglsee
572
Kelten-
gehöft
Stöffling
Dorf
526
Moierhof
Castrum
Wald
533
Castrumer
See
Kainrading
Burgham
Seebruck
13
Luginger See
533
Luging
Tabing
Thauernhausen
Römermuseum
Graben
524
Esbaum
Wassermann
Wimpersing
Vogel- und Natur-
beobachtungsplattform
Kupferschmiede
Holzmann
Storfling
Lambach
524
Ising
558
Malerwinkel
524
556
Chiemsee
Arlaching
Fehling
Eichet
Weidach
Neubauer
0 500 m
537

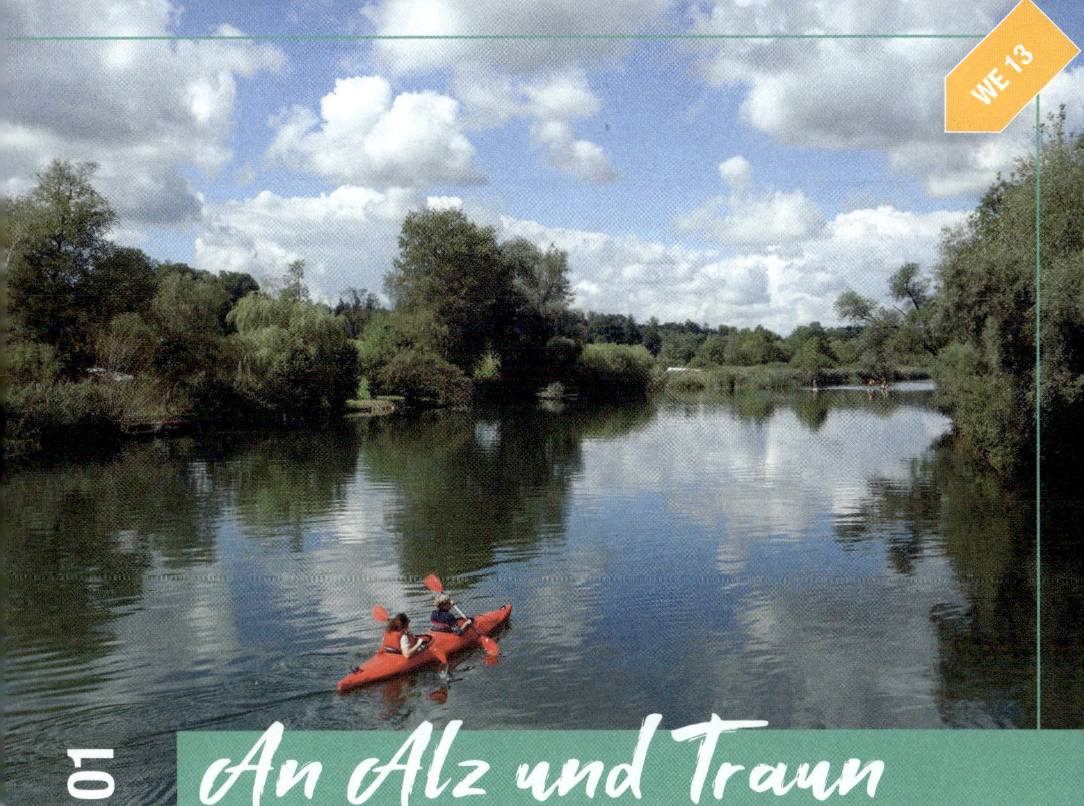

01 Tag

An Alz und Traun

Paddeltraum auf der Alz

TOURENART	Paddeltour
DAUER	2h
LÄNGE	7 km
HÖHENMETER	–
SCHWIERIGKEIT	LEICHT
MIT ÖPNV ERREICHBAR	ja

Das erwartet dich ...

Die Alz ist der nördliche Ausfluss aus dem Chiemsee, die Strömung bis Truchtlaching ist gering. Paddeln auf der Alz im Sommer ist ein echter Wasser-Traum. Du lässt dich auf deinem Kanu oder SUP – manche nehmen sogar die Luftmatratze – auf der Alz treiben oder paddelst langsam das Flüsschen hinunter. Vorsicht: Die Alz darf man erst nach dem 1. Juli befahren – aus Naturschutzgründen.

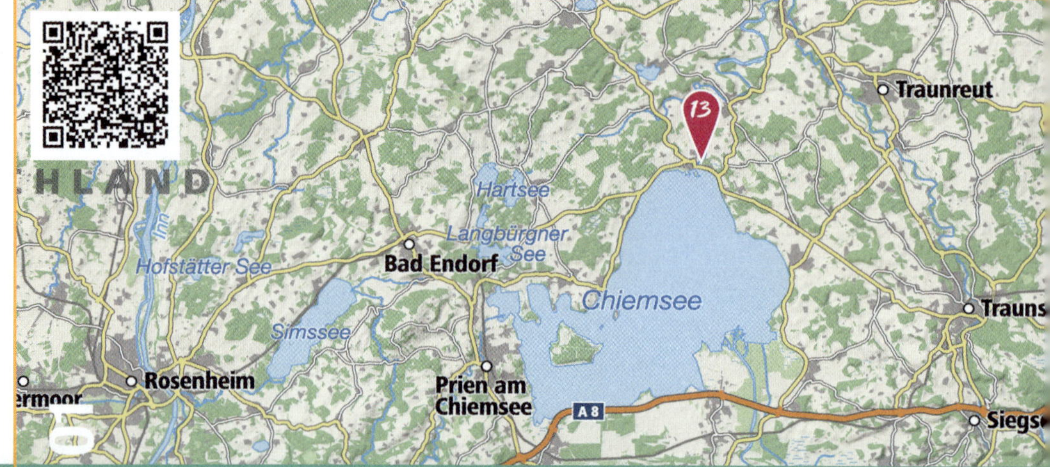

Tag 10

Start & Ziel & Anreise

Du startest in Seebruck am nördlichen Chiemsee, an der rechten Uferseite der Alz. Eine geeignete Einstiegstelle mit Parkplätzen ist an der Haushoferstraße, sie zweigt von der Chiemsee-Uferstraße ab und dort ist auch ein Bootsverleih mit Kiosk. Mit Öffis: Nach Prien mit dem Zug und im Sommer mit der Chiemsee-Ringlinie nach Seebruck, alternativ mit dem Chiemseedampfer.

Tourenbeschreibung

Die Befahrung der Alz mit SUP, Kanu, Luftmatratze oder Badewanne ist eine Riesen-Sommergaudi – beachte aber das Befahrungsverbot vor dem 1. Juli! Die Alz darf nur unmotorisiert befahren werden, es gibt eine Nachtruhe – daher bitte nur in der Zeit von 6.00 Uhr morgens bis 21 Uhr am Abend. Bitte nimm deinen Müll wieder mit und verzichte auf Bordbeschallung aus Rücksicht auf Vögel, Fisch- und andere Tierarten, genieße die Natur ohne Lautsprechermusik. Beachte auch die örtlichen Befahrungsverbote für Uferzonen und Schilfgürtel und pflücke bitte keine Pflanzen. Falls du kein eigenes Boot hast, und solltest du nicht wildwassertauglich sein, fahre bitte wirklich nur bis Truchtlaching, denn auf den Flussabschnitten danach geht es wilder zu, außerdem gibt es mehrere gefährliche Wehre und du solltest dann schon richtig gut paddeln können, mit Wildwassererfahrung. Landschaftlich ist die Tour sehr attraktiv, denn die Alz mäandriert in einigen Flusskurven und es gibt sehr schöne Schilfgürtel. Manchmal bei niedrigem Wasserstand kann es sogar sein, dass du aufsitzt und ein wenig anschieben musst. Mit ihrem warmen Wasser ist die Alz auch ein toller Badefluss, vielleicht steigst du auch aus und schwimmst ein Stück mit? Beim Aussteigen sei vorsichtig, denn in der Alz lebt die scharfkantige Dreikantmuschel. Falls du kein eigenes Boot oder SUP hast, kannst du in Seebruck das Material ausleihen, beim Radlverleih Chiemsee Kaufmann am Minigolfplatz. Ein Kanu-Zweier ist bei 38 Euro, ein SUP bei 25 Euro, der Rücktransport ist inklusive. An den Sommerwochenenden im Juli und August gibt es als noch recht neuen Service auch einen Pendelbus zwischen Truchtlaching und Seebruck, den Fahrplan findest du auf der Website www.seeon-seebruck.de

Dann Leinen los – am Ausstieg in Truchtlaching gibt es linker Hand noch das gemeindliche offizielle Alz-Flussbad, zur Rechten lockt ein schöner Biergarten neben der Kirche, wie es sich in Bayern halt gehört!

Seebruck ist einen Ausflug wert: Allein die Lage, die Segelboote im Hafen und auf dem Wasser und im Hintergrund die Chiemgauer Berge mit der Kampenwand sind eine Schau. Kulturell kannst du dem Römermuseum Bedaium einen Besuch abstatten, denn hier gab es viele Funde aus der Römerzeit. Gegenüber des Museums ist ein römischer Garten angelegt mit Pflanzen, die schon die alten Römer kultiviert hatten.

Autoren Tipp

Du bist schon ganz in der Nähe vom Seeoner See – dort kommst du zum Kloster Seeon, wo auch oft Kunstausstellungen stattfinden, am Kloster gibt es einen schönen Biergarten. Von hier aus kannst du zum Ort mit einigen Kunsthandwerksbetrieben und Cafés und zum Badeufer mit Kiosk hinüberspazieren oder auch rund um die kleine Seenplatte weitere Wanderungen starten. Sehr lauschig ist es auch rund um den schnell erreichten Griessee mit seinem Badeufer und den „classic old school" – Umkleiden.

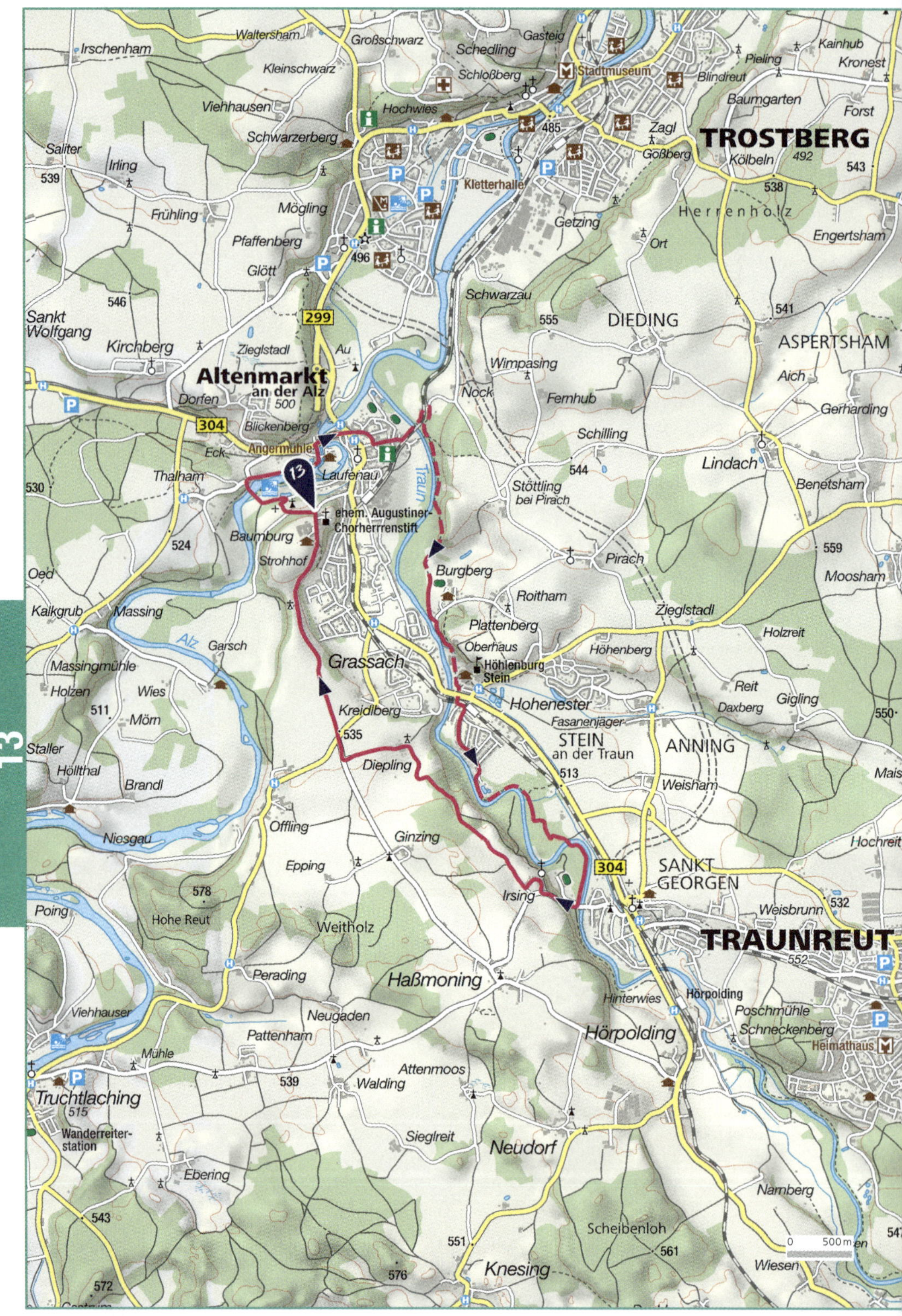
Irschenham
Waltersham
Großschwarz
Kleinschwarz
Schedling
Gasteig
Schloßberg
Stadtmuseum
Kainhub
Pieling
Kronest
Blindreut
Baumgarten
Forst
Viehhausen
Hochwies
485
Zagl
Goßberg
TROSTBERG
Kölbeln
492
543
538
Saliter
Schwarzerberg
Irling
539
Kletterhalle
Herrenholz
Engertsham
Frühling
Mögling
Getzing
Ort
Pfaffenberg
496
Glött
Schwarzau
546
299
555
DIEDING
541
Sankt Wolfgang
ASPERTSHAM
Kirchberg
Zieglstadl
Au
Wimpasing
Aich
Altenmarkt
an der Alz
500
Dorfen
Nock
Fernhub
Gerharding
304
Blickenberg
Schilling
Eck
Angermühle
Lindach
Thalham
13
Laufenau
544
Traun
Benetsham
530
Stöttling
bei Pirach
ehem. Augustiner-
Chorherrenstift
Baumburg
524
Strohhof
Pirach
559
Oed
Burgberg
Moosham
Roitham
Kalkgrub
Massing
Zieglstadl
Holzreit
Alz
Garsch
Plattenberg
Oberhaus
Höhenberg
Massingmühle
Grassach
Höhlenburg
Stein
Reit
Holzen
Wies
Hohenester
Daxberg
Gigling
511
Mörn
Kreidlberg
Fasanenjäger
550
535
STEIN
an der Traun
ANNING
Staller
Höllthal
Diepling
Mais
Brandl
513
Weisham
Niesgau
Offling
Ginzing
Hochreit
Epping
304
SANKT GEORGEN
578
Irsing
532
Poing
Weisbrunn
Hohe Reut
Weitholz
TRAUNREUT
552
Perading
Haßmoning
Hinterwies
Hörpolding
Viehhauser
Neugaden
Poschmühle
Pattenham
Hörpolding
Schneckenberg
Heimathaus
Mühle
Attenmoos
539
Walding
Truchtlaching
515
Wanderreiter-
station
Sieglreit
Neudorf
Ebering
Namberg
543
Scheibenloh
551
561
0 500 m
Wiesen
576
Knesing
572

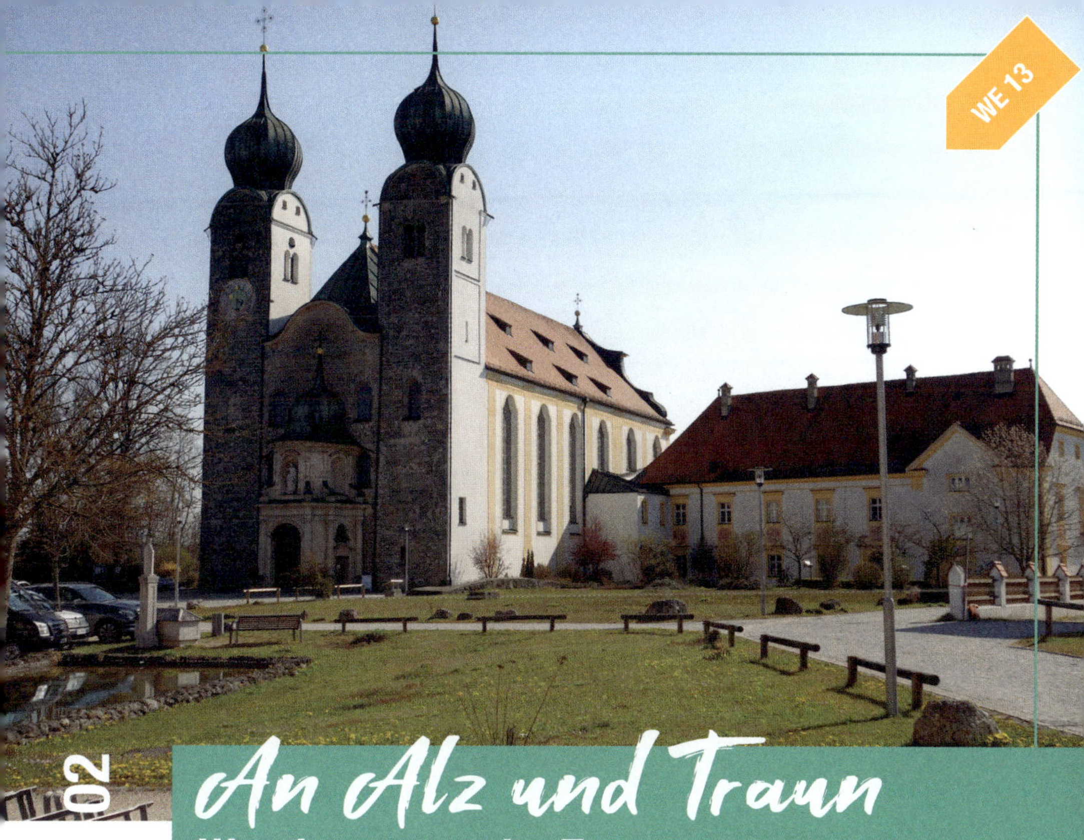

Tag 02

An Alz und Traun

Wanderung an der Traun

TOURENART	Wanderung
DAUER	3h
LÄNGE	12 km
HÖHENMETER	150 hm
SCHWIERIGKEIT	LEICHT
MIT ÖPNV ERREICHBAR	ja

Das erwartet dich ...

Du erkundest diesmal die Ufer der Traun, die bei Altenmarkt in die Alz fließt. Auf Pfaden entlang der Steilufer wanderst du vom Kloster Baumburg mit der dortigen Brauerei an der Höhlenburg Stein vorbei, wo es ebenfalls eine Brauerei gibt. Das Kiesbett der Traun ist einer schöner Platz zum Rumsandln, bevor du auf der Höhe des westlichen Traunufers wieder zurückläufst.

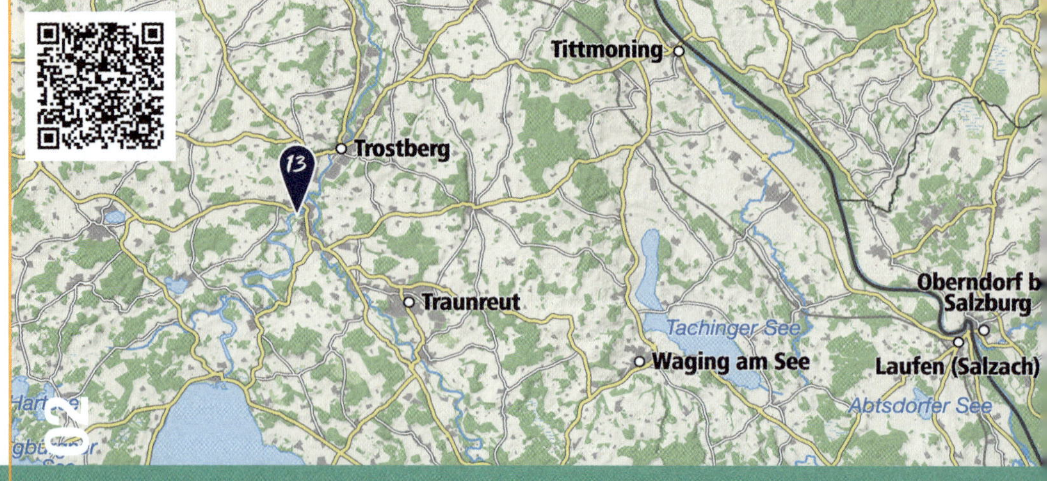

Tag 02

Start & Ziel & Anreise

Du startest in Altenmarkt – „oben" am Kloster Baumburg gibt es Parkplätze. Altenmarkt liegt an der Bahnverbindung von Mühldorf nach Traunstein. Die Busverbindung ab Traunstein (RVO-Busse 9142/9242) mit Umstieg in Traunreut ist mühsam. Vom Bahnhof Altenmarkt zum Kloster sind es etwa 15 Minuten zu Fuß, entlang der Harald-Friedrich-Straße und der Baumburger Straße.

Tourenbeschreibung

Vom Parkplatz am Kloster Baumburg aus hältst du dich am Friedhof entlang bergabwärts. Du kommst an der Gedenkstätte Buchenwald vorbei, wo Soldaten aus der Schlacht von Hohenlinden (1800) beerdigt sind. Ein Wanderweg nach links führt zur Alz, die du auf einem Steg überquerst, jetzt geht es nach rechts das Alzufer entlang unter einem Steilhang bis zur Straßenbrücke. Also wieder über die Alz nach Altenmarkt hinein und links über die Straßen Marktplatz und Traunweg zur Bahnlinie, jetzt querst du die Traun über die Bahnbrücke. Gleich rechts führt dich ein schmaler Trail am Traunufer entlang, du kannst auch parallel dazu und weiter oben auf dem Malefitzweg wandern. Gerade nach Regenfällen kann der Trail unangenehm rutschig sein, dann ist der „obere" die bessere Wahl. Nach etwa 1500 Metern mit abenteuerlich-wildem Wegverlauf und tollen Blicken auf den Fluss kommst du wieder in die Bebauung. Nach dem Viertel „Burgberg" querst du den Traunkanal, läufst an der Traun weiter und querst auf der Höhe des Bahn-Haltepunkts Stein ins Wohnviertel. Im Örtchen Stein findest du die Höhlenburg, die Katakomben und geheime Gänge beherbergt. Angeblich soll hier der wilde Raubritter Heinz von Stein gehaust haben – touristisch ist die Höhlenburg ein Anziehungspunkt und es werden Führungen angeboten. Unterhalb der Höhlenburg liegt das private Internat Stein und in der Steiner Brauerei wird Bier gebraut – auch ein Anziehungspunkt!

Die Traunfeldstraße entlang kommst du aus dem Wohnviertel heraus zu sehr schönen Kiesbänken und einem Hauch Wildnis an der Traun. In Sankt Georg wanderst du über die Brücke zum Weiler Irsing die Straße entlang hinauf. Hier lohnt ein Blick in die kleine Kirche. Ein weiteres recht schönes Wanderstück ist die Etappe von Irsing nach Diepling, ein Stück führt durch den Wald. In Diepling machst du den Linksbogen mit und kommst ein Stück westlich auf den quer verlaufenden Klosterweg. Immer geradeaus läufst du jetzt zum Kloster Baumburg zurück – dort kannst du noch in den Biergarten einkehren, die dortige Brauerei bietet außerdem einen Direktverkauf an. Die Brauerei arbeitet übrigens sehr umweltfreundlich und produziert an der Alz mit eigenem Wasserkraftwerk Strom, es gibt eine Fischtreppe und für die Reinigung der Brauanlagen wird auf Chemie verzichtet, stattdessen nimmt man heißes Wasser.

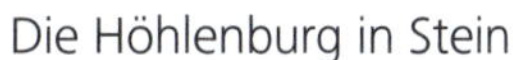

Die Höhlenburg in Stein

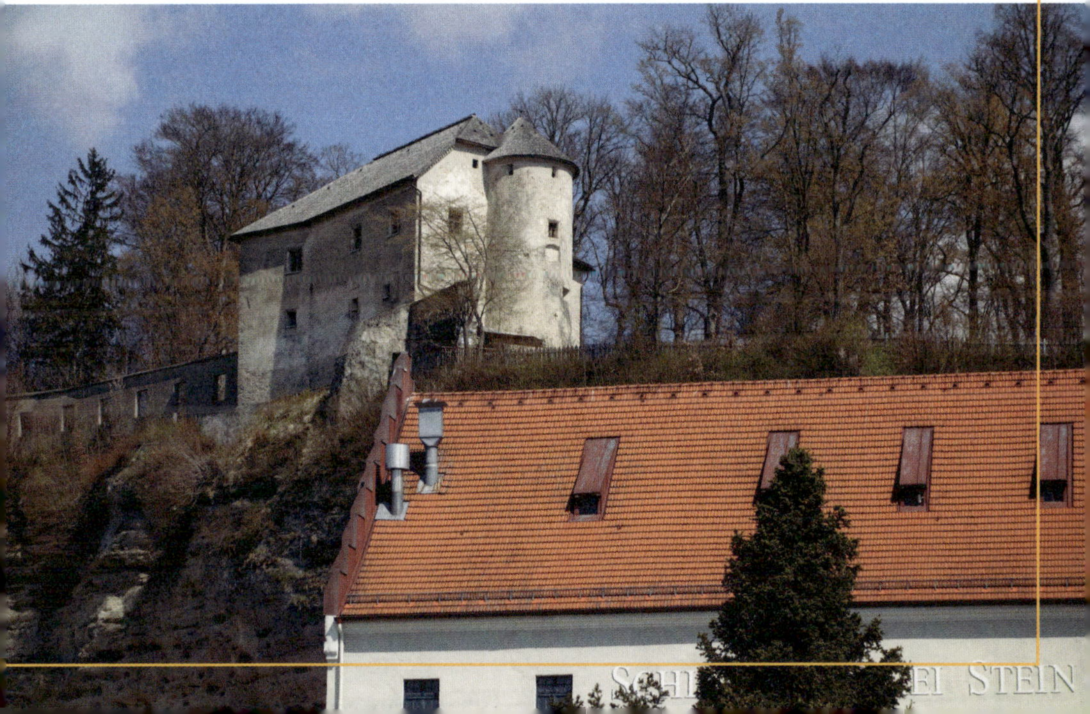

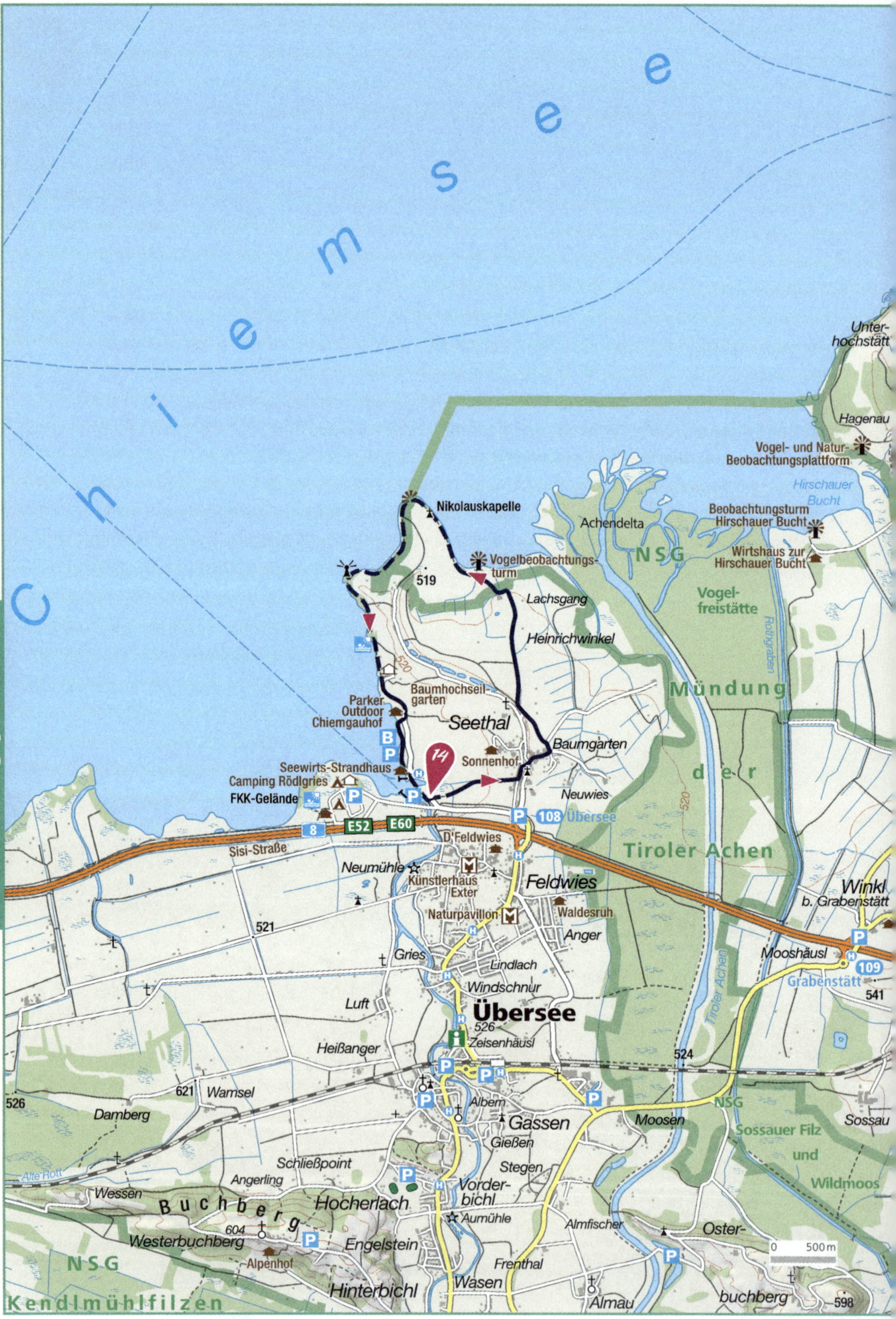

14

Chiemsee

Unter-
hochstätt
Hagenau
Vogel- und Natur-
Beobachtungsplattform
Hirschauer
Bucht
Beobachtungsturm
Hirschauer Bucht
Wirtshaus zur
Hirschauer Bucht
Nikolauskapelle
Achendelta
NSG
Vogelbeobachtungs-
turm
519
Lachsgang
Vogel-
freistätte
Rothgraben
Heinrichwinkel
520
Mündung
der
Tiroler Achen
Baumhochseil-
garten
Parker
Outdoor
Chiemgauhof
Seethal
Baumgarten
Sonnenhof
14
Seewirts-Strandhaus
Camping Rödlgries
FKK-Gelände
Neuwies
108 Übersee
8
E52
E60
D. Feldwies
Sisi-Straße
Neumühle
Künstlerhaus
Exter
Feldwies
Naturpavillon
Waldesruh
Winkl
b. Grabenstätt
521
Anger
Gries
Lindlach
Mooshäusl
109
Grabenstätt
541
Windschnur
Tiroler Achen
Luft
Übersee
526
Zeisenhäusl
Heißanger
524
621
Wamsel
526
Damberg
Albern
Gassen
NSG
Moosen
Sossauer Filz
und
Wildmoos
Sossau
Gießen
Schließpoint
Stegen
Alte Rott
Angerling
Vorder-
bichl
Wessen
Buchberg
Hocherlach
Aumühle
604
Westerbuchberg
Engelstein
Almfischer
Oster-
buchberg
0 500 m
NSG
Alpenhof
Frenthal
Kendlmühlfilzen
Hinterbichl
Wasen
Almau
598

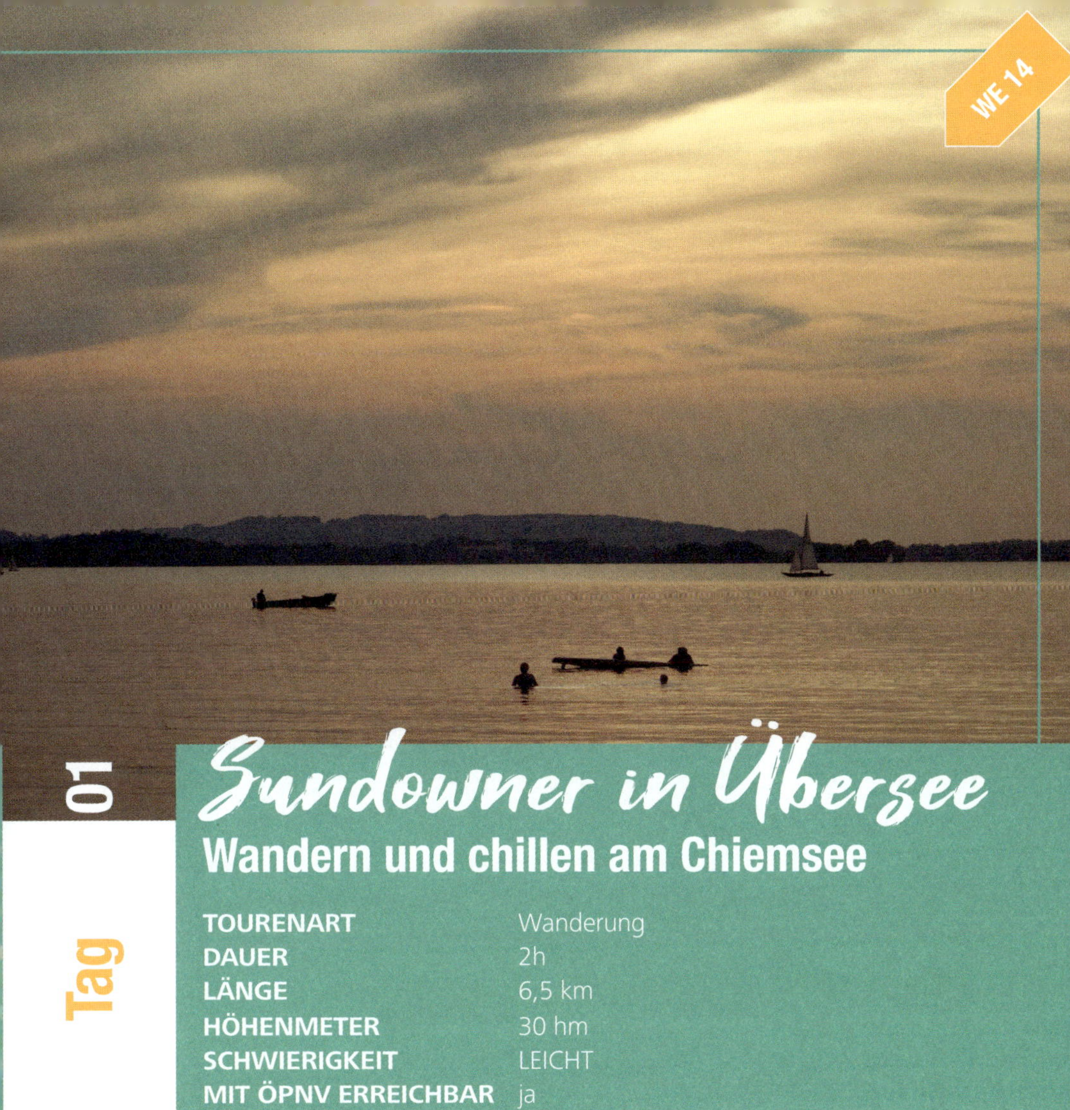

Tag 01

Sundowner in Übersee

Wandern und chillen am Chiemsee

TOURENART	Wanderung
DAUER	2h
LÄNGE	6,5 km
HÖHENMETER	30 hm
SCHWIERIGKEIT	LEICHT
MIT ÖPNV ERREICHBAR	ja

Das erwartet dich ...

Das Südostufer des Chiemsees ist eine traumhafte Location. Hier kannst du nach Herzenslust paddeln, SUPen, schwimmen, Strandkunstwerke aus Ästen und Steinen arrangieren und bei cooler Musik in Bars und Biergärten chillen. Auf einer kurzen Wanderung erkundest du die Umgebung und drehst eine Runde zum Vogelbeobachtungsturm in der Nähe des Mündungsgebiets der Tiroler Achen.

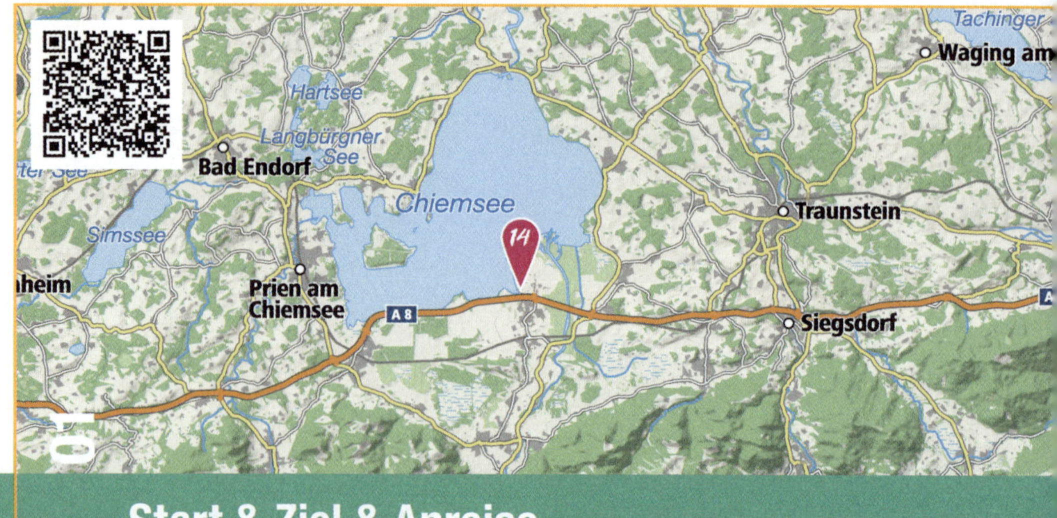

Tag 01

Start & Ziel & Anreise

Parkplätze an der „Freizeitmeile" von Feldwies in Strandnähe. Mit dem Zug (Bayerische Regiobahn Strecke München – Salzburg) zum Bahnhof Übersee, dann entweder zu Fuß 1 Stunde lang oder mit dem Bus RVO 9509 (spärliche Verbindungen) nach Feldwies Haltestelle Dampfersteg.

Tourenbeschreibung

Im Osten geht die Sonne auf, im Westen geht sie unter: Einen der schönsten Sonnenuntergänge im Chiemgau erlebt man an den Ostufern des Chiemsees. Gegenüber versinkt dann die Sonne als glühender Feuerball im „bayerischen Meer".

Ein wenig träumerisch wirkt der Landstrich im Südosten des größten bayerischen Sees, des Chiemsees, mit nur kleinen Weilern und weiten Blicken über das Wasser. Die Tiroler Achen schwemmt hier große Mengen an Sedimenten in den See und man hat ausgerechnet, wann der Chiemsee aufgefüllt ist mit Kieseln und Geröll aus den Bergen. Also nichts wie hin... Das Achendelta an sich und auch die Randbereiche sind öffentlich aus Naturschutzgründen nicht zugänglich. Einen kleinen Eindruck erhält man aber auf einer kurzen, aber reizvollen Runde durch den Klosterfelder Winkel und nach Lachsgang, wie das süd-

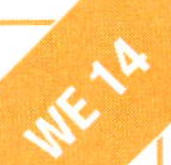

östliche Chiemseeufer heißt. Von der Bushaltestelle am Dampfersteg aus läufst du erst zurück Richtung Autobahn, biegst aber nach Osten beziehungsweise nach links auf einen kleinen Weg ein und kommst durch ein Wiesengebiet zum Weiler Baumgarten.

Flach und still liegen die kleinen Weiler Seethal und Neuwies in der Landschaft, das Gepräge und die Bauernhäuser sind traditionell. Ein Maibaum weist auf die angestammten Berufe des Landstrichs hin: Hier ist die Chiemseefischerei zu Hause, außerdem die Honigproduktion und die Schnapsbrennerei. Hier gibt es die Produkte aus erster Hand. Du hältst dich wieder nach links in nördlicher Richtung zur Gemarkung Heinrichswinkel, kurz danach kommst du zum Chiemseeufer. Dort fällt der üppige Uferbewuchs auf, der die Sicht aufs Wasser behindert. Doch im Dickicht steht ein Aussichtsturm. Hier treffen sich Vogelbeobachter, ausgestattet mit langen Teleobjektiven für die digitale Jagd auf seltene Arten, die man hier sehr gut vor die Linse bekommt. Der Vogelbeobachtungsturm steht nahe am Achendelta, von hier erhalten die Besucher einen Eindruck der Verzahnung von Wasser und Land, von üppiger Vegetation, von Wachstum und von Wildnis. Tafel- und Löffelenten und Seeregenpfeifer leben hier, manchmal überwintern Seeadler in dem Gebiet. Beinah romantisch bedeckt ein riesiger Teppich aus Teich- und Seerosen den „Irschener Winkel", wie die Uferregion auch bezeichnet wird. Ein paar hundert Meter weiter kann man ein Kleinod besichtigen: Es ist die im Jahr 1808 geweihte Kapelle Sankt Nikolaus. Die Votivtafeln an den Wänden mit ihren Gemälden bezeugen, wie die Jungfrau Maria Fischer aus höchster Not errettet hat.

Aus diesen stilleren Bereichen des Chiemsees mit Natur und andächtiger Meditation wanderst du in eine naturnahe Freizeitmeile. Kleine Sandstrände mit viel Schwemmholz ziehen Badegäste an, die hier ein ruhiges Refugium ohne Rummel vorfinden. Highlife gibt es etwas weiter südlich, rund um das Strandbad Übersee, wo ein Baumseilgarten und ein SUP-Verleih und mehrere Biergärten viel Publikum anziehen – Partystimmung am Chiemseebeach. Hier sitzt es sich abends hervorragend bei Reggaerhythmen, mit einem Sundowner-Drink in der Hand und Seglern vor dem heißen Ball der Sonne.

14

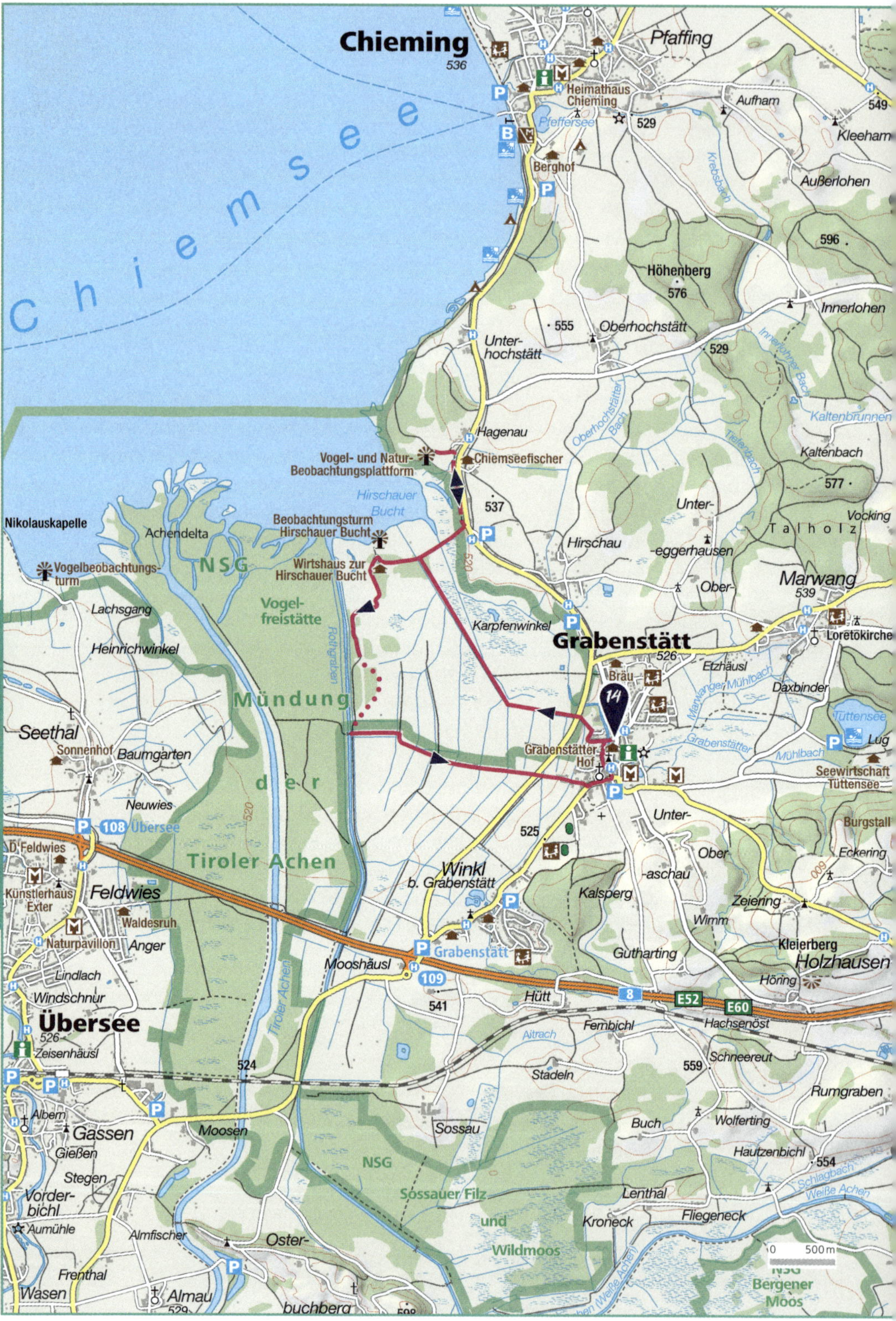

Chieming
536
Pfaffing
Heimathaus Chieming
Pfeffersee
529
Aufham
549
Kleeham
Berghof
Außerlohen
Krebsbach
C h i e m s e e
596
Höhenberg
576
Innerlohen
555
Oberhochstätt
Unter-hochstätt
529
Innerlohner Bach
Kaltenbrunnen
Oberhochstätter Bach
Hagenau
Tiefenbach
Kaltenbach
Vogel- und Natur-Beobachtungsplattform
Chiemseefischer
577
537
Hirschauer Bucht
Unter-
Vocking
Nikolauskapelle
Achendelta
Beobachtungsturm Hirschauer Bucht
T a l h o l z
Hirschau
-eggerhausen
520
Vogelbeobachtungsturm
NSG
Wirtshaus zur Hirschauer Bucht
Ober-
Marwang
539
Vogel-freistätte
Lachsgang
Karpfenwinkel
Grabenstätt
Loretokirche
Heinrichwinkel
Rothgraben
526
Etzhäusl
Bräu
Marwanger Mühlbach
Daxbinder
Mündung
14
Tüttensee
Seethal
Grabenstätter Mühlbach
Lug
Sonnenhof
Baumgarten
Grabenstätter Hof
Seewirtschaft Tüttensee
d e r
Neuwies
Unter-
Burgstall
108 Übersee
525
Ober
Eckering
D. Feldwies
520
Tiroler Achen
Winkl b. Grabenstätt
-aschau
600
Künstlerhaus Exter
Feldwies
Kalsperg
Zeiering
Waldesruh
Wimm
Naturpavillon
Anger
Kleierberg
Grabenstätt
Gutharting
Holzhausen
Lindlach
Mooshäusl
Höring
109
Windschnur
541
Hütt
8
E52
E60
Übersee
526
Tiroler Achen
Fembichl
Hachsenöst
Zeisenhäusl
Aitrach
524
559
Schneereut
Stadeln
Rumgraben
Albern
Gassen
Sossau
Buch
Wolferting
Moosen
Gießen
NSG
Hautzenbichl
554
Stegen
Schlagbach
Sossauer Filz
Lenthal
Weiße Achen
Vorder-bichl
Fliegeneck
Kroneck
und
Aumühle
Almfischer
Oster-
Wildmoos
0 500 m
Frenthal
NSG
Bergener Moos
Wasen
Almau
529
buchberg
508

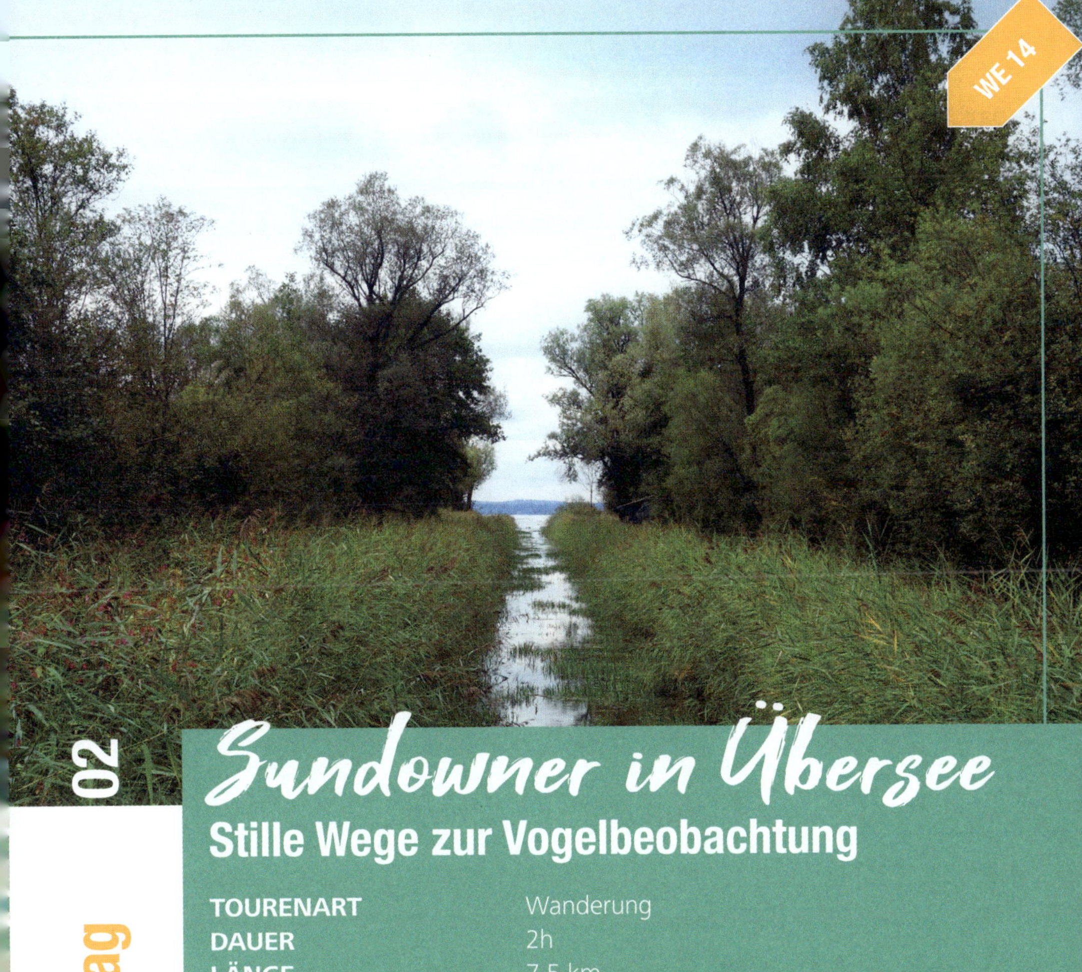

Tag 02

Sundowner in Übersee

Stille Wege zur Vogelbeobachtung

TOURENART	Wanderung
DAUER	2h
LÄNGE	7,5 km
HÖHENMETER	42 hm
SCHWIERIGKEIT	LEICHT
MIT ÖPNV ERREICHBAR	ja

Das erwartet dich ...

Du hast idealerweise Fernglas und ein Vogelbestimmungsbuch dabei, denn auf dieser Tour gibt es viele Naturbeobachtungsmöglichkeiten. Lust auf regionale Fischgerichte? Zur Belohnung für die Tour wartet neben dem Vogelbeobachtungsturm die Gaststätte Hirschauer Bucht mit ihren lecker zubereiteten Fischgerichten.

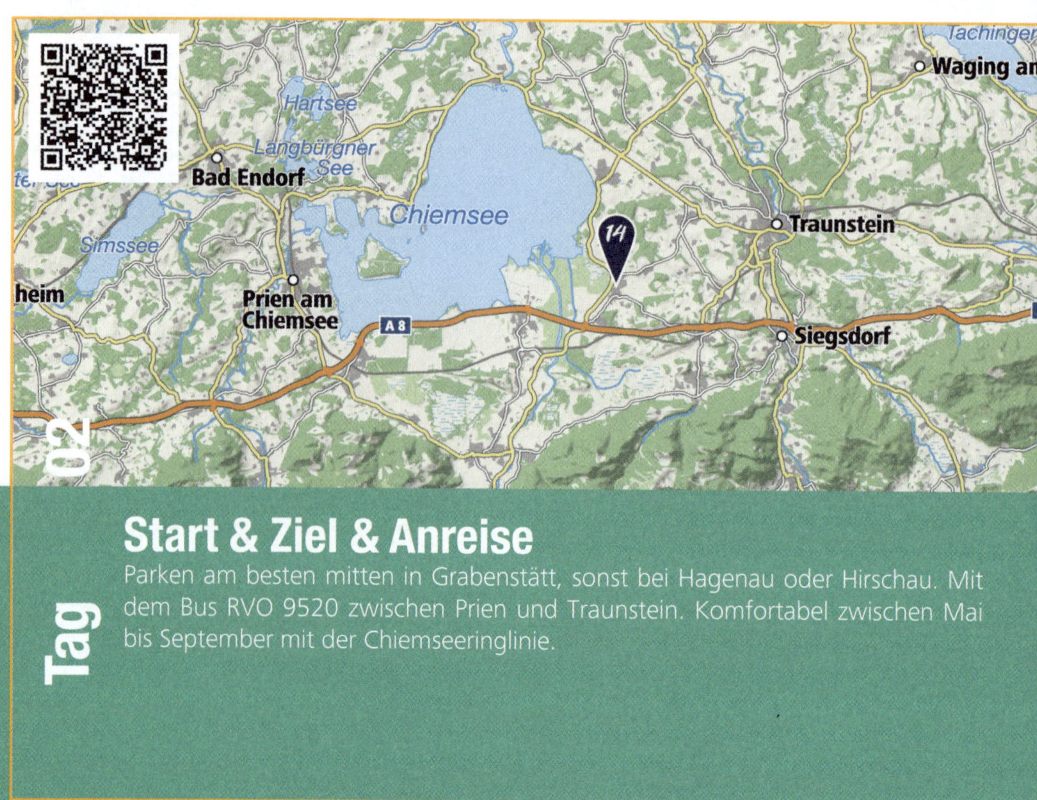

Start & Ziel & Anreise

Parken am besten mitten in Grabenstätt, sonst bei Hagenau oder Hirschau. Mit dem Bus RVO 9520 zwischen Prien und Traunstein. Komfortabel zwischen Mai bis September mit der Chiemseeringlinie.

Tourenbeschreibung

Von mitten in Grabenstätt aus (Haltestelle Marktplatz) gehst du auf der Poststraße nach Westen, biegst dann in die Straße Birkenhain ab und unterquerst die stark frequentierte Straße St 2096. Entlang des Runst-Grabens durchquerst du das Grabenstätter Moos, welches auch als „Vogelfreistätte" bezeichnet wird. Weite Blicke wechseln sich ab mit Schilfgürteln, oft sieht man hier Reiher. Nach etwa drei Kilometern trifft der Runst-Fußweg auf den quer verlaufenden Chiemsee-Radweg.

Für einen Abstecher gehst du hier rechts, folgst der Staatsstraße auf gut 500 Metern Länge und querst in Richtung Chiemsee – ein Stichweg führt zu einem sehr schön postierten Beobachtungsturm, von hier schaust du in Richtung Mündungsgebiet der Tiroler Achen. Auf dem gleichen Weg zurück wieder zur Runst – vielleicht 300 Meter nach dem Bachlauf kommt der eigentliche Höhepunkt der Runde – der Vogelbeobachtungsturm in der Hirschauer Bucht. Hierher kommen

Vogelfreunde aus ganz Deutschland, um mit viel Geduld weitere Motive zur Kollektion hinzuzufügen. Viele verschiedene Arten brüten hier oder sind auf der Durchreise. Der Chiemsee ist ein „Ramsar – Gebiet", ein Feuchtgebiet mit besonderem Schutzstatus. Im Winter werden hier bis zu 40.000 Vögel registriert. In dem unzugänglichen Areal können die Vögel ohne Störung rasten, große Schwärme von bis zu 100 Kampfläufern sieht man hier auf dem Durchzug, ebenso wie Austernfischer und den Großen Brachvogel. Zeitweise machen auch Seeadler hier Station. Informationstafeln weisen auf seltene Vögel und Pflanzen sowie die erdgeschichtliche Entstehung dieses Naturschutzgebietes hin. Besonders reizvoll ist ein Besuch in den Wintermonaten, wenn der Chiemsee zahlreichen nordischen Arten ein Refugium bietet. Nebenan breitet sich das Naturschutzgebiet „Grabenstätter Moos" aus, ein Landschaftsjuwel mit seltenen Vögeln und bunten Pflanzen, das flache Areal ermöglicht weite Blicke. Naturfreunde begeistern sich an der Irisblüte im Mai und Juni.

Vom Turm aus – nebenan die beliebte Fischwirtschaft – läufst du etwa 3 Kilometer in südlicher Richtung auf dem Radweg, jetzt in unmittelbarer Nähe des Naturschutzgebiets Achenmündung. Dann folgst du dem Radweg nach links, dieser führt nach Grabenstätt hinein, wo du die Tour beendest.

Schnappschuss vom Vogelbeobachtungsturm

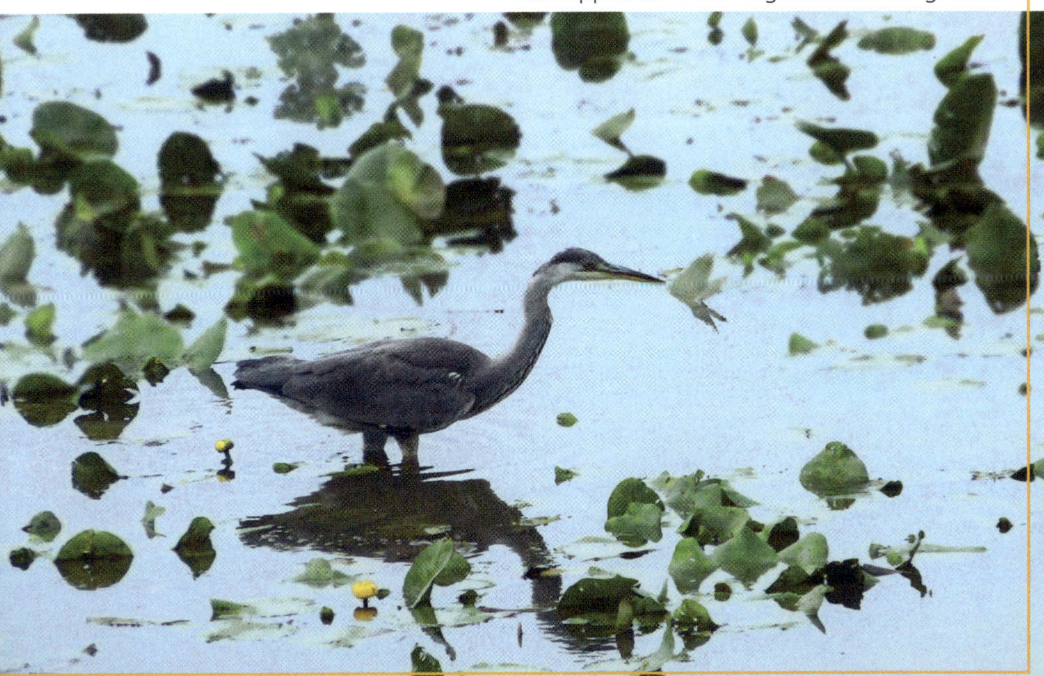

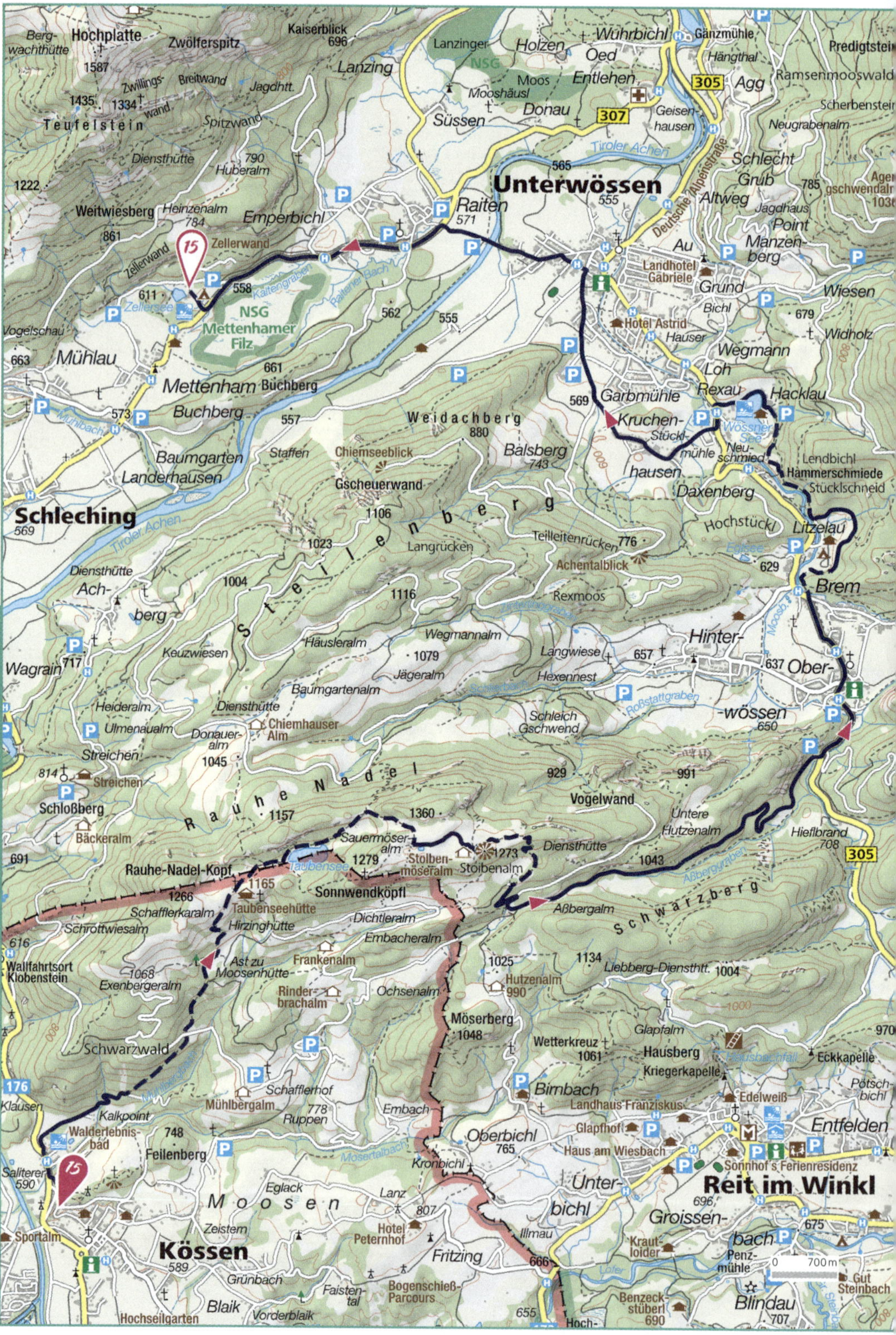

15

Berg-wachthütte
Hochplatte
1587
Zwölferspitz
Kaiserblick 696
Lanzinger
Holzen
Wührbichl
Gänzmühle
Predigtstein
Zwillings-wand
Breitwand
Jagdhtt.
Lanzing
NSG
Moos
Oed
Hängthal
Ramsenmooswald
1435
1334
Mooshäusl
Entlehen
305
Agg
Scherbenstein
Teufelstein
Spitzwand
Süssen
Donau
307
Geisen-hausen
Neugrabenalm
Diensthütte
790 Huberalm
Tiroler Achen
565
Schlecht
1222
Unterwössen
Grub
785
Ager gschwendalm
Weitwiesberg
Heinzenalm 784
Emperbichl
P Raiten 571
555
Deutsche Alpenstraße
Altweg
Jagdhaus
861
Zellerwand
Point
Manzen-berg
Au
Landhotel Gabriele
Grund
Wiesen
611
558
Kaltengraben
Raitener Bach
Zellersee
NSG Mettenhamer Filz
562
555
Bichl
679
Hotel Astrid
Hauser
Widholz
Vogelschau
663
Mühlau
Wegmann
661
Mettenham Büchberg
Loh
Rexau
Hacklau
573
Buchberg
Mühlbach
557
Weidachberg 880
569
Garbmühle
Kruchen-Stückl-mühle
Wössner See
Neu-schmied
Lendbichl
Hammerschmiede Stücklschneid
Baumgarten
Staffen
Chiemseeblick
Balsberg 743
hausen
Landerhausen
Gscheuerwand
Daxenberg
Schleching 569
Tiroler Achen
1106
Steilenberg
Hochstückl
Litzelau
1023
Langrücken
Teilleitenrücken
776
Diensthütte
Achentalblick
629
Ach-berg
1004
1116
Rexmoos
Brem
Häusleralm
Wegmannalm
Hinter-
Keuzwiesen
1079
Langwiese
657
Wagrain 717
Jägeralm
637 Ober-wössen 650
Hexennest
Heideralm
Baumgartenalm
Roßstattgraben
Ulmenaualm
Diensthütte
Chiemhauser Alm
Schleich Gschwend
Donauer-alm 1045
Streichen
814
Streichen
Rauhe Nadel
929
991
Schloßberg
1157
Vogelwand
1360
Untere Hutzenalm
Hieflbrand 708
Bäckeralm
Sauermöser-alm
691
1279
Stoibenmöseralm
1273
Stoibenalm
Diensthütte
305
Rauhe-Nadel-Kopf
Taubensee
1043
1266
1165
Sonnwendköpfl
Aßberggraben
Schafflerkaralm
Taubenseehütte
Aßbergalm
Schwarzberg
Schrottwiesalm
Hirzinghütte
Dichtleralm
616
Embacheralm
Wallfahrtsort Klobenstein
Ast zu Moosenhütte
Frankenalm
1025
1134
1068
Liebberg-Diensthtt.
1004
Exenbergeralm
Rinder-brachalm
Ochsenalm
Hutzenalm 990
Möserberg 1048
Glapfalm
970
Schwarzwald
Wetterkreuz 1061
Hausberg
Eckkapelle
Kriegerkapelle
176
Schafflerhof
Birnbach
Edelweiß
Pötsch-bichl
Klausen
Mühlbergalm
778 Ruppen
Embach
Landhaus Franziskus
Kalkpoint
Entfelden
Walderlebnis-bad
748
Oberbichl 765
Glapfhof
Feilenberg
Haus am Wiesbach
Mosertalbach
Sonnhof's Ferienresidenz
Saliterer 690
Kronbichl
Unter-bichl
Reit im Winkl
Eglack
Lanz
696
675
Moosen
807
Groissen-bach
Sportalm
Zeistem
Hotel Peternhof
Illmau
Kraut-loider
Kössen 589
Fritzing
666
Penz-mühle
0 700 m
Grünbach
Bogenschieß-Parcours
Gut Steinbach
Blaik
Faisten-tal
Benzeck-stüberl 690
Blindau 707
Hochseilgarten
Vorderblaik
655
Hoch-

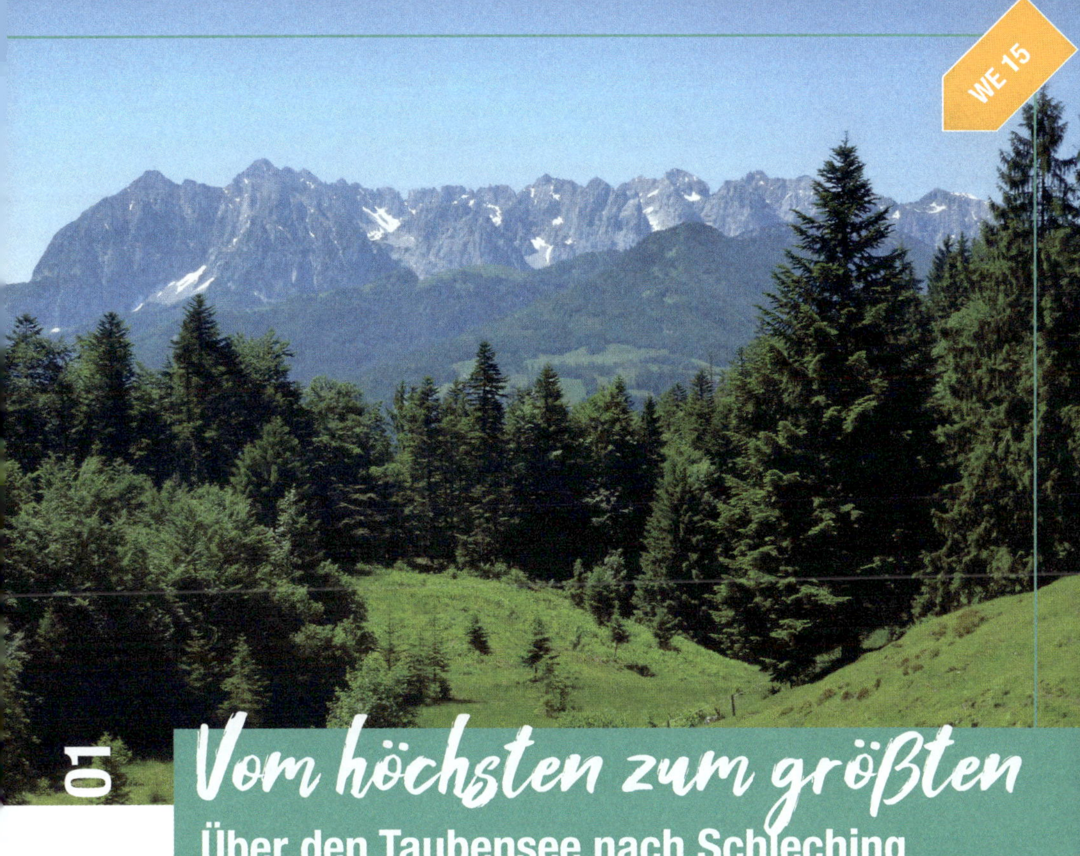

Tag 01

Vom höchsten zum größten

Über den Taubensee nach Schleching

TOURENART	2-Tages-Wanderung
DAUER	7h
LÄNGE	19 km
HÖHENMETER	780 hm
SCHWIERIGKEIT	MITTEL
MIT ÖPNV ERREICHBAR	ja

Das erwartet dich ...

Auf der 2-Tages-Tour mit Zelt wanderst du über den höchstgelegenen Badesee Bayerns zum größten, also vom Taubensee zum Chiemsee. Für den Abstieg brauchst du eine gewisse Ausdauer, dafür kommst du im reizvollen Bergsteigerdorf Schleching an und übernachtest auf dem Camping Zeller See, alternativ in einer Pension.

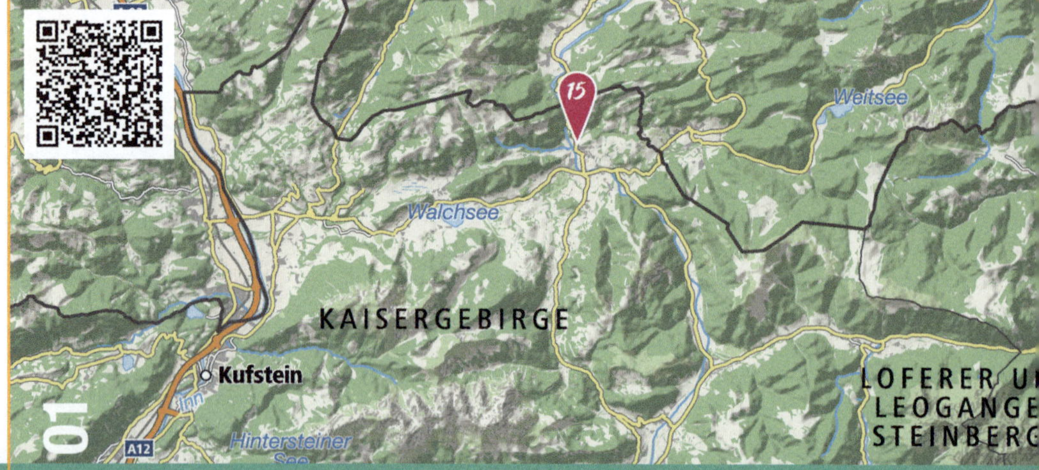

Tag 01

Start & Ziel & Anreise

Du lässt das Auto stehen und reist entspannt und „öffentlich" an. Am besten geht das mit der Regionalbahn nach Kufstein und dem Umstieg in die Buslinie 4030, Endhaltestelle Kaiserwinkl Tourist Info in Kössen. Du fährst erst durchs Inntal und dann mit dem Bus am Walchsee vorbei – landschaftlich sehr interessant und schön! Von Schleching und Unterwössen fahren RVO-Busse der Linie 9509 zum Bahnhof in Übersee, dann hast du wieder Anschluss an die Bahn Salzburg – München.

Tourenbeschreibung

Von einer Höhe von 1165 Metern bis hinunter auf 520 Meter über Normalnull verläuft eine Wanderung, die den höchsten Badesee Bayerns mit dem größten verbindet. Idyllische Abgelegenheit – zumindest an Wochentagen außerhalb der Schulferien – und auf der anderen Seite Touristikrummel am „bayerischen Meer", es ist eine Tour größerer Kontraste. Aber zu Beginn des Ausflugs stehen Ausblicke in den „Kaiserwinkel", denn der Start erfolgt in Kössen, das bereits knapp auf österreichischer Seite liegt. Hier starten die Raftingboote durch die Entenlochklamm und überwinden die Stromschnellen in der in Abschnitten schluchtigen Talachse der Tiroler Achen. Du gehst aber über den Berg, denn am Kössner Naturschwimmbad schraubt sich der Wanderweg in die Höhe. Du gehst dazu erst vom Zentrum Kössens etwa 1 km parallel flussabwärts zur Achen die Straße 176 entlang bis zum Abzweig Naturerlebnisbad, dann weiter auf dem örtlichen

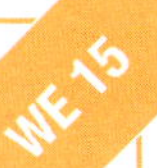

Wanderweg 22. Einfach immer stetig aufwärts, dazu bei Verschnaufpausen mit genialen Blicken auf das Kaisergebirge.

Einen tollen Kaiserblick genießt man von der Taubenseehütte – freie Sicht auf die schroffen Kletterwände des Wilden Kaisers, an dem Alpinisten wie Wolfgang Güllich neue Maßstäbe im Sportklettern setzten. Abgeschieden und still präsentiert sich der Taubensee: Auf 1138 Metern liegt er in einer Senke, umrundet von einem urwüchsigen Waldstück. Es ist das Naturwaldreservat Vogelspitz mit seinen Schluchtwäldern und Blaugras-Buchenwäldern. Hier gewinnt die Forstwirtschaft Erkenntnisse über naturnahe Waldgesellschaften in Zeiten des Klimawandels. Über 115 Pflanzenarten kommen hier vor, dazu über 200 verschiedene Schmetterlingsarten und 170 Pilzsorten – rekordverdächtig! Der Begriff „Tauben" hat jedoch nichts mit unseren gefiederten Freunden zu tun, sondern ist ein aus dem Mittelalter stammender Begriff für den Fischbesatz des kleinen Sees. Um den See herum gelangt man auf verschiedenen Varianten wieder „runter" vom Berg, beispielsweise über den anspruchsvollen Kroatensteig oder wie im GPX-Track gemütlich und länger über die Stoibenmöseralm nach Oberwössen. Entlang der Strecke und schon im Tal bietet der Wössner See Erfrischung. Mit einem Schlenk aufwärts der Achen kommst du zum Camping Zeller See und zeltelst dort, alternativ hast du dir eine Pension in Unterwössen oder Schleching gebucht.

Blick auf den Taubensee

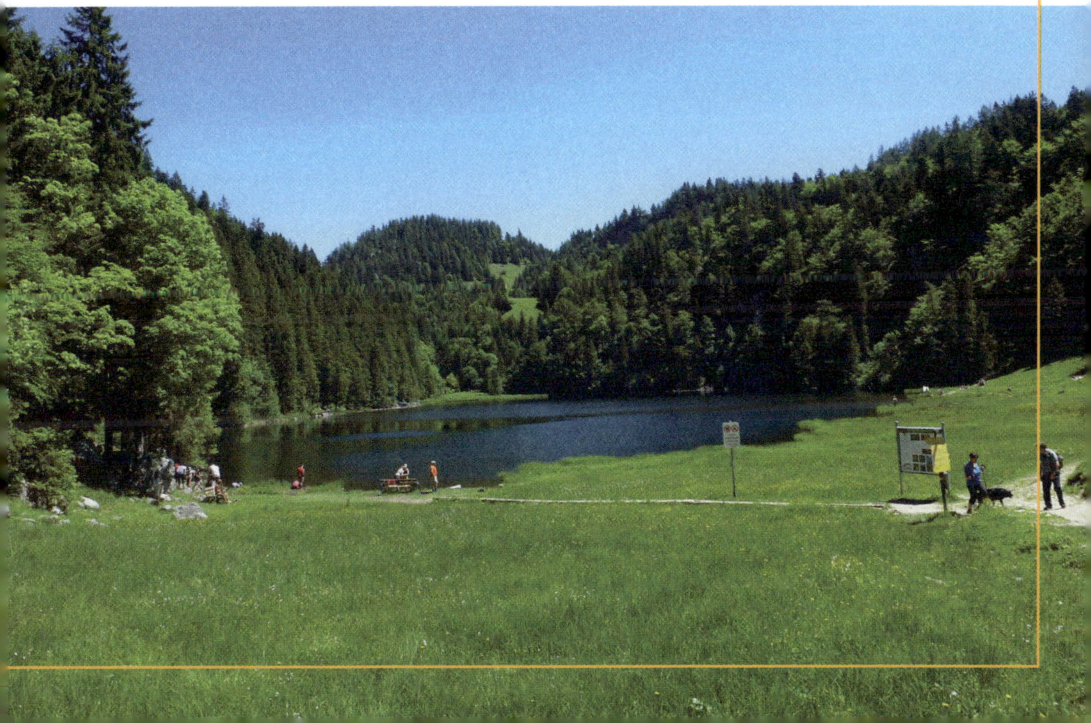

15

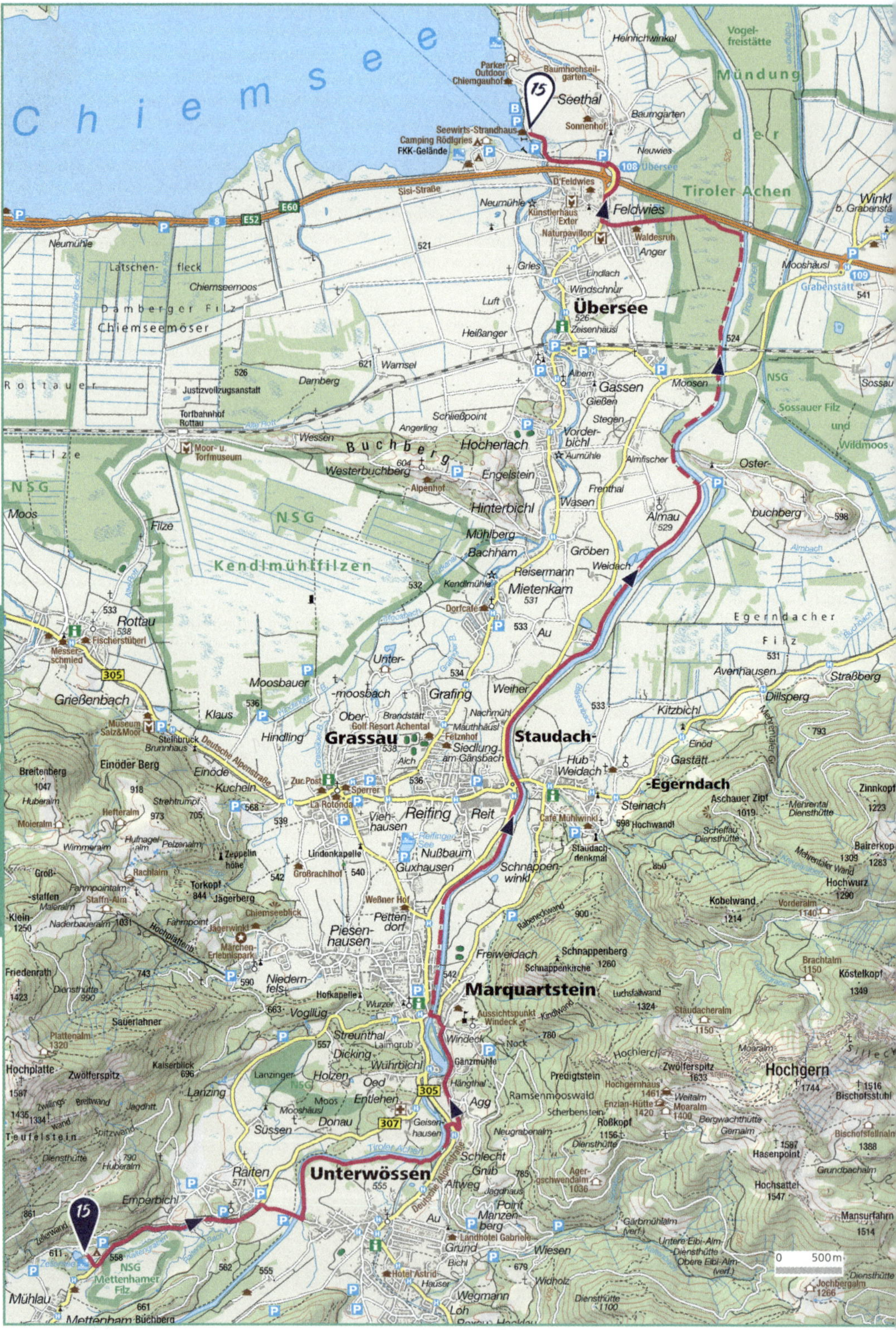

Chiemsee
Seethal
Feldwies
Übersee
Gassen
Buchberg
Hocherlach
Hinterbichl
Mühlberg
Bachham
Mietenkam
Kendlmühlfilzen
Rottau
Grassau
Staudach-Egerndach
Reifing
Reit
Marquartstein
Unterwössen
Raiten
Hochgern
Mühlau
0 500 m

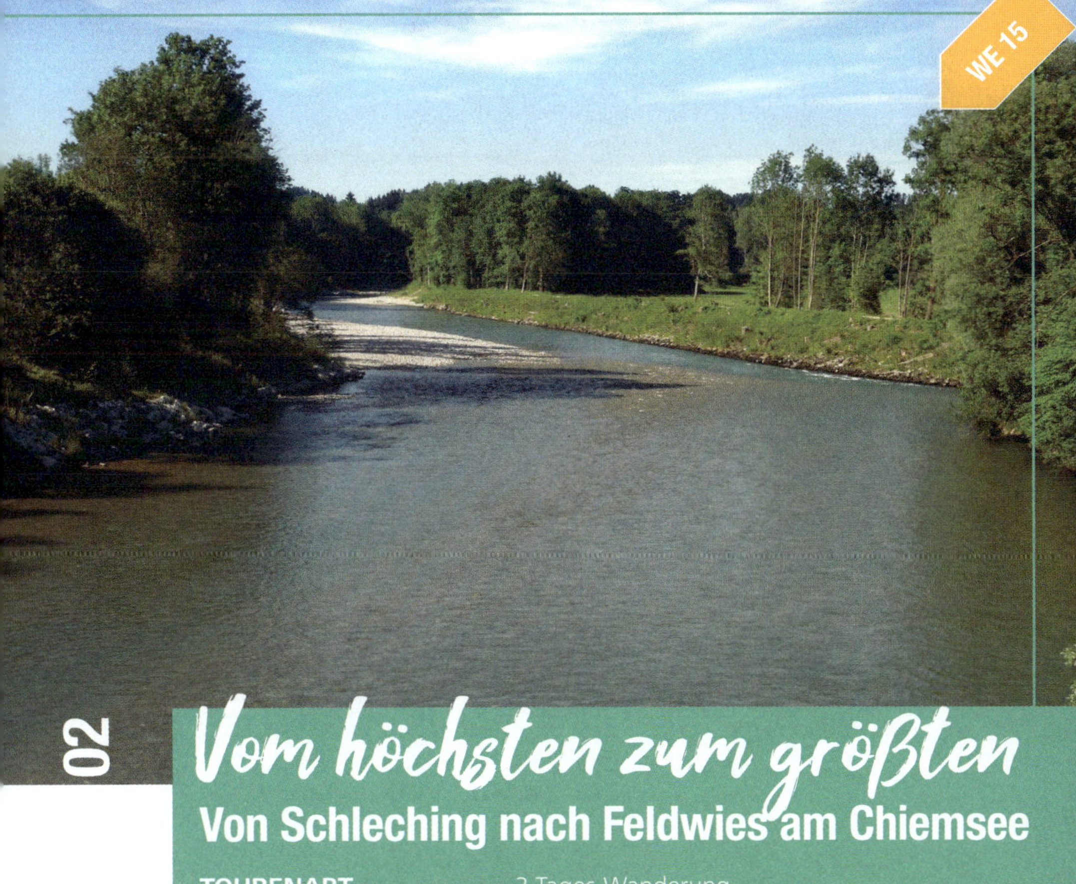

02 Tag

Vom höchsten zum größten

Von Schleching nach Feldwies am Chiemsee

TOURENART	2-Tages-Wanderung
DAUER	7h
LÄNGE	19 km
HÖHENMETER	40 hm
SCHWIERIGKEIT	LEICHT
MIT ÖPNV ERREICHBAR	ja

Das erwartet dich ...

Auf Etappe 2 der 2-Tages-Tour mit Zelt wanderst du vom Camping in Schleching (oder Pension in Unterwössen oder Schleching) zum Chiemsee. Die Tour ist fast eben, du folgst dem Flusslauf der Achen und beobachtest ihre Strömung und Treibgut. In Feldwies unterquerst du die Autobahn und kommst am „Sundowner"-Chiemseeufer an, wo du noch baden und chillen kannst.

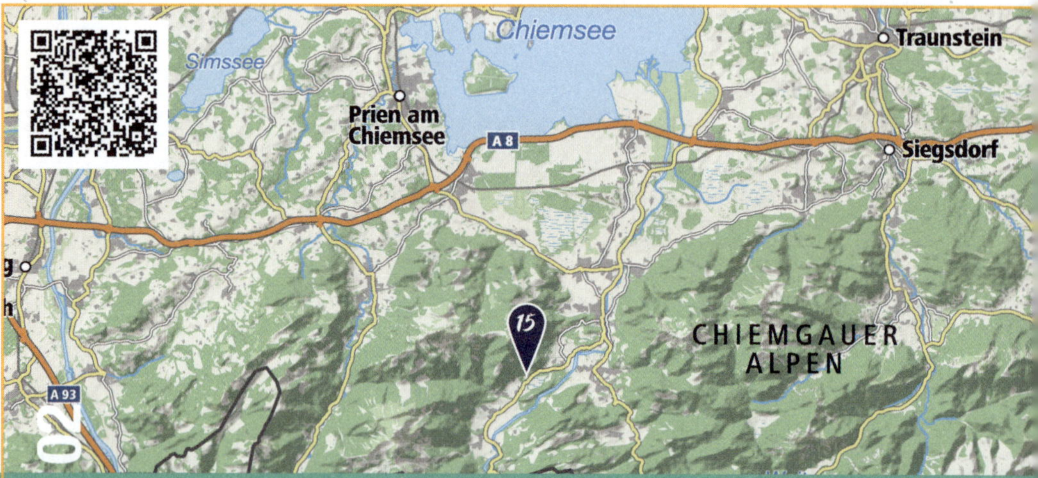

Tag 02

Start & Ziel & Anreise

Du hast die Nacht auf dem Campingplatz Zellersee oder in einer Pension verbracht und startest dort. Die Busse der Linie 9509 fahren vom Bahnhof in Übersee ins Achental nach Schleching und Unterwössen. Vom Chiemsee aus zurück kommst du entweder vom Bahnhof Übersee aus oder du nimmst den Bus vom Dampfersteg nach Traunstein. Ein toller Abschluss ist die Passage mit dem Chiemseedampfer nach Prien und dort zur Bahn.

Tourenbeschreibung

Gut gezeltelt, gut geschlafen und im Zeller See geschwommen, danach ein Kaffee mit vielen Kletterern in bester Gesellschaft! Für den Weiterweg zum Chiemsee läufst du erstmal entlang der Straße und querst nach Raiten die Achen. Auf der rechten Uferseite kommen einige sehr schöne und urige Abschnitte dieses wunderbaren Wildflusses. Immer wieder Treibgut und tolle Kiesbette, gerade recht zum „rumsandln", wie die Einheimischen das coole Abhängen nennen, wo er vielleicht deine Landschaftskunstgebilde hinterlässt. Die Großache hat übrigens fünf verschiedene Namen, je nach Abschnitt: Sie entspringt am Pass Thurn und beginnt als Jochberger Ache, dann fließt sie als Kitzbüheler Ache, Großache und Kössener Ache weiter, um in Bayern Tiroler Achen zu heißen.

An der Achen ist Hochwasserschutz angesagt, mit Vertiefung der Flusssohle und Flächen für den Hochwasserrückhalt im Umland. Vor Marquartstein ist die Wanderroute näher an der Talstraße, danach wieder ein Stück entfernt, was deutlich angenehmer ist. Marquartstein hat ein schönes Ortsbild, mit seiner Burg und der kleinen, aber feinen Fußgängerzone mit Cafés. Ab Marquartstein verliert der Fluss durch Begradigungsmaßnahmen etwas an Romantik, dafür nähert man sich zügig dem Ort Übersee und damit dem Chiemsee, den Weg teilt man sich immer wieder mit Radlern. In Staudach kann man die Achen queren und sich für das linke oder rechte Ufer entscheiden. Das linke Ufer bietet sich sogar an, da vor dem Chiemsee nur noch zwei Übergänge kommen und man auch mit Sanierungsarbeiten an Brücken rechnen muss. Nach Unterqueren der Bahnlinie sind es noch gut 2 Kilometer, bis der Weg 24 kurz vor der Autobahn nach links führt. Du kannst im Ort noch dem Naturpavillon des Landesbunds für Vogelschutz einen Besuch abstatten, hier erfährst du auch einiges über das nicht betretbare Mündungsgebiet der Achen, ein prächtiges Vogelparadies!

In Feldwies kannst du etwas lauter über die Autobahn drüber oder ein Stück weiter unter der Autobahn durch, dann bist du am Chiemsee an der Bademeile mit Sandstrand und wunderbaren Sonnenuntergängen – eine Runde Chillen ist gerade recht nach der langen Tour! Den Sommer über ist der Dampfersteg in Betrieb und du kommst mit dem Schiff nach Prien zur Weiterreise mit der Bahn, dort läufst du vom Schiffsanleger bis zum Bahnhof eine halbe Stunde.

Autoren Tipp

Im Blumenweg 5 in Übersee lädt das Exter-Kunsthaus mit seiner Blumenpracht zum Besuch ein (von Mai bis September täglich außer Montag von 17 bis 19 Uhr). Julius Exter war ein Landschaftsmaler, der ab 1898 seine Sommeraufenthalte in Übersee verbrachte. Sein Werk umfasst die dörfliche Umgebung des Ortes und viele Chiemseebilder mit dem Wolkenspiel, der bewegten Wasserfläche des Sees und der Alpenkette am Horizont. Heftige Pinselstriche und vitale Farben sind die Markenzeichen seiner Malerei.

16

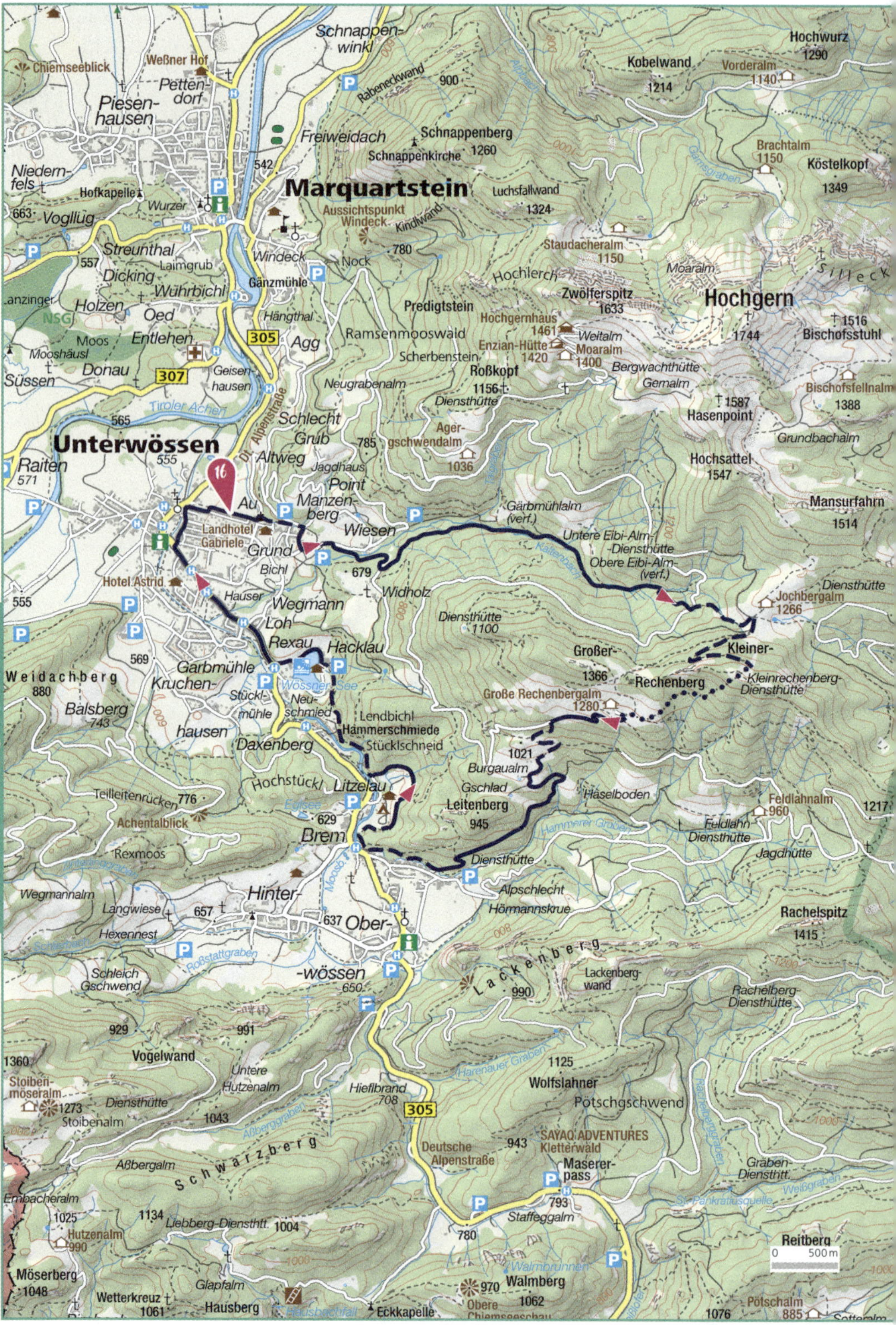

Chiemseeblick
Weßner Hof
Piesenhausen
Pettendorf
Schnappenwinkl
Rabeneckwand
900
Hochwurz
1290
Kobelwand
1214
Vorderalm
1140
Freiweidach
Schnappenberg
Schnappenkirche
1260
Brachtalm
1150
Köstelkopf
1349
Niedernfels
Hofkapelle
542
Marquartstein
Luchsfallwand
1324
Aussichtspunkt Windeck
Kindlwand
663
Vogllüg
Wurzer
Streunthal
557
Laimgrub
Windeck
Nock
780
Staudacheralm
1150
Moaralm
Silleck
Dicking
Wührbichl
Gänzmühle
Hochlerch
Zwölferspitz
1633
Hochgern
Lanzinger
NSG
Holzen
Oed
Hängthal
Predigtstein
Hochgernhaus
1461
1744
1516
Bischofsstuhl
Moos
Entlehen
305
Agg
Ramsenmooswald
Weitalm
Mooshäusl
Enzian-Hütte
1420
Moaralm
1400
Donau
Scherbenstein
Süssen
307
Geisenhausen
Roßkopf
1156
Bergwachthütte
Gemalm
Bischofsfellnalm
1388
Neugrabenalm
Diensthütte
1587
Hasenpoint
565
Tiroler Achen
Schlecht
Agergschwendalm
1036
Grundbachalm
Unterwössen
Grub
785
Hochsattel
1547
Raiten
571
555
Dt. Alpenstraße
Altweg
Jagdhaus
Point
Au
Manzenberg
Gärbmühlalm (verf.)
Mansurfahrn
1514
Landhotel Gabriele
Wiesen
Untere Eibl-Alm-Diensthütte
Obere Eibl-Alm (verf.)
Grund
679
Kaltenbach
Bichl
Widholz
Diensthütte
Hotel Astrid
Hauser
Wegmann
Jochbergalm
1266
555
Loh
Diensthütte
1100
Rexau
Hacklau
Großer-
Kleiner-
569
Garbmühle
Wössner See
1366
Rechenberg
Kleinrechenberg-Diensthütte
Weidachberg
880
Kruchenhausen
Stücklmühle
Neuschmied
Große Rechenbergalm
1280
Balsberg
743
Lendbichl
Hammerschmiede
Stücklschneid
Daxenberg
1021
Burgaualm
Hochstückl
Litzelau
Gschlad
Häselboden
Teilleitenrücken
776
Leitenberg
Feldlahnalm
960
1217
Achentalblick
629
945
Feldlahn-Diensthütte
Brem
Hammerer Graben
Rexmoos
Diensthütte
Jagdhütte
Wegmannalm
Hinter-
Moosb.
Alpschlecht
Langwiese
657
637
Ober-
Hörmannskrue
Rachelspitz
1415
Hexennest
-wössen
Roßstattgraben
650
Lackenberg
Lackenbergwand
990
Schleich Gschwend
Rachelberg-Diensthütte
929
991
1360
Vogelwand
1125
Untere Hutzenalm
Harenauer Graben
Stoibenmöseralm
Hieflbrand
708
Wolfslahner
1273
Diensthütte
305
Pötschgschwend
Stoibenalm
1043
Aßberggraben
Deutsche Alpenstraße
943
SAYAQ ADVENTURES Kletterwald
Aßbergalm
Schwarzberg
Masererpass
Grabendiensthtt.
Embacheralm
793
Weißgraben
1025
1134
Liebberg-Diensthtt.
1004
Staffeggalm
St. Pankratiusquelle
Hutzenalm
990
780
Reitberg
0 500 m
Möserberg
1048
Glapfalm
Walmbrunnen
970
Walmberg
Wetterkreuz
1061
Hausberg
Hausbachfall
Eckkapelle
Obere Chiemseeschau
1062
1076
Pötschalm
885

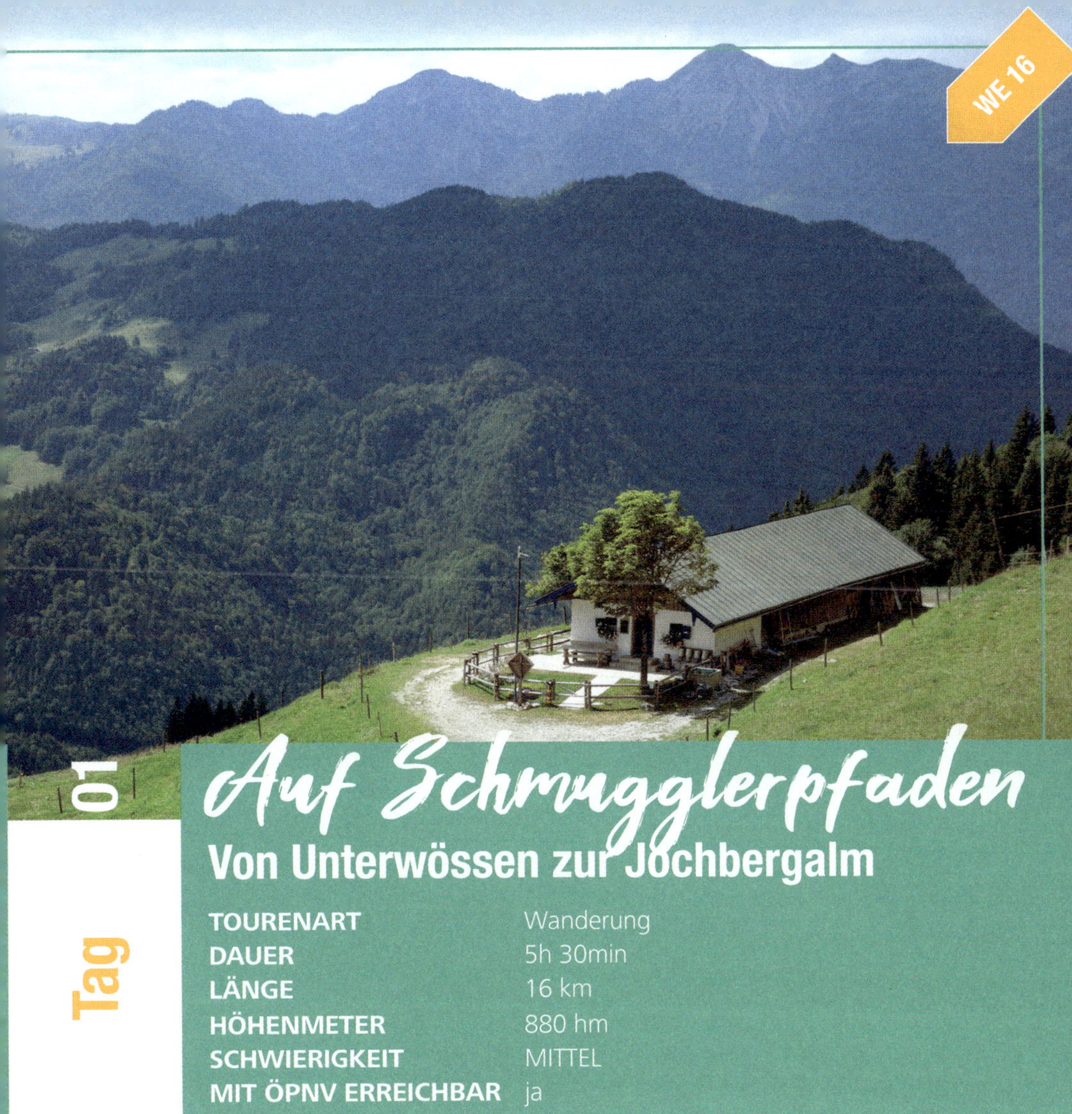

Tag 01

Auf Schmugglerpfaden

Von Unterwössen zur Jochbergalm

TOURENART	Wanderung
DAUER	5h 30min
LÄNGE	16 km
HÖHENMETER	880 hm
SCHWIERIGKEIT	MITTEL
MIT ÖPNV ERREICHBAR	ja

Das erwartet dich ...

Dein Standort ist im Achental – eine tolle Umgebung mit vielfältigen Wander- und Radlmöglichkeiten! Von Unterwössen aus startest du zu einer Runde über zwei toll gelegene Almen, der Jochbergalm mit ihrem „Landschaftskino" und der Rechenbergalm. Auf dem Rückweg springst du noch in den Wössner See, wo du auch einkehren kannst. Weitere Abkühlung verschafft dir der Wössner Bach – Deutschlands längste Kneippstrecke.

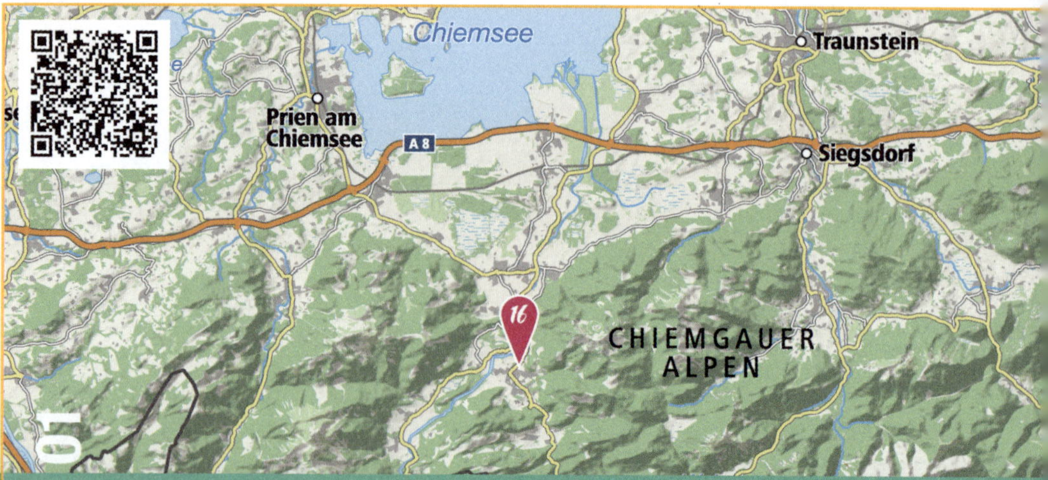

Tag 01

Start & Ziel & Anreise

Mit Bahn und Bus kommst du auf der Zugstrecke von München nach Salzburg und Umstieg in Übersee nach Unterwössen, Haltestelle Zentrum. Von Übersee fahren RVO-Busse der Linie 9509 nach Unterwössen. Mit dem Auto nimmst du die Ausfahrt Bernau und fährst über die B 305 und Marquartstein nach Unterwössen, nach links bergan kommst du über Josef-Aberger-Straße und Hochgernweg zum Wanderparkplatz.

Tourenbeschreibung

Das Ökomodell Achental vereint eine umweltverträgliche Regionalentwicklung mit nachhaltigem Tourismus, Radeln und Wandern steht hier hoch im Kurs. Beiderseits der Achen bietet die vielfältige Almenlandschaft Möglichkeiten zum „Genusstrekking", denn auf jeder Alm gibt es andere Hüttenschmankerln zum Probieren. Und die Blicke ins Tal und auf andere Chiemgauberge sind bestes Landschaftskino im Breitwandformat. Von Unterwössen aus visierst du den Wanderparkplatz „Grund" an, du kommst von der Haupstraße aus über Gattererstraße und Dr.-Aschenbrenner-Straße dorthin.

Dann hilft die Wanderwegnummer 52 weiter. Am Kaltenbach entlang geht es sportlich, aber nicht zu steil aufwärts. Wer trotz des schattigen Wegverlaufs schon ins Schwitzen kommt, sucht sich eine passende Gumpe zur Abkühlung! Das Gelände öffnet sich und aus einer dichten Wald- wird eine lichte Almenzone.

Hier können die Blicke schweifen: „Drüben" Richtung östlicher Chiemgau und Ruhpolding erhebt sich der Gurnwandkopf mit seiner mächtigen Westflanke. Geigelstein und Kampenwand sind weitere Gipfelziele in den anderen Richtungen. Am besten lässt man sich auf der Jochbergalm nieder, die mit einem wahren Gartenparadies und einer Chillout-Area lockt. Oder beim benachbarten, ebenso urigen Oberwidholzkaser. Hier oben gibt's gschmackige Brotzeiten, Buttermilli und Bier. Eigentlich könnte man es hier schon gut sein lassen, aber die Tour ist eine Rundwanderung: Durch ein Waldstück über den Rechenberg mit Weg 58 führt die Route zur Rechenbergalm. Dort liegt an Ruhetagen die Limo für die Wanderer gekühlt im Brunnen, am Berg vertraut man ganz unkompliziert auf die Zahlung. Runter geht es ganz unkompliziert auf dem Forstweg.

In Oberwössen brauchst du gar nicht zur Straße, denn ein Wanderpfad verläuft hinter der Häuserreihe parallel zum Tal mit dem Verkehr. Auf einem Wanderweg mit den örtlichen Nummern 1 und 3 läuft man hinter dem Campingplatz vorbei, kurz darauf glitzert der Wössner See durch die Bäume – eine echte Perle des Achentals und eine Wohltat für die Wadeln. Das Wasser und die Seewirtschaft sind das passende Dessert der Tour und laden zu einem längeren Ausklang ein. An der Hauptstraße kannst du auch den Bus nehmen, Haltestelle Kruchenhausen/Wössner See, oder du marschierst zum Zentrum retour beziehungsweise mit Wegnummer 3 zum Wanderparkplatz Grund.

Autoren Tipp

Mitten in Unterwössen findest du Deutschlands längste Kneipp-Strecke, den Wössner Bach. Das Bachbett wurde bereits vor über hundert Jahren mit Holzbohlen ausgelegt, die eine gewisse Griffigkeit aufweisen. Du kannst an mehreren Stellen über Treppen einsteigen, beispielsweise am Kinderspielplatz oder am Rathaus. Etwa 500 Meter lang kannst du das kalte Wasser testen, meist ist es nur knöcheltief. Am Rathaus findest du außerdem noch einen Barfußpfad – hier testest du deine Füße auf Kies und Baumrinden.

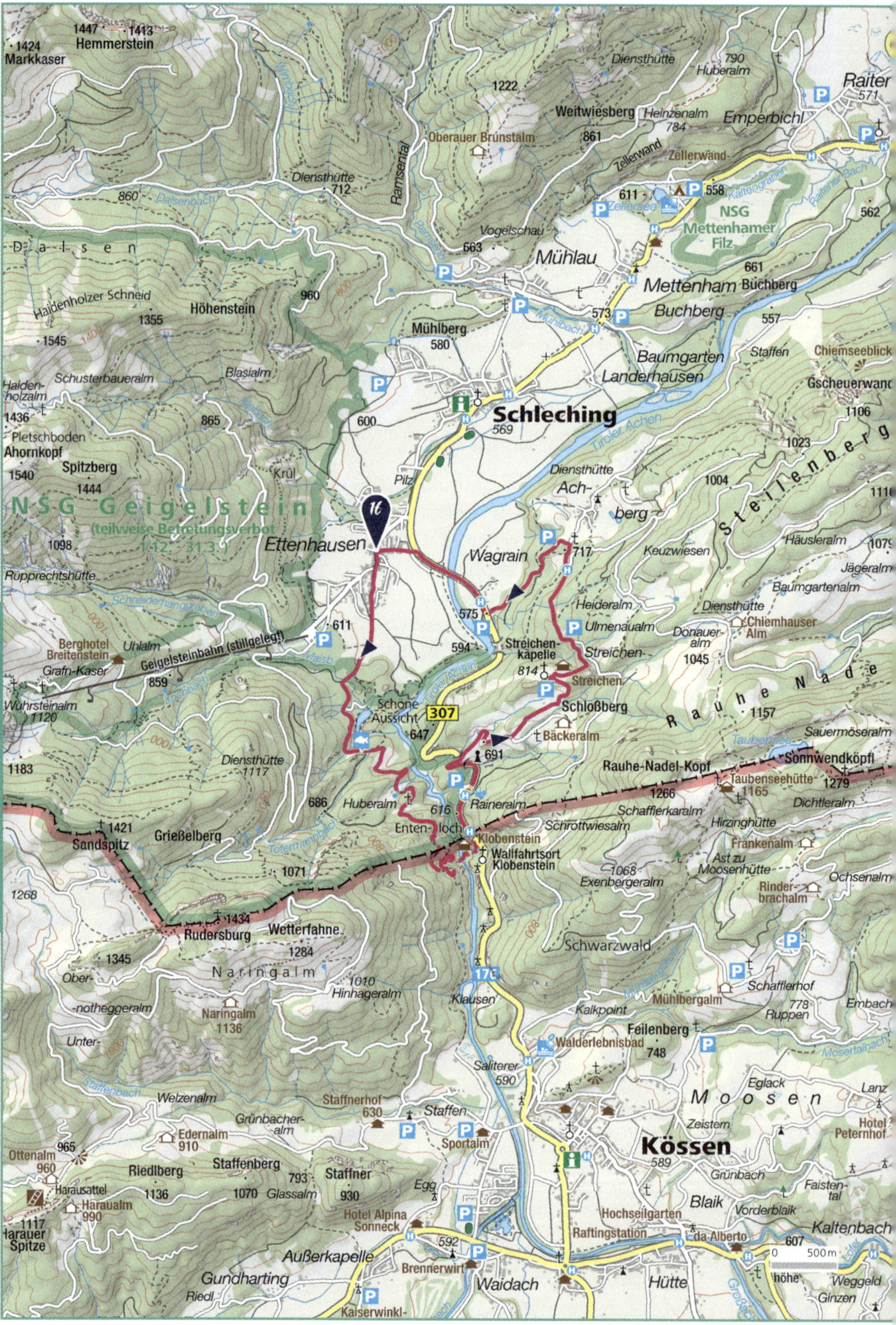

16

1447 · 1413
Hemmerstein
1424
Markkaser
1222
Diensthütte
790
Huberalm
Raiter
571
Weitwiesberg
Heinzenalm
784
Emperbichl
Oberauer Brunstalm
861
Zellerwand
Zellerwand
Ramsental
Diensthütte
712
860
Dalsenbach
611
558
Zellersee
Kaltengraben
NSG
Mettenhamer
Filz
562
Vogelschau
663
Mühlau
Dalsen
661
Mettenham
Büchberg
Buchberg
557
Haidenholzer Schneid
960
Höhenstein
573
Mühlbach
1355
1545
Mühlberg
580
Baumgarten
Landerhausen
Staffen
Chiemseeblick
Gscheuerwand
Schusterbaueralm
Blasialm
Haiden-
holzalm
1436
865
600
Schleching
569
Tiroler Achen
1106
Pletschboden
Ahornkopf
Spitzberg
1540
1444
Krül
Pilz
1023
Diensthütte
Ach-
berg
1004
Steilenberg
NSG Geigelstein
(teilweise Betretungsverbot
1.12.–31.3.)
1098
Ettenhausen
Wagrain
717
Keuzwiesen
Häusleralm
Rupprechtshütte
Jägeralm
Baumgartenalm
Schneiderhanggraben
575
Heideralm
Diensthütte
Chiemhauser
Alm
611
Ulmenaualm
Donauer-
alm
1045
Berghotel
Breitenstein
Uhlalm
Geigelsteinbahn (stillgelegt)
594
Streichen-
kapelle
814
Streichen-
Streichen
Grafn-Kaser
859
Wuhrsteinalm
1120
Schöne
Aussicht
307
647
Schloßberg
Rauhe Nadel
1157
Bäckeralm
Tauberssee
Sauermöseralm
Sonnwendköpfl
1183
Diensthütte
1117
691
Rauhe-Nadel-Kopf
1266
Taubenseehütte
1165
1279
Dichtleralm
686
Huberalm
Raineralm
Schafflerkaralm
616
Hirzinghütte
Entenloch
Schrottwiesalm
1421
Sandspitz
Grießelberg
Klobenstein
Wallfahrtsort
Klobenstein
Frankenalm
Totenmannbach
1071
1068
Exenbergeralm
Ast zu
Moosenhütte
Ochsenalm
Rinder-
brachalm
1268
1434
Rudersburg
Wetterfahne
Schwarzwald
1284
1345
Ober-
Naringalm
1010
Hinhageralm
176
Schafflerhof
Klausen
Mühlbergalm
778
Ruppen
Embach
-notheggeralm
Naringalm
1136
Kalkpoint
Feilenberg
748
Unter-
Walderlebnisbad
Moosertalbach
Saliterer
590
Eglack
Lanz
Staffenbach
Welzenalm
Moosen
Staffnerhof
630
Staffen
Zeistern
Hotel
Peternhof
Grünbacher-
alm
Sportalm
965
Edernalm
910
Kössen
589
Ottenalm
960
Staffenberg
Grünbach
Riedlberg
793
Staffner
Faisten-
tal
Harausattel
1136
1070
Glassalm
930
Egg
Blaik
Vorderblaik
Haraualm
990
1117
Harauer
Spitze
Hotel Alpina
Sonneck
Hochseilgarten
Raftingstation
da Alberto
607
Kaltenbach
592
Außerkapelle
0 500 m
Brennerwirt
Gundharting
Waidach
Hütte
Weggeld
Riedl
Ginzen
Kaiserwinkl-

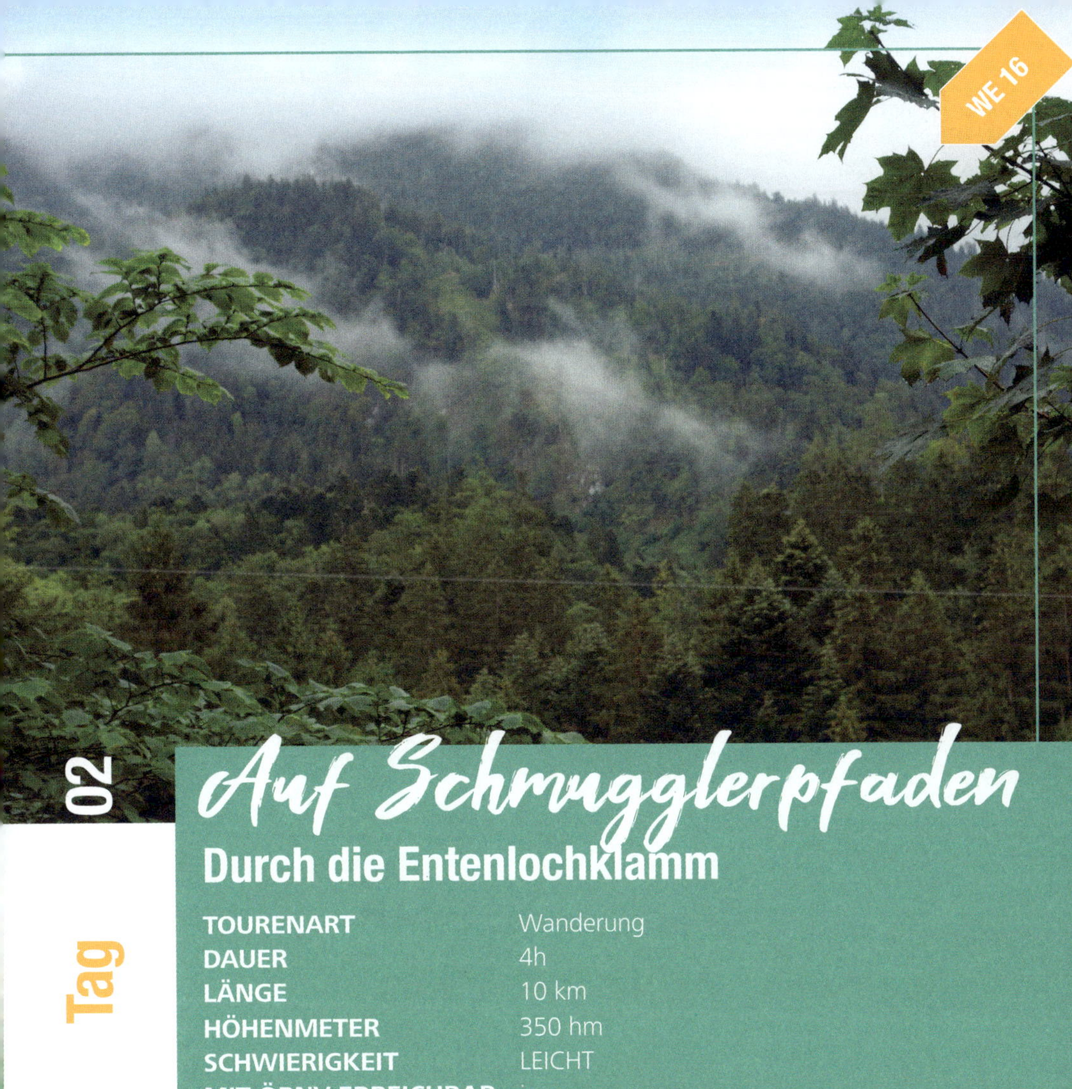

02 Tag

Auf Schmugglerpfaden

Durch die Entenlochklamm

TOURENART	Wanderung
DAUER	4h
LÄNGE	10 km
HÖHENMETER	350 hm
SCHWIERIGKEIT	LEICHT
MIT ÖPNV ERREICHBAR	ja

Das erwartet dich ...

Dein Standort ist im attraktiven Achental. Vom Weiler Ettenhausen bei Schleching wanderst du auf dem „Schmugglerweg" durch die tief eingeschnittene Entenlochklamm, auf der den Sommer über Wildwasser-Rafting stattfindet. Du kannst in der Wallfahrtskirche Klobenstein mit Biergarten einen Stopp einlegen, dann wanderst du auf der anderen Talseite über die Streichenkapelle mit tollem Blick aufs Achental wieder retour.

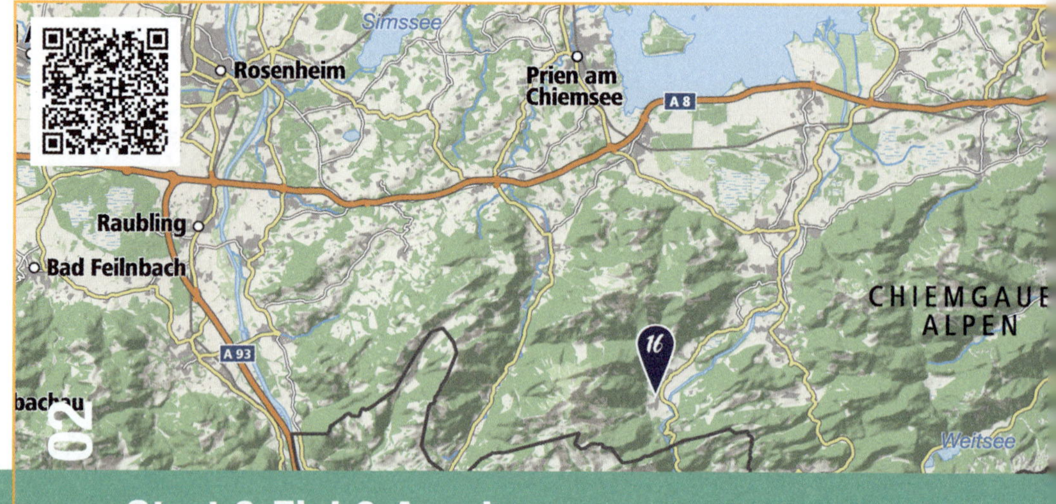

Tag 02

Start & Ziel & Anreise

Mit Bahn und Bus kommst du auf der Zugstrecke von München nach Salzburg und Umstieg in Übersee nach Ettenhausen, mit dem RVO-Bus Linie 9509. Mit dem Auto nimmst du die Ausfahrt Bernau und fährst über die B305 und Marquartstein nach Schleching und etwas weiter nach Ettenhausen.

Tourenbeschreibung

Im südlichen Chiemgau, an der Grenze zu Tirol, bewegten sich Schmuggler auf abenteuerlichen Pfaden. Heute führt ein gut begehbarer Steig durch die wilde Schlucht. Du startest mitten in Ettenhausen und wanderst die Geigelsteinstraße entlang, die sich geradeaus als Schmugglerweg fortsetzt. Der Abschnitt ist auch als „Grenzenlos-Wanderweg" markiert, denn der Weg quert die deutsch-österreichische Grenze.

Hoch erheben sich mächtige Wände links und rechts des schmalen Wegs, an den steilen Hängen ringsum wächst ein dichter Bergwald. Dampfende Schwaden steigen empor, die Sonne bricht nach und nach durch und heizt die Pflanzendecke in dem Taleinschnitt auf. Das dramatische Ambiente könnte für einen Alpenwestern nicht besser sein. In der Tat befindet man sich hier in abenteuerlicher Umgebung, denn hier war früher das Reich der Schmuggler. Geschmuggelt wurde alles Mögliche, sogar Holzkohle, wie eine Infotafel aufklärt. Eine kleine Attraktion auf dem in Ettenhausen beginnenden Weg ist das Schild an der Grenze zu Österreich: Von 6 bis 21 Uhr ist der Übertritt an dieser Stelle erlaubt. Ausweis dabei? Der Weg wird wurzeliger und enger, schlängelt sich bergab, hin zum Wildwasser. Hier ist großer Auftrieb angesagt, besser Raftingbootabtrieb: Von Kössen paddeln Gruppen in Schlauchbooten die Tiroler Achen hinunter nach Marquartstein. Über eine Brücke erreichst du die Gaststätte auf der anderen Uferseite. An dieser Engstelle findet sich der traditionelle Anziehungspunkt, die Wallfahrtskirche Klobenstein. Der Sage nach war hier eine alte Frau auf dem Weg von Kössen nach Marquartstein, als ein Felsblock auf sie stürzte. Doch der Sage nach half die Jungfrau Maria und spaltete mit einem Wunder den Fels, die Frau blieb hingegen unversehrt. Von Klobenstein gehst du ein kurzes Stück die B307 entlang Richtung Schleching, umgehst einen Tunnel und überquerst die Straße im Uhrzeigersinn, gehst dann mit einem kleinen Bergaufschwung über offenes Almengelände. Durch ein schönes Waldstück wanderst du zur magisch gelegenen Streichenkapelle mit der Gaststätte unterhalb. Die Kapelle ist rund 800 Jahre alt und genießt kunsthistorisch einen besonderen Ruf. Das Innere beherbergt kostbare Altäre, alte Fresken und kunstvolle Holzschnitzereien.

Zurück nach Ettenhausen wanderst du unschwer auf der Forststraße mit ein paar Abkürzern durch den Wald.

Autoren Tipp

Hast du beim Beobachten der Raftingboote und Wildwasserkajaks vielleicht selbst Lust auf Paddeln in der Entenlochklamm bekommen? Erfahrene Kajakler befahren die Achen (meist Wildwasser I bis II) selbständig. Einstieg ist in Kössen, Ausbooten kurz vor Schleching. Du kannst aber auch an geführten Touren ab Kössen teilnehmen, es gibt verschiedene Anbieter für die etwa dreistündige Tour mit spritzigem Paddelspaß, der auch für Anfänger geeignet ist.

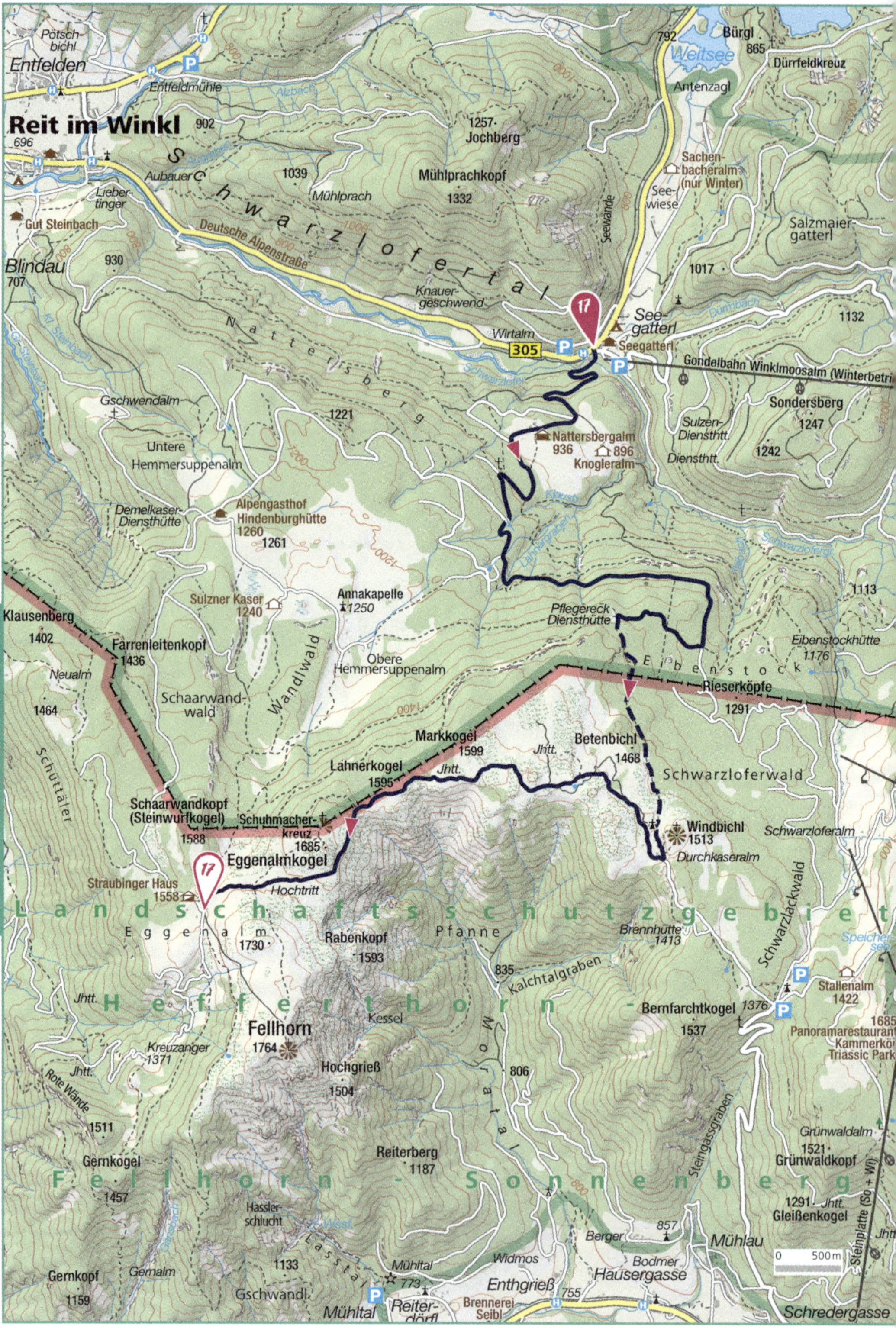

17

Reit im Winkl
696
Entfelden
Pötschbichl
Entfeldmühle
Alzbach
902
Aubauer
Lieber-tinger
Gut Steinbach
Blindau
707
930
1039
Mühlprach
Mühlprachkopf
1332
1257
Jochberg
Schwarzlofertal
Deutsche Alpenstraße
Knauer-geschwend
Wirtalm
305
Natterberg
Schwarzloferb.
Seewände
See-wiese
792
Weitsee
Bürgl
865
Dürrfeldkreuz
Antenzagl
Sachen-bacheralm (nur Winter)
Salzmaier-gatterl
1017
See-gatterl
Seegatterl
17
Gondelbahn Winklmoosalm (Winterbetrieb)
1132
Dürnbach
Sondersberg
1247
1242
Sulzen-Diensthtt.
Diensthtt.
Gschwendalm
1221
Nattersbergalm
936
896
Knogleralm
Untere Hemmersuppenalm
Demelkaser-Diensthütte
Alpengasthof Hindenburghütte
1260
1261
Klausbach
Lahnergraben
Schwarzloferb.
Annakapelle
1250
Sulzner Kaser
1240
Pflegereck Diensthütte
1113
Eibenstockhütte
1176
Klausenberg
1402
Farrenleitenkopf
1436
Neualm
1464
Schaarwand-wald
Wandlwald
Obere Hemmersuppenalm
Eibenstock
Rieserköpfe
1291
Schüttitäler
Markkogel
1599
Betenbichl
1468
Jhtt.
Schwarzloferwald
Lahnerkogel
1595
Jhtt.
Schaarwandkopf (Steinwurfkogel)
1588
Schuhmacher-kreuz
1685
Windbichl
1513
Schwarzloferalm
Durchkaseralm
Eggenalmkogel
17
Straubinger Haus
1558
Hochtritt
Landschaftsschutzgebiet
Eggenalm
1730
Rabenkopf
1593
Pfanne
Brennhütte
1413
Schwarzlackwald
Speichersee
835
Kalchtalgraben
Stallenalm
1422
Jhtt.
Heffertorn-
Kessel
Bernfarchtkogel
1537
1376
1685
Fellhorn
1764
Panoramarestaurant Kammerkö.
Triassic Park
Kreuzanger
1371
Jhtt.
Rote Wände
Hochgrieß
1504
806
Moratal
Steingassgraben
1511
Reiterberg
1187
Grünwaldalm
1521
Grünwaldkopf
Gernkogel
1457
Fellhorn-Sonnenberg
1291
Jhtt.
Gleißenkogel
Steinplatte (So + Wi)
Hasslerschlucht
Weißl.
Berger
857
Mühlau
Jhtt.
Lasstal
Widmos
Bodmer
Hausergasse
0 500 m
Gernkopf
1159
Gernalm
1133
Mühltal
773
Enthgrieß
755
Gschwandl
Mühltal
Reiter-dörfl
Brennerei Seibl
Schredergasse

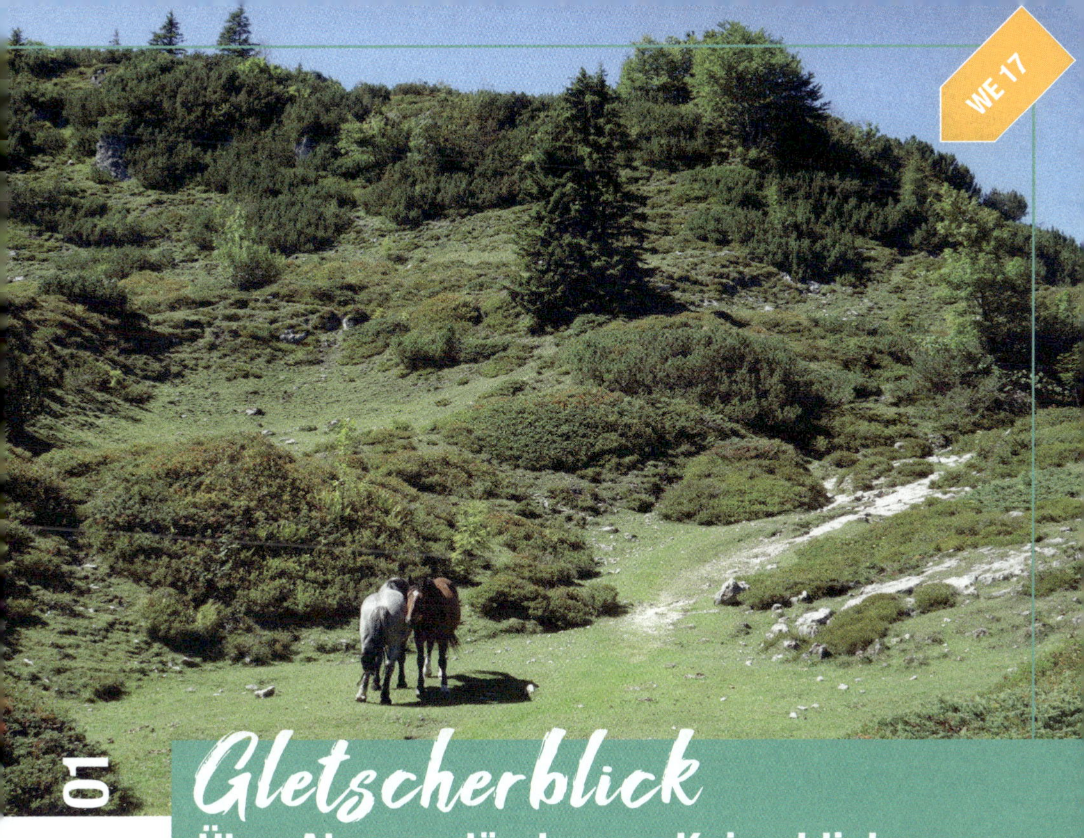

Tag 01

Gletscherblick

Über Almengelände zum Kaiserblick

TOURENART	2-Tages-Wanderung
DAUER	5h
LÄNGE	13 km
HÖHENMETER	1050 hm
SCHWIERIGKEIT	MITTEL
MIT ÖPNV ERREICHBAR	ja

Das erwartet dich ...

Nicht umsonst sind die Wanderwege oberhalb von Reit im Winkl mit „Premium" zertifiziert vom Deutschen Wanderinstitut. Zunächst durch Bergwald, dann über abwechslungsreiches offenes Gelände mit traditionellen Almen und Latschenkiefern wanderst du mit Blick auf die Loferer Steinberge auf den Fellhorngipfel mit seinem Rundum-Panorama. Die Nacht verbringst du im Straubinger Haus.

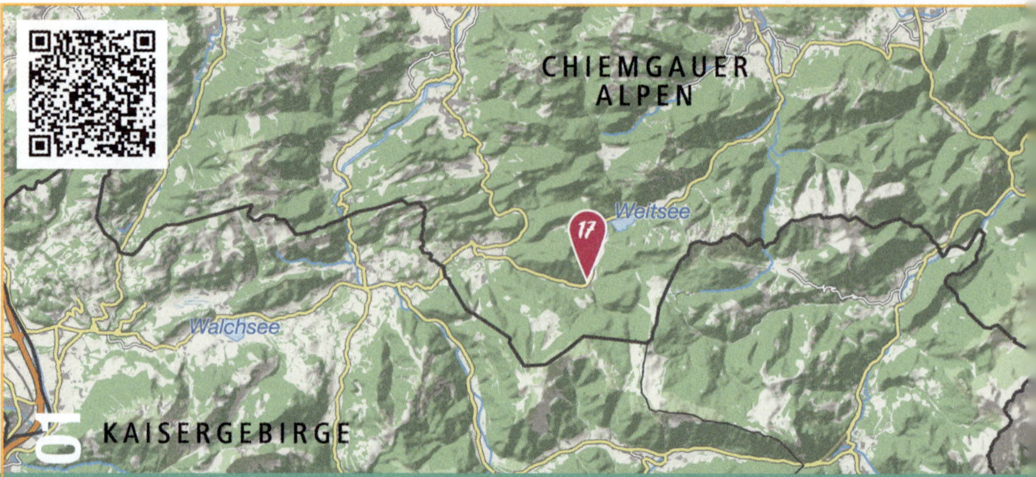

Tag 01

CHIEMGAUER ALPEN

Weitsee

17

Walchsee

KAISERGEBIRGE

Start & Ziel & Anreise

Mit Bahn und Bus kommst du auf der Zugstrecke von München nach Salzburg und Umstieg in Prien nach Reit im Winkl (RVO-Bus 9505), an der Tourist-Info steigst du um zum Seegatterl (RVO-Bus 9506). Mit dem Auto nimmst du die Ausfahrt Bernau und fährst über die B 305 und Marquartstein nach Reit im Winkl, alternativ über Kufstein und Kössen. Am Seegatterl Parkplätze. Hüttenreservierung siehe www.straubingerhaus.at (an DAV-Ausweis und Hüttenschlafsack denken).

Tourenbeschreibung

Von der Bushaltestelle orientierst du dich an der örtlichen Beschilderung zur Nattersbergalm (Weg R131), auf 1050 Metern Höhe an der Verzweigung gehst du links auf dem Weg R13 weiter, dann wieder links auf dem R132, der nur sanft ansteigt. Nach einer halben Gehstunde durch einen nicht ganz so spannenden Bergwaldbestand und fast höhengleich geht es rechts steiler hoch und mit dem Weg R18 nach rechts kommst du zur Pflegereck-Diensthütte mit ihrem Trinkwasserbrunnen – ein recht angenehmer Platz für eine Verschnaufpause! Von hier nicht zur Hemmersuppenalm, sondern nach Süden auf dem Premiumwanderweg „Gl" für „Gletscherblick".

Jetzt kommen die tollsten Abschnitte der Tour, das Gelände wird offener und das Bild des Waldes spannender und zunehmend lichter. Der Weg schlängelt sich durch wunderschöne Lärchenbestände, vom Offengelände aus weitet sich die Aussicht, die spektakulären Wände der Loferer Steinberge vor Augen. Ausweis dabei? Schilder weisen auf den Grenzübertritt zwischen Deutschland und Österreich hin. Es zeigt sich, warum diese alpine Route vom Deutschen Wanderinstitut 92 von 100 möglichen Punkten zugesprochen bekam. „Ein absolut herausragendes Ergebnis", lobt das Deutsche Wanderinstitut insbesondere die zu bestaunenden „Landschaftsbilder", die überaus „romantische Wegeführung" und die „wunderbaren Fernblicke" des Premiumwanderweges. Beinah kitschig wirkt das Gelände der Durchkaseralmen, wo gerne Pferde am Wegrand stehen und ein Gefühl von Harmonie von Mensch und Natur vermitteln. In offenem Latschengelände und passagenweise an einer steilen Kante entlang, aber gut zu gehendem Weg, im Westen die Kampenwand und der Spitzstein, zieht der Bergpfad Richtung Eggenalm und Straubinger Haus. Ein Abzweig leitet auf das Fellhorn, den Gipfel kannst du ganz normal bewandern: Von dort aus ist der Rundblick genial – das Panorama präsentiert die schroffen Wände des Wilden Kaisers, die Steinplatte und die Loferer Steinberge, steil aufragend über den grünen Tälern.

Der Abstieg ist schnell erledigt, unterhalb des Aussichtsbergs liegt deine Unterkunft. Hier auf dem Straubinger Haus mischen sich Tagestourer und Übernachtungsgäste, allmählich weicht die Sonne einer gelassenen Abendstimmung. Es ist toll, einfach Zeit zu haben und länger oben zu bleiben, zumal Speckknödelsuppe, lustige Hüttengespräche und das eine oder andere Weißbier den Abend würzen.

Panoramablick am Fellhorn

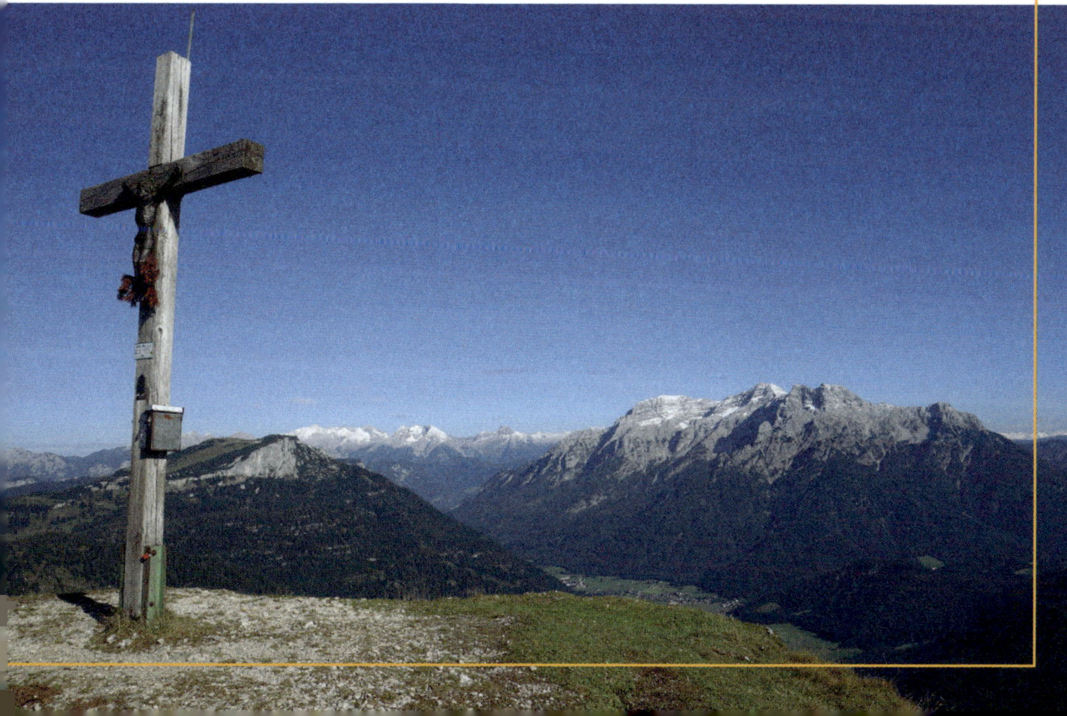

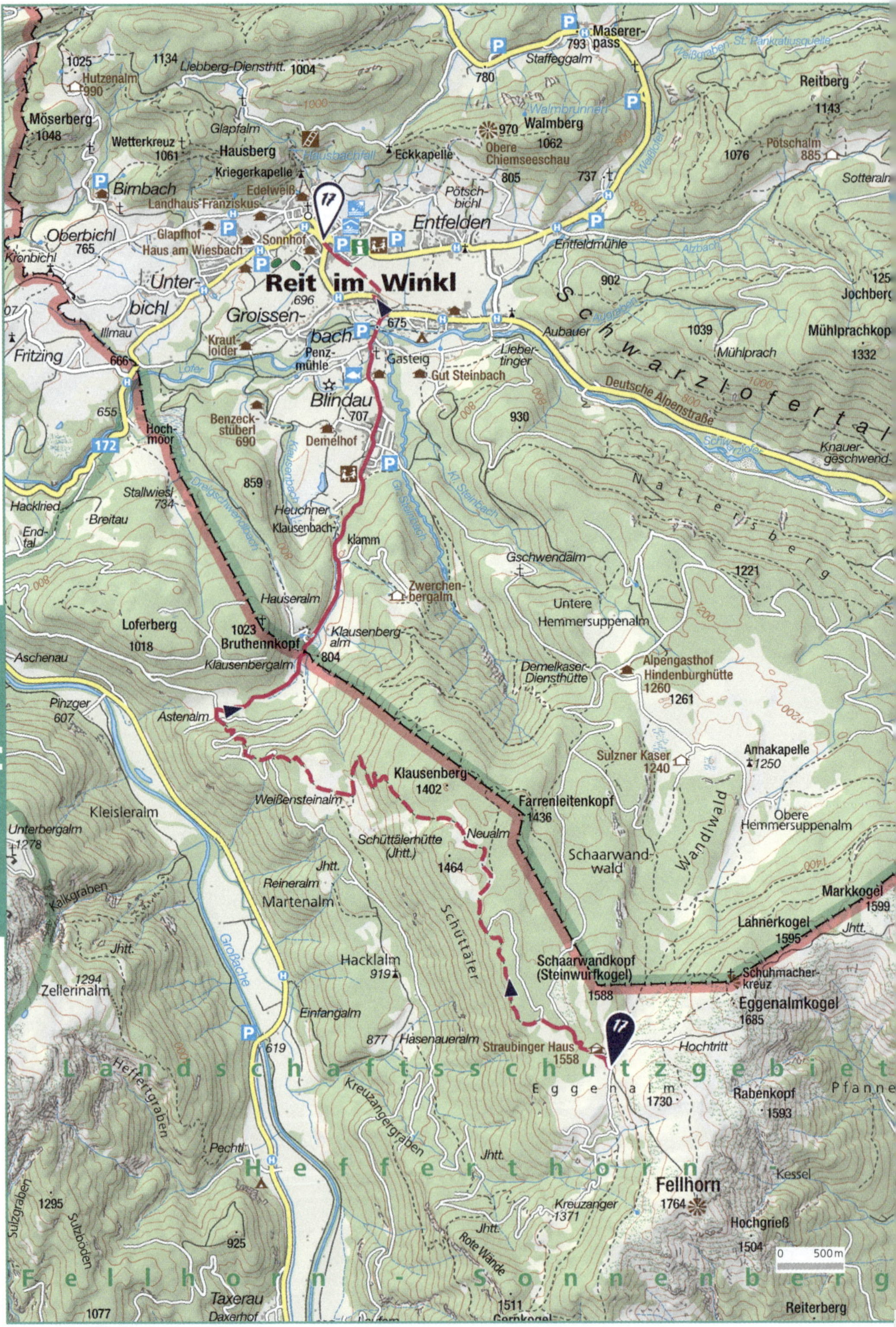

17

Reit im Winkl
696
Entfelden
Maserer-pass
793
Staffeggalm
Reitberg
1143
Walmberg
970
1062
Obere Chiemseeschau
805
737
Pötschalm
885
1076
Sotteralm
Pötsch-bichl
Entfeldmühle
Möserberg
1048
Hutzenalm
990
1025
1134
Liebberg-Diensthtt. 1004
Glapfalm
Wetterkreuz
1061
Hausberg
Hausbachfall
Eckkapelle
Kriegerkapelle
Birnbach
Edelweiß
Landhaus Franziskus
Oberbichl
765
Glapfhof
Sonnhof
Haus am Wiesbach
Kronbichl
Unter-bichl
Groissen-bach
675
Illmau
Fritzing
666
Kraut-loider
Penz-mühle
Gasteig
Gut Steinbach
Lieber-tinger
Aubauer
902
1039
Mühlprach
Jochberg
Mühlprachkopf
1332
S c h w a r z l o f e r t a l
Deutsche Alpenstraße
Knauer-geschwend
Blindau
707
930
655
Hoch-moor
172
Benzeck-stüberl
690
Demelhof
Stallwiesl
734
Hacklried
Breitau
End-tal
859
Heuchner
Klausenbach-klamm
N a t t e r s b e r g
Gschwendalm
1221
Zwerchen-bergalm
Untere Hemmersuppenalm
Hauseralm
Loferberg
1018
1023
Bruthennkopf
Klausenberg-alm
804
Klausenbergalm
Aschenau
Demelkaser-Diensthütte
Alpengasthof Hindenburghütte
1260
1261
Pinzger
607
Astenalm
Sulzner Kaser
1240
Annakapelle
1250
Klausenberg
1402
Weißensteinalm
Farrenleitenkopf
1436
Kleisleralm
Unterbergalm
1278
Schüttälerhütte (Jhtt.)
Neualm
1464
Schaarwand-wald
Wandlwald
Obere Hemmersuppenalm
Reineralm
Martenalm
Kalkgraben
Jhtt.
Schüttaler
Markkogel
1599
Lahnerkogel
1595
Jhtt.
Hacklalm
919
1294
Zellerinalm
Großache
Schaarwandkopf (Steinwurfkogel)
1588
Schuhmacher-kreuz
Eggenalmkogel
1685
Einfangalm
619
877
Hasenaueralm
Straubinger Haus
1558
Hochtritt
L a n d s c h a f t s s c h u t z g e b i e t
Eggenalm
1730
Rabenkopf
1593
Pfanne
Heffertgraben
Kreuzangergraben
Jhtt.
Pechtl
H e f f e r t h o r n
Fellhorn
1764
Kessel
Kreuzanger
1371
Hochgrieß
1504
Sulzgraben
1295
Sulzboden
925
Jhtt.
Rote Wände
0 500 m
F e l l h o r n - S o n n e n b e r g
Taxerau
Daxerhof
1077
1511
Gernkogel
Reiterberg

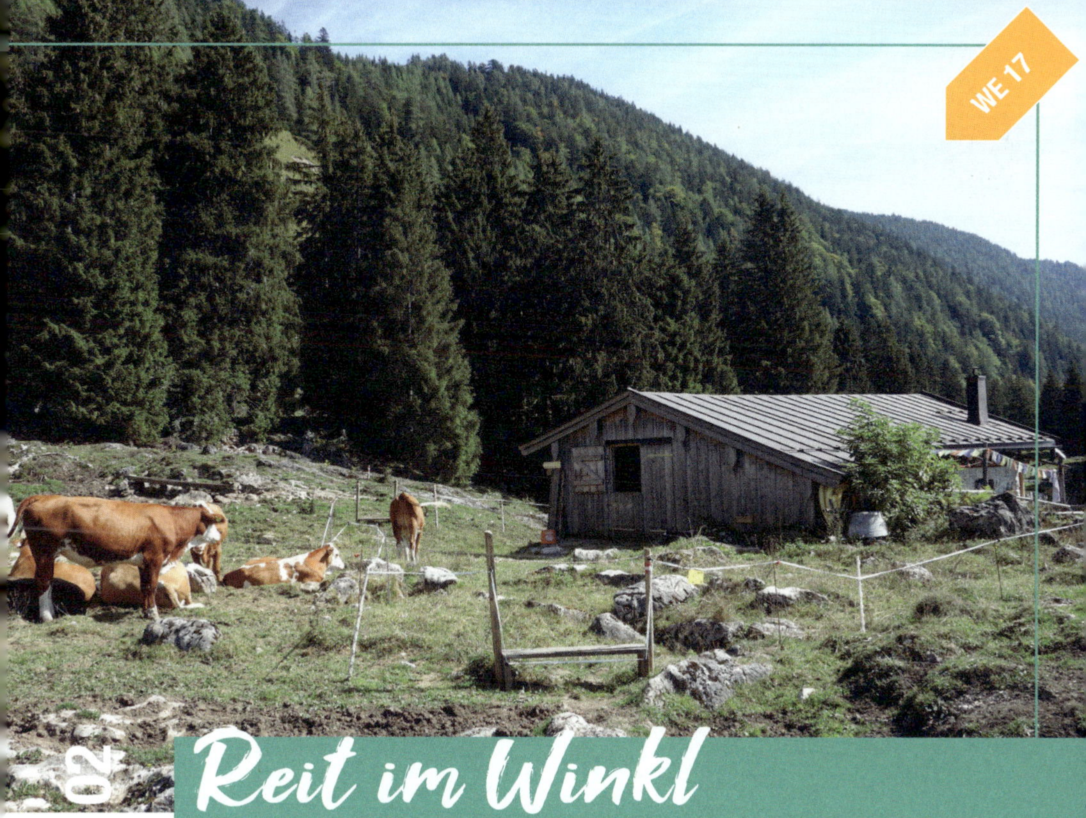

WE 17

Tag 02

Reit im Winkl

Vom Straubinger Haus nach Reit im Winkl

TOURENART	2-Tages-Wanderung
DAUER	5h
LÄNGE	11 km
HÖHENMETER	850 hm
SCHWIERIGKEIT	MITTEL
MIT ÖPNV ERREICHBAR	nein

Das erwartet dich ...

Zunächst einmal ein grandioser Anblick des Wilden Kaisers vom Straubinger Haus aus! Diese Abstiegstour hat ihre Reize: Auf schmalen Bergwanderwegen läufst du durch Bergwald und Almengelände bergab, auf dem Weg nach Reit im Winkl durchstreifst du noch die landschaftlich sehenswerte Klausenbachklamm. Vorsicht: Bei feuchten Verhältnissen gehst du besser auf dem Hauptweg Nr.152 (oder auch 153) zur Hindenburg-Hütte und nimmst den Bus-Shuttle ins Tal.

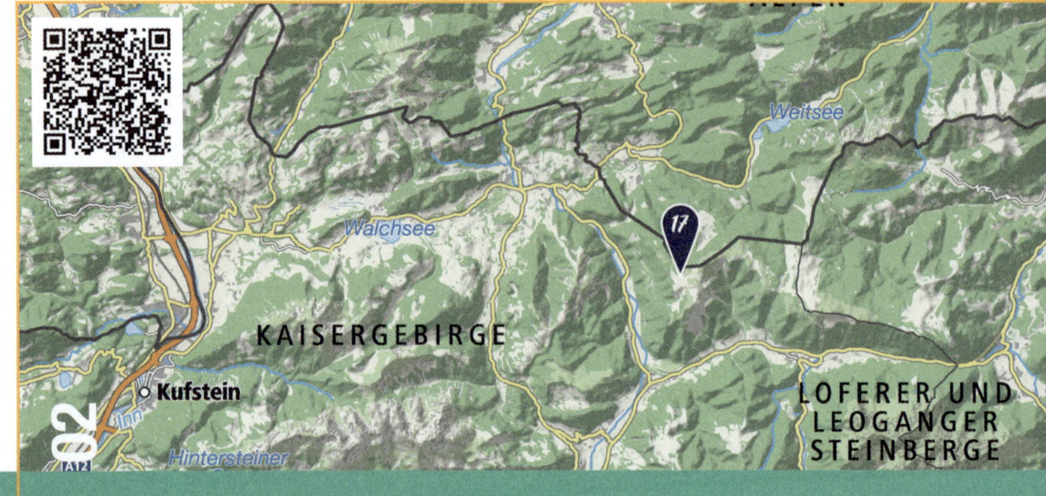

Tag 02

Start & Ziel & Anreise

Du bist sowieso schon „oben am Berg", wo du im Straubinger Haus übernachtet hast. Ab Reit im Winkl kannst du mit dem RVO-Bus zurück nach Prien am Chiemsee fahren, oder du steigst in den Bus zum Seegatterl, wo Dein Auto steht.

Tourenbeschreibung

Du orientierst dich am Straubinger Haus für den Abstieg nach Reit im Winkl nach Norden und für die ersten Meter an der örtlichen Beschilderung zur Hindenburg-Hütte (Weg 153 und SH). Nach etwa 400 Metern auf dem Hauptweg ab dem Straubinger Haus kommt ein Linksabzweig. Sanft abfallend wanderst du noch durch Offengelände und dann durch ein Waldstück zur wildromantisch gelegenen und nicht mehr genutzten Neualm hinab, die auf einer verwunschenen Waldlichtung steht. Von hier geht es auf österreichischem Staatsgebiet steiler die Westflanke des Klausenbergs hinab in westlicher Richtung zur Weißensteinalm. Du bist auf diesem Stück im Wald auf einem schmalen Bergpfad unterwegs, der bei Durchfeuchtung äußerst unangenehm sein kann – Vorsicht! Von hier läufst du weiter bergab bis in eine Senke, der „SH-Weg" schneidet bis hier mehrfach andere Wege mit den Nummern 50 und 248. In der Senke auf etwa 800 Metern Höhe gehst du nach rechts, in dem Tälchen mit schönem freien Gelände liegt die

Klausenbergalm, jetzt bist du wieder auf der bayerischen Seite. Auf breitem Forstweg mit den Markierungen „Kl" für Klausenbachklamm, R17 und dem bisherigen „SH" kommst du zu einem markanten, schluchtartigen Einschnitt – es ist die Klausenbachklamm. Wild und düster ist die Umgebung, früher verlief hierdurch ein Schmugglerweg. Hier rauscht der Klausenbach ungebremst hinab auf seinem Weg zur Lofer, wo er dann weiter nördlich mündet.

Du wanderst über Brücken und Stege mit Geländern und Holzstufen auf dem „Premiumwanderweg Klausenbachklamm" durch dieses wilde Areal. Von Reit im Winkl aus verläuft auch ein dreieinhalbstündiger Rundweg durch das Gebiet. Die Klamm ist nicht besonders lang, aber doch landschaftlich beeindruckend. Nach der Durchquerung kommst du zum Reit im Winkler Ortsteil Blindau und bist wieder auf Asphalt unterwegs, von hier läufst du etwa eine halbe Stunde bis zum Ortskern von Reit im Winkl, recht schön ist es vom Ortsteil Groissenbach über das „Wimmerkreuz".

Falls du noch Zeit und Energie hast, dann peile doch das Zentrum mit der Kirche an. Ein paar Meter weiter hangaufwärts kannst du noch den „Barfußpfad" testen, der dich über verschiedene Arten Untergrund führt. Volles Verständnis aber auch für diejenigen, die nach dem Abstieg ihre Füße nur in das Kneipp-Becken halten!

Autoren Tipp

Bei guter Kondition und an einem langen Sommertag könntest du die Tour aufs Fellhorn auch ohne Übernachtung angehen, Grundlage ist der Premiumweg „Almgenuss". Um Höhenmeter und die Gehstücke durch die untere Waldstufe zu sparen, nutzt du den Shuttle-Service mit geländegängigen Kleinbussen von der Tourist-Info zur Hindenburg-Hütte. Über obere Hemmersuppenalm und Weg R15 kommst du zum Straubinger Haus und zum Fellhornaufstieg, auf dem Weg R152 (alternativ R153) retour zur Hindenburghütte.

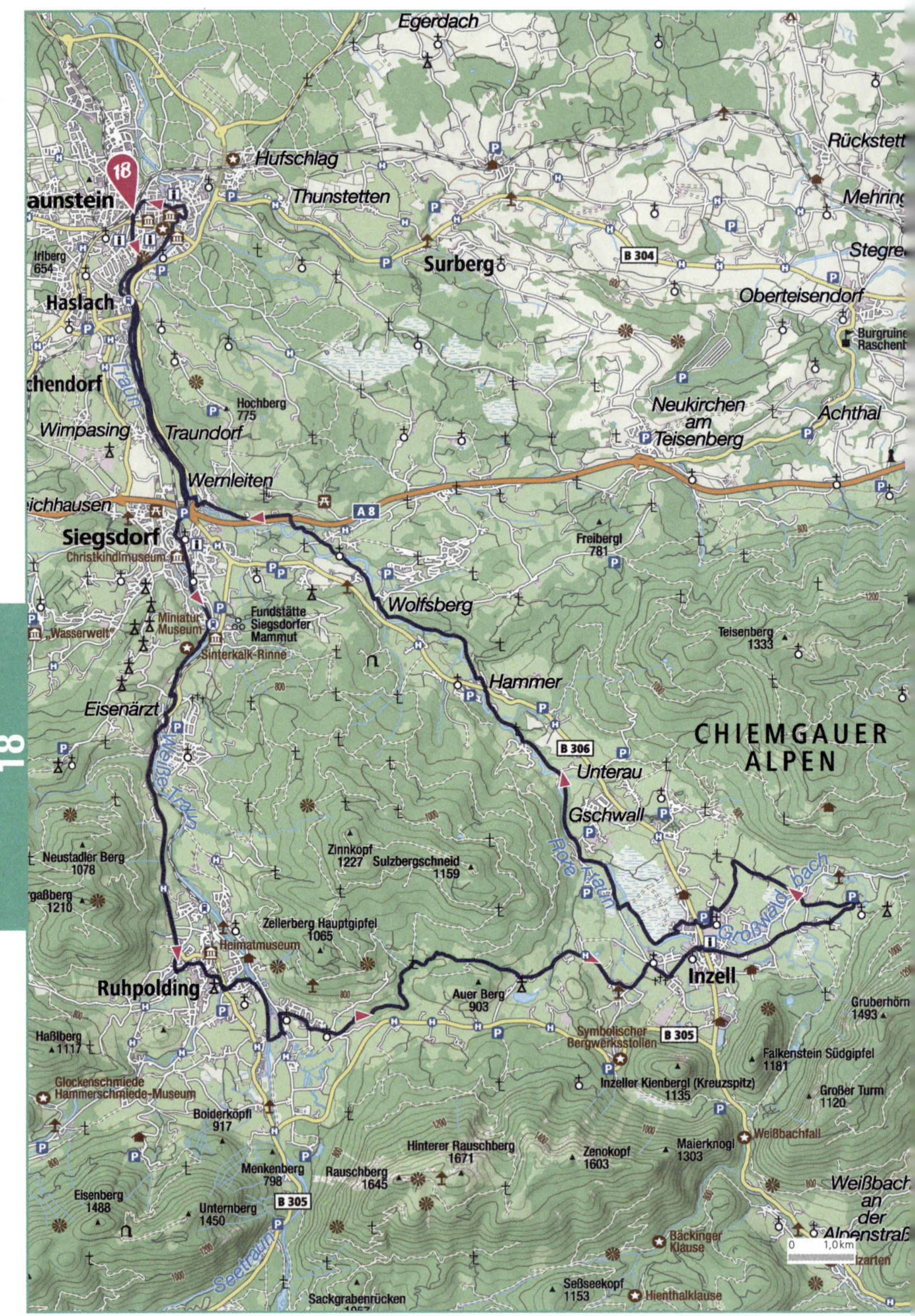
Egerdach
Hufschlag
Thunstetten
Rückstett
Mehring
Stegre
aunstein
18
Irlberg
654
Haslach
Surberg
B 304
Oberteisendorf
Burgruine Raschenb
chendorf
Traun
Hochberg
775
Neukirchen am Teisenberg
Achthal
Wimpasing
Traundorf
Wernleiten
eichhausen
A 8
Siegsdorf
Christkindlmuseum
Freibergl
781
Wolfsberg
Miniatur-Museum
"Wasserwelt"
Fundstätte Siegsdorfer Mammut
Sinterkalk-Rinne
Teisenberg
1333
Hammer
Eisenärzt
CHIEMGAUER ALPEN
B 306
Unterau
Weiße Traun
Gschwall
Rote Traun
Neustadler Berg
1078
Zinnkopf
1227
Sulzbergschneid
1159
rgaßberg
1210
Großwaldbach
Zellerberg Hauptgipfel
1065
Heimatmuseum
Ruhpolding
Inzell
Auer Berg
903
Gruberhörn
1493
Haßlberg
1117
Symbolischer Bergwerksstollen
B 305
Falkenstein Südgipfel
1181
Glockenschmiede Hammerschmiede-Museum
Inzeller Kienbergl (Kreuzspitz)
1135
Großer Turm
1120
Bolderköpfl
917
Weißbachfall
Hinterer Rauschberg
1671
Zenokopf
1603
Maierknogl
1303
Menkenberg
798
Rauschberg
1645
Eisenberg
1488
Unternberg
1450
B 305
Weißbach an der Alpenstraß
Seetraun
Bäckinger Klause
0
1,0 km
Seßseekopf
1153
Hienthalklause
Sackgrabenrücken

18

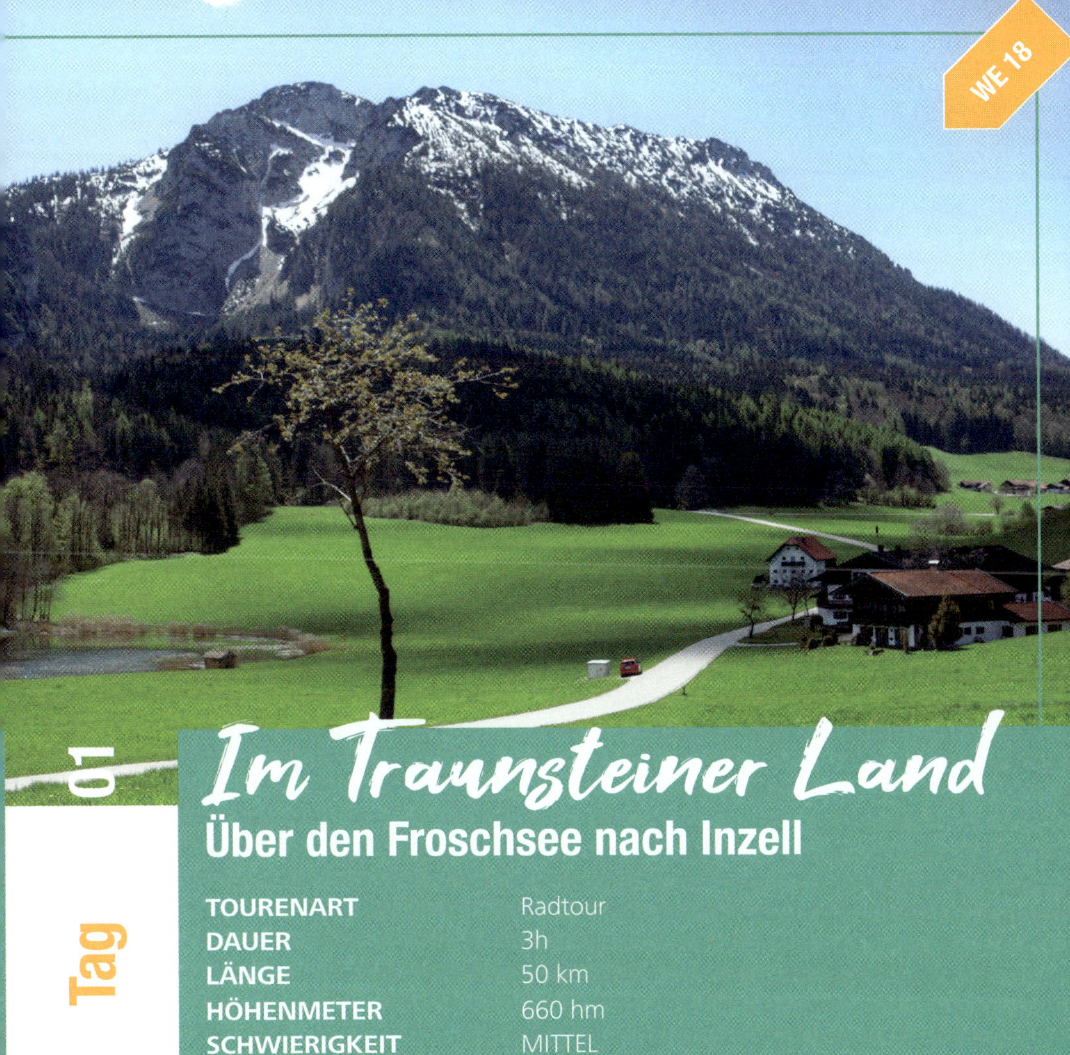

WE 18

Tag 01

Im Traunsteiner Land

Über den Froschsee nach Inzell

TOURENART	Radtour
DAUER	3h
LÄNGE	50 km
HÖHENMETER	660 hm
SCHWIERIGKEIT	MITTEL
MIT ÖPNV ERREICHBAR	ja

Das erwartet dich ...

Entlang der Traun radelst du von Traunstein aus mit dem MTB, Gravelbike oder E-Bike nach Ruhpolding. Durch ein Waldstück und mit gewisser Steigung kommst du am Froschsee vorbei – Badegelegenheit! Durch Inzell radelst du weiter zum Weiler Einsiedl – hier ist der Wendepunkt: Ab hier geht es landschaftlich sehr schön retour durch ein Filzengebiet nach Traunstein.

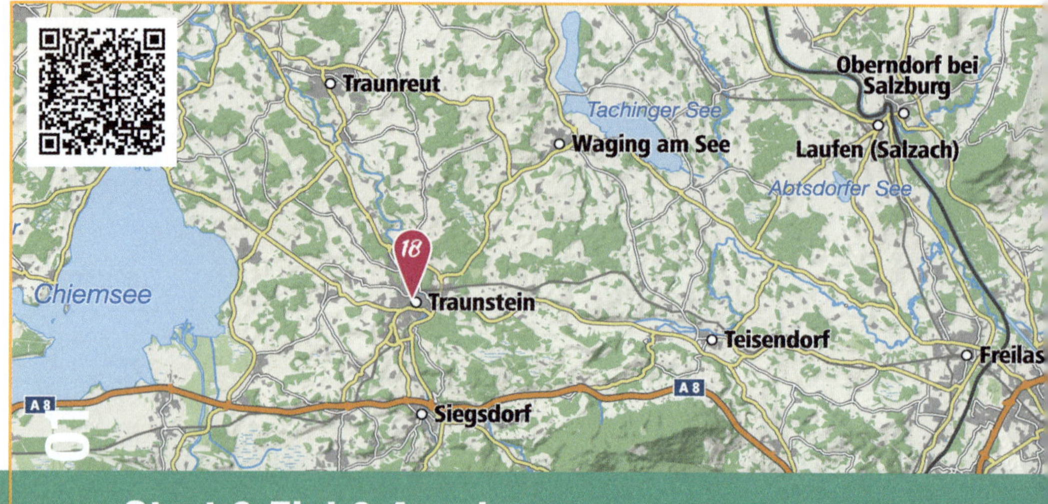

Tag 01

Start & Ziel & Anreise

Nach Traunstein kommst du gut mit der Bahn auf der Strecke München–Salzburg, die Regionalzüge der Bayerischen Regiobahn haben reichlich Fahrradstellplätze. Vermeide aber typische Pendlerzeiten, also nicht ab 17 Uhr werktags von München aus Richtung Salzburg, sonst kann es trotzdem eng werden.

Tourenbeschreibung

Vom Traunsteiner Bahnhof aus hältst du dich entlang des Holzhammerwegs, er leitet dich parallel zur Bahnlinie nach Ruhpolding hinunter zum Ufer des Haslacher Mühlbachs. Diesen querst du, kurz danach auch die Bahn, und folgst der Bahn jetzt auf der linken Seite entlang der Traun, einem idyllischen Alpenflüsschen. In Siegsdorf kannst du das Mammut-Museum besuchen, welches anschaulich über die Eiszeit und über spektakuläre frühgeschichtliche Funde in der Region informiert. Mal über Waldwege, mal entlang der Straße fährst du durch Eisenärzt und kommst mitten nach Ruhpolding hinein. Hier gibt es viele Einkehrstationen, falls du eine Pause brauchst.

Am Bahnhof und an einem Kreisverkehr entlang, dann über die Brücke der Urschlauer Achen und scharf links. Jetzt durch Zell mit der auffälligen Kirche Sankt Valentin, am östlichen Ortsende biegst du links ab in den Bergweg. Ab Infang zieht die Radroute bergan, was aber mit einer vernünftigen Gangschaltung kein Problem ist. Es geht hier auf einem manchmal holprigen Forstweg durch den Wald – Kühlung an heißen Tagen! Nach der Anstrengung hast du dir einen Sprung in den Froschsee verdient! Im Ortszentrum von Inzell fährst du die Adlgasser Straße über Breitmoos nach Einsiedl – ein zauberhafter Ort in toller Lage und mit historischer Bedeutung. Von hier über Teisenberg, Schwimmbadstraße und den Auweg in die kleine, aber sehr schöne Inzeller Filze. Auf einem traumhaften Radweg flitzt du leicht bergab nach Hammer und entlang der roten Traun durch Heutau, dann unter der A8 durch, und folgst rechts der Traun radelnd der Beschilderung nach Traunstein zurück. Auf Höhe der Daxerau querst du die Traun, radelst am linken Ufer weiter und kommst über den Triftweg und die Mittlere Hofgasse steil hinauf zum Stadtplatz – Zeit für Belohnung mit einem Cappuccino im Ensemble der Inn-Salzach-Architektur, von hier unschwer zum Bahnhof zurück. Traunstein ist stark geprägt vom „weißen Gold", dem Salz.

Du kannst dir hier die alte Saline anschauen, wo früher die Salzsole verdampft wurde, industriegeschichtlich sehr interessant. In Traunstein gibt es auch einige Triftbäche, denn für das Sieden das Salzes benötigte man viel Holz, welches angetriftet wurde. Die Stadt hat ein schönes Ambiente, es gibt regionale Gastronomie und eine aktive Szene für Live-Musik.

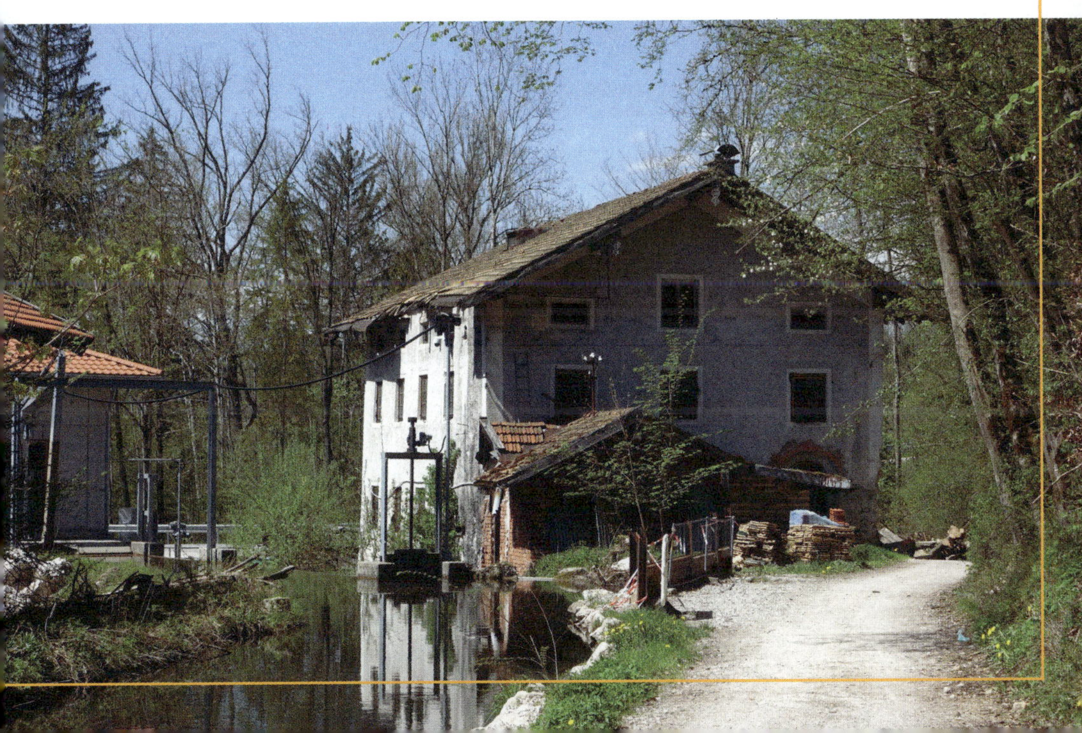

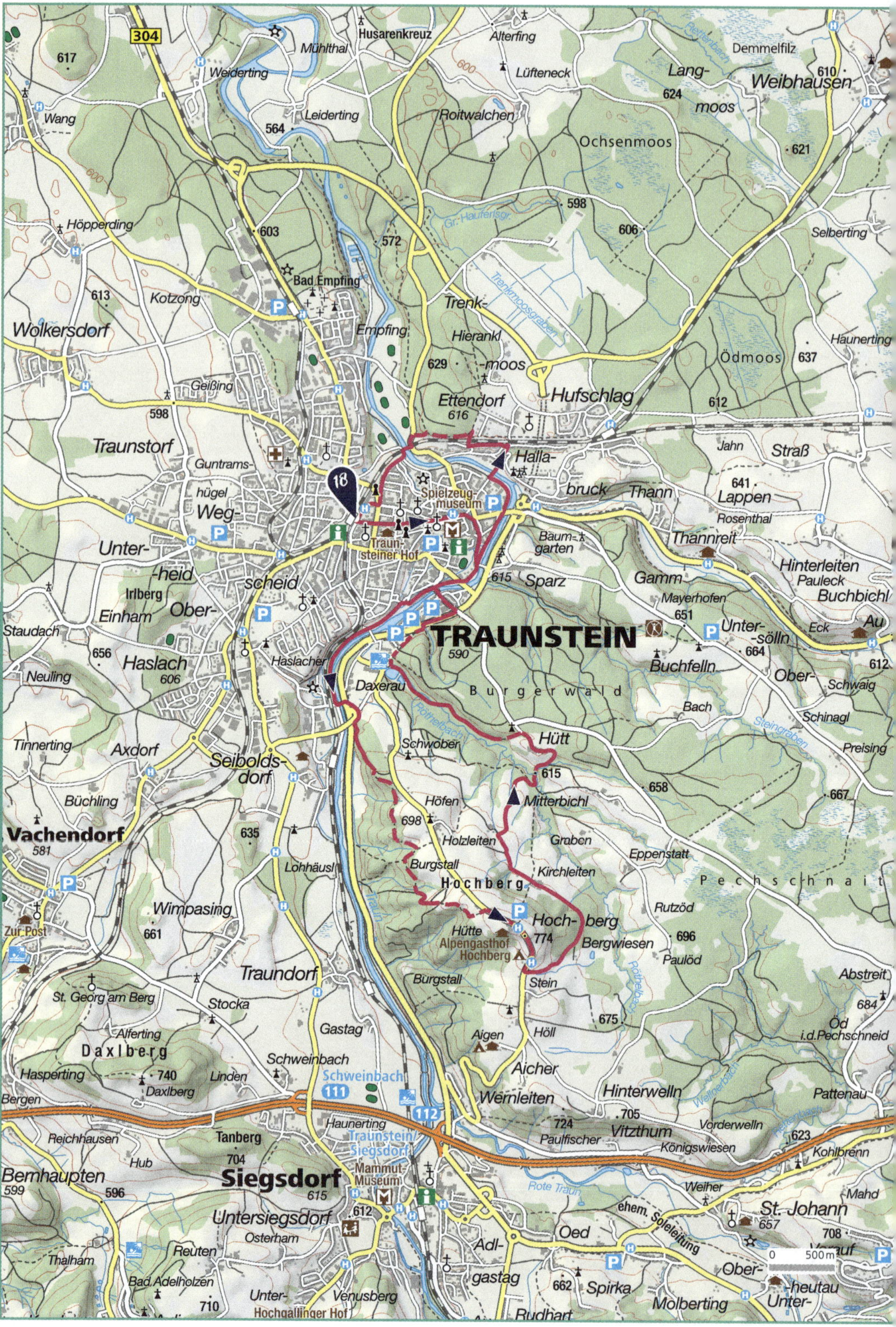

18

304
617
Mühlthal
Husarenkreuz
Alterfing
Lüfteneck
Demmelfilz
Lang-
moos
624
Weibhausen
610
Weiderting
Wang
564
Leiderting
Roitwalchen
Ochsenmoos
621
600
Höpperding
603
572
Gr. Hauerlsgr.
598
606
Selberting
Bad Empfing
613
Kotzong
Trenk-
Trenkmoosgraben
Wolkersdorf
Empfing
Hierankl
Haunerting
629
-moos
Ödmoos
637
Geißing
Ettendorf
616
Hufschlag
612
598
Traunstorf
Guntrams-
hügel
Jahn
Straß
Halla-
bruck
Thann
641
Lappen
Rosenthal
Spielzeug-
museum
Weg-
Unter-
-heid
Traun-
steiner Hof
Baum-
garten
Thannreit
Hinterleiten
Pauleck
615
Sparz
Gamm
Buchbichl
Irlberg
Ober-
scheid
Einham
Mayerhofen
651
Unter-
-söllin
Eck
Au
Staudach
TRAUNSTEIN
590
664
656
Haslach
606
Haslacher
Buchfelln
Ober-
612
Neuling
Daxerau
Burgerwald
Schwaig
Bach
Schinagl
Tinnerting
Axdorf
Seibolds-
dorf
Schwober
Hütt
615
Steingraben
Preising
Mitterbichl
658
667
Büchling
Höfen
Vachendorf
581
635
698
Holzleiten
Graben
Eppenstatt
Burgstall
Hochberg
Kirchleiten
Pechschnait
Lohhäusl
Rutzöd
Wimpasing
Hütte
Hoch-
berg
661
Alpengasthof
Hochberg
774
Bergwiesen
696
Paulöd
Zur Post
Traundorf
Bürgstall
Stein
Abstreit
St. Georg am Berg
Stocka
684
Alferting
Gastag
675
Öd
i.d.Pechschneid
Daxlberg
Aigen
Höll
Hasperting
740
Daxlberg
Linden
Schweinbach
Schweinbach
Aicher
Bergen
111
Wernleiten
Hinterwelln
Pattenau
112
705
Reichhausen
Haunerting
724
Vitzthum
Vorderwelln
Traunstein/
Siegsdorf
Paulfischer
Königswiesen
623
Tanberg
704
Kohlbrenn
Bernhaupten
599
Hub
596
Siegsdorf
615
Mammut-
Museum
Rote Traun
Weiher
Mahd
Untersiegsdorf
612
ehem. Soleleitung
St. Johann
657
Osterham
Oed
708
Reuten
Adl-
Thalham
Bad Adelholzen
gastag
Ober-
-heutau
Unter-
710
Unter-
Venusberg
662
Spirka
Molberting
Hochgalling Hof
Rudhart
0
500 m

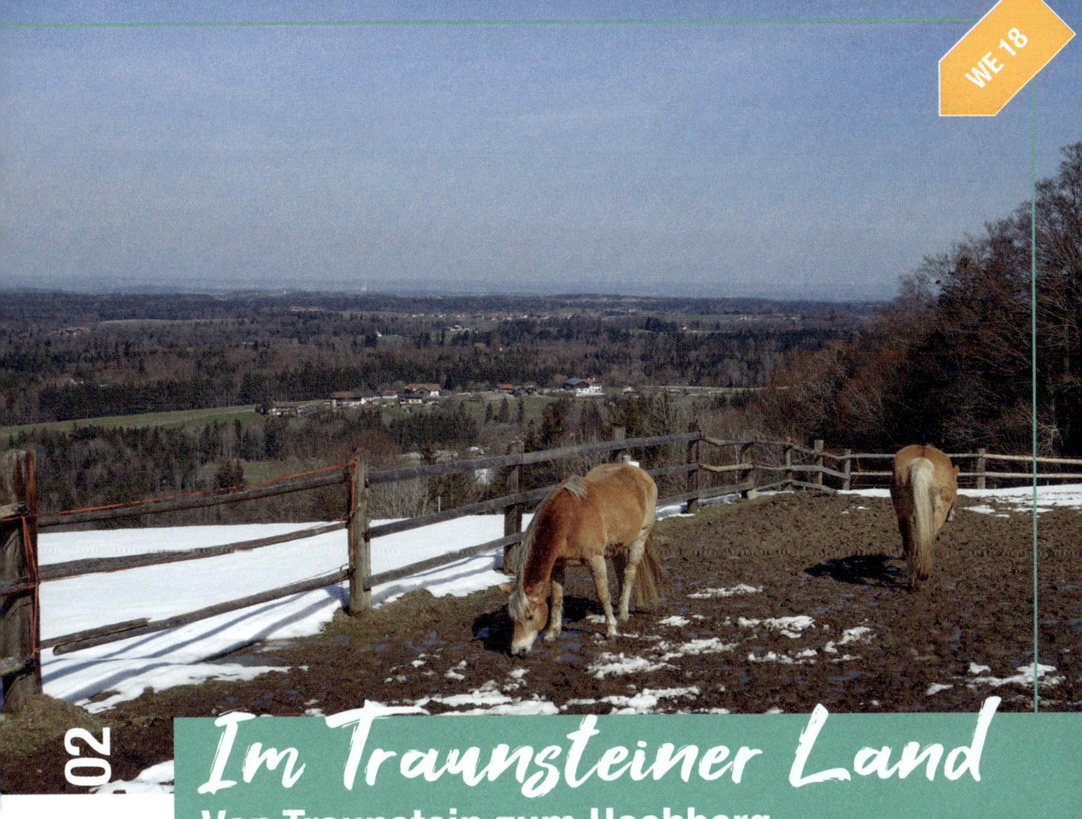

WE 18

Tag 02

Im Traunsteiner Land

Von Traunstein zum Hochberg

TOURENART	Wanderung
DAUER	3h
LÄNGE	14 km
HÖHENMETER	220 hm
SCHWIERIGKEIT	LEICHT
MIT ÖPNV ERREICHBAR	ja

Das erwartet dich ...

Von der Stadtmitte Traunsteins aus erkundest du zunächst das Ufer der Traun und steigst dann durch ein Waldstück auf. Der Hochberg ist der Hausberg Traunsteins – von hier hast du einen tollen Blick in die Berge hinein samt Einkehrstation und attraktivem Biergarten. Auf dem Rückweg kommst du durch ein reizvolles Bachtal und als Clou begutachtest du noch von der Weinleite aus die attraktive Lage Traunsteins.

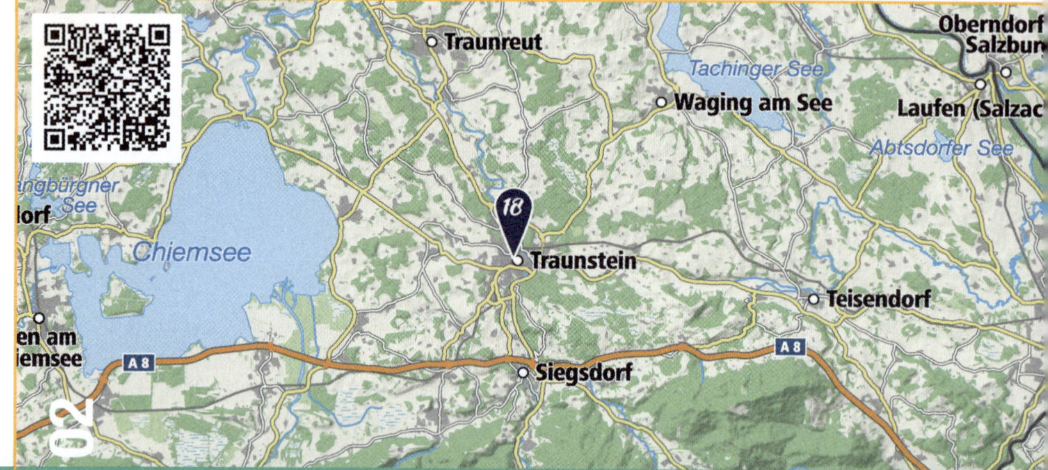

Tag 02

Start & Ziel & Anreise

Nach Traunstein kommst du gut mit der Bahn auf der Strecke München–Salzburg. Parkplätze gibt es unterhalb der Altstadt in dem Straßenzug Scheibenstraße und Botenwirtsgasse.

Tourenbeschreibung

Vom Bahnhof aus kommend, läufst du durch die Bahnhofstraße und durchquerst den Stadtpark, der „innere Kern" Traunsteins ist der pittoreske Stadtplatz mit viel Gastronomie und Platz zum Bummeln. Über die Straße Kniebos und dann rechts durch den Weg „Hinter der Veste" und Traunerstraße kommst du zur Traun. Den Fluss querst du auf dem Haslacher Steg und unterquerst kurz darauf die Staatsstraße, der Hochberg ist ausgeschildert.

Auf einem Treppenweg geht es jetzt steil weiter und du wanderst in einem Waldstück meist bergauf, mit ein paar kleinen Abstiegspassagen. Kurz vor dem Wendepunkt der Wanderung, dem Hochberg, erreicht der Wanderweg das Teersträßchen und du kommst an Pferdekoppeln vorbei zum Wirtshaus mit seinem Biergarten in bester Lage. Von hier bietet sich dir ein Top-Panoramablick in die Chiemgauer Berge. Auch falls du nicht einkehren willst oder die Gaststätte gerade geschlossen ist, gibt es an den Wiesen unterhalb Rastplätze mit bester Aussicht. Du gehst nach verdienter Pause ein Stück bergab und zweigst auf das Teersträßchen nach links ab; Richtung Bergwiesen, Kirchleiten und Holzleiten. An den Häusern von Holzleiten wanderst du rechts bergab und querst in der Talachse den Röthelbach. Durch den Wahlsperger Graben kommst du zu den Häusern von Hütt, gleich danach biegst du links in einen schmalen Trail ein.

Jetzt kommt der schönste Abschnitt der Tour, der Weg folgt dem Röthelbach und trifft ein Stück weiter wieder auf Asphalt, und du passierst den Röthelbachweiher, der im Winter zum Eisstockschießen dient. Jetzt hinter dem Traunsteiner Schwimmbad auf dem Tannhäuserweg entlang, leider stört die nahe Hauptverkehrsstraße. Von dieser kommst du weg, wenn du sie über die Bürgerwaldstraße querst, danach wanderst du über die Traun. Du folgst jetzt einfach der Traun auf dem Fuß- und Radweg für ein langes Stück, machst deren Linksbogen mit bis zur Brücke auf Höhe der Gassstraße. Über die Brücke und den Ettendorfer Weg hinauf kommst du zur Bahnlinie, die du unterquerst. Gleich an der Bahn links verläuft ein wunderbarer Fußweg entlang des Waldstücks, mehrere Bänke laden ein zur Panoramaschau auf die Kreisstadt Traunstein mit ihrer tollen Lage vor den Bergen.

Hinunter zur Fußgängerbrücke und dann rechts leicht bergauf durch die Obere Hammerstraße kommst du retour zum Traunsteiner Bahnhof.

Autoren Tipp

In Traunstein informiert das Brauereimuseum in der Hofgasse über die Kunst des Brauens. Auch das Schäfflern und Pichen, also die traditionelle Herstellung von Fässern, ist ein Thema. Im Brauereimuseum kannst du an einer Führung mit anschließender Verkostung teilnehmen, Infos unter www.hb-ts.de. In Brauerei-Ambiente und zwischen kupfernen Sudkesseln sitzt es sich gut beim Schnitzlbaumer, wo es außer einem preisgekrönten Weißbier auch Craft-Biere gibt sowie regionale Küche. www.schnitzlbaumer.de.

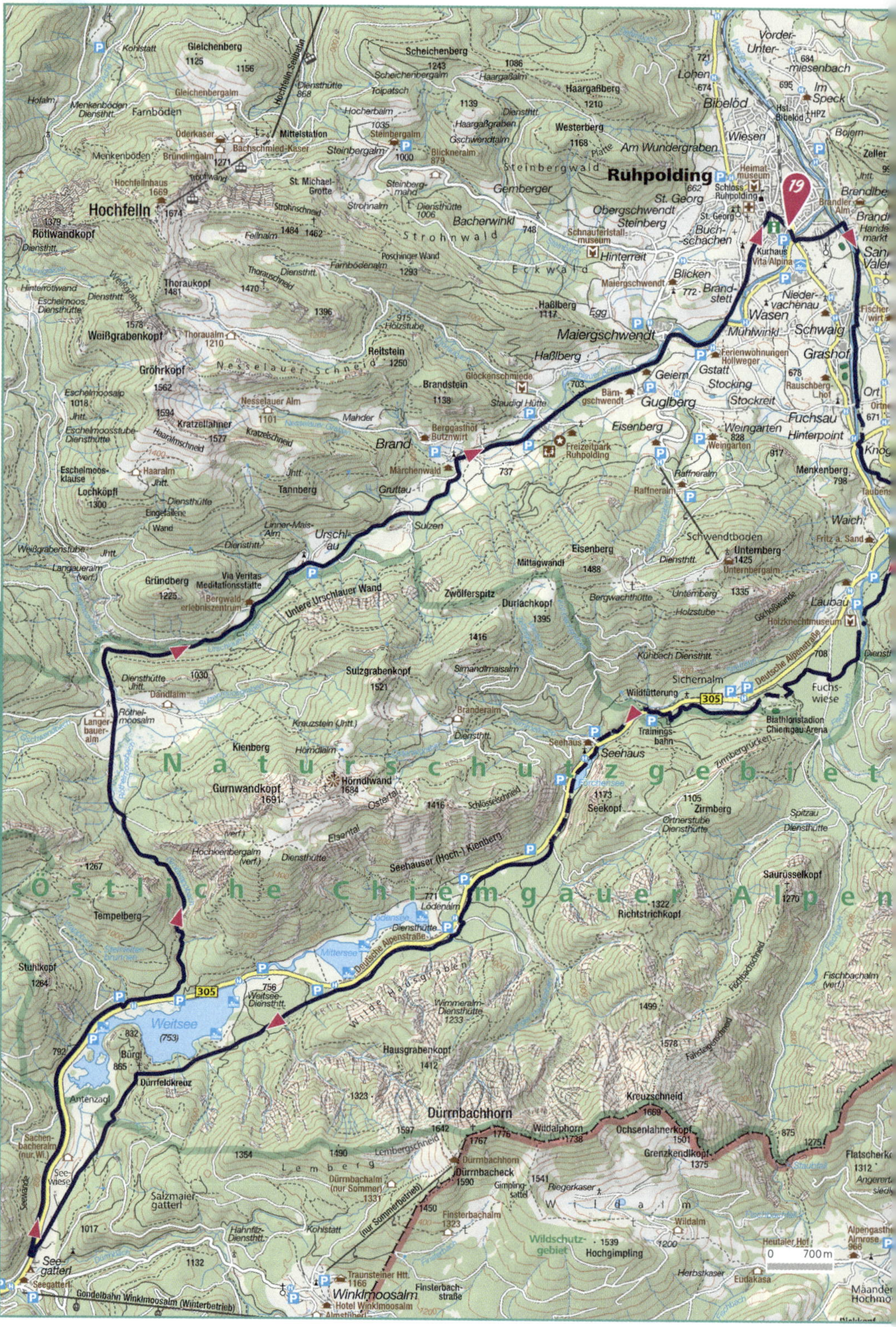
Ruhpolding
19
Hochfelln
Rötlwandkopf
Thoraukopf
Weißgrabenkopf
Gröhrkopf
Gleichenberg
Scheichenberg
Haargaßberg
Westerberg
Steinbergwald
Gemberger
Strohnwald
Eckwald
Bacherwinkl
Maiergschwendt
Haßlberg
Brandstein
Brand
Reitstein
Nesselauer Schneid
Nesselauer Alm
Kratzellahner
Tannberg
Urschlau
Untere Urschlauer Wand
Sulzgrabenkopf
Zwölferspitz
Durlachkopf
Eisenberg
Mittagwandl
Guglberg
Geiern
Stocking
Stockreit
Fuchsau
Hinterpoint
Weingarten
Menkenberg
Waich
Laubau
Unternberg
Schwendtboden
Sichernalm
Fuchswiese
Biathlonstadion Chiemgau-Arena
Seehaus
Seekopf
Zirmberg
Naturschutzgebiet
Östliche Chiemgauer Alpen
Gurnwandkopf
Hörndlwand
Kienberg
Seehauser (Hoch-) Kienberg
Richtstrichkopf
Saurüsselkopf
Tempelberg
Stuhlkopf
Weitsee
Mittersee
Lödensee
Lödenalm
Deutsche Alpenstraße
305
Bürgl
Dürrnfeldkreuz
Antenzagl
Hausgrabenkopf
Dürrnbachhorn
Dürrnbacheck
Wildalphorn
Ochsenlahnerkopf
Grenzkendlkopf
Kreuzschneid
Hochgimpling
Wildschutzgebiet
Lemberg
Salzmaiergatterl
Seegatterl
Winklmoosalm
Traunsteiner Htt.
Hotel Winklmoosalm
Gondelbahn Winklmoosalm (Winterbetrieb)
Finsterbachstraße
Seewiese
Wiesen
Bibelöd
Lohen
Vorder-Unter-miesenbach
Im Speck
Zeller
Brandlberg
Heimatmuseum
Schloss Ruhpolding
St. Georg
Obergschwendt
Steinberg
Buchschachen
Hinterreit
Kurhaus Vita Alpina
Blicken
Brandstett
Niedervachenau
Wasen
Mühlwinkl
Schwaig
Grashof
Freizeitpark Ruhpolding
Holzknechtmuseum
0 700 m

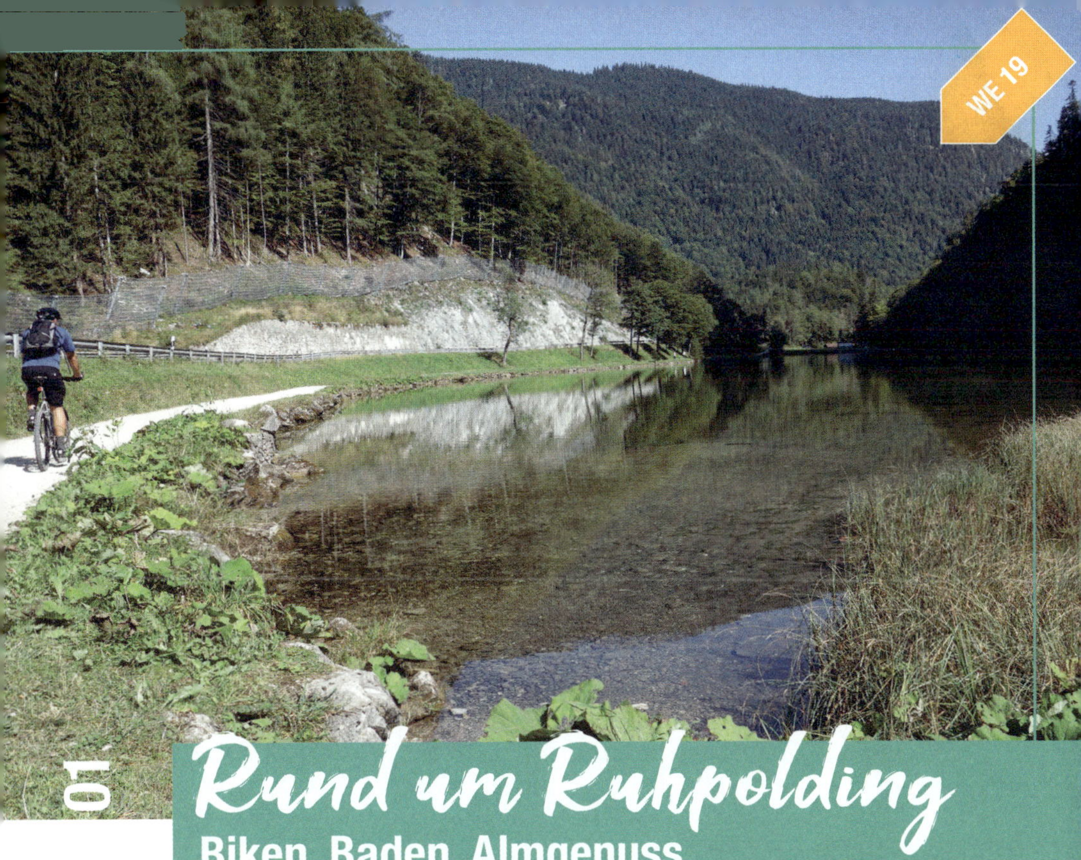

Tag 01

Rund um Ruhpolding

Biken, Baden, Almgenuss

TOURENART	Mountainbiketour
DAUER	4h
LÄNGE	35 km
HÖHENMETER	500 hm
SCHWIERIGKEIT	LEICHT
MIT ÖPNV ERREICHBAR	ja

Das erwartet dich …

Ruhpolding ist ein Top-Standort für verschiedenste Unternehmungen in den Chiemgauer Bergen. Tolle Aussichtsgipfel ringsum und dazu die Seenplatte von Löden-, Mitter- und Weitsee, die dem Taleinschnitt in Richtung Reit im Winkl den Beinamen „Klein-Kanada" eingebracht hat. Wir biken entlang der Seen, unternehmen einen „Einihupf"-Abstecher und erkunden das Almengelände Röthelmoos – eine Biketour mit allem Drum und Dran!

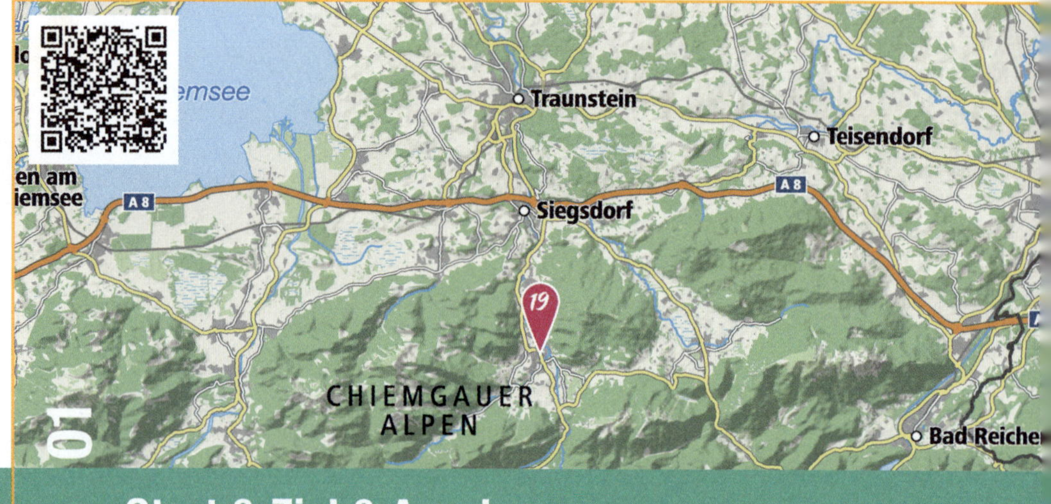

Tag 01

Start & Ziel & Anreise

Du startest am Bahnhof Ruhpolding. Dorthin kommst du ebenfalls mit Bahnanreise von Traunstein aus, welches an der Bahnstrecke München–Salzburg liegt.

Tourenbeschreibung

„Klein-Kanada", so lautet eine treffende Bezeichnung für die Seenplatte zwischen Ruhpolding und Reit im Winkl. In einem langgestreckten Tal breiten sich Löden-, Mitter- und Weitsee aus und verströmen vor allem im Spätsommer eine Vorstellung vom „Indian Summer" des amerikanischen Nordwestens. Die leuchtenden Farben der umgebenden Mischwälder, markante Gipfel wie die Hörndlwand und naturnahe, nicht überlaufene Badeufer garnieren die Genusstour. Dank moderater Steigungen und meist feinschottrigem Untergrund könnte man die Runde auch mit einem guten Trekkingrad fahren, griffige Bremsen vorausgesetzt.

Von Ruhpolding aus folgst du einfach der Radl-Beschilderung nach Reit im Winkl, entlang der Seetraun passierst du das Biathlon-Stadion. Übrigens schnaufte auf dieser Strecke mal eine Schmalspurbahn zwischen den beiden Fremdenverkehrsorten. Ein kleiner Vorbote der Seenplatte ist der kleine Förchensee, der auch im

Winter nie zufriert. Die Route verläuft südlich und mit etwas Auf und Ab entlang der Seen, von denen Löden- und Mittersee ineinander übergehen. Ein steiler Rechtsabzweig bringt die Biker zum „Bürgl", einem Aussichtspunkt mit tollem Blick über das gesamte Ambiente. Man könnte weiter nach Reit im Winkl, aber diese Tour umrundet die Ausläufer des Weitsees, dessen Wasserqualität vom Nordwestufer freilich schwimmenderweise getestet werden muss – hier warten kleine Badestrände hinter dem Ufergehölz. Gestärkt vom mitgebrachten Biker-Picknick nimmst du im rechten Winkel zur Talstraße den Wander- und Radweg in Angriff Richtung Röthelmoos. Entlang des heimatfilmtauglichen Wappachs und zwischen Tempel- und Kienberg hinauf erreichst du das weite Hochtal des Röthelmoos, das im Kontrast steht zur mächtigen Gurnwand. Einkehrschwung? Gerne, Langenbauer- und Dandlalm bieten almtypische Brotzeiten und Getränke. Aber nicht übertreiben mit dem Weißbier, denn die folgende längere Downhillpassage hat es in sich – konzentrieren und auf Wanderer aufpassen! Am Urschlauer Achen und durch Brand mit seinem Märchenwald rollst du nach Ruhpolding zurück, wo du die wegtrainierten Kalorien gleich wieder bei der „Windbeutelgräfin" auffüllen kannst.

Fazit: Biken, Schwimmen, Einkehrschwung – ein wildromantischer Genusstriathlon in toller Landschaft und mit wenig PKW-Begegnungen.

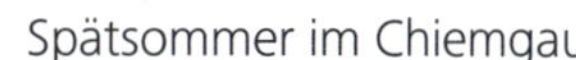

Spätsommer im Chiemgau

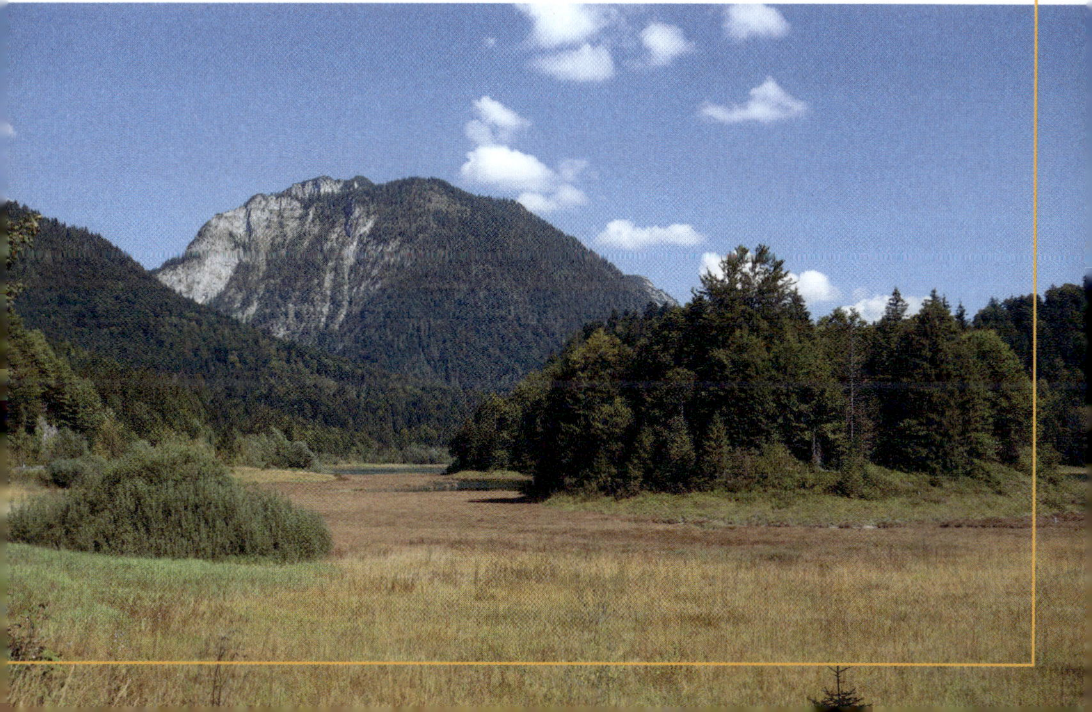

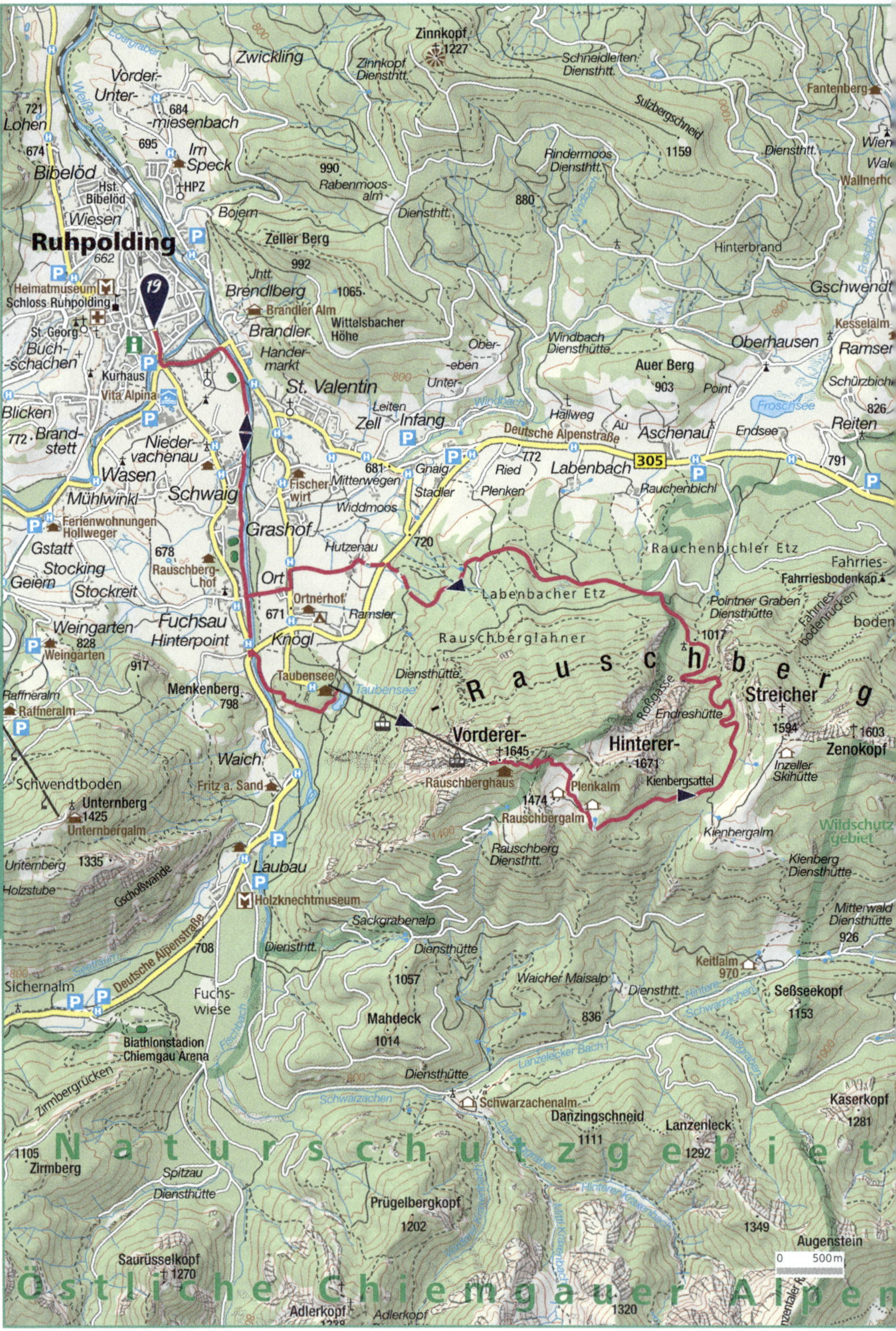

19

Zinnkopf 1227
Zinnkopf Diensthtt.
Schneidleiten-Diensthtt.
Eggergraben
Zwickling
Vorder-
Unter-
684
-miesenbach
Lohen 721
674
695
Im Speck
HPZ
Bibelöd
Hst. Bibelöd
Wiesen
Ruhpolding 662
Weiße Traun
Sulzbergschneid
1159
Fantenberg
Wien
Wallnerhof
Rindermoos Diensthtt.
Diensthtt.
990
Rabenmoos-alm
Diensthtt.
880
Windbach
Bojern
Zeller Berg
992
Jhtt.
Brendlberg
1065
Brandler Alm
Brandler
Wittelsbacher Höhe
Hinterbrand
Froschbach
Gschwendt
Heimatmuseum
Schloss Ruhpolding
St. Georg
Buch-schachen
Kurhaus
Vita Alpina
Handermarkt
St. Valentin
Ober-eben
Unter-
Windbach Diensthütte
Auer Berg 903
Oberhausen
Kesselalm
Ramsen
Point
Schürzbichl
Froschsee
826
Blicken
772 Brand-stett
Nieder-vachenau
Wasen
Mühlwinkl
Schwaig
Leiten
Zell
Infang
Windbach
Hallweg
Au
Aschenau
Endsee
Reiten
Deutsche Alpenstraße
305
772
791
Ried
Labenbach
Rauchenbichl
681
Gnaig
Mitterwegen
Fischerwirt
Stadler
Plenken
Widdmoos
Ferienwohnungen Hollweger
Gstatt
Stocking
Geiern
Stockreit
678
Rauschberghof
Grashof
Hutzenau
720
Rauchenbichler Etz
Fahrries-
Fahrriesbodenkap.
Ort
Ortnerhof
671
Ramsler
Labenbacher Etz
Pointner Graben Diensthütte
Fahrriesbodenrücken
boden
Weingarten 828
Weingarten
Fuchsau
Hinterpoint
Knogl
Rauschberglahner
1017
917
Menkenberg 798
Taubensee
Taubensee
Diensthütte
Rauschberg
Roßgasse
Streicher
Raffneralm
Raffneralm
Endreshütte
1594
1603
Zenokopf
Vorderer- 1645
Hinterer- 1671
Waich
Inzeller Skihütte
Schwendtboden
Unternberg 1425
Unternbergalm
Fritz a. Sand
Rauschberghaus
Plenkalm
Kienbergsattel
1474
Rauschbergalm
Kienbergalm
Wildschutzgebiet
1400
Rauschberg Diensthtt.
Kienberg Diensthütte
Unternberg
1335
Laubau
Holzstube
Gschoßwände
Holzknechtmuseum
Sackgrabenalp
Mitterwald Diensthütte
926
Diensthtt.
Diensthütte
708
Deutsche Alpenstraße
Keitlalm 970
Sichernalm
Fuchs-wiese
1057
Waicher Maisalp
Diensthtt.
Seßseekopf 1153
Biathlonstadion Chiemgau Arena
Mahdeck 1014
836
Lanzelecker Bach
Zirmbergrücken
Diensthütte
Schwarzachen
Schwarzachenalm
Danzingschneid 1111
Kaserkopf 1281
Naturschutzgebiet
1105 Zirmberg
Lanzenleck 1292
Spitzau
Diensthütte
Prügelbergkopf 1202
1349
Augenstein
Saurüsselkopf 1270
0 500 m
Östliche Chiemgauer Alpen
Adlerkopf
Adlerkopf
1320

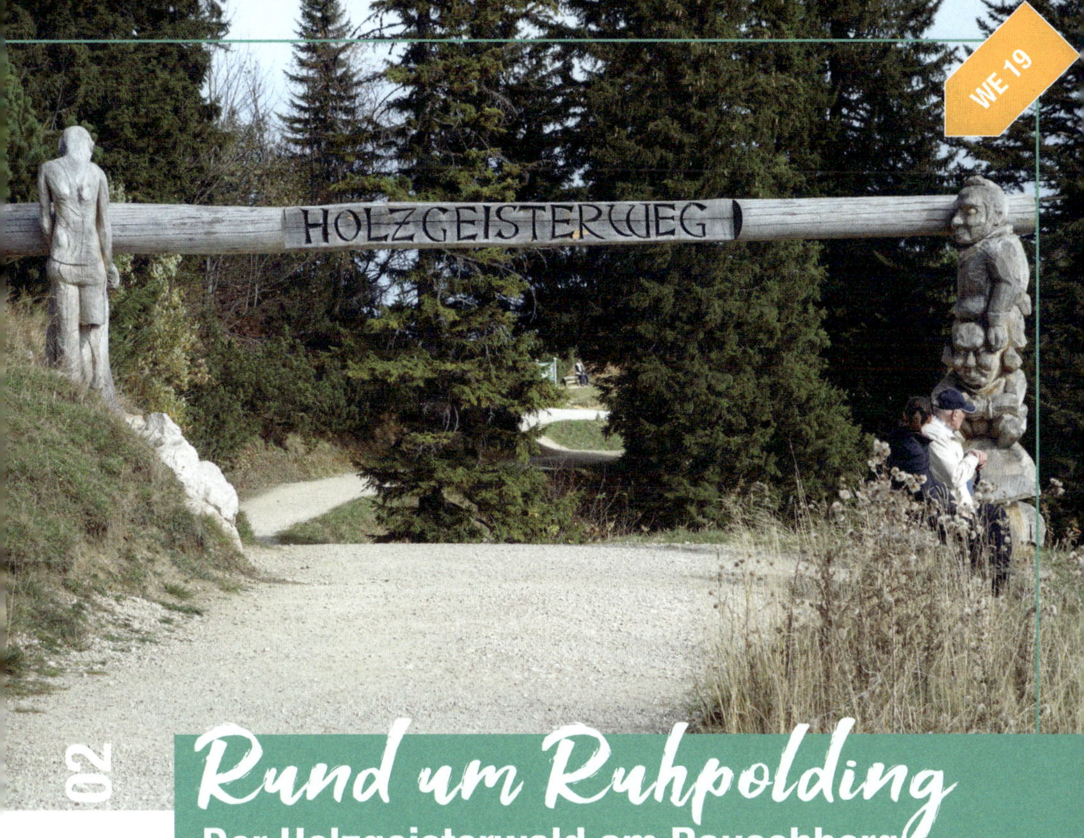

02 Tag

Rund um Ruhpolding

Der Holzgeisterwald am Rauschberg

TOURENART	Wanderung
DAUER	5h
LÄNGE	15 km
HÖHENMETER	970 hm Abstieg
SCHWIERIGKEIT	LEICHT
MIT ÖPNV ERREICHBAR	ja

Das erwartet dich ...

Der Rauschberg ist dank der Seilbahn einer der vielbesuchten Aussichts- und Ausflugsberge der Chiemgauer Alpen. Bereits von der Seilbahn aus bieten sich Ausblicke in das wilde, alpine Gelände. Oben am Berg gibt es viel Kunst zu entdecken: Walter Angerer der Jüngere hat die Kletterlegenden der „Huber-Buam" verewigt sowie ein riesiges Ohr als Skulptur am Berg geschaffen, zudem grüßen die „Holzgeister". Ein langer Abstieg durch den Bergwald bringt dich zurück nach Ruhpolding.

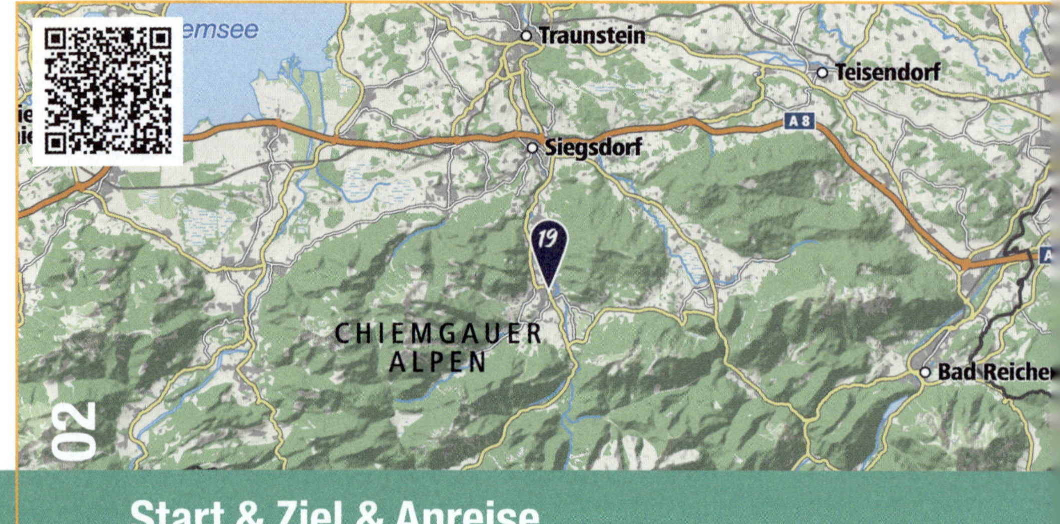

Tag 02

Start & Ziel & Anreise

Mit der Bahn mit Umsteigen über Traunstein nach Ruhpolding, dann mit Bus 9533 oder der Dorflinie zur Talstation der Rauschbergbahn. Mit dem Auto von Ruhpolding Richtung Reit im Winkl zur Talstation. Oder zu Fuß die Traun entlang – ein schöner längerer Spaziergang.

Tourenbeschreibung

An der Traun herrscht Stille. Abseits des Autoverkehrs ist ein Spaziergang an dem Flüsschen ein Genuss. An der Traun entlang erreicht man die Station der Rauschbergbahn nach einer entspannenden Wanderstunde vom Bahnhof Ruhpolding aus.

Die älteren Kabinen rumpeln noch leicht rustikal bergauf, doch Investitionen stehen an – die Betreiber planen einen Ausbau der Kapazitäten. Nach luftiger Fahrt, etwas Geschaukel an den Stützpfeilern und launigen Erklärungen zur Landschaft vom Seilbahnführer bist du auf 1635 Höhenmetern angekommen. Der Name Rauschberg stammt übrigens aus dem Bergbau. In der Umgebung von Ruhpolding trifft man immer wieder auf Zeugnisse des ehemaligen Erzbergbaus. Die schweren Bestandteile, die beim Waschen des Gesteins als erste absinken, werden Rauschen genannt. Am Inzeller Kienberg, einem Teil des Rauschbergmassivs, wurden bis Mitte des neunzehnten Jahrhunderts Blei und Zink abgebaut.

Wie auf anderen Chiemgaubergen auch gibt es ein Gipfelrestaurant mit Kaiserschmarrn, ein Gipfelkreuz und den einen oder anderen Gleitschirmflieger, der sich in die Tiefe schwingt – alles ganz normal. Oder doch nicht? Denn der Rauschberg bietet Besonderheiten, die einen schon in der Bergstation begrüßen – der Berg ist ein Kunstrevier. Walter Angerer der Jüngere, Komponist und Kulturpreisträger des Bezirks Oberbayern, hat die „Kunstmeile" am Berg geprägt. Porträts von Papst Benedikt und der „Huaber Buam" gibt es zu sehen, doch besonders eindrucksvoll ist das Fraßbild „Adams Hand", eine sieben Meter hohe Stahlskulptur – sie weist den Weg nach Süden.

Geht man ein Stück weiter Richtung Kienbergsattel, so grüßt einen der „Kölli", der gute Geist des Rauschberggipfels. Er will die Geheimnisse der Holzgeister lüften und bittet die Wanderer auf den Holzgeisterweg. Thematisch geht es um den Schutz der Bergwälder. Totholz, welches voller Leben steckt, die Schutzwälder des Gebirges und deren Gefährdung. Mehrere Lernstationen informieren über Lawinenverbauungen, über Forstwirtschaft und Wasserhaushalt. Holzbildhauer-Schüler aus Berchtesgaden haben die Geister entlang des Weges kunstvoll geschnitzt und Sagen aus der Region verbildlicht. Ein Baumstamm ist sogar begehbar, ein kleines Steinhaus lädt zum Kurzbesuch ein. Der „Kraxenbach Loder", eine Sagengestalt, trägt den Kopf unterm Arm – gruslig! Der Hinunterweg zurück zur Rauschbergbahn-Talstation und zur Traun führt dich zunächst über den Kienbergsattel, und ein Blick zurück gilt nochmals der „Adams Hand", die sich eindrucksvoll aus der Latschenvegetation heraus erhebt.

Der Weg ins Tal ist unschwierig und auch gut zum Nebeneinanderherlaufen und Ratschen. Entlang der glitzernden Traun kommst du retour nach Ruhpolding. Im Ort gibt es einen „Klassiker" als Einkehrstation: Die „Windbeutelgräfin" in der Brander Straße bietet deftige Küche und als Spezialität die legendären Windbeutel – dreizehn verschiedene Sorten warten auf Verspeisung. Besonders der „Lohengrin"-Windbeutel hat es in sich: Aufeinandergetürmt erreichen die jährlich verspeisten Lohengrine die Höhe des Mount Everest!

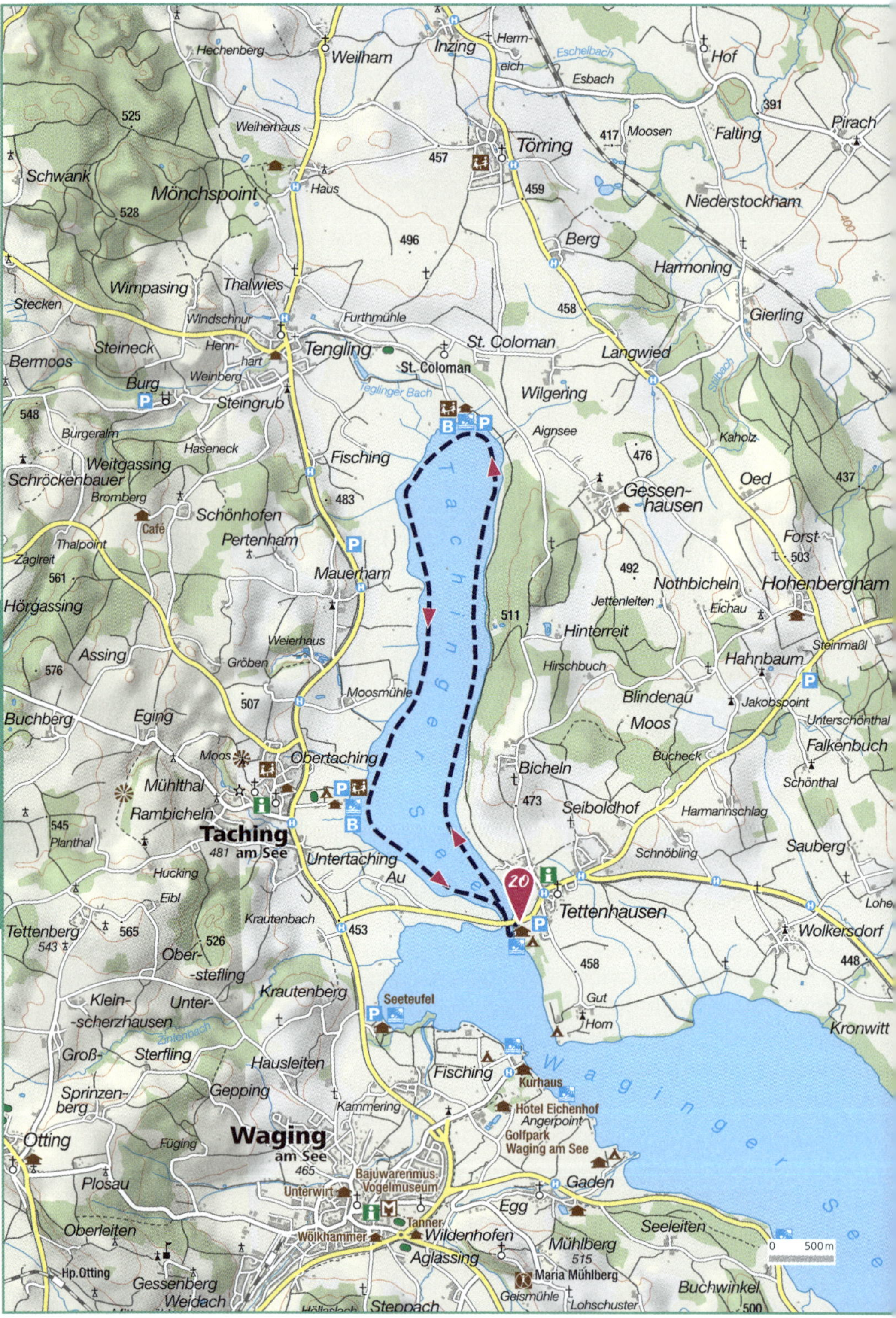

20

Hechenberg
Weilham
Inzing
Herrneich
Eschelbach
Esbach
Hof
391
Pirach
525
Weiherhaus
457
Törring
417
Moosen
Falting
Schwank
Mönchspoint
Haus
459
Niederstockham
528
496
Berg
Harmoning
400
Wimpasing
Thalwies
458
Gierling
Stecken
Windschnur
Furthmühle
Steineck
Henn-hart
Tengling
St. Coloman
St. Coloman
Langwied
Bermoos
Weinberg
Burg
Steingrub
Teglinger Bach
Wilgering
Stillbach
548
Burgeralm
Aignsee
Kaholz
Haseneck
476
Weitgassing
Fisching
Schröckenbauer
Oed
437
Bromberg
483
Gessen-hausen
Café
Schönhofen
Tachinger See
Pertenham
Forst
Thalpoint
503
Zaglreit
561
Mauerham
492
Nothbicheln
Hohenbergham
Jettenleiten
Hörgassing
511
Eichau
Hinterreit
Steinmaßl
Weierhaus
Assing
Hirschbuch
Hahnbaum
Gröben
576
Moosmühle
Blindenau
Jakobspoint
507
Buchberg
Eging
Unterschönthal
Moos
Moos
Obertaching
Falkenbuch
Bucheck
Bicheln
Mühlthal
Schönthal
473
Seiboldhof
Rambicheln
Harmannschlag
545
Taching am See
481
Planthal
Schnöbling
Sauberg
Untertaching
Hucking
Au
20
Eibl
Tettenhausen
Lohe
Krautenbach
Tettenberg
543
565
453
Wolkersdorf
526
448
Ober-stefling
458
Krautenberg
Klein-scherzhausen
Unter-
Seeteufel
Gut
Horn
Kronwitt
Zintenbach
Groß-
Sterfling
Hausleiten
Fisching
Kurhaus
Waginger See
Sprinzen-berg
Gepping
Kammering
Hotel Eichenhof
Angerpoint
Otting
Füging
Waging am See
Golfpark Waging am See
465
Plosau
Bajuwarenmus. Vogelmuseum
Unterwirt
Gaden
Egg
Tanner
Oberleiten
Wölkhammer
Wildenhofen
Mühlberg
Seeleiten
515
Aglassing
0 500 m
Hp.Otting
Gessenberg
Maria Mühlberg
Buchwinkel
Weidach
Geismühle
Lohschuster
Höllenbach
Steppach
500

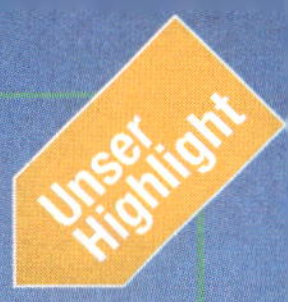

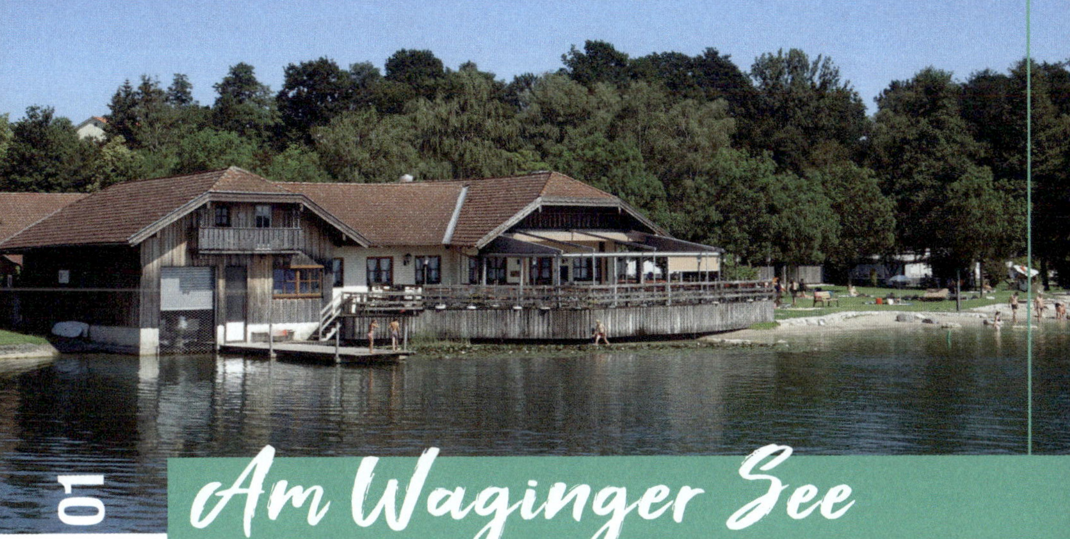

Tag 01

Am Waginger See

Mit dem Kanu auf Tachinger und Waginger See

TOURENART	Paddeltour
DAUER	3h
LÄNGE	10 km
HÖHENMETER	–
SCHWIERIGKEIT	LEICHT
MIT ÖPNV ERREICHBAR	ja

Das erwartet dich ...

Waginger und Tachinger See sind ein Wasser- und Freizeitparadies und die wärmsten der größeren Badeseen in Bayern, mit entsprechend langer Saison. Du erkundest mit Kanu oder SUP den Tachinger See, schwimmst eine Runde und stärkst dich unterwegs am Imbiß vom Tenglinger Strandbad.

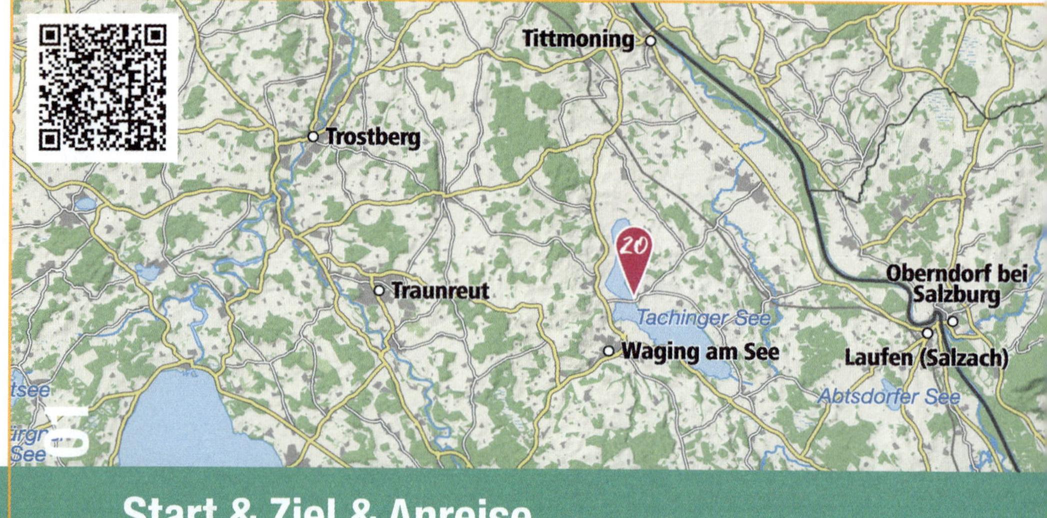

Tag 01

Start & Ziel & Anreise

Ein guter Startpunkt für eine Tour mit eigenem Kanu und Bootstransport mit PKW ist der Strand vom Campingplatz Tettenhausen. Außerhalb des Campings gleich nach der Seebrücke gibt es Parkplätze. Mit dem ÖPNV kommend nimmst du am besten schon in Traunstein den RVO-Bus 9518 nach Tittmoning, er hält in Tettenhausen. Ohne eigenes Boot ist es auch kein Problem – du findest rund um die Seen eine Vielzahl von Kanu- und SUP-Verleihstationen.

Tourenbeschreibung

Die Tour rund um den Tachinger See ist nur ein Beispiel für die Vielzahl der Wassersportmöglichkeiten auf den beiden Seen. Freilich kannst du auch bequem den Waginger See erkunden. Beide an einem Tag komplett zu befahren, ist eine sportliche Angelegenheit, denn von der südöstlichen Spitze bei Petting bis zum Strandbad von Tengling sind es rund 10 Kilometer, und hin und zurück 20 Kilometer sind etwas für Vielpaddler mit schnittigem, schnellem Boot wie einem Seekajak. Mit gemütlicherem Wassergefährt wird sich ein anständiger Muskelkater herausbilden – muss ja nicht sein, und mit dem SUP unternehmen die wenigsten eine so lange Strecke.

Aber jetzt Leinen los und ab auf den See: Vom Tettenhausener Strand, der schon am Waginger Seeufer liegt, paddelst du erst einmal unter der Seebrücke durch und bist jetzt auf dem Tachinger See. Die Umweltqualität des Tachinger Sees ist

sehr gut, denn am See direkt gibt es keine Ortschaft, alle liegen um den See herum auf Hügeln. Warum? Wegen einer Maßnahme zur Landgewinnung wurde im Jahr 1867 der Seespiegel abgesenkt, dadurch konnten die Gemeinden mehr Flächen gewinnen. Übrigens hielt das den Bürgermeister von Waging in der Zeit nach dem Krieg und aufkeimendem Tourismus nicht von einer Werbemaßnahme ab: Auf Postkarten und Plakaten ließ er den Ort direkt am See darstellen, noch dazu in Nachbarschaft der Alpen – ein Besucheransturm war die Folge. Dennoch hält sich die Bebauung rund um die ländlich-sittlich gebliebenen Seen in Grenzen. Du paddelst pfeilgerade nach Norden, auf einer Kuppe rechts oberhalb siehst du die Häuser von Bicheln. Dann folgt ein langes Stück mit bewaldeten Hügeln, und wenn das Gelände offener wird, bist du schon am Strandbad von Tengling angekommen. Hier kannst du eine Runde schwimmen und es gibt auch einen Kiosk mit Biergarten, bei bester Aussicht auf die Landschaft. Die Westseite paddelst du nach Süden, jetzt kannst du den Alpenrand erkennen.

Kennzeichen der Zivilisation erreichst du erst nach mehreren Paddelkilometern, nämlich das Strandbad von Taching und den Campingplatz, der Ort an sich liegt ebenfalls ein Stück vom See entfernt. Von hier sind es noch etwa anderthalb Kilometer zurück zum Start am Tettenhausener Strand – geschafft! Der Waginger See ist übrigens noch ein Stück länger – also Kondition gut einteilen...

Paddeln auf dem Waginger See

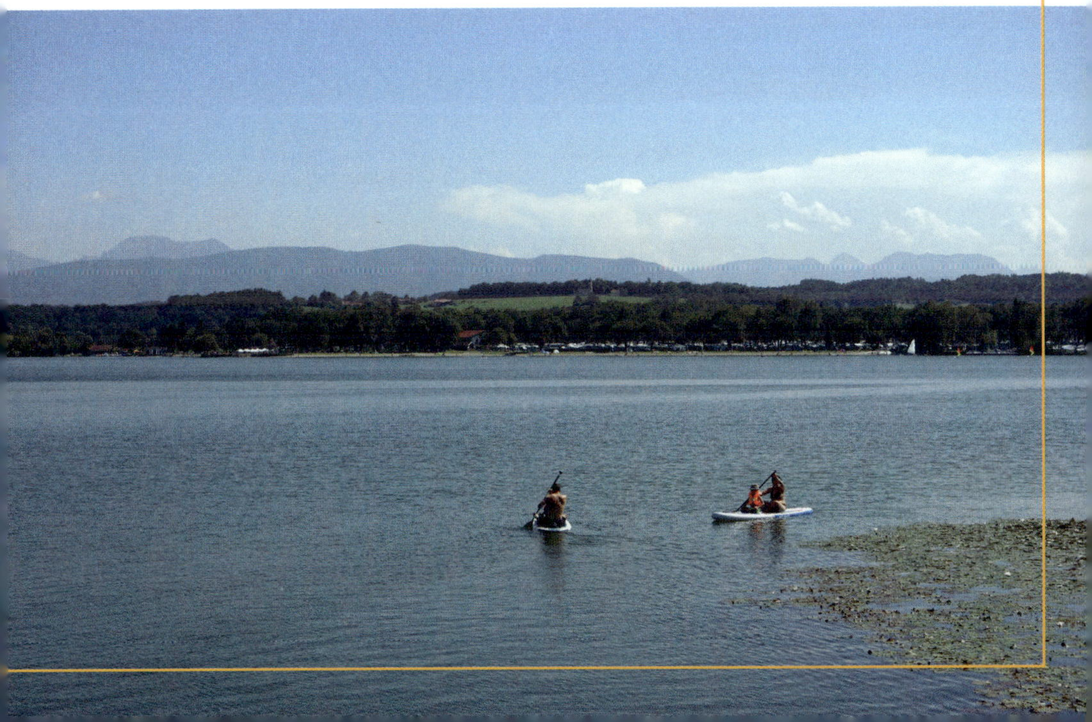

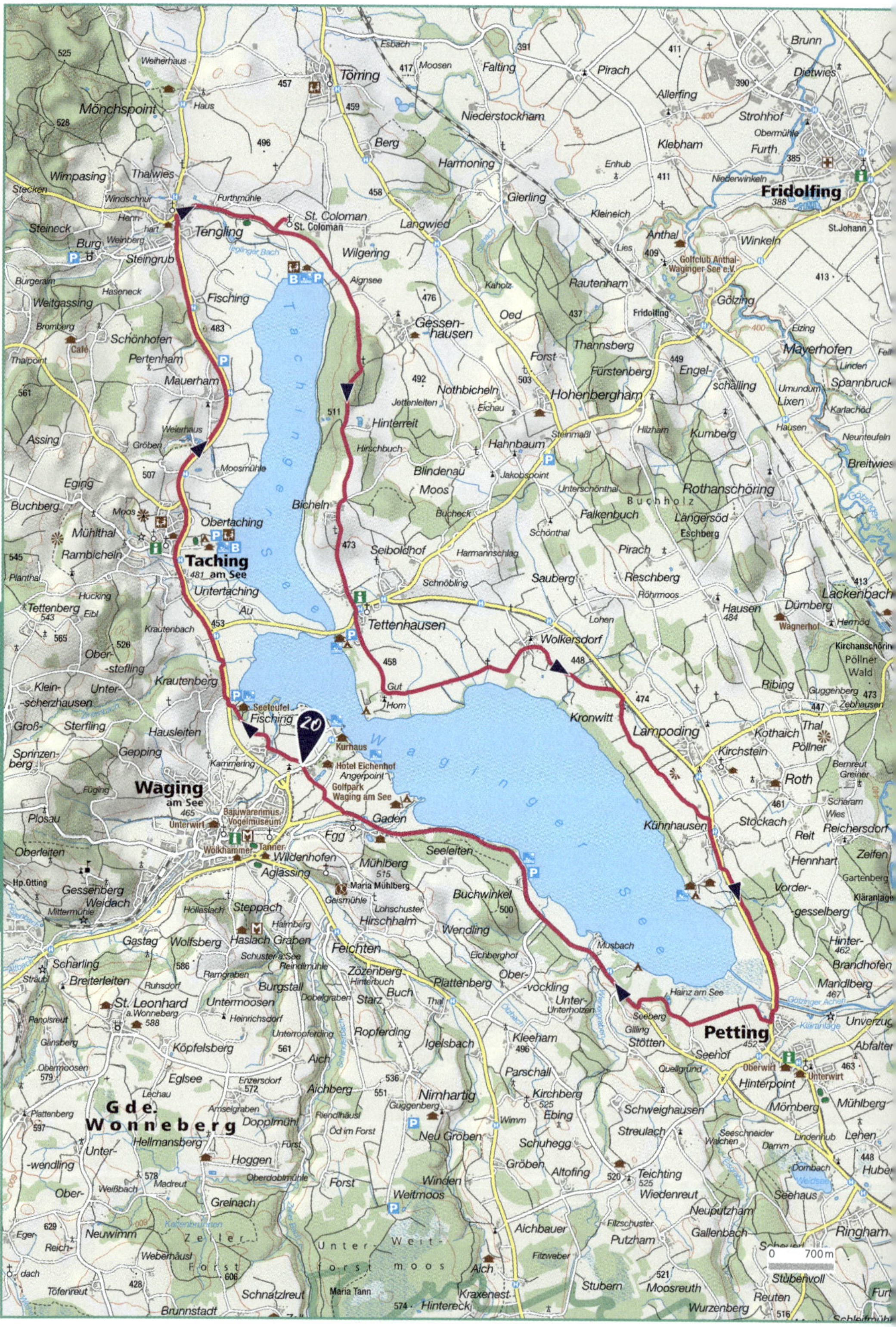

Törring
Esbach
Moosen
Falting
Pirach
Brunn
Dietwies
Allerfing
Strohhof
Obermühle
Niederstockham
Berg
Harmoning
Klebham
Furth
Enhub
Fridolfing
Niederwinkeln
St. Johann
Gierling
Kleineich
Langwied
St. Coloman
Wilgering
Anthal
Golfclub Anthal-Waginger See e.V.
Winkeln
Gölzing
Rautenham
Kaholz
Oed
Gessenhausen
Fridolfing
Elzing
Mayerhofen
Thannsberg
Forst
Fürstenberg
Engel-schalling
Hohenbergham
Nothbicheln
Jettenleiten
Eichau
Hinterreit
Steinmaßl
Hilzham
Kumberg
Umundum
Lixen
Spannbruck
Hausen
Neunteufeln
Breitwies
Hahnbaum
Hirschbuch
Blindenau
Moos
Jakobspoint
Unterschönthal
Buchholz
Rothanschöring
Längersöd
Eschberg
Bucheck
Falkenbuch
Schönthal
Seiboldhof
Harmannschlag
Pirach
Sauberg
Reschberg
Röhrmoos
Schnöbling
Lackenbach
Tettenhausen
Hausen
Dürnberg
Wagnerhof
Lohen
Wolkersdorf
Kirchanschöring
Pöllner Wald
Gut
Horn
Kronwitt
Lampoding
Ribing
Guggenberg
Zebhausen
Kothaich
Thal
Pöllner
Kirchstein
Bernreut
Roth
Greiner
Kühnhausen
Stockach
Reit
Schaam
Wies
Reichersdorf
Zeifen
Hennhart
Gartenberg
Kläranlage
Vorder-gesselberg
Hinter-
Brandhofen
Mandlberg
Hainz am See
Petting
Unverzug
Abfalter
Seehof
Oberwirt
Unterwirt
Hinterpoint
Mömberg
Mühlberg
Lehen
Huber
Seeschneider
Walchen
Damm
Lindenhub
Dornbach
Seehaus
Ringham
Neupuntzham
Gallenbach
Scheuern
Stübenvoll
Reuten
Wurzenberg
Schleifmühl
Moosreuth
Stubern
Putzham
Filzschuster
Teichting
Wiedenreut
Schweighausen
Streulach
Queligrund
Stötten
Gilling
Seeberg
Musbach
Unter-Unterholzen
Ober-vockling
Eichberghof
Buchwinkel
Wendling
Seeleiten
Mühlberg
Maria Mühlberg
Geismühle
Lohschuster
Hirschhalm
Feichten
Zözenberg
Hinterbuch
Buch
Plattenberg
Thal
Starz
Ropferding
Igelsbach
Kleeham
Parschall
Kirchberg
Ebing
Wimm
Schuhegg
Gröben
Altofing
Nirnhartig
Guggenberg
Neu Gröben
Winden
Weitmoos
Forst
Aichbauer
Filzweber
Aich
Kraxenest
Hintereck
Maria Tann
Unterforst
Weitmoos
Aichberg
Riendlhäusl
Öd im Forst
Dopplmühl
Fürst
Hoggen
Oberdoblmühle
Zeller Forst
Greinach
Kaltenbrunnen
Weberhäusl
Schnatzlreut
Brunnstadt
Neuwimm
Reich-
Eger
dach
Töfenreut
Ober-
Unter-wendling
Weißbach
Madreut
Hellmansberg
Gde. Wonneberg
Plattenberg
Lechau
Eglsee
Enzersdorf
Amselgraben
Obermoosen
Gänsberg
Köpfelsberg
Unterroiferding
Heinrichsdorf
Untermoosen
Panolsreut
St. Leonhard a. Wonneberg
Ruhsdorf
Burgstall
Dobelgraben
Breiterleiten
Scharling
Straß
Ramgraben
Schuster a. See
Reindlmühle
Gastag
Wolfsberg
Haslach
Graben
Halmberg
Höllaslach
Steppach
Mittermühle
Weidach
Gessenberg
Hp. Otting
Oberleiten
Wolkhammer
Tanner
Wildenhofen
Aglassing
Egg
Gaden
Unterwirt
Bajuwarenmus. Vogelmuseum
Waging am See
Plosau
Füging
Kammering
Kurhaus
Hotel Eichenhof
Angerpoint
Golfpark Waging am See
Gepping
Hausleiten
Seeteufel
Fisching
Sprinzenberg
Groß-
Sterfling
Klein-scherzhausen
Unter-
Krautenberg
Ober-stefling
Krautenbach
Au
Tettenberg
Eibl
Hucking
Planthal
Taching am See
Untertaching
Obertaching
Rambicheln
Mühlthal
Moos
Buchberg
Eging
Moosmühle
Bicheln
Assing
Gröben
Weierhaus
Mauerham
Pertenham
Thalpoint
Café
Schönhofen
Bromberg
Weitgassing
Haseneck
Burgeralm
Fisching
Steingrub
Burg
Weinberg
Steineck
Henn
Tengling
Tenglinger Bach
Stecken
Windschnur
Furthmühle
Wimpasing
Thalwies
Mönchspoint
Haus
Weiherhaus
Tachinger See
Waginger See
0 700 m

Unser Highlight

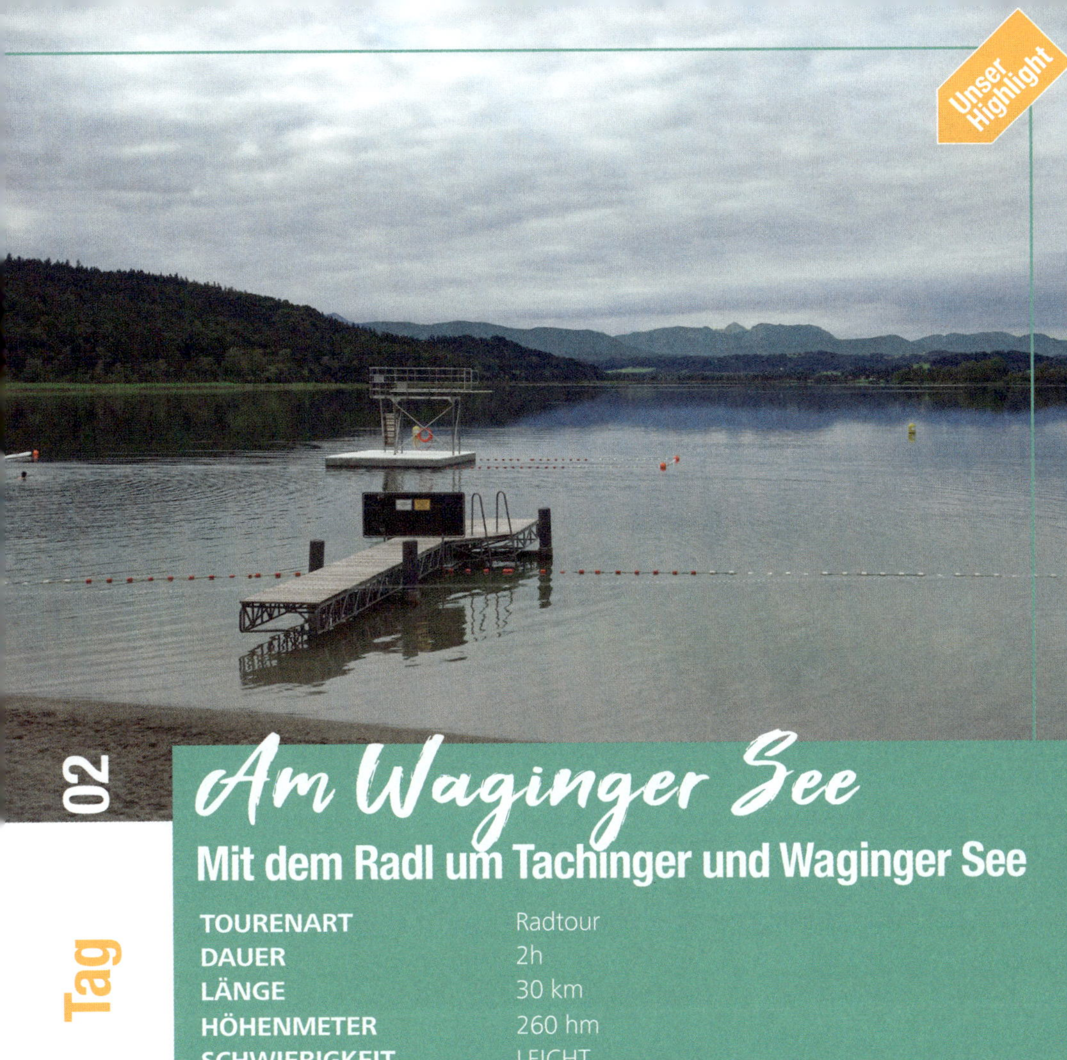

Tag 02

Am Waginger See

Mit dem Radl um Tachinger und Waginger See

TOURENART	Radtour
DAUER	2h
LÄNGE	30 km
HÖHENMETER	260 hm
SCHWIERIGKEIT	LEICHT
MIT ÖPNV ERREICHBAR	ja

Das erwartet dich ...

Waginger und Tachinger See sind Wasser- und Freizeitparadiese und die wärmsten der größeren Badeseen in Bayern, mit langer Saison von Frühjahr bis Herbst. Mit dem Radl geht es in hügeligem Gelände einmal außenrum, unterwegs warten viele Badestellen und Einkehrstationen, und in der anderen Tageshälfte ist noch Zeit zum Baden, SUPen oder Kanufahren.

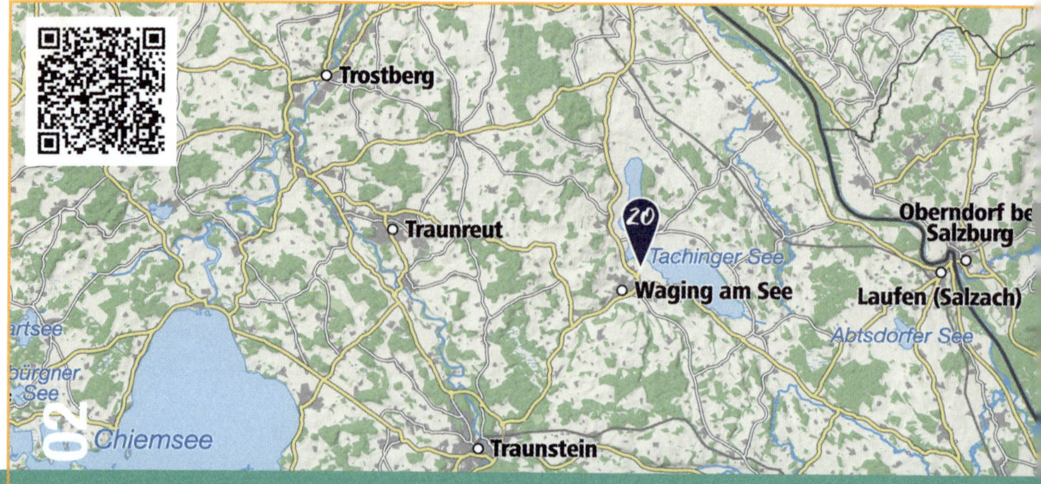

Tag 20

Start & Ziel & Anreise

Parkplätze gibt es am Strandkurhaus Waging (gebührenpflichtig, Eintritt fürs Strandbad ist mit dabei). Du kannst dein Rad im Zug mitnehmen auf der Stichstrecke von Traunstein, was an die Linie München–Salzburg gut angebunden ist. Oder du verbringst sowieso das Wochenende an den Seen und startest von der Unterkunft aus.

Tourenbeschreibung

Du startest diese wunderbare Rundtour mit vielen Bade- und Einkehrmöglichkeiten an der Waginger Seestraße an der Ecke vom Campingplatz unterhalb Wagings. In Richtung Nordwesten geht es nach Fisching, die Radwegbeschilderung weist hier Taching aus als Zwischenziel. Beim Strandbad Seeteufel unterquerst du die Straße und es geht auf dem straßenbegleitenden Radweg weiter bergan nach Taching.

Durch den Ort radelst du weiter nach Tengling, dort geht es unterhalb der Kirche rechts ab in Richtung Tettenhausen, an einer Kneippanlage vorbei. Links oberhalb bietet sich ein Abstecher an zur Kirche St.Coloman, rechts lockt das Strandbad mit Badestopp und Biergarten, die Qual der Wahl – aber du hast ja Zeit für beides, die Tourlänge ist insgesamt überschaubar! Die Wallfahrtskirche St. Coloman hat kunsthistorische Bedeutung: Im Inneren gibt es einen spätgoti-

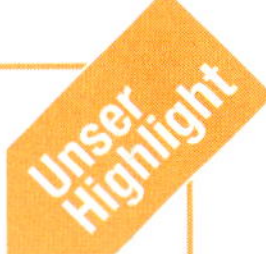

schen Flügelaltar aus dem Jahr 1515 zu sehen. Falls die Kirche geschlossen sein sollte, entschädigt aber der großartige Blick in die Alpen. In Richtung Tettenhausen kommt ein längerer Anstieg auf einem Waldweg und du erreichst den höchsten Punkt der Tour, bei Bicheln hast du einen tollen Blick auf das gesamte Umland mit Alpenpanorama. In Tettenhausen (wo du auch über die Brücke die Tour nach Waging abkürzen kannst) querst du die Hauptstraße und radelst gegenüber auf der Horner Straße Richtung Petting weiter, am Gut Horn vorbei. Unterhalb als Abzweiger zu erreichen, ist der ruhig gelegene Campingplatz mit schönem Biergarten und Gastwirtschaft.

Durch das Horner Moos radelst du nach Wolkersdorf und weiter ein kurzes Stück die Hauptstraße T23 entlang nach Kronwitt und dort hindurch mit Schild „Petting über Wirtschaftswege" auf einem Feldweg bis Kühnhausen. Jetzt immer der Hauptstraße entlang und über den Götzinger Achen nach Petting. Am Ortsbeginn biegst du gleich rechts von der Seestraße ab und radelst durch ruhiges Revier und bergauf teils auf holprigem Feldweg nach Seeberg. Oder alternativ durch Petting hindurch auf Teer, dafür mit mehr Autoverkehr.

Nächster Bade- und Brotzeitstopp könnte am Binderhäusl am Südostufer des Waginger Sees sein, ein netter Abstecher. Die Uferstraße entlang sind es jetzt noch rund 3 Kilometer bis zum Ausgangspunkt, freilich bietet sich auch ein Abstecher nach Waging hinein noch an.

Autoren Tipp

Das Städtchen Waging mit seinen rund 7000 Einwohnern ist einen Rundgang wert. Der Ort hat eine reichhaltige Historie, seit dem 14. Jahrhundert Marktrecht und mehrere interessante Sehenswürdigkeiten. Die Pfarrkirche St. Martin stammt aus dem Jahr 1611 und ist innen reichhaltig mit Stuck verziert. Im Bajuwarenmuseum in den Räumen der Touristinfo gibt es Fundstücke aus der Zeit der germanischen Ansiedlung, und im Vogelmuseum kannst du präparierte seltene Vogelarten aus der Nähe betrachten.

21

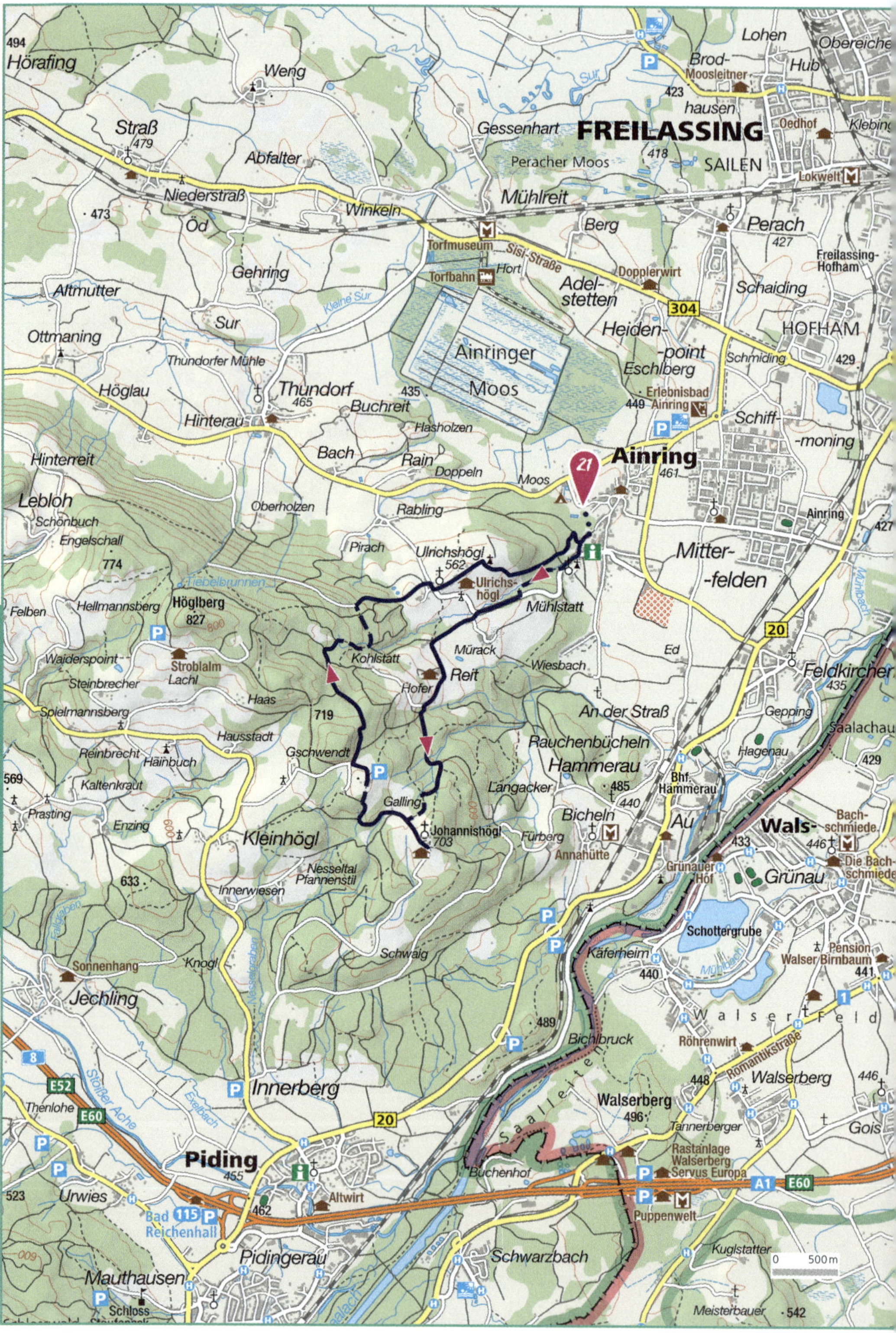

FREILASSING
Hörafing
Weng
Lohen
Brod-
Moosleitner
Hub
Obereichet
hausen
Oedhof
Klebing
Straß
479
Gessenhart
Abfalter
Peracher Moos
418
SAILEN
Lokwelt
Niederstraß
Winkeln
Mühlreit
Perach
427
Öd
Torfmuseum
Sisi-Straße
Berg
Gehring
Torfbahn
Hort
Dopplerwirt
Freilassing-
Hofham
Altmutter
Adel-
stetten
Schaiding
Sur
Kleine Sur
304
Heiden-
HOFHAM
Ottmaning
Ainringer
-point
Schmiding
Thundorfer Mühle
Eschlberg
429
Moos
Höglau
Thundorf
465
435
Buchreit
Erlebnisbad
Ainring
449
Hinterau
Hasholzen
Schiff-
-moning
Hinterreit
Bach
Rain
Doppeln
Ainring
461
Moos
Lebloh
Oberholzen
Rabling
Ainring
Schönbuch
427
Engelschall
Pirach
Ulrichshögl
562
Mitter-
-felden
774
Tiebelbrunnen
Ulrichs-
högl
Höglberg
827
Mühlstatt
Felben
Hellmannsberg
Kohlstatt
Mürack
Ed
20
Waiderspoint
Stroblalm
Lachl
Reit
Wiesbach
Feldkirchen
435
Steinbrecher
Hofer
Spielmannsberg
Haas
An der Straß
Gepping
719
Saalachau
Hausstadt
Reinbrecht
Hainbuch
Gschwendt
Rauchenbücheln
Hagenau
429
569
Kaltenkraut
Hammerau
Bhf.
Hammerau
485
Langacker
440
Prasting
Galling
Bicheln
Bach-
schmiede
Enzing
Wals-
Johannishögl
703
Au
433
446
Die Bach-
schmiede
Kleinhögl
Fürberg
Annahütte
Grünauer
Hof
Grünau
633
Nesseltal
Pfannenstil
Innerwiesen
Schottergrube
Schwaig
Pension
Walser Birnbaum
Sonnenhang
Knogl
Käferheim
440
441
Jechling
Walser Feld
489
Bichlbruck
Röhrenwirt
8
Romantikstraße
E52
Innerberg
448
Walserberg
446
Thenlohe
E60
Stoißer Ache
Walserberg
496
Tannerberger
20
Gois
Saalleiten
Piding
455
Rastanlage
Walserberg
Servus Europa
Buchenhof
A1
E60
523
Urwies
462
Altwirt
Puppenwelt
Bad
115
Reichenhall
Pidingerau
Schwarzbach
Kuglstatter
0
500 m
Mauthausen
Schloss
Staufeneck
Meisterbauer
542

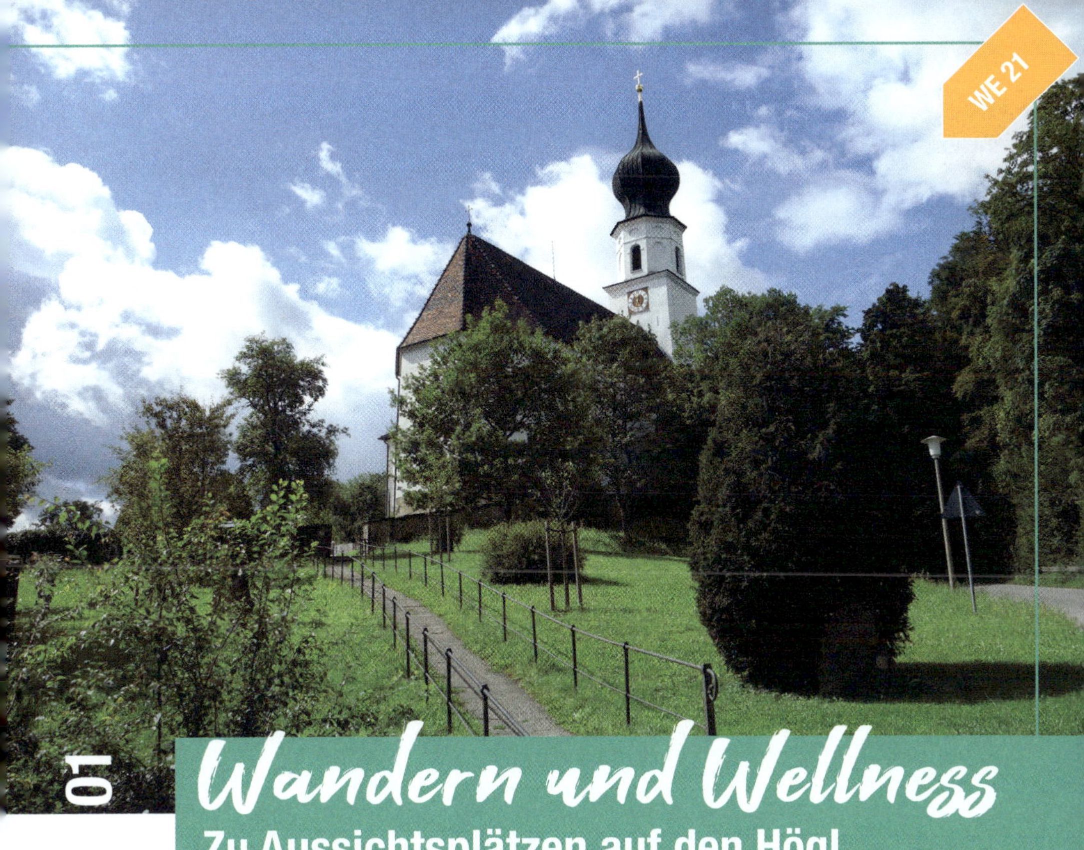

Tag 01

Wandern und Wellness

Zu Aussichtsplätzen auf den Högl

TOURENART	Wanderung
DAUER	3h
LÄNGE	9,5 km
HÖHENMETER	340 hm
SCHWIERIGKEIT	LEICHT
MIT ÖPNV ERREICHBAR	ja

Das erwartet dich …

Der Luftkurort Ainring liegt in der Nachbarschaft von Salzburg, ideal für ein gemischtes Natur- und Kulturprogramm mit Ausflug nach Österreich. Von Ainring aus wanderst du mit Blicken auf Rupertiwinkl und ins Salzburger Land auf mittelgebirgigen Waldpfaden und hast unterwegs mehrere Einkehrmöglichkeiten.

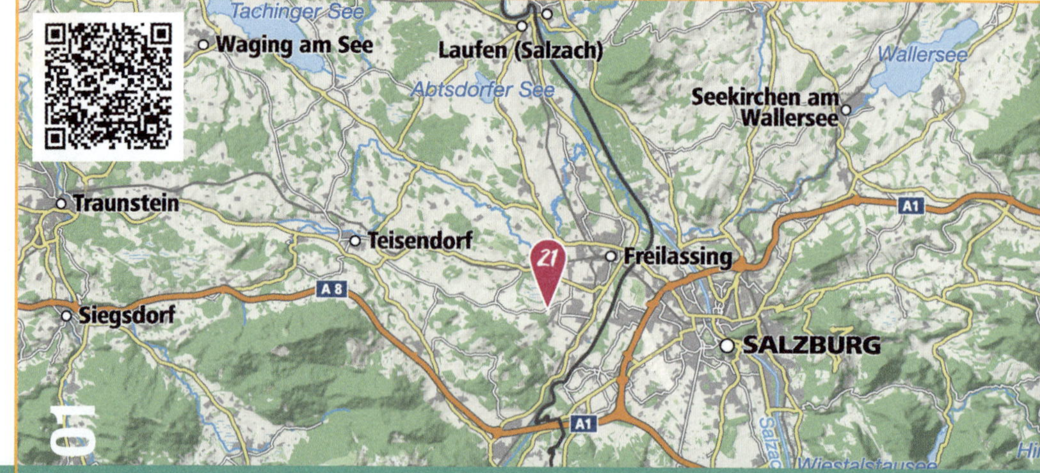

Tag 01

Start & Ziel & Anreise

Freilassing liegt an der Bahnstrecke München-Salzburg; vom Bahnhof aus weiter mit S-Bahnlinie 3 nach Ainring, vom Bahnhalt bis zum eigentlichen Tourbeginn etwa 15 Minuten zu Fuß. Der Start ist unterhalb der Kirche St. Laurentius an der Kreuzung Ulrichshögler Straße/Am alten Schulhaus, ringsum Parkmöglichkeiten.

Tourenbeschreibung

Eine sehr abwechslungsreiche Tour mit mehreren kurzen Auf- und Abstiegen und einigen Kurven – am besten hast du die amtliche Wanderkarte „Freilassing“ dabei. Du startest am Treppenaufgang der Kirche St. Laurentius, der Wanderweg verläuft rechter Hand im Wald am Bach entlang, sehr erfrischend an heißen Tagen! Nach wenigen Metern kommst du an einer restaurierten Kugelmühle vorbei, diese ist nicht nur ein technisches Kuriosum, sondern auch ein schöner Blickfang.

Nach 500 Metern macht der Weg eine Linkskurve, jetzt gehst du auf dem Sträßchen über die Weiler Mühlstatt, Simonhäusl und Reit (Einkehrmöglichkeit) weiter den Berg hoch. In den Wald hinein folgst du dem Wegweiser nach Johannishögl. Johannishögl liegt in einem offenen Gelände, es gibt dort eine Ausflugswirtschaft mit Biergarten und einen Nachbarhügel mit einer schönen kleinen Kapelle. Der Blick reicht von hier weit über die Talregionen und Richtung Salzburg mit dem Saalachtal. Der Högl als Hausbergregion von Ainring stellt sich insgesamt kurios dar: Das hügelige, waldige Gebiet hat in Nähe der Alpen eher Mittelgebirgscharakter und in den kleinen Ortschaften findet man in strategischen Abständen beliebte Ausflugslokale mit Biergarten oder Terrasse. In westlicher Richtung und entlang des Lehrbienenpfads wanderst du von Johannishögl aus auf und ab und kurvenreich zunächst zur Neubichler Alm, wo du nach der Bebauung der kleinen Straße nach Nordwesten folgst. Nach 200 Metern gehst du rechts beziehungsweise nach Norden in das Waldstück, der Weg läuft mehr oder weniger höhengleich. Nach einem Kilometer knickt die Route nach rechts ab, jetzt geht es steiler und etwas wurzelig abwärts auf der linken Seite des Mühlstätter Grabens. Nach 350 Metern wieder links, zunächst höhengleich, dann macht der Weg eine Rechtskurve und du gehst hinauf nach Ulrichshögl, einem exponiert gelegenen Weiler. Dort in bester Aussicht findest du wieder eine schöne Einkehrmöglichkeit mit Biergarten, die Filialkirche St. Ulrich hat regionale kunsthistorische Bedeutung.

Am Ortsende folgst du nach rechts und bergab dem Kreuzweg, zunächst durch offenes Gelände, dann durch den Wald. Am Hangfuß kommst du wieder in Ainring an der Straße „Am alten Schulhaus“ an, ein kurzes Stück nach rechts kommst du zurück zum Ausgangspunkt an der Kirche St. Laurentius.

Autoren Tipp

In Ainring gibt es mit dem „Bergerbad“ eine originelle Wellnessoase in schöner Lage außerhalb der Bebauung. Auf dem Gelände der „Bayern-Chalets“ bietet das Bergerbad Entspannung in mehreren Themen-Saunen, dazu gibt es einen Landschafts-Whirlpool und ein Warmwasserschwimmbecken sowie einen Bistro- und Barbereich und verschiedene Anwendungen. Die exklusiven Bayern-Chalets und das Mittelklassehotel Rupertihof haben den Besuch im Bergerbad inbegriffen.

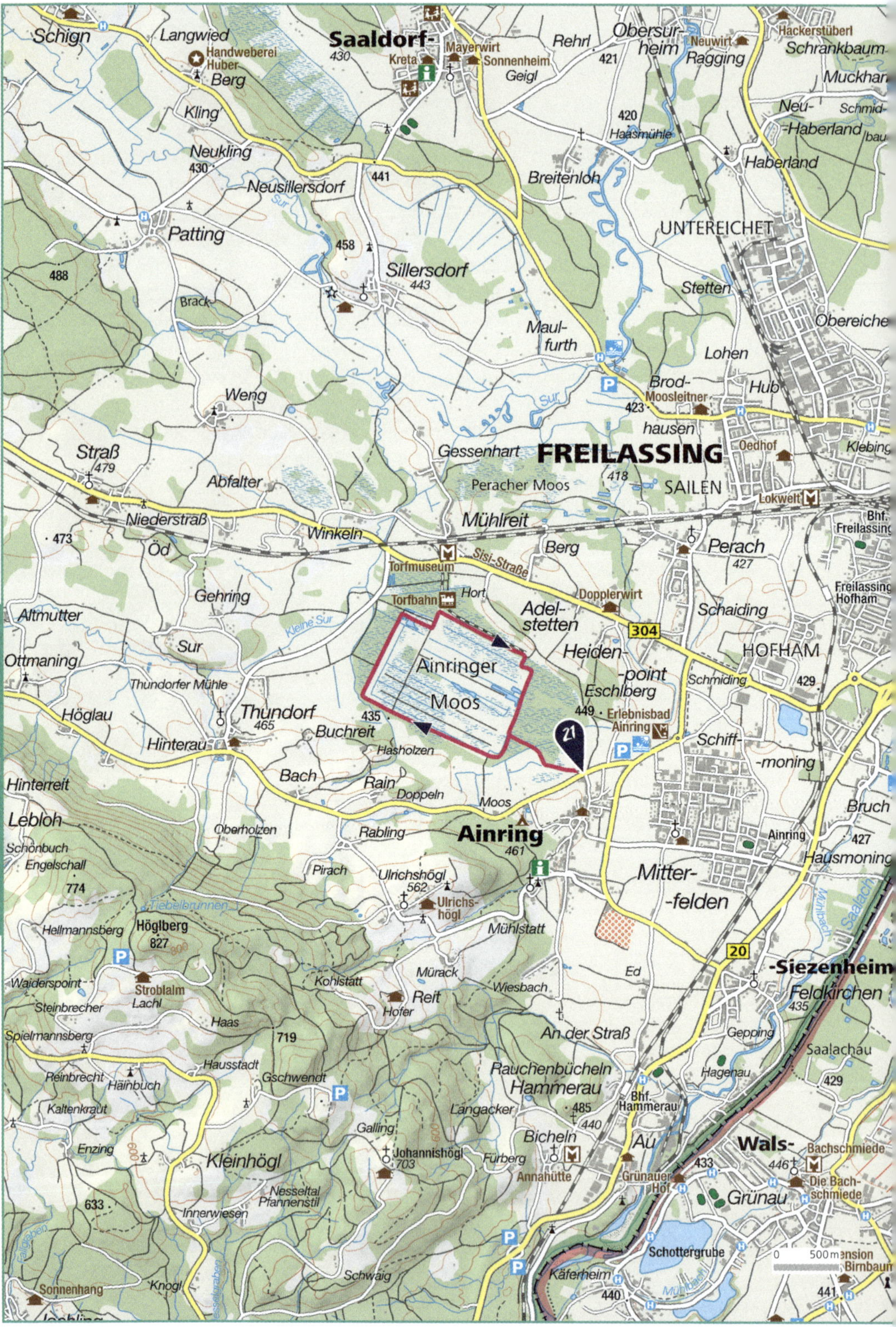

21

Schign
Langwied
Handweberei Huber
Berg
Saaldorf-
430
Kreta
Mayerwirt
Sonnenheim
Geigl
Rehrl
Obersur-heim
421
Neuwirt
Ragging
Hackerstüberl
Schrankbaum
Muckham
Kling
420
Haasmühle
Neu-Haberland
Schmid-
Haberland
Neukling
430
441
Breitenloh
Neusillersdorf
Sur
Patting
458
Sillersdorf
443
UNTEREICHET
488
Brack
Stetten
Obereichet
Maul-furth
Lohen
Weng
Sur
Brod-
Moosleitner
423
hausen
Hub
Straß
479
Abfalter
Gessenhart
FREILASSING
Oedhof
Klebing
Peracher Moos
418
SAILEN
Lokwelt
Niederstraß
Mühlreit
Bhf. Freilassing
473
Öd
Winkeln
Torfmuseum
Sisi-Straße
Berg
Perach
427
Gehring
Torfbahn
Hort
Dopplerwirt
Freilassing Hofham
Altmutter
Kleine Sur
Adel-stetten
Schaiding
304
Sur
Heiden-
HOFHAM
Ottmaning
Ainringer
-point
Eschlberg
Schmiding
429
Thundorfer Mühle
Moos
449
Erlebnisbad Ainring
Höglau
Thundorf
465
435
Buchreit
21
Schiff-
-moning
Hinterau
Hasholzen
Hinterreit
Bach
Rain
Doppeln
Moos
Bruch
Lebloh
Oberholzen
Rabling
Ainring
461
Ainring
427
Schönbuch
Hausmoning
Engelschall
774
Pirach
Ulrichshögl
562
Mitter-
-felden
Tiebelbrunnen
Ulrichs-högl
Hellmannsberg
Höglberg
827
Mühlstatt
Saalach
20
-Siezenheim
Ed
Waiderspoint
Kohlstatt
Mürack
Wiesbach
Feldkirchen
435
Stroblalm
Reit
Steinbrecher
Lachl
Hofer
Haas
An der Straß
Gepping
Spielmannsberg
719
Saalachau
Hausstadt
Rauchenbücheln
Reinbrecht
Hainbuch
Gschwendt
Hammerau
Hagenau
429
Kaltenkraut
Langacker
485
Bhf. Hammerau
440
Galling
Bicheln
Au
Wals-
Bachschmiede
Enzing
Johannishögl
703
Fürberg
Kleinhögl
Annahütte
Grünauer Hof
433
446
Die Bach-schmiede
Nesseltal
Pfannenstil
Grünau
633
Innerwiesen
Schottergrube
0
500 m
Pension Birnbaum
Schwaig
Käferheim
440
441
Sonnenhang
Knogl

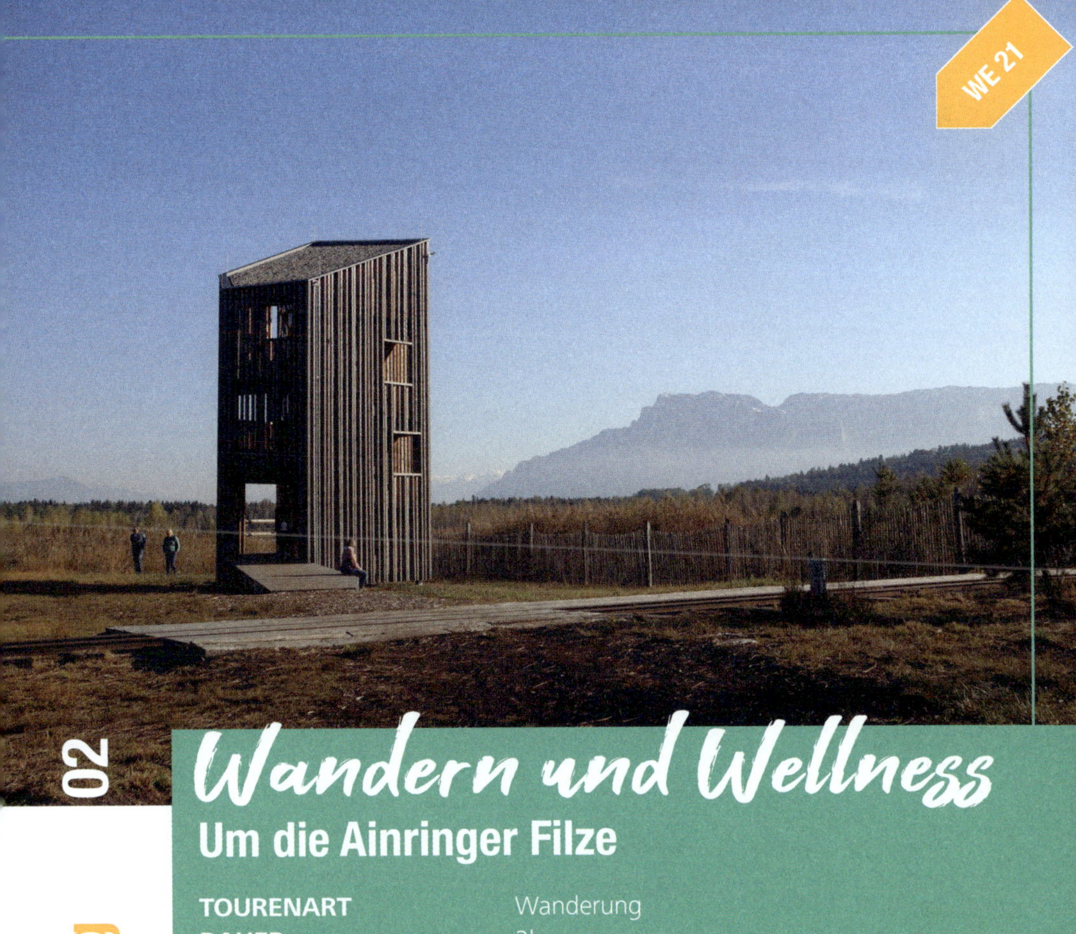

Tag 02

Wandern und Wellness

Um die Ainringer Filze

TOURENART	Wanderung
DAUER	2h
LÄNGE	7 km
HÖHENMETER	40 hm
SCHWIERIGKEIT	LEICHT
MIT ÖPNV ERREICHBAR	ja

Das erwartet dich ...

Die Ainringer Filze ist eines der größten Moorgebiete in Bayern, hier wurde Torf abgebaut bis zur Renaturierung. Du umrundest das Filzengebiet, lässt Dir Zeit bei Naturbeobachtungen und genießt die Stille des Gebiets mit einem Feeling wie in Skandinavien oder Kanada. Schautafeln erläutern die Geschichte des Torfabbaus, vom Aussichtsturm aus hast du beste Übersicht über das Moorgebiet mit Alpenpanorama.

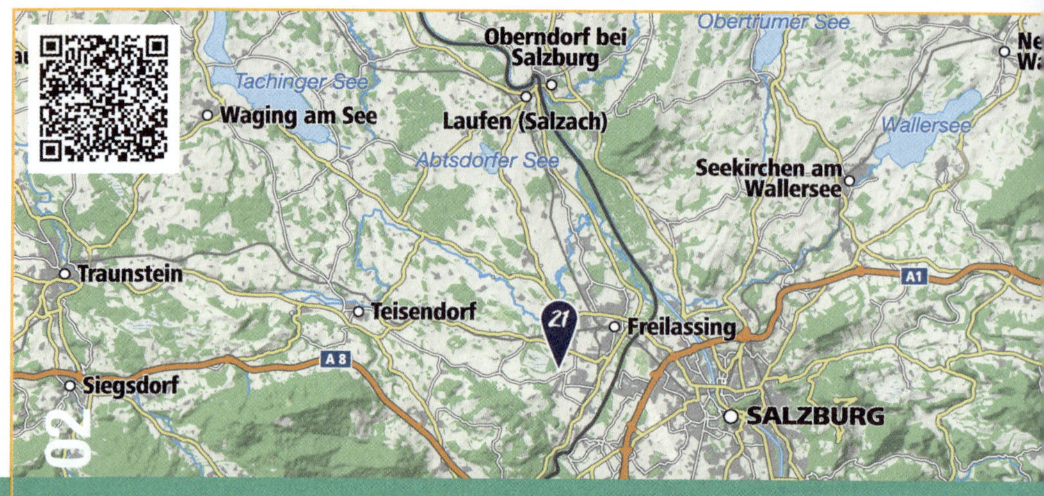

Tag 02

Start & Ziel & Anreise

Du bist idealerweise in Ainring untergebracht, dann gehst du einfach zu Fuß die Ainringer Dorfstraße zum Moor und querst die Straße BGL 10, die links nach Thundorf führt. Alternativ fährst du mit dem Bus 9515 von Freilassing nach Niederstraß Haltestelle Torfwerk und steigst dort in die Tour ein. Freilassing liegt an der Bahnstrecke München – Salzburg.

Tourenbeschreibung

Du startest von Ainring aus im Südosten des Moorgebiets, wo dich schon eine Ansammlung von Infotafeln begrüßt, die dir einen ersten Überblick über das Moor vermitteln. Es hat eine Fläche von über 250 Hektar und zählt somit zu den wichtigen größeren Moorgebieten in Bayern. Über 130 Vogelarten finden hier ihren Lebensraum – am besten hast du ein gutes Fernglas dabei für deine Beobachtungen. Im 20. Jahrhundert wurde hier sehr viel Torf abgebaut, seit 2003 wird das Moor wieder vernässt und damit renaturiert, sodass sich zunehmend wieder die Natur entfalten kann. Das Moor stammt aus der Würmeiszeit von vor 12.000 Jahren, die Torfschicht war bis zu neun Meter stark.

Du gehst bei dieser Runde auf gut ausgeschildertem Weg links um das Moor, von der Längsseite ergeben sich bereits interessante Blicke in das Gebiet. Am spannendsten wird es, wenn du die Westseite hinter dir hast, dann kommst du an der Nordseite zum ehemaligen Torfbahnhof. Hier ist die Geschichte des Torfstechens auf Infotafeln dokumentiert, früher waren auf der Stichstrecke von Mühreit aus sechs Lokomotiven im Einsatz für die Torfbahn. In der Zeit nach dem Ersten Weltkrieg wurde das Moor stark als Brennstofflieferant genutzt, der Torf verheizt. Doch wegen des schlechten Heizwerts und anderer Brennstoffe wurde Torf „zweite Wahl". Seit 2013 verlaufen hier aus touristischen Zwecken neu verlegte Schmalspurschienen – ab und zu werden hier Besucherfahrten mit der „Bockerlbahn" veranstaltet. Wenn du dich für technische Details interessierst: Die Website der „Freunde des Ainringer Moos" ist eine Fundgrube nicht nur für Eisenbahnfans.

Du kannst ein Stück hin und zurück auf den Schienen laufen – Wildwestatmosphäre und Trapperstimmung! Der absolute Höhepunkt der Tour ist aber der Aufstieg auf den zehn Meter hohen, im Jahr 2020 errichteten Lärchenturm, auch „Moosobservatorium" genannt. Von hier hast du einen tollen Blick auf das im Alpenvorland etwas befremdlich wirkende Gebiet. Vom Turm aus läufst du einfach die Runde im Uhrzeigersinn weiter bis zum Ausgangspunkt und folgst der guten örtlichen Beschilderung. Im Chiemgau warten weitere „Filzen"- oder Moorgebiete auf dich: die Kendlmühlfilze bei Grassau beispielsweise oder die Ameranger Filze, auch bei Inzell gibt es ein kleines reizvolles Moorgebiet.

Autoren Tipp

Etwa 10 Kilometer westlich von Ainring liegt das ehemalige Kloster Höglwörth, in bezaubernder Lage am Höglwörther See. Besonders im Spätsommer mit der bunten Farbenpracht des Laubwalds spaziert es sich hier gut und angenehm meditativ. Im Wasser des Sees spiegelt sich das Kloster und auf einer kleinen Anhöhe locken Wirtshaus und Biergarten zum Einkehrschwung. Den Besuch in Högwörth kannst du auch bestens in eine Radtour mit einbinden, es gibt viele verschiedene Routen.

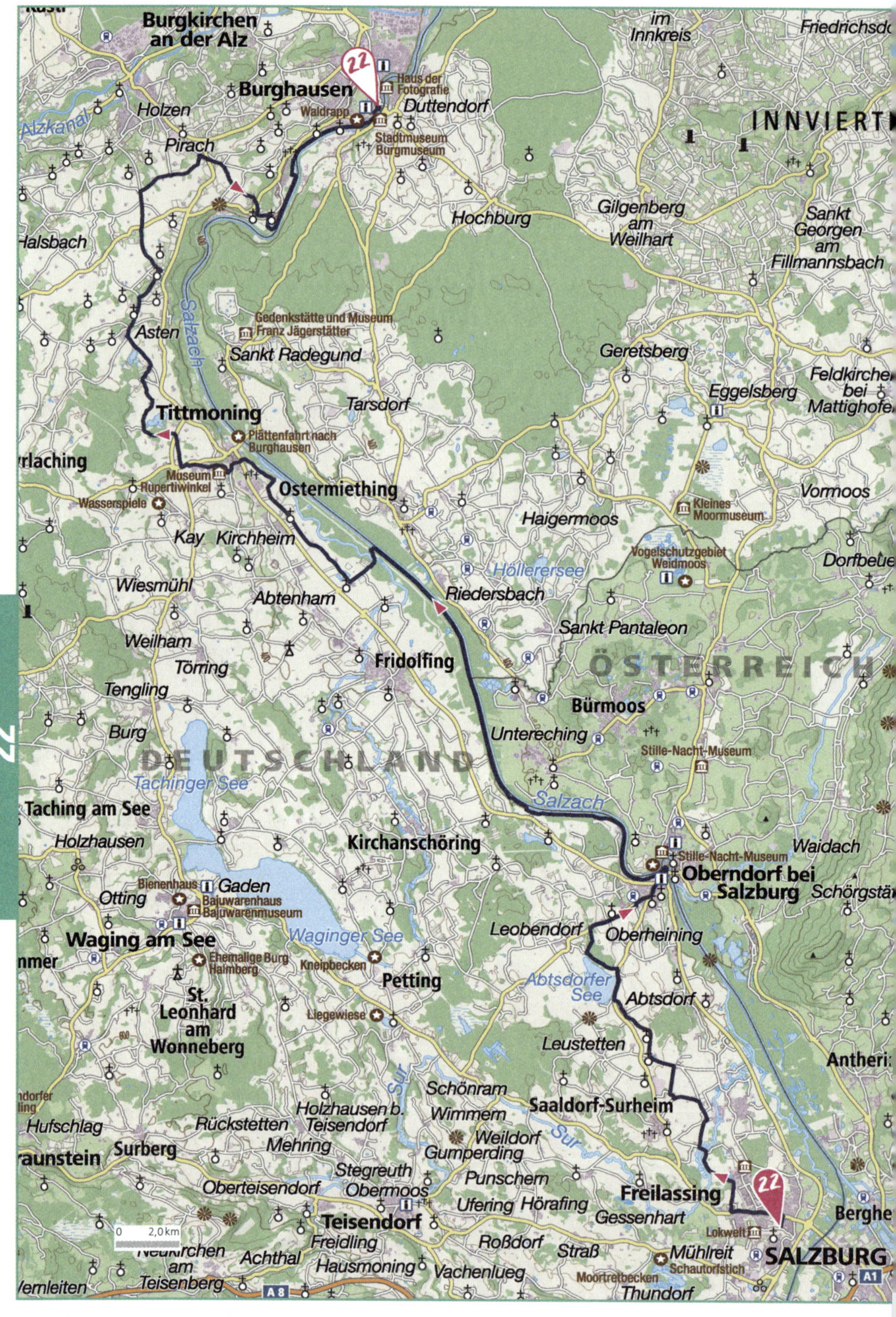

Burgkirchen an der Alz
Burghausen
Haus der Fotografie
Duttendorf
Waldrapp
Stadtmuseum
Burgmuseum
Alzkanal
Holzen
Pirach
INNVIERT
im Innkreis
Friedrichsd
Hochburg
Gilgenberg am Weilhart
Sankt Georgen am Fillmannsbach
Halsbach
Salzach
Gedenkstätte und Museum Franz Jägerstätter
Asten
Sankt Radegund
Geretsberg
Eggelsberg
Feldkirche bei Mattighofe
Tarsdorf
Tittmoning
Plättenfahrt nach Burghausen
rlaching
Museum Rupertiwinkel
Wasserspiele
Ostermiething
Kleines Moormuseum
Vormoos
Haigermoos
Kay
Kirchheim
Vogelschutzgebiet Weidmoos
Dorfbeue
Höllerersee
Wiesmühl
Abtenham
Riedersbach
Sankt Pantaleon
Weilham
Törring
Fridolfing
ÖSTERREICH
Tengling
Bürmoos
Burg
Untereching
DEUTSCHLAND
Stille-Nacht-Museum
Tachinger See
Taching am See
Salzach
Holzhausen
Kirchanschöring
Waidach
Stille-Nacht-Museum
Bienenhaus
Gaden
Oberndorf bei Salzburg
Schörgstä
Otting
Bajuwarenhaus
Bajuwarenmuseum
Leobendorf
Oberheining
Waging am See
Waginger See
nmer
Ehemalige Burg Halmberg
Kneipbecken
Petting
Abtsdorfer See
Abtsdorf
St. Leonhard am Wonneberg
Liegewiese
Leustetten
Antheri
Sur
Schönram
Saaldorf-Surheim
Hufschlag
Rückstetten
Holzhausen b. Teisendorf
Wimmern
Weildorf
Sur
Mehring
Gumperding
raunstein
Surberg
Stegreuth
Punschern
Oberteisendorf
Obermoos
Ufering
Hörafing
Freilassing
Berghe
Teisendorf
Gessenhart
0 2,0 km
Freidling
Lokwelt
Neukirchen am Teisenberg
Achthal
Roßdorf
Straß
Mühlreit
Schautorfstich
SALZBURG
Hausmoning
Vachenlueg
Moortretbecken
Thundorf
ernleiten
A 8
A1
22
22
22

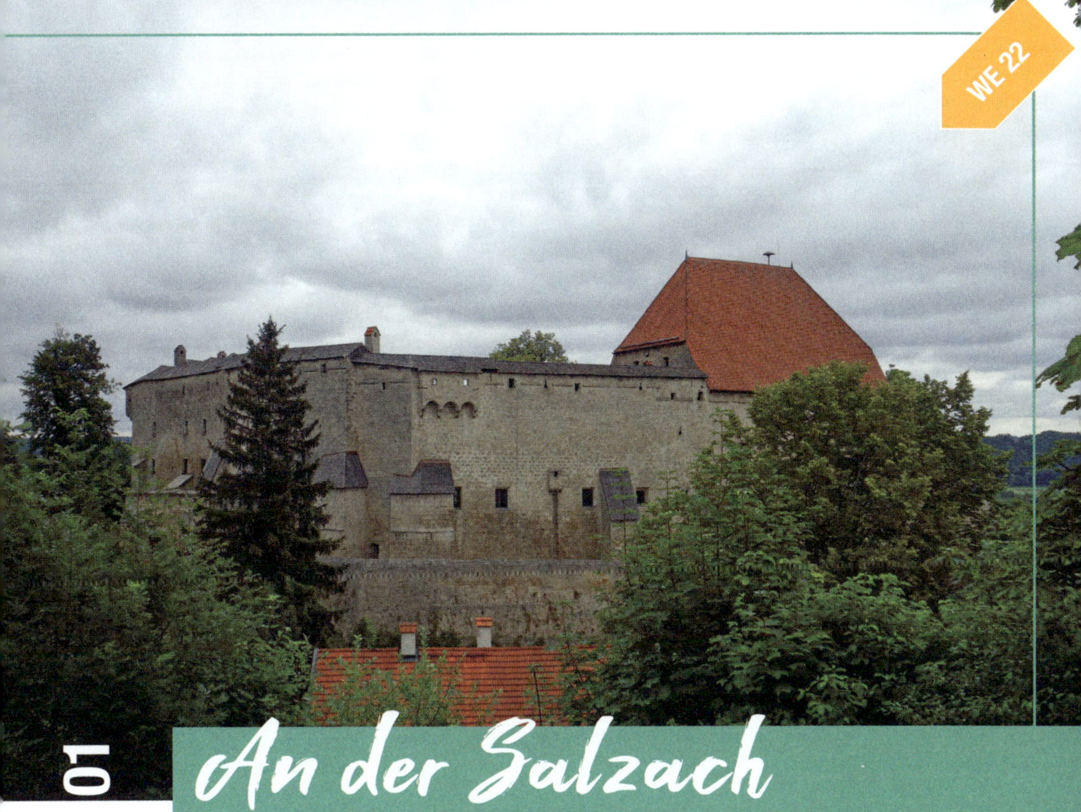

Tag 01

An der Salzach

Mit dem Bike nach Burghausen

TOURENART	2-Tages-Radtour
DAUER	4h
LÄNGE	66 km
HÖHENMETER	450 hm
SCHWIERIGKEIT	MITTEL
MIT ÖPNV ERREICHBAR	ja

Das erwartet dich ...

Du radelst durch den Rupertiwinkel ganz im Südosten von Bayern, ein reizvoller Landstrich mit grünen Hügeln, kleinen Weilern und der schnell strömenden Salzach als Grenzfluss. Du kannst einen Badestopp im Abtsdorfer See einlegen, Tittmonings Burg bewundern und die Salzach entlang nach Burghausen hineinradeln – ein wunderbares Städtchen mit historischem Ambiente.

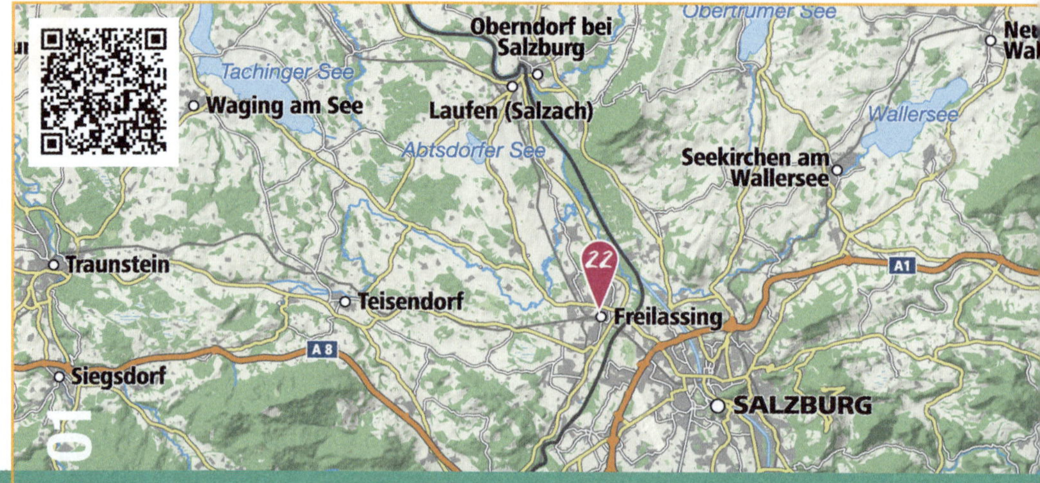

Tag 01

Start & Ziel & Anreise

Ideal ist die Fahrradmitnahme im Zug auf der Strecke München–Salzburg mit der BRB. Du fährst bis Freilassing. Die Tour ist als Wochenendroute mit Übernachtung in Burghausen geplant. Du kannst aber auch one-way radeln und von Burghausen aus mit Regionalbahnen über Mühldorf nach München zurück.

Tourenbeschreibung

Ab Freilassing-Bahnhof radelst du die Augustinerstraße von der Bahnlinie senkrecht nach Norden, dort biegst du in die Münchner Straße nach Westen ein. Nach gut anderthalb Kilometern biegst du rechts nach Lohen ab, bleibst links der Bahn und folgst den Markierungen „Salz-Radweg" und „Salz-Schleife". Über Stützing und Steinbrünning kommst du zum Abtsdorfer See – eine erste Badepause ist angesagt! Vom Seebad am Nordufer radelst du mit örtlichen Markierungen nach Laufen an der Salzach hinunter.

Der Ort hat die typische Inn-Salzach-Architektur mit Laubengängen und alten Gässchen, die du erkundest. Interessant ist auch die Brücke hinüber nach Oberndorf, die die schnell fließende Salzach überspannt. Hier hältst du dich an der linken Seite der halbinselförmigen Altstadt, am Fluss entlang verläuft die Radroute der Salz-Schleife, die ein Teil der „Wasser-RadlWege" Oberbayern ist. Etwa 16 Kilometer radelst du jetzt auf der linken Salzachseite entlang, immer wieder gibt es Treibholz zu bestaunen – der Fluss arbeitet hier förmlich. Dann knickt der Radweg nach Westen ab über Plossau und Nilling – jetzt wieder in nördlicher Richtung weiter. Nächste Station ist das Städtchen Tittmoning mit seiner beeindruckenden Burg. Am Beginn des historischen Kerns links hoch auf der Traunsteiner Straße, dann rechts auf den „Benediktweg". Es ist ein knackiger Anstieg von Flusshöhe wieder hoch auf die Flussterrasse – dafür kannst du dich mit einem weiteren Badestopp im Leitgeringer See auf einem Abstecher belohnen. Du bleibst ein Stück weit „oben" auf der Route des „Salzhandelswegs" und kommst durch kleine Weiler wie Asten und Plattenberg. Ab Irlhaid wird es Zeit für einen Rechtsbogen Richtung Burghausen: Über Pirach, Linner und Oberhadermark steuerst du das Kloster Raitenhaslach an, eine ehemalige Abtei der Zisterzienser.

Von hier orientierst du dich an der örtlichen Markierung und radelst zum Ufer der Salzach. Auf dem naturbelassenen Uferweg mit vielen Holperstellen – Obacht geben! – radelst du entlang der wilden Salzach und in uriger, natürlicher Umgebung bis zum Südrand der Bebauung von Burghausen. Jetzt bist du schon fast in der Altstadt – toll ist das Kopfsteinpflaster der Gasse „In den Grüben" – dort sind auf Platten im Belag Namen berühmter Jazzer verewigt, die beim hiesigen Festival gastiert hatten.

Die Altstadt von Burghausen

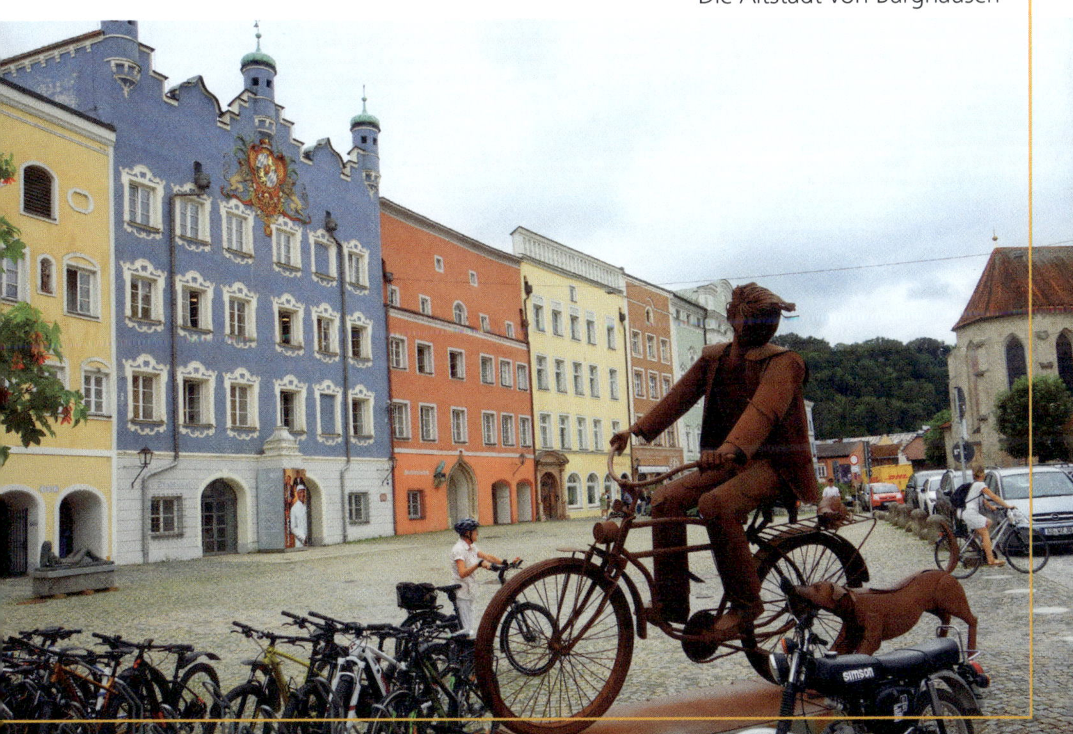

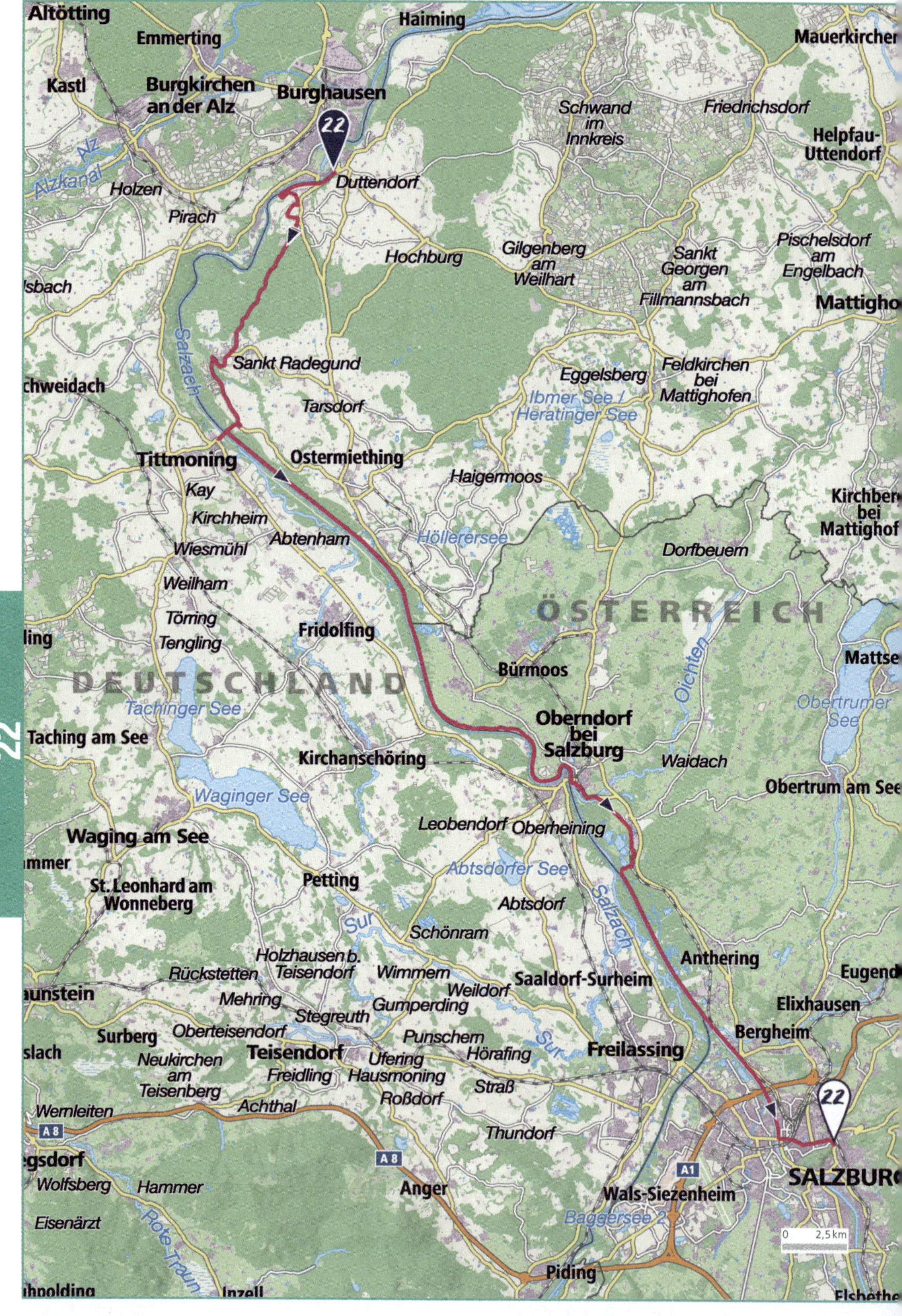

22
Altötting
Emmerting
Haiming
Kastl
Burgkirchen an der Alz
Burghausen
Alz
Alzkanal
Holzen
Pirach
Duttendorf
Schwand im Innkreis
Friedrichsdorf
Helpfau-Uttendorf
Hochburg
Gilgenberg am Weilhart
Sankt Georgen am Fillmannsbach
Pischelsdorf am Engelbach
Salzach
Sankt Radegund
Tarsdorf
Eggelsberg
Feldkirchen bei Mattighofen
Ibmer See / Heratinger See
Tittmoning
Ostermiething
Haigermoos
Kay
Kirchheim
Abtenham
Wiesmühl
Höllerersee
Dorfbeuern
Weilham
Törring
Tengling
Fridolfing
ÖSTERREICH
DEUTSCHLAND
Bürmoos
Oichten
Tachinger See
Taching am See
Kirchanschöring
Oberndorf bei Salzburg
Waidach
Obertrumer See
Waginger See
Leobendorf
Oberheining
Waging am See
Abtsdorfer See
St. Leonhard am Wonneberg
Petting
Abtsdorf
Sur
Schönram
Holzhausen b. Teisendorf
Rückstetten
Wimmern
Weildorf
Saaldorf-Surheim
Anthering
Mehring
Stegreuth
Gumperding
Elixhausen
Surberg
Oberteisendorf
Punschern
Bergheim
Teisendorf
Ufering
Hörafing
Freilassing
Neukirchen am Teisenberg
Freidling
Hausmoning
Straß
Wernleiten
Achthal
Roßdorf
A 8
Thundorf
A 8
Wolfsberg
Hammer
A1
Anger
Wals-Siezenheim
Eisenärzt
Rote Traun
Baggersee 2
0 2,5 km
Piding

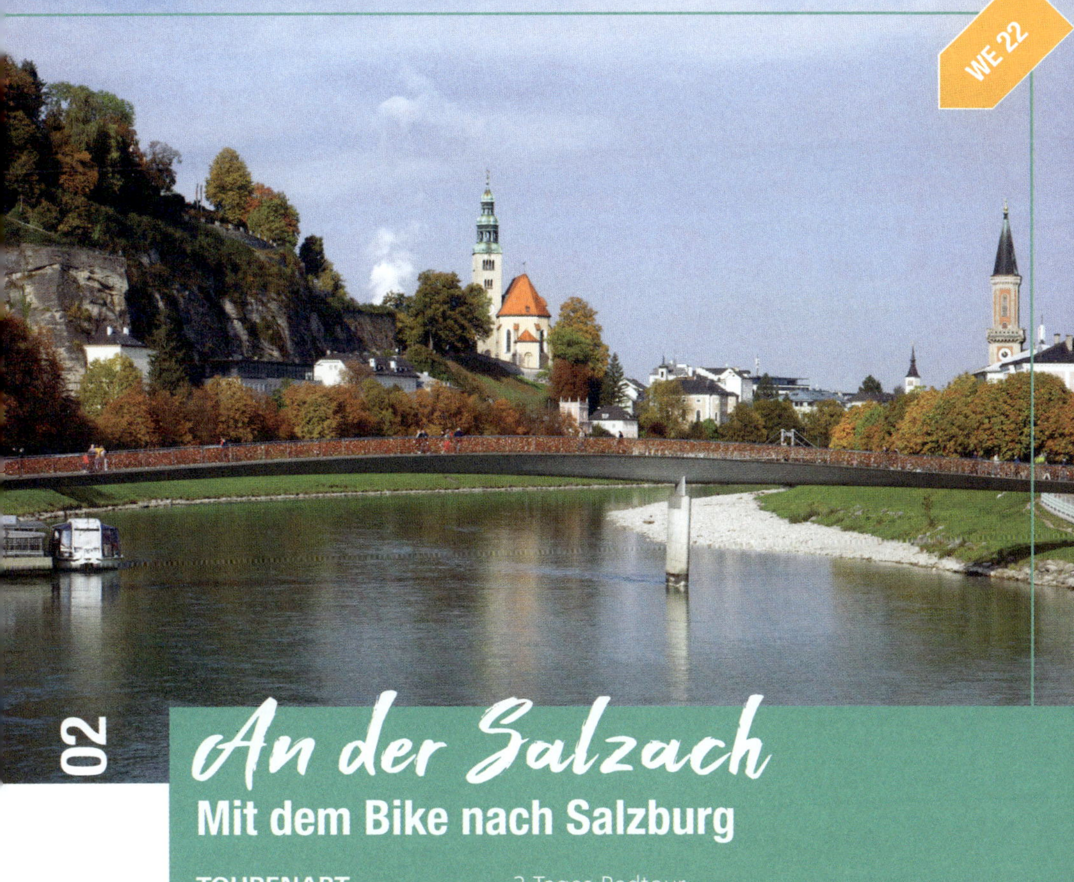

WE 22

02 Tag

An der Salzach

Mit dem Bike nach Salzburg

TOURENART	2-Tages-Radtour
DAUER	4h
LÄNGE	60 km
HÖHENMETER	480 hm
SCHWIERIGKEIT	MITTEL
MIT ÖPNV ERREICHBAR	ja

Das erwartet dich ...

Du radelst auf österreichischer Seite der Salzach zurück nach Süden – Ziel ist die Mozartstadt Salzburg, ein Traum! Von der Stadtmitte Burghausens querst du über die Salzachbrücke, hast dann einen sportlichen Anstieg und lässt es nach einem Abstecher nach Tittmoning ruhiger angehen mit fast eben verlaufender Strecke hinein nach Salzburg.

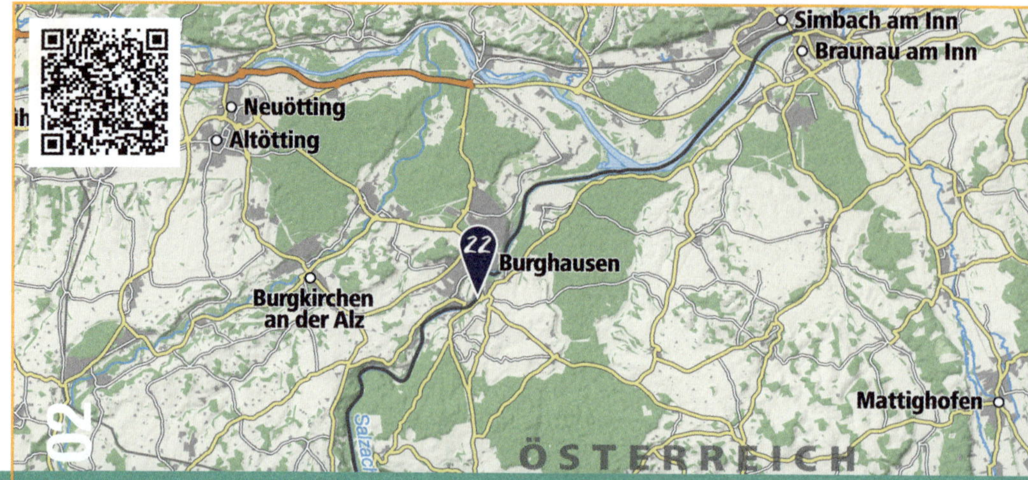

Tag 02

Start & Ziel & Anreise

Du hast ja vielleicht schon in Burghausen übernachtet nach der Tour von Freilassing aus. Oder du unternimmst die Tour one-way nach Fahrradmitnahme in der Regionalbahn nach Burghausen (wenig Stellplätze), dann müsstest du nur den Berg hinunterrollen zur Altstadt und der Salzachbrücke. Der Rückweg von Salzburg aus ist für die Fahrradmitnahme auf der Strecke Salzburg – München kein Problem, die BRB hat ausreichend Stellplätze.

Tourenbeschreibung

Von der Altstadt Burghausens aus querst du auf der Brücke die Salzach hinüber nach Ach auf die österreichische Seite des Flusses. Von hier hast du einen guten Blick auf die tolle Lage Burghausens mit der den Ort überragenden Burg, die die längste Festungsanlage Europas ist.

Nach knapp 3 Kilometern auf vorher ebener Strecke am Flussufer entlang zweigst du jetzt auf der Austraße steil bergan nach links ab, der „Tauern-Radweg" ist ausgeschildert. Nach einer S-förmigen Radlkurve hast du die Anhöhe auf der Gemarkung Holzgassen erreicht. Die Beschilderung Tauernradweg weist dir den Weiterweg nach rechts auf der Straße „Burgblick", in einem Linksbogen kommst du auf die Straße Holzgassen, diese nach rechts. Fast schnurgerade und entlang der gut ausgebauten, aber mäßig befahrenen Radegunder Straße ohne Ortsdurchquerungen legst du ein gutes Wegstück zurück und kommst nach Sankt Radegund.

Jetzt gehst es wieder runter Richtung Salzach und du kannst auf die bayerische Seite wechseln zu einem Abstecher nach Tittmoning, falls du auf dem Hinweg nicht schon dort warst. Wieder zurück über die Brücke zur österreichischen Seite der Salzach. Es geht jetzt flach weiter auf dem Uferradweg, rechts von dir fließt die Salzach mit ihrem dynamischen Strom und viel Treibholz, links oberhalb vom Radweg liegen die Ortschaften auf der Salzachterrasse. Nach etwa 10 Kilometern erreichst du den landschaftlich reizvollen Moosachspitz bei Riedersbach, danach querst du die kleine Moosach.

Ganz interessant wird es mit diesen länderverbindenden Elementen: Der „Europasteg" bei Laufen ist ein echtes Highlight, danach kommst du nach Oberndorf, wo das Lied „Stille Nacht, Heilige Nacht" komponiert wurde, du kannst an der Stille-Nacht-Kapelle einen Stopp einlegen. Die Salzachbrücke kennst du ja bereits von der Laufener Seite aus. Etwa 13 Kilometer weiter radelst du auf einer schönen Holzbrücke über die Fischach. Sehr schön ist jetzt der Abschnitt auf dem Radweg entlang der Salzach mit Blick Richtung Alpen, die Macht des Wassers verdeutlicht nochmal das Wasserkraftwerk von Lehen. Jetzt kommt auch langsam Salzburg in Sicht, entlang des Flussufers erreichst du die Innenstadt der Mozartmetropole mit ihren zahlreichen Sehenswürdigkeiten, und zum Bahnhof ist es auch nicht mehr weit.

Autoren Tipp

Salzburg als Endstation der Tour ist freilich eine Schau! Die Perle an der Salzach mit ihrem Flair aus Altstadtgässchen und barocken Prunkbauten lädt ein zum Flanieren, Kaffeetrinken, Einkehren und Schauen. Schau doch mal in der Getreidegasse an Mozarts Geburtshaus vorbei, hier kam 1756 das musikalische Wunderkind zur Welt. Der Mirabellgarten ist ebenfalls einen Besuch wert: Rund um einen zentralen Springbrunnen gibt es hier sehr ästhetische Gartenanlagen – einfach ein Hingucker, noch dazu in Bahnhofsnähe.

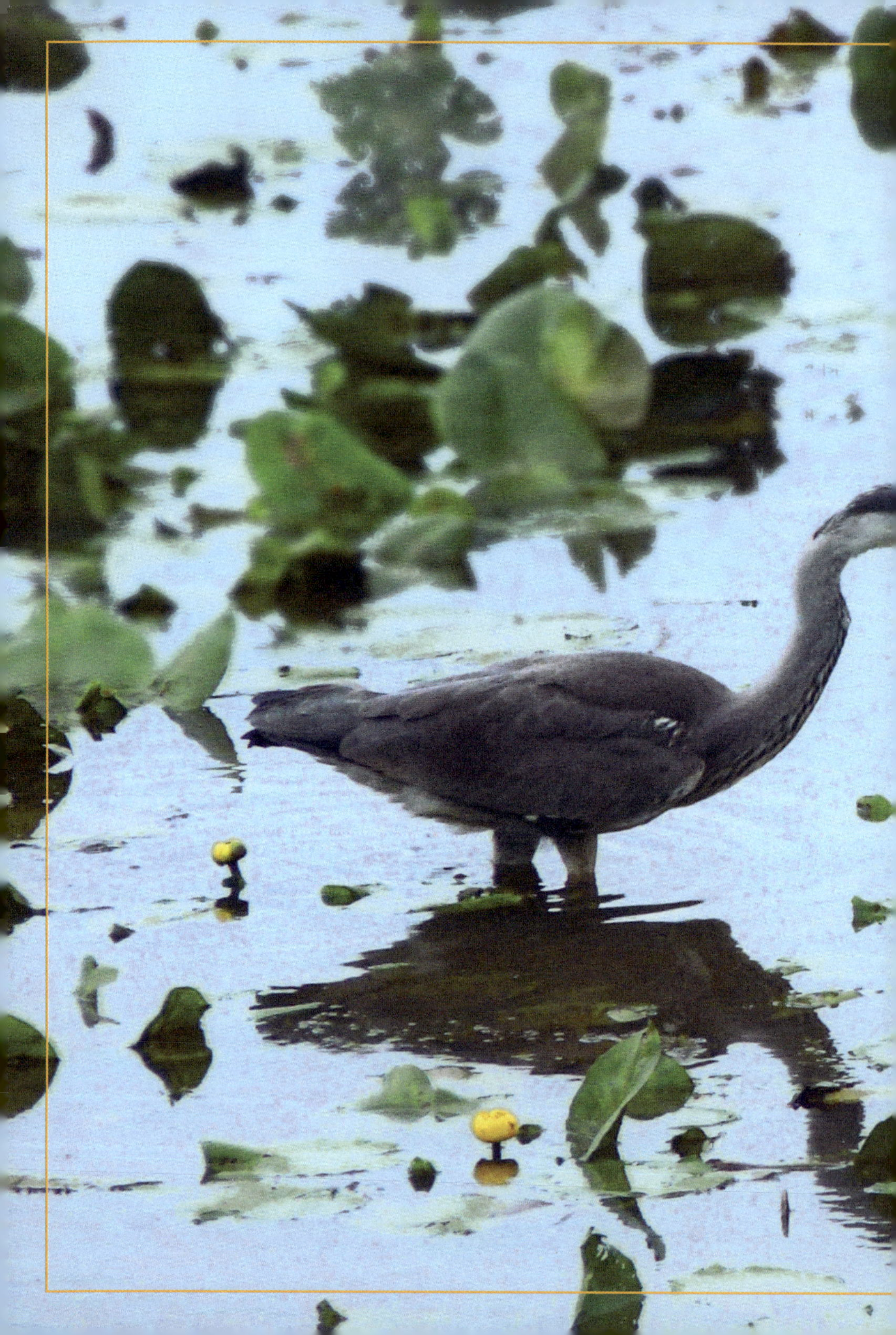

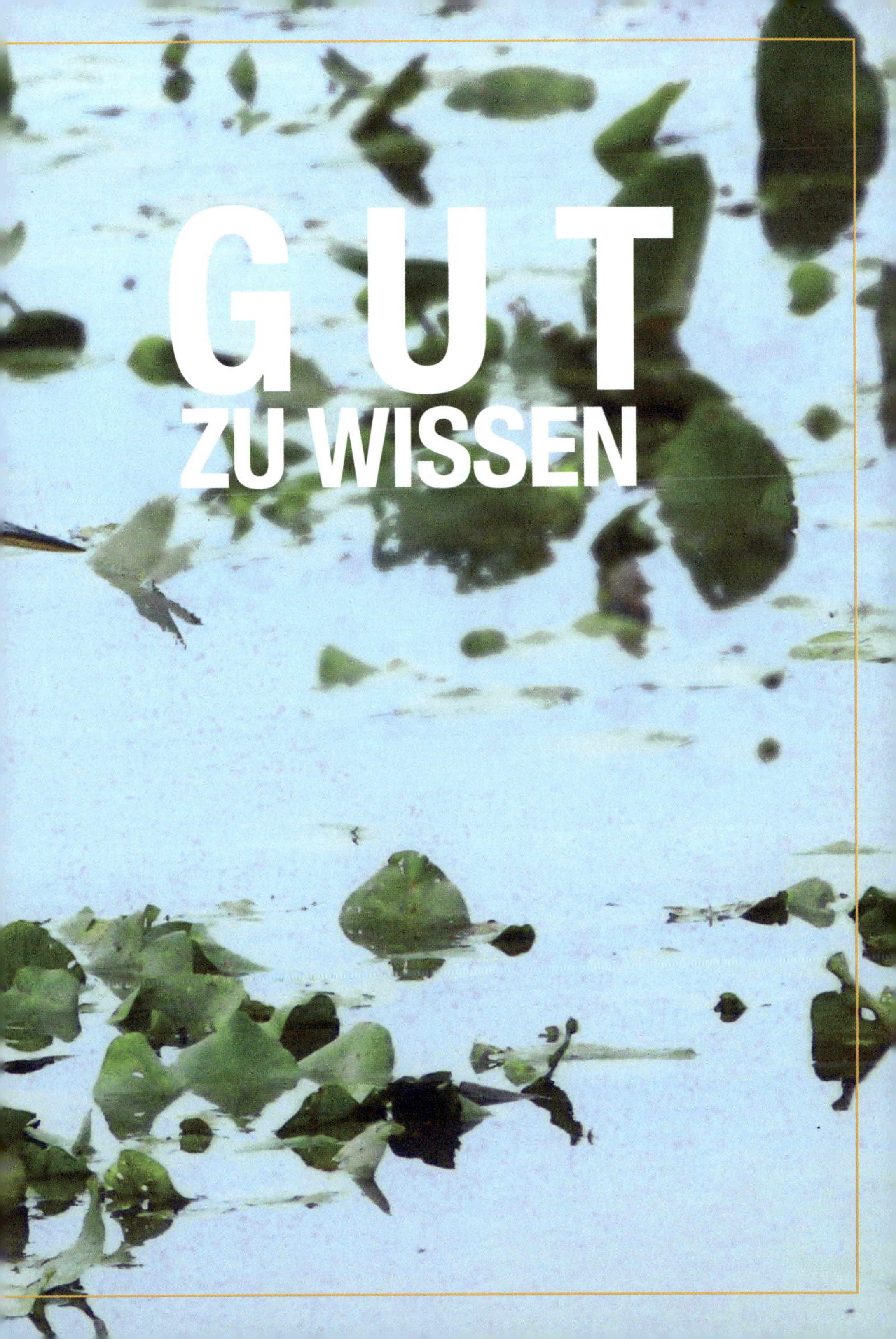
GUT
ZU WISSEN

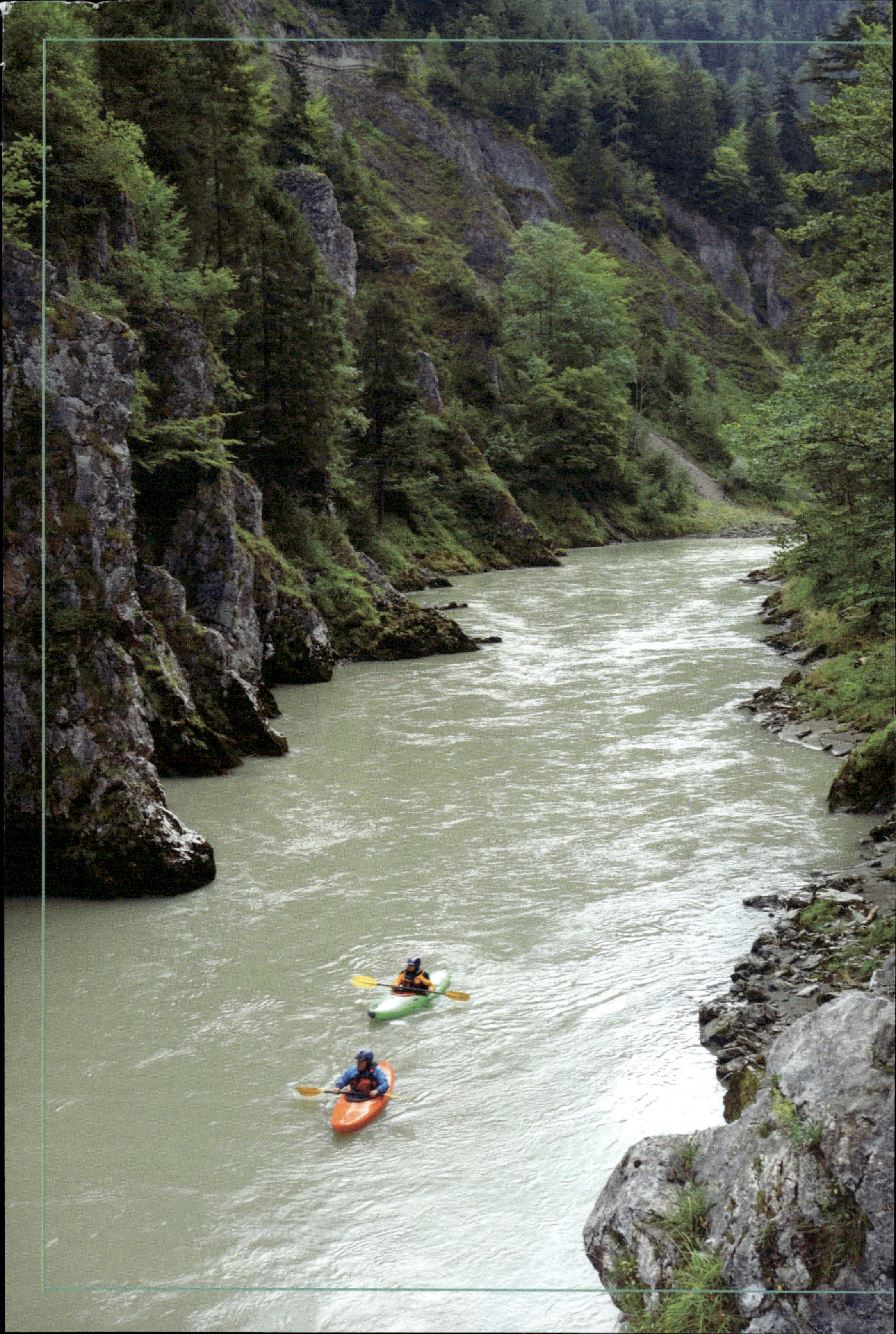

Unsere Wochenend-Hacks

Es geht auch einfacher

HACKS

UNTERKUNFT
Suche nicht nur bei den großen Portalen nach einer Unterkunft. Die Websites der einzelnen Ortschaften bzw. der Touristinfos bieten viele weitere Pensionen und Ferienwohnungen; das Preis-/Leistungsverhältnis ist meist besser, da die großen Portale eine hohe Kommission verlangen und die Gastgeber dies in den Preis einkalkulieren.

ALPENVEREIN
Wenn du öfter in die Berge fährst, solltest du Mitglied beim Alpenverein werden. Die Mitgliedschaft ermöglicht dir vergünstigte Übernachtung auf den DAV-Hütten (obacht, es gibt auch private Hütten wie das Hochgernhaus), auch eine alpine Versicherung für Notfälle ist mit inbegriffen. Der Jahresbeitrag ist je nach DAV-Sektion unterschiedlich, große Sektionen sind teurer, haben aber auch einen Materialverleih.

ZUGANREISE
Gerne sind die Züge am Samstag hin in Richtung Salzburg und am Sonntag zurück aus Salzburg gut gefüllt, vor allem in Ferienzeiten. Besonders bei Fahrrad-Mitnahme solltest du überlegen, ob dein „Wochenende" nicht auch Sonntag/Montag sein könnte – weiche eventuell aus auf weniger frequentierte Zeiten.

Endlich was Neues ausprobieren

Lust, was Neues auszuprobieren?

WENN JA, HABEN WIR EIN PAAR VORSCHLÄGE FÜR DICH.

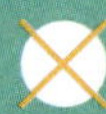

- **HEISSLUFTBALLONFAHRT:** Du möchtest nicht wandern und trotzdem hoch hinaus? Versuche es mit einer Ballonfahrt und genieße die Chiemgauer Alpen und das Alpenvorland aus luftiger Höhe.

- **SEGELN AUF DEM CHIEMSEE:** Der Chiemsee bietet beste Bedingungen zum Segeln. Zahlreiche Segelschulen haben Kurse für Kinder und Erwachsene im Programm.

- **HOCHSEILGARTEN:** Klettern mit Seeblick bietet der Klettergarten Übersee. Die Höhe variiert dabei zwischen 1,5m bis zu 13m – Ausblick auf den Chiemsee ist garantiert.

- **ALPAKAS STREICHELN:** Auf dem Alpakahof Hasenöhrl kannst du deinen Tag mit Alpaka streicheln verbringen – oder sie einfach mit auf eine Wanderung nehmen.

Neues

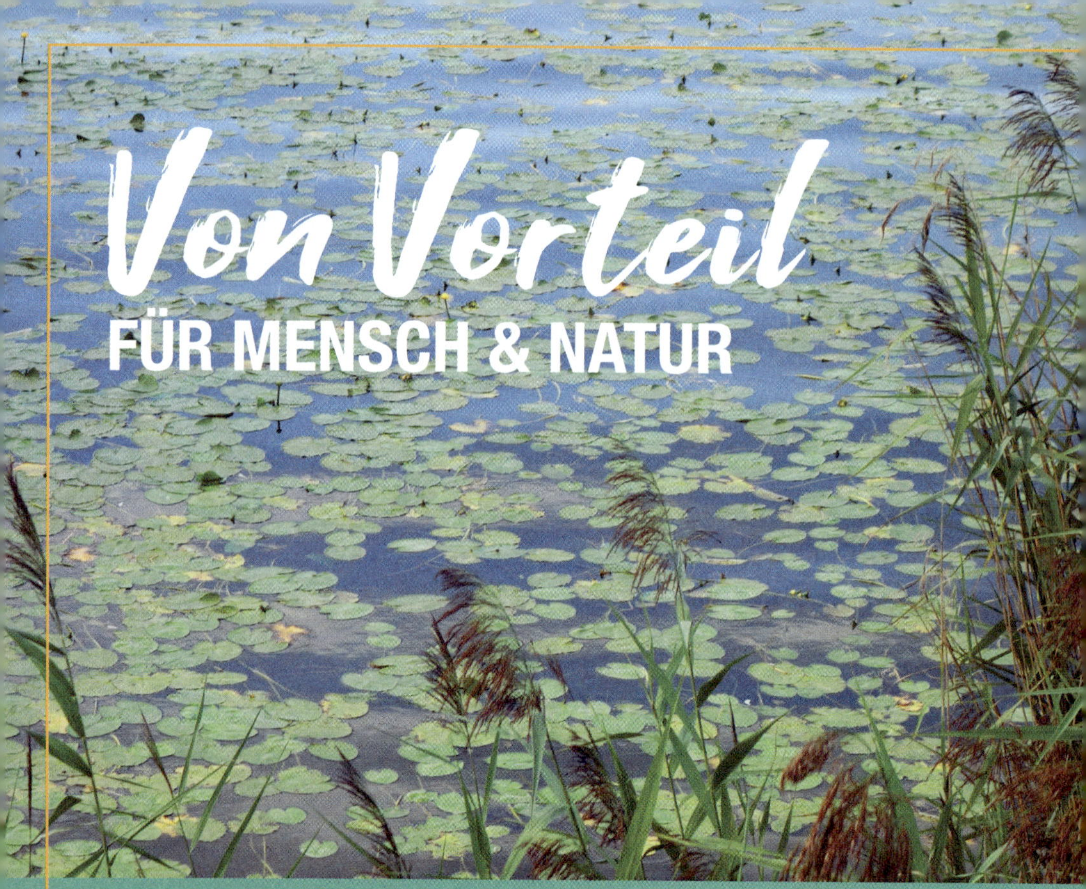

Von Vorteil
FÜR MENSCH & NATUR

Nachhaltigkeit

Auch beim Wandern oder Radeln hinterlassen wir unseren ökologischen Fußabdruck. Es sind die Anfahrt, das Material der Produkte und das Verhalten auf der Tour, die umweltschädigend sein können. Doch bei den Outdooraktivitäten im Einklang mit der Natur zu handeln, ist gar nicht so schwer! Freizeit und Tourismus haben enorm zugenommen, die Menschen reisen mehr. Reiseziele haben sich verändert, aber nicht das Volumen. Statt Fern- und Flugreisen nehmen regionale Reisen wieder zu. Viele, die bisher an „ihren" italienischen Strand gefahren sind, haben sich Tourenräder gekauft und entdecken das Thema Tourenradeln neu. Oder fahren am Wochenende in die Berge und probieren mehrtägige Hüttentouren aus. Daher kommt auf uns umso stärker die Aufgabe zu, uns rücksichtsvoll gegenüber Mensch und Natur zu verhalten, wobei ja auch wir als Menschen ein Teil der Natur sind. Was können wir also beitragen?

Green-Guide

Und das kannst du machen …

01 Nachhaltigkeit beginnt schon bei der Anreise: Je mehr Menschen mit dem Auto fahren, desto mehr CO_2-Ausstoß und desto mehr umweltschädlichen Gummiabrieb der Reifen gibt es. Doch viele Ausgangspunkte sind auch gut mit den öffentlichen Verkehrsmitteln zu erreichen. Informiere dich über örtliche Wander- und Rufbusse, auch Fahrgemeinschaften sind eine Möglichkeit.

02 Respektiere deine Umwelt: Informiere dich vorab, worauf in Bezug auf Natur und Umwelt in der Ausflugsregion besonders zu achten ist. Beachte die Waldbrandgefahr, diese gibt es zunehmend nicht nur im Sommer. Vermeide unnötigen Lärm, Tiere und auch Menschen wollen in der Natur Ruhe genießen.

03 Kein Verpackungsmüll: Die Verpflegung für den Hunger zwischendurch ist mindestens genauso wichtig wie das Trinken. Bevorzuge beim Einkauf regionale Ware und Bioprodukte ohne Plastikverpackung, verwende deine eigene Trinkflasche mit Leitungswasser und eine Brotzeitbox.

04 Sportausrüstung gebraucht kaufen oder leihen: Ausrüstung und Kleidung kannst du auch gebraucht kaufen, das spart wertvolle Ressourcen. Auch das Ausleihen ist eine Möglichkeit, falls du beispielsweise nur im Urlaub mal eine Mountainbiketour unternimmst. Geht mal was kaputt, können zum Beispiel Wanderschuhe und Jacken auch repariert werden.

05 Weniger ist mehr: Oft findet sich die schönste Natur in unmittelbarer Nähe. So muss es nicht immer die weit entfernte Gebirgskette sein. Auch Ziele, die aufgrund ihrer Bekanntheit an Wochenenden und in den Ferien total überlaufen sind, freuen sich über ein paar Besucher weniger. Weniger bekannte Ziele haben auch ihren Reiz und warten nur darauf, entdeckt zu werden. Hebe dir entferntere Wunschtouren für eine andere Gelegenheit auf.

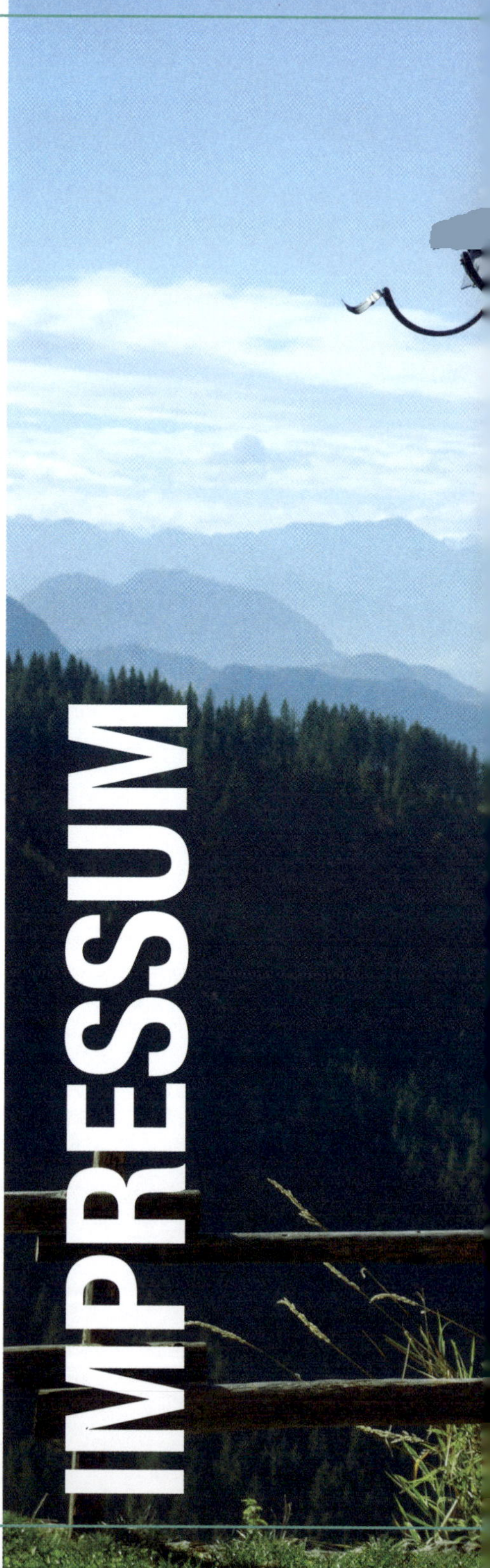

© KOMPASS-Karten GmbH

Karl-Kapferer-Straße 5, A-6020 Innsbruck

1. Auflage 2023 (23.01)
Verlagsnummer 3531
ISBN 978-3-99121-802-9

Konzept und Bildnachweis

Konzept & Gestaltung: © KOMPASS-Karten GmbH

Projektleitung: Hannah Geuder & Jeff Reding

Text: KOMPASS-Karten AutorInnen (s. Klappe)

Grafische & Kartografische Herstellung:
© KOMPASS-Karten GmbH

Kartengrundlage: © KOMPASS-Karten GmbH unter Verwendung von OpenStreetMap Contributors (www.openstreetmap.org)

Titelbild: Hochfellngipfel, Hochfellnhaus;
© Bavariablue - stock.adobe.com

Cover Rückseite: Sonnenuntergang am Chiemsee;
© Matthias - stock-adobe.com

Bilder & Texte (wenn nicht anders angegeben):
Andreas Friedrich

Weitere Bildnachweise:
S.4/5: © Igor - stock.adobe.com
S.8/9; S.10/11; S.12/13: © PhotographicDelight - stock.adobe.com
S.16: © Halfpoint - stock.adobe.com
S.211: © Jochen Netzker - stock.adobe.com

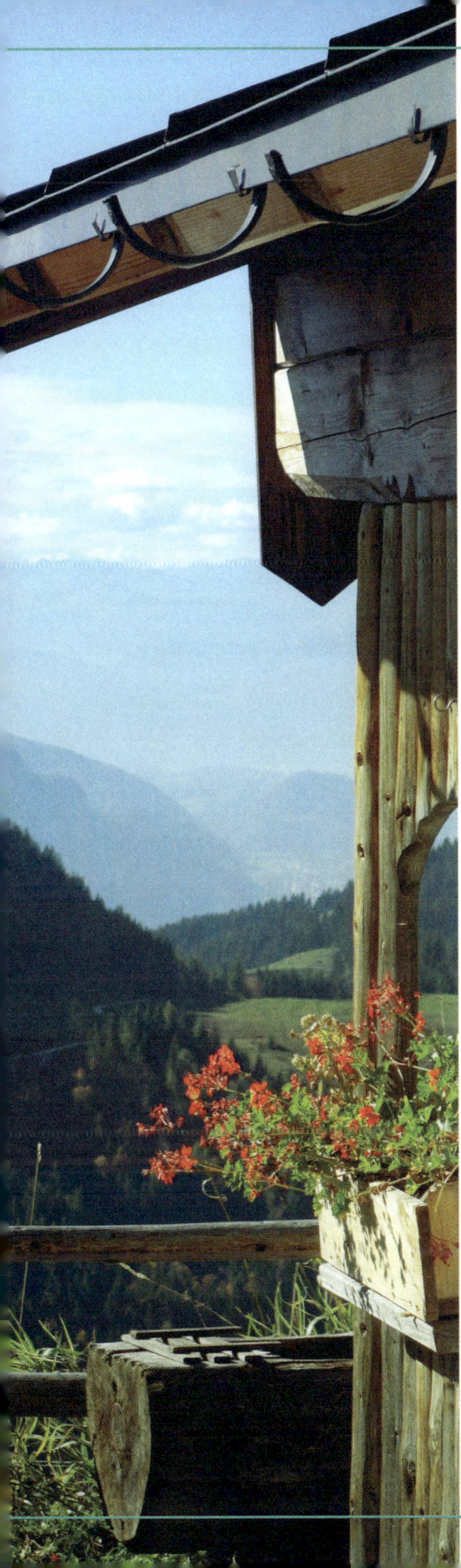

Alle Angaben und Routenbeschreibungen wurden nach bestem Wissen gemäß unserer derzeitigen Informationslage gemacht. Die Touren wurden sehr sorgfältig ausgewählt und beschrieben, Schwierigkeiten werden im Text kurz angegeben. Es können jedoch Änderungen an Wegen und im aktuellen Naturzustand eintreten. Alle Kartenbenützer müssen darauf achten, dass aufgrund ständiger Veränderungen die Wegzustände bezüglich Begehbarkeit sich nicht mit den Angaben in der Karte decken müssen. Bei der großen Fülle des bearbeiteten Materials sind daher vereinzelte Fehler und Unstimmigkeiten nicht vermeidbar. Die Verwendung dieses Führers erfolgt ausschließlich auf eigenes Risiko und auf eigene Gefahr, somit eigenverantwortlich. Eine Haftung für etwaige Unfälle oder Schäden jeder Art wird daher nicht übernommen. Für Berichtigungen und Verbesserungsvorschläge ist die Redaktion stets dankbar. Korrekturhinweise bitte an folgende Anschrift:

KOMPASS KARTEN GMBH
Karl-Kapferer-Straße 5, A-6020 Innsbruck
www.kompass.de/service/kontakt

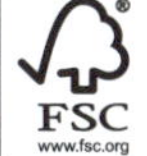

MIX
Papier | Fördert gute Waldnutzung
FSC® C018236

Deine Orientierung

Hallo!
Ich bin deine Anleitung, wie du zu den GPX-Tracks aus deinem neuen Buch kommst. Damit kannst du dir die Route in Outdoor-Apps und Navigationsgeräte laden. Scann den QR-Code oder gehe auf folgende Webseite:

www.kompass.de/gpx

Für Navigationsgeräte und Apps haben wir auf unserer Webseite alle Touren im GPX-Format zum Download bereitgestellt:
Hier findet man alle weiteren Informationen. Einfach das richtige Produkt auf der Seite auswählen, die Daten herunterladen und auf das Zielgerät oder in die gewünschte App importieren.

Was ist ein GPX-Track? GPX ist ein Datenformat für Geodaten. Das Wort GPS steht für Global Positioning System (Globales Positionsbestimmungssystem). Mit einem GPX-Track bekommt man die rote Linie, also den Wegverlauf, als geografische Koordinaten.

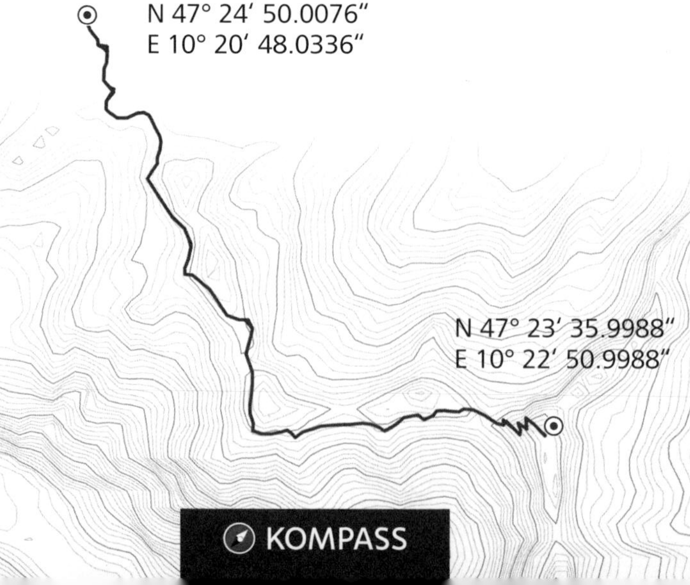